资产价格波动与实体经济
——影响机制及其动态均衡研究

刘晓星 著

国家自然科学基金面上项目成果（基金号：71473036、71673043）

科 学 出 版 社

北 京

内 容 简 介

本书汇集了作者近年来在资产价格波动与实体经济发展领域的系列研究成果。书中首先分析了金融发展与实体经济增长的互动关系，然后基于杠杆视角研究了杠杆与资产价格泡沫和实体经济发展的内在逻辑，从货币政策视角揭示了不同货币政策对资产价格及实体经济的影响机理，接着实证检验了资产价格波动与实体经济相关主体行为的关联机制，最后从国际视角出发，研究了资产价格波动与实体经济的国际传导机制。本书的研究内容为实现我国资产价格波动和实体经济的协同有序发展提供了新的理论和经验证据，为"双循环"新发展格局下实体经济的转型升级提供了新的思路和政策建议。

本书适合宏微观经济研究、金融市场研究等领域的研究人员以及金融机构和政府相关管理决策部门人员阅读使用，同时也适合高等院校经济、金融、统计、管理等专业领域的教师、研究生阅读参考。

图书在版编目（CIP）数据

资产价格波动与实体经济：影响机制及其动态均衡研究 / 刘晓星著. —北京：科学出版社，2022.11
ISBN 978-7-03-071576-0

Ⅰ. ①资… Ⅱ. ①刘… Ⅲ. ①资本市场-经济波动-影响-中国经济-经济发展-研究 Ⅳ. ①F124

中国版本图书馆 CIP 数据核字（2022）第 032527 号

责任编辑：陶　璇 / 责任校对：贾娜娜
责任印制：张　伟 / 封面设计：有道设计

科学出版社 出版
北京东黄城根北街 16 号
邮政编码：100717
http://www.sciencep.com
北京建宏印刷有限公司 印刷
科学出版社发行　各地新华书店经销

＊

2022 年 11 月第 一 版　开本：720×1000　1/16
2022 年 11 月第一次印刷　印张：23 1/4
字数：468 000
定价：256.00 元
（如有印装质量问题，我社负责调换）

作 者 简 介

刘晓星（1970—），湖南隆回人，博士，东南大学首席教授，人文社会科学部委员，二级教授，金融系主任，金融学类专业和网络空间安全专业博士生导师，教育部金融学类专业教学指导委员会委员，国家重点研发计划首席专家，江苏省经济学类研究生教育指导委员会委员，江苏省"青蓝工程"中青年学术带头人，中国金融学年会理事，江苏省资本市场研究会副会长，江苏省国际金融学会常务理事，江苏省科技创业导师，东南大学金融安全大数据实验室主任，东南大学金融工程研究中心主任，《计量经济学报》编委。

研究方向：金融理论与政策、金融工程与风险管理、金融安全与金融智能。目前主持在研国家重点研发计划 1 项、国家自然科学基金面上项目 1 项，已主持完成国家社会科学基金重大专项 1 项、国家自然科学基金面上项目 4 项，省部级和横向课题 10 余项。在《中国社会科学》《经济研究》《金融研究》《世界经济》《管理科学学报》、*Applied Economics*（SSCI）、*Finance Research Letters*（SSCI）、*Applied Economic Letters*（SSCI）、《中国管理科学》《管理工程学报》《系统工程理论与实践》等国内外学术期刊发表论文 150 余篇，获得技术专利 5 项，出版专著 5 部。

前　　言

　　资产价格波动是实体经济市场交易的货币表达，实体经济是资产价格波动得以存在的物质基础，各种金融资产和实物资产依靠价格机制和信用系统与实体经济部门形成紧密关联，两者互为支撑、互相引导。在经济繁荣时期，资产价格上涨带动市场乐观预期，实体经济加速发展。但当资产价格急速膨胀并形成泡沫时，一旦泡沫破裂，资产价格骤然下挫，交易过度的经济主体会因金融头寸不足而陷入困境，大量在经济繁荣时期扩张的实体经济部门随之倒闭。同时，信用收缩和物价下跌，还会恶化实体经济部门资产负债表，引起投资和产出萎缩，并通过传导效应导致实体经济进一步下滑并加剧宏观经济的不稳定。纵观金融发展史，无论是 17 世纪的荷兰郁金香事件，还是 21 世纪以来美国金融危机、欧洲次贷危机，无不印证了资产价格剧烈波动对实体经济造成的巨大损害。因此，如何正确认识资产价格波动影响实体经济的内在机理，深入挖掘资产价格波动向实体经济传导的作用渠道，有效掌握资产价格波动与实体经济间动态均衡的实现机制，日益成为金融领域的重要课题。

　　在 2008 年金融危机之后，为应对危机对我国经济造成的冲击，避免经济硬着陆，我国推出了进一步扩大内需、促进经济平稳较快增长的十项措施。大规模的经济刺激计划，有效促进了我国在危机后的经济复苏，但也在一定程度上造成了金融资产和实物资产价格的大幅波动，越来越多的社会资本游离于实体经济，部分地区产业空心化迹象显现，资金分布不合理矛盾突出。在此背景下，资产价格与实体经济相关研究成为我国学术研究的热点。尤其是近些年来，一方面，在"双循环"新发展格局下，随着国内循环比重的提高，流动性循环周期明显加快，各种金融和实物资产通过信用机制与实体经济部门形成了更为紧密的联系。同时，基于内循环的相对韧性和政策的独立性，中国经济的长期相对优势正进一步凸显，人民币资产在全球视角下呈现稀缺的配置价值，大规模的跨境资本涌入导致资产价格波动加剧。另一方面，在全球疫情蔓延扩散的背景下，我国经济下行压力依然较大，部分实体经济产业尚未能在疫情冲击下完全恢复。因此，深入研究资产价格波动与实体经济间的影响机理及动态均衡机制，具有深刻的现实意义。本书的研究内容将为充分发挥资产价格波动的引导和驱动机制，实现实体经济的稳定发展提供有力支持。

本书共分为七个章节，主要研究内容如下。

第 1 章为绪论，主要包括研究背景、研究意义及对国内外研究现状的分析和总结。1.1 节从资产价格下跌对实体经济的负面影响着手引出本书需解决的问题。1.2 节总结本书的研究意义。1.3 节从"资产价格波动的内在机理及其与实体经济关联研究""资产价格波动影响实体经济的传导及其效应机制研究""资产价格波动与实体经济的动态均衡研究""基于实体经济的资产价格波动调控体系研究"四个方面系统分析梳理与本书相关的经典著作和前沿文献。

第 2 章至第 6 章为本书的主体研究部分。

第 2 章主要关注金融化与实体经济发展的相互关系。立足于我国金融化进程加速的时代背景，2.1 节采用主成分分析（principal component analysis，PCA）法构建金融化指数，运用 GSADF 检验法（generalized sup augmented Dickey Fuller）测度出我国四个股指、一线城市住宅销售价格泡沫序列，然后利用滚动宽窗 Granger 因果关系检验方法揭示金融化与不同资产价格泡沫的相互引导关系。考虑到已有的关于金融发展与经济增长的研究均忽视了变量间的空间溢出效应，2.2 节以 2003~2012 年中国 285 个地级及以上城市的统计数据为研究样本，构建城市距离空间权重矩阵，通过计算单变量和双变量 Moran's I 指数检验金融发展与经济增长的空间相关性，然后运用空间杜宾模型（spatial Dubin model，SDM）实证分析金融发展与经济增长的关系及其空间溢出效应。2.3 节构建了一个涵盖家庭、银行（主要是商业银行）、厂商、零售商、政府（或货币当局）和资本市场六类经济主体的经济系统。在兼顾金融摩擦和价格黏性等金融因素和家庭消费习惯、法定存款准备金率与资本折旧等实际刚性的基础上，将流动性冲击、金融脱媒冲击和资产价格冲击引入一类多部门的新凯恩斯动态随机一般均衡（dynamic new Keynesian-dynamic stochastic general equilibrium，DNK-DSGE）模型中，研究资产价格波动与实体经济变量的动态均衡机制。

第 3 章基于杠杆视角，研究杠杆和资产价格泡沫的内在逻辑关系、深入揭示杠杆对资产价格和实体经济发展的影响。3.1 节通过构建基于杠杆的资产价格泡沫模型，分析杠杆对资产价格泡沫的非对称作用机制，并运用分位数方法验证杠杆对资产价格泡沫存在非对称效应和临界约束，由此产生彼此抑制或者助推的内生动力。研究揭示杠杆对资产价格泡沫的影响会因经济发展阶段、泡沫演化程度和杠杆水平的不同而发生显著变化。3.2 节针对不同杠杆在内涵和计算方式上的差异性，重点关注金融机构投资者杠杆和资产价格之间的关系。在考虑金融机构投资者杠杆异质性的基础上，构建包含两个杠杆投资者、一个非杠杆投资者的金融系统动态迭代模型，数值模拟刻画金融机构杠杆的周期行为，并采取 2006~2015 年上市银行和证券公司的季度数据，实证检验理论模型的分析结果，揭示金融机构投资者杠杆和股票价格之间存在的顺周期性特征。

第 4 章基于货币政策视角，研究货币政策影响下的资产价格波动与实体经济效应。4.1 节在分析我国渐进式利率市场化的价格双轨制基础上，综合运用金融发展理论和传统利率传导理论，构建符合我国渐进式利率市场化进程的 IS-LM 模型，分析渐进式利率市场化进程中货币政策在货币市场和商品市场的传导效应。4.2 节围绕负利率与资产价格两个要素，主要研究负利率对资产价格的影响渠道及对各类资产的作用机制，实证部分以欧元区和日本为例，探究负利率的政策目标实现情况，一级负利率对股票、债券、房地产、大宗商品四类资产价格及其波动性的影响状况。考虑到调整货币政策是管控金融市场的重要工具，期货市场作为金融市场的重要组成部分，必然会受到货币政策的影响。同时，从流动性视角厘清货币政策对期货市场的非线性传导机制，可以为监管部门有效引导期货市场稳定发展提供重要依据。因此，4.3 节基于 2010 年 5 月至 2015 年 11 月的沪深 300 股指期货（主力合约）数据，利用成交额来确定权重从而反映投资者交易倾向，兼顾"时间尺度"和"价格尺度"双重属性构造一种测度市场流动性的新方法。然后，将 M2 和银行间同业拆借 7 天利率作为货币政策的代理变量,利用滚动宽窗 Granger 因果和 MS-VAR（Markov-switching vector auto regression，马尔科夫区制转换向量自回归）模型揭示货币政策对资产价格的非线性传导效应。

第 5 章重点研究资产价格波动与实体经济的主体行为。5.1 节尝试从时变参数视角探究中央银行的损失偏好行为及其影响因素。首先，针对现有函数刻画中央银行损失偏好的不足，提出一种能够同时刻画偏好"惰性"和非对称性特征的线性指数——幂函数损失偏好。其次，提出一种两阶段时变参数贝叶斯估计方法以克服内生性问题，进一步采用这一估计策略估计中央银行的实时时变偏好，并对其影响因素进行实证检验。5.2 节选取换手率、消费者信心指数、IPO（initial public offerings,首次公开募股）数量和宏观经济景气指数为基础指标，同时考虑它们的"领滞"关系，利用主成分分析法构建投资者情绪指标，基于"价量结合"的思想构造市场流动性指标，选择反映利率、股票市场、房地产市场与金融深度的 7 天同业拆借利率、沪深 300 指数的市盈率、国房景气指数和 M2/GDP 等指标，结合主成分分析法给出一类测度金融市场稳定的新指标，进一步结合 Granger 因果检验及 TVP-SV-SVAR（time varying parameter-stochastic volatility-structural vector auto regression, 时变随机波动率结构向量自回归）模型实证检验投资者情绪和市场流动性对金融市场稳定的动态关系。5.3 节聚焦不同的投资者风格，主要分析由于政策和市场经济，我国资本市场处于不同阶段时，投资者受到宏观因素和微观投资者情绪的影响所形成的投资者风格，并考察开启融资融券机制后投资者交易行为的变化。通过理论与模型分析，实证分析三个股票市场周期下不同投资者风格对股价波动的影响。

第 6 章为资产价格波动与实体经济的国际传导机制研究，从国际视角研究资产价格波动与实体经济的交互关系。首先，考虑到国际金融市场的剧烈动荡会通过传染机制对其他金融市场产生巨大冲击，因此，6.1 节通过构建时变 Copula-ARMA-NAGARCH（Copula-auto regressive moving average-nonlinear asymmetric generalized auto regressive conditional heteroscedastic，Copula-自回归滑动平均-非线性广义自回归条件异方差）模型检验中美主要股指间、中国主要股指间的动态相依特征，并对相依结构的影响因素进行细致描述与区分。6.2 节基于 2009 年 1 月至 2015 年 12 月的相关数据构建 MSI（2）- VAR（1）实证模型，分析美元加息、人民币汇率波动与短期跨国资本流动间的相互影响。同时，该节进一步将样本时期划分为外部货币政策稳定和波动两个独立的区制，分别进行回归分析并得到相关变量的正交脉冲响应结果，深入研究变量间的交互影响。6.3 节在测算跨国资本循环、系统性金融风险指标和人民币金融主权指数的基础上，引入美国联邦储备局（以下简称美联储）货币政策宽松程度变量，通过采用附加搜索模型的随机波动时变参数向量自回归模型，识别并检验各变量之间的时变关系。同时，将宏观经济和系统性金融风险状况充分纳入考察范围，研究不同时点上美元货币政策和跨国资本循环等外生变量对我国金融安全的冲击影响。

第 7 章为对本书研究内容的总结及对未来相关研究的展望。

本书源自笔者主持的国家自然科学基金面上项目"资产价格波动与实体经济：影响机制及其动态均衡研究"（项目编号：71473036）团队的部分研究成果。本书部分内容已经在 *Finance Research Letters*（SSCI）、*Applied Economics Letters*（SSCI）、*Sustainablity*（SSCI）、《中国社会科学》、《经济研究》、《世界经济》、《金融研究》等国内外权威学术期刊发表。在本书的写作过程中，笔者的研究生姚登宝、张旭、石广平、许从宝、刘俊斌、汤淳、王拓、邱龙森、田婧倩、杨广义、周东海等做了大量的分析整理工作，在此一并表示感谢！本书的完成吸收借鉴了许多专家学者的研究工作，参考文献都有列出，在此表示由衷的感谢。尽管我们努力想为读者呈现一本较为满意的关于资产价格与实体经济研究的学术著作，但由于水平有限，加之在疫情影响下，诸多事宜因此耽搁，书中难免有疏漏或不足之处，恳请读者提出宝贵意见，以便今后进一步修改和完善。

感谢东南大学社科处、东南大学经济管理学院、东南大学金融安全大数据实验室、东南大学金融工程研究中心、东南大学金融工程与金融智能实验室等机构为我们的研究工作提供了良好的学术支持和氛围环境。

本书的出版得到了国家自然科学基金面上项目（71473036、71673043）和东南大学经济管理学院的资助，以及科学出版社的大力支持，在此表达衷心感谢！

刘晓星

壬寅春分于南京东南大学九龙湖畔

目　　录

第1章 绪　　论

1.1　问题的提出

纵观世界金融发展史，无论是发达国家还是发展中国家，都经历过由资产价格大幅波动引发的经济衰退。从 17 世纪荷兰郁金香事件到 20 世纪 30 年代的经济大萧条、1997 年的东南亚金融危机、2007 年发端于美国并席卷全球的次贷危机和 2010 年的欧美主权债务危机，莫不关联于资产价格大幅波动导致实体经济衰退引起宏观经济失控。尤其是在全球化的信用经济条件下，资产价格波动与资产抵押信用相结合，从而使资产价格大幅波动与信用及金融体系紧密相连。许多经济学家至今仍在批评日本银行在制定货币政策时，没有将其资产价格行为考虑在内这一行为，其导致日本实体经济低迷长达十几年。为此，研究资产价格大幅波动对一国实体经济稳定的影响就显得十分重要，这一研究主题日益受到各国学者和政府部门的高度重视。

许多资产的特殊之处是它们的价格依赖转售价值，即使在充分信息条件下，交易主观性也很强，主观判断受到太多客观因素及情绪影响，很难做到资产价格的理性承担，因而市场过度预期（包括过度乐观、过度悲观预期）条件下的非理性交易行为是导致资产价格过度上涨或下跌扭曲投资者行为的重要原因。实体经济是资产价格得以形成的物质基础，资产价格是实体经济市场交易的货币价值表现，两者互为支撑、互相引导。各种金融资产和实物资产依靠价格机制与信用系统串联到实体经济部门，如果资产价格过度波动，就会对实体经济造成严重损害。具体而言，经济繁荣时期的乐观预期使资金需求显著增大，货币流通速度增加，利率上升，企业资金周转就会逐渐出现困难，一旦资产价格上升势头停止，投机家便纷纷抛售实物资产或金融资产。资产价格骤然下挫，交易过度的经济主体会因金融头寸不足而倒闭。信用收缩、货币流通速度下降、物价下跌，进一步恶化企业资产负债表，提高企业融资成本和降低企业资金需求，引起投资和产出萎缩，消费锐减，通过传导效应导致实体经济下滑和更大范围的经济秩序不稳。资产价格过度波动是一国经济发展、市场信息非对称和投资者有限理性共同作用的结果，有可能把中国社会经济转型升级的正常增长路径打乱而使其现代化进程受阻。如何从根本上采取有效措施将资产价格波动维持在可控范围，实现实体经济的稳定发展，急需人们深入探究资产价格波动影响实体经济的内在机理，掌握资产价格波动通过何种渠道向实体经济传导。资产价格波动与实体经济间的动态均衡如何实现？不同市场和资产间价格波动的联动效应和国别溢出效应的作用机理如何以及我们又该如何据此应对？如何构建有效的调控机制合理引导资产价格变化，提升资产价格对实体经济增长的引导驱动能力？这些问题需要我们深入研究资产价格波动对实体经济的影响。

1.2 研 究 意 义

近年来，我国为了应对全球性的经济金融危机，实施了一系列大规模的经济刺激计划，但随后出现了股市、汇市及实体经济等金融资产和实物资产价格大幅波动，越来越多的社会资本游离于实体经济，以钱炒钱现象逐渐突出，部分地区产业空心化迹象显现，金融领域资金分布不合理、矛盾突出，实体经济增长出现放缓趋势。2013 年中央经济工作会议因此再次强调增强我国实体经济发展的必要性和紧迫性。本书紧紧围绕我国国民经济和社会发展这一迫切需要，基于系列历史经济危机事件，运用金融事件研究方法和非线性动力复杂系统理论研究资产价格波动的内在机理及其影响实体经济的作用机制；分别构建基于不同层级资产网络级联、宏观经济政策、经济主体心理预期渠道和复杂动力系统视角的资产价格波动影响实体经济的系列传导机制模型；测度和评价分析资产价格波动影响实体经济的消费和投资需求效应、乘数效应（multiplier effect）、市场间联动效应、国别溢出效应和网络效应；结合 IS-LM-BP 理论分析框架，深入研究开放经济条件下资产价格波动与实体经济均衡的动态偏离和收敛的运动机制、资产价格波动与实体经济失衡的自我修复机制及外部校正机制，构建"多环联动"的资产价格波动与实体经济动态随机一般均衡（dynamic stochastic general equilibrium，DSGE）模型。基于资产价格波动与实体经济均衡的动态特征，构建多元宏观主体的资产价格波动调控渐进决策模式；基于宏观审慎视角的资产价格波动影响实体经济的政策相机抉择机制、日常监测与预警机制、缓冲与应急机制、反馈与调整机制，形成基于实体经济稳定发展的资产价格波动调控体系。

　　因此，本书研究将为经济系统参与各方活动提供可供参考的资产价格波动影响实体经济的传导机制模型和效应测度评价，以及具有可操作性的基于实体经济的资产价格波动调控体系，顺应了资产价格波动与实体经济理论发展的前沿方向和实践要求，无疑对充分发挥资产价格波动的有效引导和驱动机制，实现实体经济的稳定发展具有重要的理论价值和实践指导意义。

1.3　国内外研究现状分析

　　为了有效降低资产价格异常波动对实体经济的影响，近几十年来，各国经济理论界、世界组织及监管部门等在理论和实践方面都进行了大量的研究和探索，主要体现在以下几个方面。

1.3.1　资产价格波动的内在机理及其与实体经济关联研究

　　实际中资产价格波动是指资产市场价格与其基础价格的偏离，是一个极其复杂的非线性动力系统，是宏观、微观经济相互作用的结果。从形成方式和有无内在价值上可将其分为实体资产和金融资产，现有文献多以经常发生价格异常波动的资产为研究对象，这类资产的共同特点是价格多依赖其转售价值而非内在价值发生变化，因此常受预期因素的驱使发生波动。资产价格波动的内在机理究竟如何，哪些因素会引起资产价格波动等问题到目前仍然没有统一的界定和解释。传统的货币数量论认为，物价和工资随着货币供应量增加而上升，若其上升的速度和产出、要素、市场同步时则会引起资产价格上升。Fisher（1933）建立的负债-通缩理论指出经济繁荣时新兴产业促使投资者产生过高预期，机构和个人借入大量资金导致过度负债，当经济不足以维持借贷双方的预期时会出现债务清偿，各种资产价格开始下跌。Minsky（1986）、Allen 和 Gale（2000）从金融脆弱性假说和金融自由化角度论述资产价格波动的原因。Kim 和 Park（2013）利用内生增长模型来检验经济周期中持续性习惯的作用，结果显示即使经济基础没有受到冲击，持续性习惯偏好也会动摇经济增长，影响资产价格波动。Tsai 等（2014）指出时变不确定性对资产价格变化的重要性。Panchenko 等（2013）利用异质信念将网络联系引入资产定价模型中，探讨了网络拓扑效应对资产价格变化的影响。Arezki 等（2014）认为长期需求增长、技术革新、金融市场变化和宏观经济波动都会引起商品价格波动。汪献华（2013）基于 1995 年以来的数据实证表明我国存在显著的流动性冲击引致资产价格波动、资产价格波动强化流动性冲击的现象。

Albuquerque 和 Miao（2014）通过构建动态理性预期均衡模型分析内幕信息在投资者行为中的作用和预期收益以及风险的变化趋势。张振轩等（2013）利用实验经济学方法从无信息、公共信息和私有信息三种信息结构研究信息分布结构对资产价格泡沫的影响。Greenwald 等（2014）认为消费、劳动收入和技术进步会影响股票市场的波动。可见，资产价格波动是过度负债、习惯偏好、内幕信息、流动性冲击、需求增长和技术变革等诸多因素综合作用的结果。资产价格波动作为经济周期性波动的一个显著特征，成为世界各国宏观经济政策制定者和各种市场参与主体面临的新挑战。Chen 等（2014）指出金融冲击对原油价格的关键性影响，指出政策制定者应考虑金融市场条件变化对原油价格的影响。李薇和邓永亮（2010）从政策制定、资产选择及风险与收益权衡的角度系统地阐述了股票价格、房地产价格和汇率的决定及其波动。邹新月和代林清（2010）指出实际利率、预期通货膨胀率及风险溢价因素均会影响股价波动。资产价格波动的现有研究仅局限于问题的某个方面。事实上，影响资产价格波动所包含的因素极为广泛，既受资产本身内在属性的影响，也受市场环境、经济结构的制约，同时还受到投资者的心理预期、群体效应和认知偏差等的影响。

实体经济与资产价格变动之间的相关性是现代金融理论关注的一个重要问题（吴晓求，2006；张汉斌，2010），是研究资产价格波动与实体经济之间影响机制和动态均衡的前提。多数学者认为资产价格波动与实体经济稳定发展联系密切。例如，李军伟（2012）认为资产价格波动与现代经济运行的结构化存在关联性，对宏观经济稳定存在多样化的影响。余喆杨（2013）指出过去 30 年中，资产价格是一个导致宏观经济波动的新因素，资产价格波动与中国宏观经济波动呈现相伴性特征。其他研究如刘霞辉（2002）、吕江林（2005）、蒋海和伍雪玲（2013）、何德旭和饶明（2010）、Balli 等（2014）也有相似发现。但也有学者对两者之间的关联性提出异议，如 Friedman（2000）指出美国股票价格在一个较长时期中对产出和通货膨胀的影响几乎都不显著。吴晓求（2006）经实证发现美国股票市场与实体经济之间不存在 Granger 因果关系，也不存在较稳定的相关性。张汉斌（2010）认为吴晓求的实证中用股票价格和 GDP 分别指代资产价格和实体经济等表述欠准确，并分析了两者阶段性发散的原因。

现有文献多以股票价格代表资产价格，由于我国金融市场化程度不高，居民的股票持有率较低，以此来分析资产价格与实体经济的关联性欠妥。实际中资产包括的范围极为广泛，且资产价格波动与实体经济的关联性会随时间、市场结构和经济环境的变化呈现不同的特征，进而影响其传导的途径、机理和效应等。因此，资产价格波动的内在机理及其与实体经济的关联性研究是揭示其传导机制、效应机制和动态均衡机制的前提基础。

1.3.2　资产价格波动影响实体经济的传导及其效应机制研究

资产价格波动影响实体经济的传导机制主要是研究局部的资产价格异常波动是通过哪些渠道，或者产生哪些效应，传播扩散到实体经济的哪些环节或领域，进而如何影响实体经济的稳定发展。Mishkin（2001）将股票价格影响国民经济的渠道归为四类：影响企业投资的托宾 Q 效应、企业资产负债表效应、影响家庭消费的财富效应和流动性效应。Chirinko（2008）将资产价格对宏观经济的作用渠道归纳为财富效应渠道、资产负债表渠道、股票融资渠道和配置渠道。Quadrini（2014）在全球化金融市场中讨论资产价格波动的宏观经济效应，认为资产价格波动通过信用渠道影响实体经济部门。可见，资产价格波动可以通过以下四个方面传导至实体经济领域：第一，资产价格波动通过财富效应、流动性约束效应、替代效应和预期效应影响消费需求。例如，肖洋等（2012）运用 Granger 因果关系检验和向量自回归方法分析了 1997~2011 年我国股票、GDP、通货膨胀率和货币政策的关系，结果显示股票价格对通货膨胀具有正向效应，对 GDP 的影响短期内主要表现为替代效应，长期则是财富效应和投资效应占主导。刘湘勤和闫恺媛（2012）分析了资产价格波动对居民财产性收入分配的影响。魏永芬和王志强（2002）认为我国股价上涨没有激发消费支出的财富效应，而产生了很强的替代效应。王晓芳和毛彦军（2012）基于一个动态随机模型探讨了代理人消费流动性约束下货币政策的资产价格效应。第二，资产价格波动通过托宾 Q 效应、资产负债表效应、预期效应、挤出效应和非对称信息效应等影响投资需求。Barot 和 Yang（2002）运用 ECM（error connection method）考察了瑞典与英国 1970~1998 年的房屋需求与投资供给模型，研究发现托宾 Q 效应对房地产投资的影响明显。Huang 和 Wang（2013）指出 2007 年我国新会计准则实施后，企业资产负债表效应更加显著。Wang 和 Zhang（2014）研究了全球油价波动对中国基础工业的影响，探讨了对商品市场的负向冲击要比正向冲击强烈的非对称效应。其实，正如任萍（2013）、孔祥熙等（2013）分析的，资产价格波动通过影响消费需求和投资需求进而影响总需求，由此产生通货膨胀和紧缩效应。第三，资产价格波动通过影响金融稳定，从而改变企业的融资环境和信贷状况，间接作用于实体经济。例如，Hammersland 和 Træe（2014）通过整合两种相互加强的金融加速器机制构建宏观经济模型，说明金融加速器放大了资产价格对实体经济的影响效应。郭伟（2010）分别采用静态面板数据模型和动态面板数据模型对中国 2004~2007 年数据进行实证，发现中国资本市场中股票价格与商业银行信贷高度相关。王俊（2012）从银行信贷、市场流动性、信息不对称及非理性行为四个方面具体阐述了资产价格波动对金融稳定的影响机制。陈雨露和马勇（2012）从市场主体投资行为角度，分析了泡沫、实体经济和金融危机之间的作用机制，提供了一个完整的周期性框架。类似研究还有陈志英等（2013）、马亚明和邵士妍（2012）、唐建伟等（2006）。第四，资产价格波动通过影响货币政策作用于实体经济。例如，Kohlscheen（2014）通过分析拉丁美洲通货膨胀目标的 238 个货币政策事件，发现拉丁美洲未预期的利率提高与货币增量无关，高频汇率迷局既非储备原因也非财政决定，但美国联邦基准利率提高会引起拉丁美洲货币贬值。卢悦衡和张建波（2012）指出货币政策工具通过影响证券相对价格的变化影响证券市场参与者的行为。傅玮鞶（2013）考虑了资产价格波动与实体经济的双向传导，认为货币政策的传导渠道主要有利率、信贷和汇率等。

在开放经济条件下，不论哪个市场、哪个国家的资产价格发生异常波动，都会通过某些传导机制不断演化、放大，在杠杆效应和金融加速器效应的作用下产生乘数效应；不同市场间和国家间的传导相互交织，引起联动效应和国别溢出效应。可是目前对传导机制的研究主要偏于理论阐述，也未将传导机制间相互作用的效果考虑进去，而且极少从网络和系统视角研究资产价格波动影响实体经济的传导机制。另外，大多研究主要考虑资产价格波动的货币政策传导，然而财政政策、外汇政策和产业政策等宏观经济政策的传导作用也不容忽视。

1.3.3   资产价格波动与实体经济的动态均衡研究

资产价格波动与实体经济的动态均衡机制主要研究哪些因素会导致资产价格波动偏离实体经济，又是通过何种方式使其重新恢复到与实体经济稳定相适应的均衡状态。对该领域的研究主要集中在以下两个方面：第一，从金融市场、虚拟经济和实体经济关系、心理预期等角度阐明资产价格波动偏离实体经济的内在机理。例如，Sachs（2004）认为金融市场与实体经济两者的发展逐渐背离，在宏观经济体系内，实体经济是首要位置，其次是金融。曹源芳（2008）通过实证分析发现虚拟经济与实体经济彼此背离，不存在长期稳定的协整关系。王千（2007）认为实体经济对虚拟经济的影响越来越弱，而虚拟经济对实体经济的影响却在逐渐加强，二者之间存在非对称性影响。Emunds（2003）认为"羊群效应"和"权益要求"的外生增加促使投资者兴趣转向金融资产，促使有限的金融资源以限制实物资产投资的形式被金融部门吸收，最终制约实体经济的发展。第二，从构建一般均衡模型角度来阐述如何促进资产价格波动与实体经济的动态均衡。例如，Cochrane（2005）通过建立以股票溢价和消费为基础的一般均衡模型，发现金融市场回报率与实体经济密切相关。Jacobson 等（2005）从宏观、微观角度分析金融市场与实体经济间的相互作用，经实证发现二者之间具有联动效益，宏观经济政策变动会对金融市场波动造成直观影响，而金融市场的深化发展对实体经济在不同时期具有不同的冲击效应。Challe 和 Giannitsarou（2014）通过构建新凯恩斯资产定价的一般均衡模型来分析名义利率的未预期变化对股票价格市场的显著影响。石建民（2001）通过引入一般均衡模型，全面分析了股票市场对实体总量经济的影响。何圣财等（2011）结合中国经济特点，通过建立一个简易的宏观经济分析框架，分析了商品—信贷市场均衡、货币—资产市场均衡和国际收支均衡的内在机理。楚尔鸣和许先普（2012）结合托宾 Q 假说，通过构建包含货币部门的 DSGE 模型，分析技术冲击、政府支持冲击等外生冲击作用下产出、消费、投资和资产价格的动态响应。王国松（2012）在价格黏性下，构建包含金融资产交易的货币数量模型和货币政策的利率传导渠道均揭示了股票价格先于经济增长和通货膨胀而动的形成机理。马亚明和温博慧（2013）拓展货币量值模型框架构建多维决定性差分系统模型，解析了资产价格冲击下系统不动点的存在性、唯一性与稳定性的动态变迁路径和速度。庞晓波和贾非（2012）考察了金融—实体经济非均衡与通货膨胀之间的关系，指出治理通货膨胀，既要最大限度地控制货币供给量，也要大力疏通货币传导阻滞，实现金融与实体经济均衡发展。

动态均衡分析是一个比虚拟经济与实体经济关系研究更加细致和深入的领域，国内外大多学者主要从金融市场、货币政策、国际收支等方面通过构建局部均衡模型来讨论资产价格波动对实体经济的动态效应。事实上，资产价格波动通过物价、工资、就业、产出、货币供应、投资、消费和进出口等中间变量影响实体经济，其中价格是联系各变量的核心因素，各变量相互作用，共同影响总需求和总供给的变化，从而引起商品市场、金融市场、劳动力市场和房地产市场的局部均衡发展，各市场相互协调的动态均衡推动整个宏观经济的整体均衡。因此，今后的研究重点是通过确定各宏观经济变量的均衡值或均衡区间，构建一个多环联动的 DSGE 模型，揭示资产价格波动与实体经济从局部均衡演化为一般均衡的内在机制。

1.3.4 基于实体经济的资产价格波动调控体系研究

由于资产价格波动的复杂性及对实体经济影响的多样性和交互性，国内外学者在是否应对资产价格波动进行调控及如何调控等问题上存在一定的分歧，其中争论焦点主要集中在货币政策是否应对资产价格波动做出反应，是否应将资产价格纳入宏观监测的指标范围内。Ball 和 Chordia（2001）认为控制资产价格波动时关注汇率制度有利于宏观经济绩效，能减小自由经济波动。Dupor（2002）指出资产价格上涨并不意味着整体物价上涨，但它可能是资本市场的指示器，应予以货币政策关注。Airaudo 等（2013）认为严格的通货膨胀目标可能导致均衡的不确定性，中央银行的政策中应该对股价采取温和反应以修复均衡的确定性。Airaudo（2013）基于有限资产市场参与的新凯恩斯主义 DSGE 模型进行研究，认为从均衡确定性和总福利水平方面，对股价做出反应的政策效果更好。Ravn（2014）通过引入非线性性质来构建 DSGE 模型分析政策效应，指出政策制定者需要关注非对称股票价格的反应。也有一些学者提出相反结论，如 Bernanke 和 Gertler（2001）认为中央银行应致力于价格的稳定，不应对资产价格波动做出反应，货币政策对于资产价格波动是一种"钝的工具"。Bean（2004）认为温和的利率政策对资产价格泡沫几乎不起作用，而大幅度的利率提升对实体经济的负面作用很大。Goodfriend（2005）指出中央银行的利率政策不应该对资产价格做出反应，盯住资产价格反而会误导利率政策。Blot 等（2015）利用相关系数、VaR（value at risk，在险价值）、动态条件相关分析等拒绝了资产价格稳定正相关于金融稳定的假设，并实证分析了"逆经济风向"的货币政策方法。da Gama Machado（2013）通过构建一个适应性学习模型，发现以利率为工具的货币政策对资产价格反映的效果不理想，该结论对于存在异质预期和包含加权资产价格的最优货币决策稳健性来说同样有效。Filardo 等（2020）认为资产价格上涨与消费物价之间的关系虽有但不精确。Gilchrist 和 Leahy（2002）指出尽管资产价格波动对宏观经济的影响重大，但资产价格并不包含预测通货膨胀的有效信息。Gambacorta 和 Signoretti（2014）通过构建包含企业资产负债表和银行信贷渠道的 DSGE 模型来分析关于资产价格和信用的泰勒准则是否会提高宏观经济稳定和机构福利，结果表明逆经济风向而行的政策对供应方波动效果较好，但对通货膨胀目标的效果不佳。Ponomarenko（2013）在新兴市场的截面数据中应用新近发展的早期预警指标系统，发现以资产价格、实体经济行为、金融指标作为监测指标较为有效。季益烽（2014）认为以金融和房地产为代表的资产价格的周期波动对经济的影响日益突出，宏观经济政策不仅需要关注 CPI（consumer price index，居民消费价格指数），同时应将资产价格纳入监测范围内。

目前国内外以资产价格作为主要监测目标来反映实体经济运行状态的研究还较为缺乏，而且大多数研究仅考虑货币政策对资产价格波动的被动反应，缺乏对资产价格波动的主动引导的研究。货币政策的作用效果在短期内非常敏感，而财政政策、外汇政策和产业政策等宏观政策在短期内较为稳定，但从长期看不失为调控资产价格波动的有效手段。在实践中，决策主体并不局限于某一个监管机构，往往需要多个部门相互协调，共同推进某项政策的实施，很多政策目标也不可能一蹴而就，需要一系列子目标连续渐进完成才能保证整个目标取得预期效果，这就需要研究多元决策主体的渐进决策模式的开发和设计。本书通过对资产价格波动影响实体经济的传导机制、效应机制和动态均衡机制进行研究，旨在建立基于实体经济的资产价格波动调控体系，以更好地发挥资产价格波动对实体经济稳定发展的引导和驱动作用。

第2章　金融化与实体经济发展研究

资产价格是国家经济金融化的市场表现，实体经济是资产价格得以形成的物质基础，在市场正常条件下，资产价格存在一个相对稳定的波动区间，引导和驱动实体经济的发展，但如果市场环境、经济结构和群体预期等诸多因素发生变化，资产价格就会出现大幅波动，表现为极其复杂的非线性动力系统特征，严重影响实体经济的发展稳定。

2.1　金融化与资产价格泡沫：来自中国的证据

2.1.1　引言与文献综述

改革开放以来，中国经历了广泛而深刻的金融化进程。根据国家统计局的数据，从货币化层面看，我国 M2 余额增长较快，由 1990 年 12 月的 1.53 万亿元迅速攀升至 2016 年 12 月的 155 万亿元，短短 26 年间增长超过 100 倍。与 2016 年实现的 GDP 相比，我国 M2 余额已是同期 GDP 的 2.08 倍，远远超过同期发达国家，较为充分地反映了我国快速跃升的金融化水平。从微观金融业态角度看，我国金融行业对 GDP 的贡献率、创造的就业人数、实现的利润占比均得到明显提升。在过去 30 年中，我国金融行业对 GDP 的贡献率由 1.5%上升至 5.9%，尤其在 2005 年后呈现加速上扬态势；金融行业吸纳就业比例由 1994 年的 1.7%升至 2012 年的 3.5%（张成思和张步昙，2015）。同时，我国金融行业赚取的利润占同期全部行业利润总和比例也显著提升。2000~2009 年，我国 A 股金融业上市公司净利润占所有上市公司净利润总额的比例由 7.4%增加至 49.3%，这导致了我国金融行业资产规模的迅速攀升（Luo and Zhu，2014）。从非金融企业角度看，由于近年来我国国民经济下行压力较大，实体经济资产利润率不断走低，部分非金融企业将大量的闲置资金投入收益率较高的银行理财产品中，导致这些非金融企业通过金融渠道获取的利润占当年利润总和的比重逐年攀升（张成思和张步昙，2016）。因此，无论是从宏观层面的货币供给角度看，还是从微观层面的金融行业贡献率和非金融企业利润来源构成角度看，我国经济金融化趋势已经非常明显，而且在未来一段时间内可能会呈现出一种加速发展的态势。

在经济金融化不断加深的过程中，我国不同资产价格波动的幅度和频率都呈现出一种强化的势头。在股指波动方面，自从 1990 年沪深股市开设以来，我国股市整体波动水平一直居于全球主要股市前列。其中的原因固然有股市制度体系不健全、法律法规不完善、投资者不够成熟（包括个人投资者和机构投资者）、政府干预较多等因素，但也与我国金融化的快速发展密不可分。在我国股市经历的几轮牛市行情中，政府无一例外都实行着较为宽松的财政货币政策，大量资金流入股市，推动着股指不断上行。几轮历时较长的熊市基本上与我国政府相对偏紧的财政货币政策周期相吻合，这从另一个角度说明了政府财政货币政策的松紧周期对股市运行有着重大影响。在房地产价格波动方面，自从 20 世纪 90 年代后期实行住房体制改革以来，我国房地产市场经历了几轮较为明显的景气周期，大体上可划分为 2006~2007 年、2009~2010 年、2015~2016 年三个时间段。在这三个房地产市场景气周期中，我国的财政货币政策总体上趋向宽松，大量资金通过多种传导渠道涌入房地产市场。从商品属性角度看，当前我国房地产不仅具有普通商品的一般属性，还具有较强的金融属性，投资和投机价值日益凸显。房地产的金融化倾向导致部分热点城市房价畸高，超出了普通民众的支付能力，泡沫化现象开始显现，引发了政府部门多次出台严厉的限购限贷等调控措施。因此，近年来我国经济金融化进程深刻影响着股市和房价波动。

关于金融化的理论内涵，学术界存在着不同的解读。Shaw（1973）最早提出了金融深化理论，他们建议政府部门减少对金融领域的过多干预，使利率和汇率充分反映市场供求状况，并有效控制通货膨胀，倡导用金融自由化政策来促进不发达国家经济增长。Shaw（1973）提出了衡量金融深化程度的五个具体指标：金融存量指标、金融流量指标、金融机构指标、金融资产利率指标和汇率指标。有的学者用金融产品创新和金融产品交易的快速发展来定义金融化（Phillips，1994），也有学者用公司治理中股东价值上升来衡量金融化水平（Williams，2000），还有学者将金融化定义为资本市场超越银行系统而在金融体系中占据主导地位的现象（Phillips，2003）。Krippner（2005）融合了不同学者关于金融化内涵的界定，提出了一个更为一般性的定义：企业利润积累越来越多地通过金融渠道而不是通过商品生产和交易渠道获得的一种经济金融现象。可见，金融化的内涵因界定范围不同而存在较大差异，既可以是宏观层面的金融深化和金融行业地位的提升，也可以是人们投资理财观念的进步和大宗商品呈现出明显的金融特性。

资产价格泡沫是指一定时期内某项资产的交易价格远远高于其基本面价值的

情况（黄孝武，2004）。在世界经济发展史中，资产价格泡沫是一种反复出现的经济金融现象（瞿强，2005），曾先后发生了 1636 年荷兰的"郁金香球茎狂热"、1720 年法国的"密西西比泡沫"和英国的"南海泡沫"、20 世纪 20 年代美国的"沸腾年代"、20 世纪 80 年代后期日本股市泡沫、2000 年初美国的"互联网泡沫"、2007 年美国次贷危机及 2010 年欧洲债务危机等。有的学者认为金融危机的根源在于资产泡沫问题，在金融危机发生后，很多国家的政府和中央银行采取激进的政策措施来刺激本国经济，这为新的资产泡沫产生孕育了条件，导致在全球经济下行时，资产价格依然不断走高（谢国忠，2010）。综合诸多历史案例后可以发现，资产价格泡沫的产生与信用扩张具有高度的相关性，资产价格泡沫的膨胀与过剩的流动性有着密切关系，而且流动性因素对资产价格泡沫的影响具有独立性（杨晓兰，2010）。在社会信用体系还不完善的情况下，银行信贷资金的介入对股市价格泡沫的形成具有极大的推动作用（闵宗陶等，2006），资金约束放松为非理性资产价格泡沫的产生和膨胀创造了必要条件（杨晓兰和金雪军，2006）。有的学者认为金融化程度（金融市场的完全性）影响着资产价格泡沫的产生，而资产价格泡沫影响着实体经济的波动、效率和增长（王永钦等，2016）。还有学者研究发现由于房地产行业属于资金密集型产业，信用扩张程度决定了房地产的繁荣程度与价格水平（易宪容，2009）。很多学者通过理论分析和实证研究揭示了资产价格泡沫与实体经济、通货膨胀之间的相互影响机理，肯定了资产价格波动对宏观经济、金融稳定的影响，并建议中央银行在制定货币政策过程中应关注资产价格因素（桂荷发，2004；郭田勇，2006；杨晓兰和金雪军，2006）。此外，在资产价格泡沫测度方面，学术界已经使用了多种方法对资产价格泡沫进行测度，如测度投机泡沫的混合理性正反馈模型（张晓蓉等，2005）；刻画资产价格泡沫形成、增长到破灭过程的动态贝叶斯统计模型，并可以通过估计模型的时变系数确定泡沫产生的时点和持续时间（刘振涛等，2012）。

综上所述，金融化与资产价格泡沫密切关联，其中可能隐藏着某种相互影响机理有待学者们去深入探索研究。进入 2000 年以来，我国经济金融化趋势加强，同期股市、楼市、债市、大宗商品及普通商品等资产价格呈现出较大幅度的频繁波动，系列典型事实场景为我们研究金融化进程与资产价格泡沫的相互影响关系提供了经验素材。经济金融化对不同资产价格泡沫的产生和破灭产生了怎样的影响？影响的程度和持续时间如何？不同资产价格泡沫间是否存在着某种轮动效应？已有文献较多地孤立研究经济金融化现象和资产价格波动问题，没有将两者有机结合起来进行分析。因此，本节将侧重研究金融化与资产价格泡沫两者之间的相互影响机理，为政府提供可资借鉴的经验证据。

2.1.2 理论模型

资产价格泡沫的形成和演化离不开金融化的推动，从本质上说，资产价格波动是金融化的市场表现。反过来，资产价格波动也深刻影响着金融化进程。因此，金融化与资产价格泡沫间存在一种相互强化效应。

基于理性经济人假设的传统微观经济学认为，市场主体在追求自身经济利益最大化过程中是理性的。因此，理性经济人在面临资产买卖决策时，必然会对该资产价格未来各种可能的走势进行充分的预期，进行合理权衡后选择对自己最优的方案，所以理性经济人假设认为其对未来的预期也是理性的。传统微观经济学通过对实际资产价格波动进行研究后发现，即使投资者的预期是理性的，资产价格仍然有可能偏离其基本价值而出现泡沫化现象。已有研究主要从套利均衡和局部均衡两个角度推导出资产价格模型。

一般而言，某项资产的收益主要包括两个组成部分：资产的基础现金流（基本价值）和资产价格变化带来的资本投资收益。本节基于无风险资产和目标资产间的套利均衡来构建资产价格模型：

$$w_t = \frac{p_{t+1} - p_t}{p_t} + \frac{c_t}{p_t} \qquad (2.1)$$

其中，w_t 是资产在 t 期的收益率；p_{t+1}、p_t 分别是资产在 $t+1$ 期和 t 期的市场价格；c_t 是资产在 t 期的基础现金流。

传统微观经济学认为投资者的预期是理性的，所以该投资者对某项资产未来价格的理性预期就是该项资产以某个已知信息集作为条件的数学期望，因此式（2.1）可改写为

$$E\left[w_t | I_t\right] = \frac{E\left[p_{t+1} | I_t\right] - p_t}{p_t} + \frac{c_t}{p_t} \qquad (2.2)$$

同时，基于"投资者是风险中性的"和"风险资产的贴现率是正常数"两个假设，可以得到风险中性的投资者跨期效用最大化的一阶条件，即由欧拉方程可知：

$$p_t = \frac{1}{1+w} E\left[p_{t+1} | I_t\right] + \frac{c_t}{1+w} \qquad (2.3)$$

令 $\lambda = \frac{1}{1+w}$，$\varepsilon_t = \frac{c_t}{1+w}$，则式（2.3）简化为

$$p_t = \lambda E\left[p_{t+1} | I_t\right] + \varepsilon_t \qquad (2.4)$$

式（2.4）就是基本的资产定价公式，它是一个线性随机差分方程，可以通过迭代期望定律来求解。根据线性方程求解的一般理论可知，该方程的解可以分

为两部分：特解（p_t^*）和通解（q_t^*），即 $p_t = p_t^* + q_t^*$。其中，p_t^* 是对应齐次方程的特解，代表该资产的基本价值；q_t^* 是对应齐次方程的通解，反映资产价格的泡沫成分。

根据 Granger 和 Swanson（1997）的研究，可以从一般鞅模型推导出广义泡沫解 q_t^*，即

$$q_t^* = \frac{1}{\delta^t} A_t \qquad (2.5)$$

其中，A_t 是基于信息集 I_t 的任意鞅；泡沫成分 q_t^* 是一个下鞅。

根据适应性预期理论，投资者的心理预期显著影响着资产价格波动，一项资产的价格由该项资产的基本面价值和投资预期共同决定。适应性预期模型可以表达为

$$p_t = p_{t-1} + \alpha \left(p_{t-2} - p_{t-1} \right) \qquad (2.6)$$

由式（2.6）可知，某项资产的价格与其上期价格波动密切相关，而与其未来价格波动无关，投资者可以从前期的错误判断中吸取教训，不断修正自己的预期误差，从而形成对资产价格的充分预期。

具体到股市泡沫和房地产价格泡沫的形成过程，投资者预期发挥非常重要的作用。如果股市和房地产价格存在上涨预期，理性的投资者将会提前自己的投资行为，进而推动股市和房地产价格的进一步上升，这就是预期的自我实现功能在股市和房地产价格上涨中的重要体现。当资产价格上涨超过该资产的基本价值时（即 $p_t > p_t^*$ 时），泡沫便逐渐形成。高波等（2014）认为这种仅仅由上期资产价格上涨导致的本期资产价格上涨应归属于泡沫部分，不构成该项资产的基准价格。相反，如果投资者对于股市和房地产价格存在下跌预期，则理性投资者将会推迟自己的投资，持币观望导致股市和房地产价格继续下跌，降低资产价格的泡沫化程度。

资产价格泡沫的逐渐形成与资产的金融属性密不可分。在现实经济生活中，很多商品除了具有一般的商品属性之外，还具有不同程度的金融属性。张成思等（2014）基于金融化程度对不同种类商品进行分层，探索了不同金融化层次商品的价格形成机制，阐释了不同金融化层次商品价格波动对我国通货膨胀的驱动效应。按照张成思等（2014）的分类，股票和房地产属于高金融化层次的商品，因而资金流动对股票和房地产价格波动及泡沫生成的影响处于中等水平，对低金融化层次商品影响大。根据现有研究，宏观层面的金融深化必然伴随着货币流动性扩张，进而深刻影响股票和房地产价格波动及泡沫形成。股票和房地产等资产价格泡沫演化反过来又对金融化进程产生深远影响，因此本节将基于中国的经验证据，研究金融化进程与资产价格泡沫演化之间的相互影响机理，探索其中可能存

在的轮动规律。

2.1.3 计量模型与指标测度

1. 计量模型

传统的 Granger 因果关系检验方法只能分析不同变量间在整个样本区间内的因果关系，而无法检验研究变量间在某一细分样本区间内可能存在的因果关系，即在某些实证研究中，虽然研究变量间总体性的 Granger 因果关系并不显著，但有可能存在阶段性显著的 Granger 因果关系。因此，为弥补传统 Granger 因果关系检验方法的不足，本节在 Balcilar 等（2010）研究方法的基础上，将 Bootstrap-F 统计量和滚动宽窗 Granger 因果关系检验方法结合起来，用于分析金融化与不同资产价格泡沫间的非线性因果引致关系。

首先，经典二元 VAR(p) 模型的矩阵形式可表达如下：

$$\begin{bmatrix} y_{1t} \\ y_{2t} \end{bmatrix} = \begin{bmatrix} \varphi_1 \\ \varphi_2 \end{bmatrix} + \begin{bmatrix} \varphi_{11}(L) & \varphi_{12}(L) \\ \varphi_{21}(L) & \varphi_{22}(L) \end{bmatrix} \begin{bmatrix} y_{1t} \\ y_{2t} \end{bmatrix} + \begin{bmatrix} \varepsilon_{1t} \\ \varepsilon_{2t} \end{bmatrix} \qquad (2.7)$$

其中，y_{1t} 和 y_{2t} 分别表示待考察的两组时间序列变量；$\varphi_{ij}(L) = \sum_{k=1}^{p} \varphi_{ij,k} L^k, i, j = 1, 2$，$L^k x_t = x_{t-k}$（$L$ 是滞后算子，k 为滞后阶数）；ε_{1t} 和 ε_{2t} 均是白噪声序列。

由上述假设条件可知：若 y_{1t} 不是 y_{2t} 的 Granger 因果关系，则原假设为 $\varphi_{21,k} = 0, k = 1, 2, \cdots, p$；若 y_{2t} 不是 y_{1t} 的 Granger 因果关系，则原假设为 $\varphi_{12,k} = 0, k = 1, 2, \cdots, p$。

滚动宽窗 Granger 因果关系检验方法就是将传统的 Granger 因果关系检验在样本区间内不断地进行连续滚动估计，进而可以得到研究变量间动态的因果引致关系。具体检验步骤如下：假定待检验的整体样本长度为 T，设定滚动宽窗的宽度为 $n(2p+1<n<T)$，则可以把整个样本区间分割为 $T-n$ 个子样本区间，任意子样本的样本区间为 $t = \tau - n + 1, \tau - n, \cdots, \tau$；$\tau = n, n+1, \cdots, T$。然后运用 Bootstrap-$F$ 统计量方法来检验两组时序变量间的 Granger 因果关系，该检验方法统计量的表达式如下：

$$F_{t,n} = \frac{(\text{RSS}_{0,t} - \text{RSS}_{1,t})}{\text{RSS}_{1,t} / (n - 2p - 1)} \sim F(p, n - 2p - 1) \qquad (2.8)$$

其中，$\text{RSS}_{0,t} = \sum_{i=t-n+1}^{t} \hat{e}_i^2$；$\text{RSS}_{1,t} = \sum_{i=t-n+1}^{t} \hat{u}_i^2$。

2. 指标测度

1）金融化指数的测度

基于现有文献，本节从宏观货币供给、银行信贷供给和资本市场三个角度分别选取 M2/GDP、国内信贷对非金融部门债权/GDP、股票流通市值/GDP、债券市值/GDP、股票成交金额/GDP 五个基础指标（牛凯龙和张薄洋，2011；张成思和李雪君，2012），运用主成分分析法构建我国的金融化指数。构建后的金融化指数是一个时间序列，样本区间为 2003 年 1 月至 2016 年 9 月，其具体走势如图 2.1 所示。

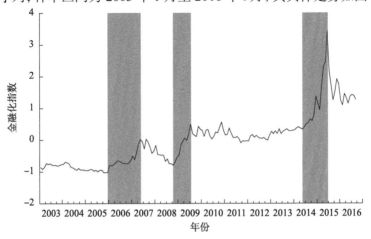

图 2.1　2003 年 1 月至 2016 年 9 月中国金融化指数走势图

由图 2.1 可知，样本区间内，我国的金融化指数总体上呈现出波动上升的态势。其中存在着三次较为明显的金融深化进程，具体时间区间分别为 2005 年 12 月至 2007 年 5 月、2008 年 10 月至 2009 年 7 月和 2014 年 5 月至 2015 年 6 月，金融化水平均得到较大幅度提升。这三个时间段与我国的经济发展周期高度吻合。在 2005 年 12 月至 2007 年 5 月这个时间段，我国实行着较为宽松的财政货币组合政策，M2 增速维持在高位运行，国内金融机构贷款总额增长较快，国民经济处于景气周期，股市经历了有史以来涨幅最大的牛市行情，这些因素共同导致同期金融化指数的快速跃升。之后我国政府注意到国民经济发展的势头过热，收紧财政和货币政策予以应对，导致金融化指数阶段性走低。始于 2007 年的美国次贷危机引发了全球性金融危机，我国经济发展面临严峻挑战，国民经济增速下降较快（根据国家统计局数据，由 2007 年第三季度的 14.4%快速下降到 2009 年第一季度的 6.4%）。我国政府审时度势，果断推出"四万亿"财政刺激计划，大量资金涌入实体经济和金融领域，避免了国民经济增长的过度失速。因此在 2008 年 10 月至 2009 年 7 月这个时间段，我国的金融化指数得到了恢复性增长，并形成了一个阶段性的高点。步入 2010 年后，为有效消除前期财政刺激计划的负面效应，我国实行了相对稳健的财政货币组合政策，货币资源保持着稳定增长态势，因而此时我国的金融化指数在五年时间内基本保持着一种平稳运行状态。从 2014 年开始，我国经济步入发展的新常态，人民币面临着较大贬值压力，国民经济下行风险较大，政府为保持国民经济实现中高速增长，创新运用多种财政货币政策手段向市场投放流动性。同时，股市和债市分别于 2015 年和 2016 年迎来牛市行情，进一步促使我国金融化指数攀升至样本区间内的最高点。

2）资产价格泡沫的测度

本部分运用 GSADF（Phillips et al.，2015）检验法[①]，以股市和房地产市场为代表，对我国近十年来的资产价格泡沫进行测度，通过深入分析揭示其中可能隐含的动态演变规律。

a. 股市泡沫的提取

首先在样本数据方面，选取上证综指和深证成指 2001 年 1 月至 2016 年 12 月的月度数据，样本量为 192 个，设定的窗口宽度为 24 个月；选取中小板指 2005 年 7 月至 2016 年 12 月的月度数据，样本量为 138 个，设定的窗口宽度为 15 个月；选取创业板指 2010 年 6 月至 2016 年 12 月的月度数据，样本量为 79 个，设定的窗口宽度为 10 个月。然后在 GSADF 程序中运用 Monte Carlo 模拟方法分别执行 1 000 次模拟，具体模拟结果如图 2.2 所示。

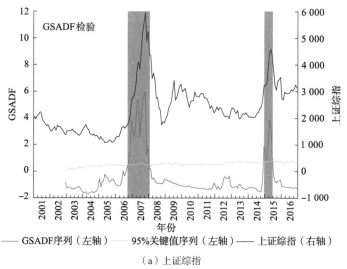

（a）上证综指

---

① Phillips 等（2015）提出的 GSADF 检验法是在 ADF 检验法和 SADF 检验法的基础上改进的，该方法在检测中具有较强的灵敏性，不仅可以检测出资产价格的轻微波动，还可以检测出资产价格的周期性泡沫和多重泡沫。具体地，与聚焦于左侧单位根检验的 ADF 检验法不同，GSADF 检验法是基于一种连续向前递归的回归过程，可以用来检测资产价格轻微波动；与检验单一泡沫非常有效的 SADF 检验法相比，GSADF 检验法扩充了子样本滚动窗口内的样本数量，能够进行多重泡沫检测，实证检验结果更为可靠。

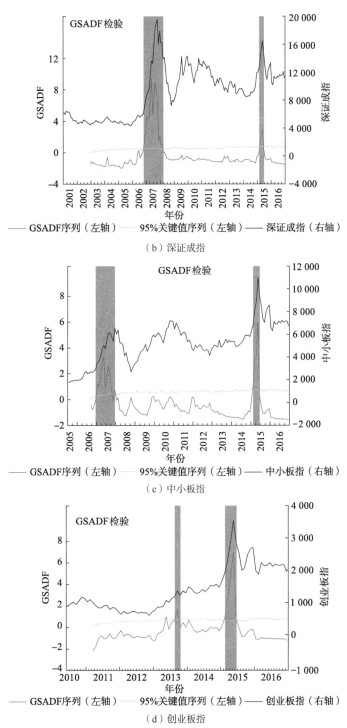

（b）深证成指

（c）中小板指

（d）创业板指

图 2.2　股指泡沫序列走势图

由图 2.2 可知,四个股指泡沫生成和演化的具体时间段既有较多的重合性,也存在一定差异性。例如,四个股指均在 2015 年 2 月至 6 月这个时间段出现明显的泡沫化现象,而且上证综指、深证成指和中小板指均在 2006~2007 年这轮牛市行情中产生了较大泡沫(创业板于 2009 年 10 月 29 日正式开通,所以创业板指数的设立时间相对较晚,与此轮牛市泡沫行情无关),如表 2.1 所示。不同之处在于,上证综指和深证成指在 2006~2007 年牛市行情中的泡沫化程度最高,远远高于2015 年 2 月至 2015 年 6 月的牛市行情泡沫化程度;中小板指的泡沫化程度却正好相反。此外,创业板指于 2013 年走出了一波阶段性牛市行情,其泡沫化程度在这一时间段中也较为明显。

表 2.1   四大股指泡沫化程度测度及泡沫产生区间

参数变量	上证综指	深证成指	中小板指	创业板指
GSADF	6.004 834***	9.465 511***	6.022 921***	6.994 929***
99%	2.929 376	2.929 376	3.049 822	3.210 381
95%	2.207 038	2.207 038	2.339 592	2.509 585
90%	1.936 807	1.936 807	2.072 697	2.110 813
泡沫区间	2006 年 9 月至 2008 年 1 月 2014 年 12 月至 2015 年 6 月	2006 年 10 月至 2008 年 3 月 2015 年 2 月至 2015 年 6 月	2006 年 12 月至 2007 年 12 月 2015 年 2 月至 2015 年 6 月	2013 年 8 月至 2013 年 10 月 2015 年 2 月至 2015 年 6 月

***表示在1%的显著性水平上显著

表 2.1 结果显示,在 95%关键值水平下,上证综指在两个时间段内(2006 年9 月至 2008 年 1 月和 2014 年 12 月至 2015 年 6 月)出现明显的泡沫化现象,分别对应着两轮涨幅较大的牛市行情;深证成指也分别在 2006 年 10 月至 2008 年 3 月和 2015 年 2 月至 2015 年 6 月这两个时间段出现明显的泡沫化现象。从 GSADF序列的走势上可以发现,上证综指和深证成指均在始于 2006 年的大牛市行情中形成最大正向泡沫,这与当时形成的股指历史性高点的事实相符;而始于 2014 年底的牛市行情,其规模远不及 2006~2007 年那轮波澜壮阔的牛市行情,因此上证综指和深证成指在该轮牛市行情中的泡沫化程度相对较低,持续时间也相对较短。中小板指出现泡沫的时间段分别为 2006 年 12 月至 2007 年 12 月(其中 2007 年11 月的 GSADF 序列值小于 95%关键值水平,泡沫化程度不显著)和 2015 年 2 月至 2015 年 6 月,与上证综指和深证成指两次泡沫化程度大小不同的是,中小板指的泡沫化程度在 2015 年 2 月至 2015 年 6 月的牛市中后期表现得更为明显。创业板指编制时间较短,所以其泡沫区间主要包括 2013 年 8 月至 2013 年 10 月中旬和2015 年 2 月至 2015 年 6 月,分别对应着 2013 年创业板指的慢牛行情和 2015 年疯

牛行情；对比两个时间段的泡沫化程度后可以发现，创业板指在 2015 年 2 月至 2015 年 6 月的泡沫化程度相对更高，远远脱离了创业板的实际价值。

b. 房地产泡沫的提取

本小节主要考察四个一线城市住宅销售价格泡沫产生的具体时间区间。首先在样本区间和窗口宽度设定方面，分别选取北京和上海 2001 年 1 月至 2016 年 7 月的住宅销售价格月度数据，样本量均为 187 个，设定的窗口宽度均为 24 个月；分别选取广州和深圳 2003 年 6 月至 2016 年 6 月的住宅销售价格月度数据，样本量均为 157 个，设定的窗口宽度均为 20 个月。然后在 GSADF 程序中分别执行 1 000 次 Monte Carlo 模拟，具体模拟结果如图 2.3 所示。

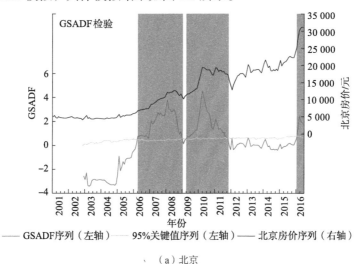

（a）北京

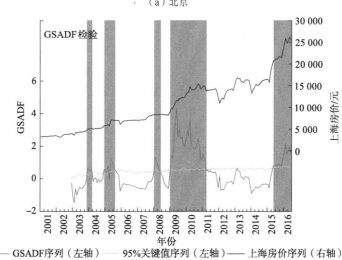

（b）上海

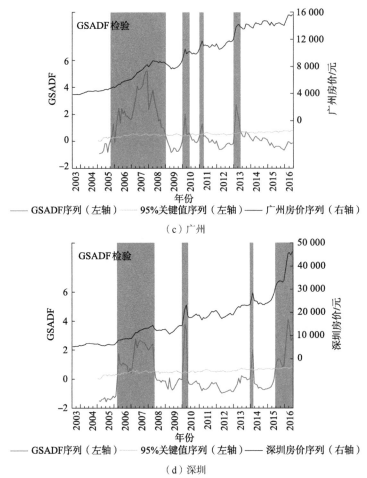

（c）广州

（d）深圳

图 2.3 四个一线城市住宅销售价格泡沫序列走势图

从图 2.3 中可以发现，四个一线城市住宅销售价格泡沫产生的具体时间点和持续时间长短差异性均较大，住宅销售价格泡沫的轮动效应明显。表 2.2 结果显示，在四个一线城市中，上海住宅市场最早出现泡沫化现象，其出现泡沫的时间段分别为 2003 年 11 月至 2004 年 3 月和 2004 年 12 月至 2005 年 8 月，而此时其他城市住宅销售价格走势相对较为平稳。之后上海住宅销售价格趋于稳定，北京、广州和深圳三个一线城市的住宅销售价格则经历了一段历时较长的上涨过程（其中北京住宅销售价格产生泡沫的时间段为 2006 年 4 月至 2009 年 1 月，持续时间达 32 个月；广州住宅销售价格产生泡沫的时间段为 2005 年 9 月至 2008 年 12 月，持续时间达 40 个月；深圳住宅销售价格产生泡沫的时间段为 2006 年 2 月至 2008 年 4 月，持续时间为 27 个月）。2008 年爆发的国际金融危机对我国经济平稳运行造成较大负面影响，四个一线城市住房销售价格均出现不同程度的下跌，其中深圳、广州和上海住宅销售价格泡沫均在较长时间范围内得到有效缓解。随着2009 年我国政府推出"四万亿"经济刺激计划，四个一线城市住宅销售价格由跌转升，均经历了较大幅度的上涨，但住宅销售价格泡沫持续时间存在着明显差异性。其中北京和上海住宅销售价格泡沫的持续时间相对较长，分别达 32 个月（2009 年 4 月至 2011 年 11 月）和 28 个月（2009 年 1 月至 2011 年 4 月）；广州和深圳两地住宅销售价格泡沫持续时间相对较短，分别为 10 个月（2009 年 12 月至 2010 年 5 月，2010 年 12 月至 2011 年 3 月）和 5 个月（2009 年 12 月至 2010 年 4 月）。步入 2015 年之后，深圳和上海住宅销售价格快速上升，再次出现较明显的泡沫化现象。北京市的住宅销售价格上涨时间相对较晚，于 2016 年开始产生泡沫化现象。

表 2.2　四个一线城市住宅销售价格泡沫测度及泡沫产生区间

参数变量	北京	上海	广州	深圳
GSADF	4.562 674[***]	4.358 761[***]	5.220 147[***]	4.139 261[***]
99%	2.922 313	2.922 313	2.807 084	2.807 084
95%	2.181 011	2.181 011	2.166 272	2.166 272
90%	1.902 510	1.902 510	1.918 481	1.918 481
泡沫区间	2006 年 4 月至 2009 年 1 月 2009 年 4 月至 2011 年 11 月 2016 年 2 月至 2016 年 7 月	2003 年 11 月至 2004 年 3 月 2004 年 12 月至 2005 年 8 月 2008 年 1 月至 2008 年 6 月 2009 年 1 月至 2011 年 4 月 2015 年 6 月至 2016 年 7 月	2005 年 9 月至 2008 年 12 月（2005 年 12 月除外）2009 年 12 月至 2010 年 5 月 2010 年 12 月至 2011 年 3 月 2012 年 12 月至 2013 年 5 月	2006 年 2 月至 2008 年 4 月 2009 年 12 月至 2010 年 4 月 2013 年 12 月至 2014 年 2 月 2015 年 6 月至 2016 年 6 月

***表示在1%的显著性水平上显著

2.1.4　实证结果与分析

1. 金融化与股市泡沫的关系

图 2.4 分别显示了金融化对上证综指、深证成指、中小板指和创业板指泡沫的滚动宽窗 Granger 因果关系检验结果，原假设为金融化不是上证综指泡沫、深证成指泡沫、中小板指泡沫和创业板指泡沫的 Granger 因果原因。图 2.4（a）反映了金融化对上证综指泡沫的 Bootstrap-P 值，可以发现在 10% 显著水平下，在 2004 年10 月至 2005 年 1 月、2006 年 4 月至 2006 年 5 月、2007 年 6 月至 2007 年 10 月、2009 年 7 月至 2009 年 9 月、2015 年 1 月至 2015 年 8 月五个时间段内都拒绝了原

假设，即在这五个时间段内，金融化是上证综指泡沫的 Granger 因果原因。其中金融化主要在 2007 年 6 月至 2007 年 10 月和 2015 年 1 月至 2015 年 8 月这两个时间段内对上证综指泡沫产生显著的持续性影响。结合上述提取的上证综指泡沫区间（2006 年 9 月至 2008 年 1 月和 2014 年 12 月至 2015 年 6 月）可知，金融化在两轮牛市行情中均对上证综指泡沫产生了显著正向影响。图 2.4（b）给出了金融化对深证成指泡沫的 Bootstrap-P 值，主要存在 2011 年 9 月至 2012 年 1 月、2014 年 11 月至 2015 年 1 月、2015 年 3 月至 2015 年 5 月三个时间段在 10% 显著性水平下拒绝了原假设，即金融化在这三个时间段内是深证成指泡沫的 Granger 因果原因。结合深证成指泡沫产生的区间可知，金融化对始于 2015 年 2 月的深证成指泡沫牛市行情有着显著正向影响效应。图 2.4（c）反映了金融化对中小板指泡沫的 Bootstrap-P 值，可以发现在 10% 显著性水平下，在 2011 年 6 月至 2011 年 11 月、2013 年 10 月至 2014 年 2 月、2014 年 5 月至 2014 年 7 月、2015 年 1 月至 2015 年 5 月四个时间段内均拒绝了原假设，说明金融化在这四个时间段内均是中小板指泡沫的 Granger 因果原因。其中 2015 年 1 月至 2015 年 5 月与中小板指泡沫区间重合，说明金融化是导致该时间段中小板指产生泡沫的重要因素。图 2.4（d）给出了金融化对创业板指泡沫的 Bootstrap-P 值，发现在 2014 年 1 月至 2014 年 6 月时间段内在 10% 显著性水平下拒绝了原假设（可能是样本量较小的缘故），即金融化在这个时间段内是创业板指泡沫的 Granger 因果原因。该时间段与上述中创业板指泡沫区间没有重叠，说明金融化对创业板指泡沫的影响并不明显。综上所述，可以发现一个显著特点：在 2014 年 11 月至 2015 年 6 月我国股市的牛市行情中，金融化均在不同时间段内促进了上证综指、深证成指、中小板指泡沫的产生和演化。事实上，在这个时间段及之前，我国采取了多种财政货币政策手段向市场投放流动性资金以维持国民经济的平稳增长，导致我国金融化进程进一步深化，大量资金流入股票等金融资产，我国股市也迎来了一轮波澜壮阔的牛市行情，因而金融化在这个时间段内均对三个股指泡沫产生了显著正向影响。

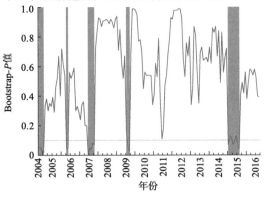

（a）上证综指

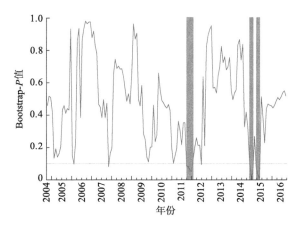

（b）深证成指

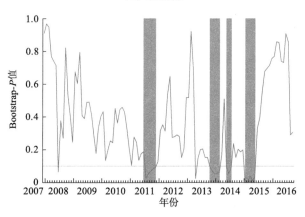

（c）中小板指

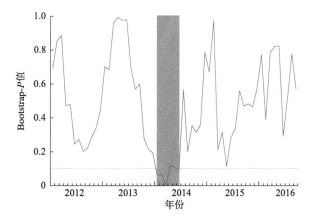

（d）创业板指

图 2.4　金融化对股指泡沫滚动宽窗 Granger 因果检验

与图 2.4 的分析视角相反，图 2.5 反映了上证综指、深证成指、中小板指和创业板指泡沫对金融化的滚动宽窗 Granger 因果关系检验结果，原假设为上证综指泡沫、深证成指泡沫、中小板指泡沫和创业板指泡沫不是金融化的 Granger 因果原因。图 2.5(a) 给出了上证综指泡沫对金融化的 Bootstrap-P 值，主要存在 2007 年 4 月至 2009 年 1 月、2011 年 4 月至 2011 年 10 月、2014 年 12 月至 2015 年 3 月三个时间段在 10%显著性水平下拒绝了原假设，即上证综指泡沫在这三个时间段内是金融化的 Granger 因果原因。图 2.5（b）反映了深证成指泡沫对金融化的 Bootstrap-P 值，在 10%显著性水平下，主要存在 2007 年 7 月至 2009 年 3 月、2010 年 11 月至 2012 年 6 月、2015 年 4 月至 2016 年 9 月三个时间段拒绝了原假设，即深证成指泡沫在这三个时间段内是金融化的 Granger 因果原因。图 2.5（c）给出了中小板指泡沫对金融化的 Bootstrap-P 值，主要存在 2007 年 12 月至 2008 年 11 月、2011 年 1 月至 2012 年 2 月、2013 年 3 月至 2014 年 3 月、2015 年 2 月至 2016 年 9 月四个时间段在 10%显著性水平下拒绝了原假设，即中小板指泡沫在这四个时间段内是金融化的 Granger 因果原因。图 2.5（d）反映了创业板指泡沫对金融化的 Bootstrap-P 值，在 10%显著性水平下，主要存在 2013 年 4 月至 2013 年 6 月、2014 年 12 月至 2015 年 1 月两个时间段内拒绝了原假设，即创业板指泡沫在这两个时间段内是金融化的 Granger 因果原因。可见与上证综指泡沫、深证成指泡沫、中小板指泡沫相比，创业板指泡沫对我国金融化的影响程度较小，且影响时间也相对较短，可能的原因在于创业板创设时间最晚，总市值和成交金额均较小。从上证综指泡沫、深证成指泡沫、中小板指泡沫对金融化影响的时间段可以发现，三大股指泡沫演变对金融化的影响时间段高度重合（特别是两轮牛市行情期间），说明我国这三大股指同步走牛均对金融化产生显著正向影响（其中中小板指 2013 年的牛市行情也对金融化发挥着正相关影响效应）。

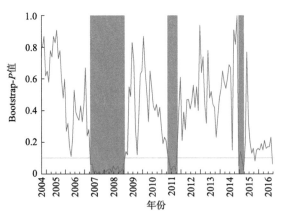

（a）上证综指

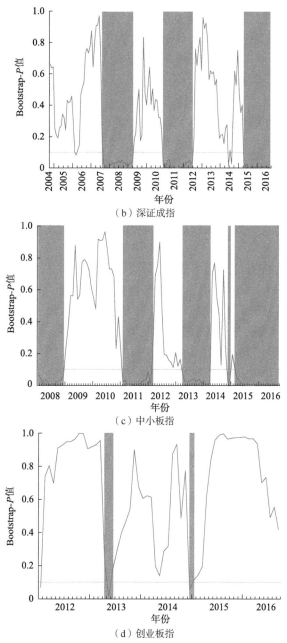

（b）深证成指

（c）中小板指

（d）创业板指

图 2.5　股指泡沫对金融化的滚动宽窗 Granger 因果检验

2. 金融化与房地产泡沫的关系

图 2.6 反映了金融化对四个一线城市住房销售价格泡沫序列的滚动宽窗 Granger 因果关系检验结果，原假设为金融化不是四个一线城市住房销售价格泡

沫的 Granger 因果原因。图 2.6（a）反映了金融化对北京住房销售价格泡沫的 Bootstrap-P 值，可以发现在 10%显著性水平下，在 2007 年 3 月至 2007 年 4 月、2007 年 11 月至 2008 年 12 月、2012 年 3 月至 2012 年 7 月、2013 年 11 月至 2013 年 12 月、2015 年 3 月至 2015 年 4 月五个时间段内均拒绝了原假设，即在这五个时间段内，金融化是北京住房销售价格泡沫的 Granger 因果原因。其中在 2007 年 11 月至 2008 年 12 月这个时间段内，金融化对北京住房销售价格泡沫形成显著且持久的影响。图 2.6（b）给出了金融化对上海住房销售价格泡沫的 Bootstrap-P 值，主要存在 2007 年 10 月至 2008 年 1 月、2009 年 1 月至 2009 年 9 月（个别月份不明显）、2012 年 5 月至 2012 年 7 月、2013 年 11 月至 2014 年 11 月、2015 年 4 月至 2015 年 7 月五个时间段在 10%显著性水平下拒绝了原假设，即金融化在这五个时间段内是上海住房销售价格泡沫的 Granger 因果原因。可见在 2009 年 1 月至 2009 年 9 月和 2013 年 11 月至 2014 年 11 月这两个时间段内，金融化是导致上海住房销售价格泡沫产生的重要因素。图 2.6（c）反映了金融化对广州住房销售价格泡沫的 Bootstrap-P 值，可以发现在 10%显著性水平下，在 2006 年 9 月至 2007 年 4 月、2013 年 1 月至 2014 年 10 月两个时间段内拒绝了原假设，即金融化在这两个时间段内是广州住房销售价格泡沫的 Granger 因果原因。其中在 2006 年 9 月至 2007 年 4 月这个时间段内，广州住房销售价格泡沫化倾向明显，背后可能隐藏着金融化因素的推动作用。图 2.6（d）给出了金融化对深圳住房销售价格泡沫的 Bootstrap-P 值，主要存在 2006 年 9 月至 2007 年 8 月、2008 年 4 月至 2008 年 9 月（个别月份不明显）、2015 年 11 月至 2015 年 12 月三个时间段在 10%显著性水平下拒绝了原假设，即金融化在这三个时间段内是深圳住房销售价格泡沫的 Granger 因果原因。在这三个时间段内，金融化冲击可以较好地解释深圳住房销售价格泡沫的走势。由上述分析可知，金融化对四个一线城市住房销售价格泡沫序列走势的影响区间存在着较大差异性，说明可能存在着住房销售价格泡沫的轮动效应。

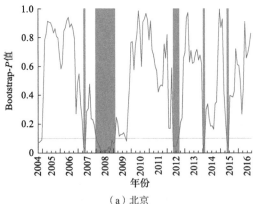

（a）北京

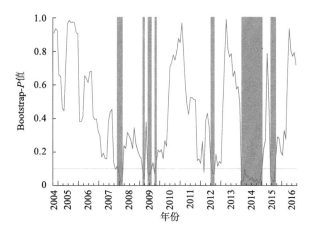

（b）上海

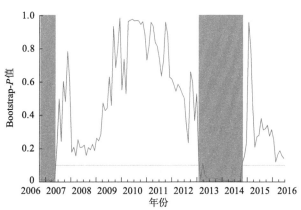

（c）广州

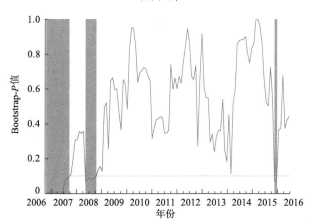

（d）深圳

图 2.6　金融化对四个一线城市住宅价格泡沫的滚动宽窗 Granger 因果检验

图 2.7 给出了四个一线城市住房销售价格泡沫序列对金融化的滚动宽窗 Granger 因果关系检验结果,原假设为四个一线城市住房销售价格泡沫不是金融化的 Granger 因果原因。图 2.7 (a) 反映了北京住房销售价格泡沫对金融化的 Bootstrap-P 值,可以发现在 10%显著性水平下,在 2004 年 9 月至 2004 年 11 月和 2006 年 11 月至 2007 年 1 月两个时间段内均拒绝了原假设,即北京住房销售价格泡沫在这两个时间段内是金融化的 Granger 因果原因。图 2.7 (b) 反映了上海住房销售价格泡沫对金融化的 Bootstrap-P 值,存在 2004 年 9 月至 2005 年 3 月、2005 年 5 月至 2005 年 7 月、2007 年 2 月至 2007 年 3 月、2008 年 2 月至 2008 年 3 月和 2009 年 8 月至 2010 年 4 月五个时间段在 10%显著性水平下均拒绝了原假设,即上海住房销售价格泡沫在这五个时间段内是金融化的 Granger 因果原因。图 2.7 (c) 反映了广州住房销售价格泡沫对金融化的 Bootstrap-P 值,可以发现在 10%显著性水平下,在 2006 年 9 月至 2007 年 2 月和 2009 年 4 月至 2009 年 7 月两个时间段内均拒绝了原假设,即广州住房销售价格泡沫在这两个时间段内是金融化的 Granger 因果原因。图 2.7 (d) 反映了深圳住房销售价格泡沫对金融化的 Bootstrap-P 值,仅存在 2012 年 9 月至 2013 年 1 月一个时间段在 10%显著性水平下拒绝了原假设,即深圳住房销售价格泡沫在该时间段内是金融化的 Granger 因果原因。可见在四个一线城市中,北京和上海住房销售价格泡沫对金融化的影响相对较早;在 2006 年底至 2007 年初这段时间,北京、上海和广州三地住房销售价格泡沫均对金融化有着显著影响,这与三地住房销售价格同步走高的事实相符。综合来看,四个一线城市住房销售价格泡沫对金融化的具体影响效应存在明显的轮动性。

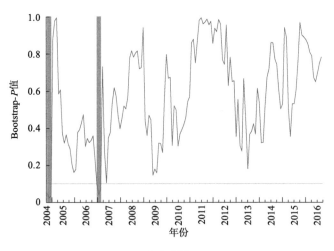

(a) 北京

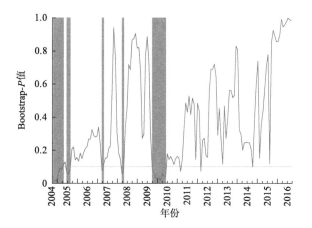

（b）上海

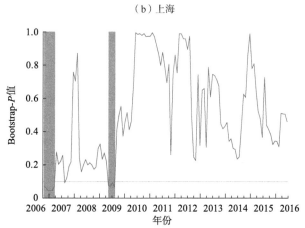

（c）广州

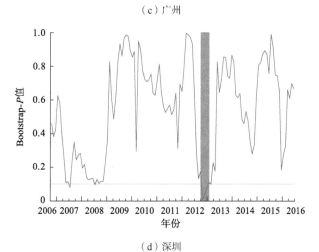

（d）深圳

图 2.7 四个一线城市住宅价格泡沫对金融化的滚动宽窗 Granger 因果检验

3. 金融化与资产价格泡沫的轮动效应

从前述分析中可知，首先我国资产价格泡沫的形成和演化存在着较强的轮动规律。在样本区间内，我国资产价格泡沫首先在房地产领域产生，其中上海住宅价格早在 2003 年 11 月便出现了泡沫，随后广州、深圳、北京住宅价格也依次出现了泡沫化现象。进入 2006 年后，我国国民经济发展较快，整个宏观经济呈现出一种过热的发展势头，导致房地产行业和股市同时出现了泡沫，且泡沫持续时间较长。2008 年席卷全球的金融危机对我国经济发展造成较大负面影响，国民经济增速下行较快，前期过热行业的泡沫化势头得到逆转，房地产行业泡沫和股市泡沫也出现不同程度的消退。为抵御外部金融危机引起的我国经济发展过度失速，政府于 2009 年推出了"四万亿"财政刺激计划，我国国民经济迅速探底回升，大量资金流入房地产等基础性行业，四个一线城市住宅销售价格也出现不同程度上涨，纷纷再次出现了泡沫。随着财政刺激计划边际效应的递减，我国房地产行业整体泡沫化水平逐步降低。在我国经济步入发展的新常态之后，国民经济下行压力较大，为应对严峻的经济发展形势，政府部门创新运用多种财政货币政策手段来维持国民经济实现中高速增长，同时也导致房地产行业步入新一轮景气周期，内地股市再次迎来一轮涨幅较大的牛市行情，资产价格泡沫化倾向再次凸显。

伴随着我国金融化进程的加速，金融化对不同资产价格泡沫的产生，以及泡沫持续时间的影响存在着较为明显的轮动效应。在 95%关键值水平下，金融化最先对上证综指泡沫序列产生显著影响，而对其他三个股指的显著影响则延迟至 2011 年 6 月之后；总体上而言，金融化对四大股指泡沫序列的显著性影响区间不但较为分散，而且持续时间相对较短；除了 2015 年上半年的牛市行情外，金融化对四大股指泡沫序列的显著性影响区间基本不重叠，说明金融化对股指泡沫序列的显著影响具有轮动效应。金融化对四个一线城市住宅销售价格泡沫序列的显著性影响的时间段也较为分散，且重叠区间较少，这说明金融化对四个一线城市住宅销售价格泡沫序列的显著影响也具有轮动效应。此外，金融化与资产价格泡沫间存在着相互强化的倾向，资产价格泡沫反过来会进一步促进金融深化。四大股指泡沫序列对金融化的显著性影响区间主要集中在 2006~2007 年和 2014~2015 年这两轮牛市行情，在其他时间段则存在着一定的轮动影响效应。北京、上海、广州三个一线城市住宅销售价格泡沫序列在 2006~2007 年均对金融化产生显著性影响，其他时间段的影响效应较为分散，轮动效应明显。

2.1.5 主要结论与政策启示

随着我国金融化进程开始加速，不同资产价格呈现出一种剧烈波动状态。本节立足于我国金融化进程加速的时代背景，采用主成分分析法构建金融化指数，运用 GSADF 检验法测度出我国四大股指、一线城市住宅销售价格泡沫序列，然后利用滚动宽窗 Granger 因果关系检验方法揭示了金融化与不同资产价格泡沫的相互引导关系。研究结果表明，样本区间内我国经历着深刻的金融化进程，表现为金融化指数呈不断走高态势，特别是在 2005 年 12 月至 2007 年 5 月、2008 年 10 月至 2009 年 7 月和 2014 年 5 月至 2015 年 6 月这三个时间段内取得显著上升。在股市泡沫和房地产价格泡沫方面，我国四大股指泡沫序列的形成与演化同步性较强，但泡沫化程度在不同样本区间内存在较大差异性；四个一线城市住房销售价格涨跌不一，因此它们出现泡沫化的具体时间点和持续时间均有着显著不同。在金融化与资产价格泡沫相互影响方面，金融化在不同子样本区间内不但对四大股指泡沫和四个一线城市住宅销售价格泡沫产生显著正向影响效应，而且这种影响效应的轮动性较为明显。同时，四大股指泡沫和四个一线城市住宅销售价格泡沫反过来也深刻影响着金融化进程。因此，我国金融化进程和以股市和房地产为代表的资产价格泡沫间存在着相互强化的正向影响效应。

鉴于在未来相当长一段时间内，我国将会继续经历着深刻的金融深化进程，同时，资产价格频繁剧烈波动也将成为一种新常态，这将对未来我国国民经济保持中高速增长构成潜在威胁。为有序推进我国的金融化进程，有效减轻资产价格的非理性波动，本节提出以下几点针对性的政策建议：①密切关注资产价格波动，考虑将其引入宏观调控政策框架。资产价格频繁波动已是各国经济发展过程中的一种常见现象，因此很多学者建议在宏观调控政策制定过程中纳入资产价格波动因素（Cecchetti，2000；Schwartz，2002；易纲和王召，2002；赵进文和高辉，2009）。虽然当前我国政府在制定宏观经济政策时尚未将资产价格波动因素考虑在内，但未来为提高宏观调控政策的有效性和针对性，管理层应前瞻性地考虑财政、货币政策传导的资产价格渠道，以使财政货币资源更好地流向实体经济领域，确保我国国民经济保持中高速增长势头。②合理有序地推进金融化进程。为有效控制金融化进程中的潜在风险因素，应通过财政、货币政策手段将金融化进程的速度和广度与我国经济发展阶段动态匹配起来。在当前纷繁复杂的国内外经济形势下，应坚持实行积极的财政政策和稳健的货币政策，有效控制金融化进程和资产价格频繁波动过程中的潜在风险因素，继续创新宏观调控政策工具，提高宏观调控政策的预见性、精准性和有效性。货币政策要保持稳健中性，维持资金流动性基本稳定，疏通传导机制，促进金融资源更多流向实体经济，减少货币金融资源在金融体系内空转的现象。③充分认识金融化与资产价格泡沫间的相互强化效应，深入探索两者之间相互作用的影响机理和轮动规律，为出台针对性的宏观调控政策提供经验依据。未来政府应当统筹考虑，理清金融化与资产价格泡沫间的相互影响渠道，控制好潜在的负面影响效应，合理推进我国的金融深化进程，促进资产价格在合理范围内有序波动。

2.2　金融发展与实体经济增长：考虑空间溢出效应的经验证据

2.2.1　引言

改革开放 40 多年来，中国政府采取了卓有成效的金融体系改革举措，包括建立直接融资市场（股票市场和债券市场）、利率市场化改革、汇率制度改革、国有银行股份制改造等，这些举措显著促进了金融发展水平的提高以及金融结构的优化。中国的广义货币供应量 M2 从 1990 年的 15 293.40 亿元增加到 2013 年的 1 106 509.15 亿元；贷款融资占全社会融资规模百分比由 2002 年的 91.86%下降到 2012 年的 52.04%，企业债券和股票融资占全社会融资规模百分比由 4.94%增加到 15.9%（《2014 年中国金融统计年鉴》）。同时，中国经济保持持续快速增长，GDP 年均增速高达 10%，推动中国于 2010 年成为世界第二大经济体（《2014 年中国金融统计年鉴》）。那么金融发展是推动经济增长的重要因素吗？对此问题进行更为深入细致的研究有助于理解金融因素在经济增长过程的作用，从而为促进经济长期稳定增长制定科学、合理的金融改革路线和举措。

Schumpeter（1912）较早地认识到金融发展与经济增长的关系，他认为银行能甄别出最有可能实现产品和生产过程创新的企业，进而推动技术创新、促进经济增长。之后关于金融发展与经济增长的研究层出不穷，学者们提出新的理论模型，抑或是运用更为先进的计量方法，基本上达成了共识：金融发展是推动经济增长的重要因素。但关于金融发展作用路径的观点却不尽相同。传统的金融发展理论认为，金融发展水平的提高促进了资本积累的形成，进而推动经济增长（Gurley and Shaw，1960；Goldsmith，1969）。Rajan 和 Zingales（1998）、龚强等（2014）认为金融中介机构具有规模效应，可以通过事前筛选和事后监管减轻市场中的道德风险和逆向选择问题，从而减少市场摩擦、促进交易活动。King 和 Levine（1993）、da Rin 和 Hellmann（2002）认为金融中介能够降低企业的融资成本和协调成本，激发企业家的创业积极性，进而促进投资活动。此外，金融发展有助于提升资源配置效率（Graff and Karmann，2006），推动经济由资本形成主导方式向生产率主导方式转变（姚耀军，2010；赵勇和雷达，2010）。Levine（2005）较为全面地总结了金融发展对经济增长的作用路径，他认为金融发展从便利商品和服务的交易、动员与汇集储蓄、事前甄别、分散风险、事后监管等方面推动经济增长。许多相关的实证研究表明金融发展可以有效地促进经济增长（King and Levine，1993；Hassan et al.，2011；Zhang et al.，2012；Al-Malkawi et al.，2012；Fang and Jiang，2014）。然而，也有一些学者提出了不同的观点：Lucas（1988）认为金融发展对经济增长的作用是十分微小的，其影响效力被过度放大了；Krugman（1998）认为金融体系的不确定性可能会阻碍经济增长。

"地理学第一定律"的提出（Tobler，1979），改变了人们认识空间事物的原有方式。该定律认为大多数空间数据具有或强或弱的空间相关性。Anselin（1988）指出空间相关性的存在会导致面板回归模型产生估计偏差，Greene（2005）认为忽略回归方程的相关解释变量会导致估计量有偏且非一致，因此，需要对变量间存在空间相关性的普通面板数据模型进行修正。一些学者的研究表明中国的省域经济增长存在显著的空间相关性（潘文卿，2012；Bai et al.，2012）。那么经济增长与金融发展、生产要素是否也存在空间相关性？金融发展、生产要素是否存在空间溢出效应？如果存在，金融发展与经济增长的关系是否仍然成立？这正是本节要回答的问题。

Arestis 和 Demetriades（1997）指出利用国家层面的数据研究金融发展与经济增长的关系会忽略各国金融体系间的差异性，导致结论出现偏差；武志（2010）发现对各国金融发展水平的测度与实际情况存在偏差，因此，使用国家层面的数据检验金融发展与经济增长的关系是不合适的。我国部分省份内部发展不均衡，如苏南与苏北、浙南与浙北等地区，这使得我国城市经济增长的空间集聚特征更为突出，如环渤海、长江三角洲、珠江三角洲城市圈，因此省域层面的数据也是不适用的。鉴于此，本节尝试利用城市面板数据和基于城市距离矩阵计算的空间权重矩阵估计空间杜宾模型，实证检验金融发展与经济增长的关系及其空间溢出效应。

2.2.2　研究设计

1. 理论模型

关于金融发展与经济增长的研究大都采用经济增长理论作为分析框架。本节借鉴 Svaleryd 和 Vlachos（2005）的方法，将金融发展作为一种生产要素，构建了柯布-道格拉斯形式的生产函数：

$$Y_t = A_t K_t^{\alpha} L_t^{\beta} F_t^{\gamma} \tag{2.9}$$

其中，Y_t、K_t、L_t、F_t、A_t 分别表示时刻 t 的总产出、资本积累、劳动力投入、金融发展水平和全要素生产率。对两边取自然对数得到：

$$\ln Y_t = \ln A_t + \alpha \ln K_t + \beta \ln L_t + \gamma \ln F_t \tag{2.10}$$

对两边关于时间 t 求导：

$$\frac{dY_t}{dt}\frac{1}{Y_t} = \frac{dA_t}{dt}\frac{1}{A_t} + \alpha\frac{dK_t}{dt}\frac{1}{K_t} + \beta\frac{dL_t}{dt}\frac{1}{L_t} + \gamma\frac{dF_t}{dt}\frac{1}{F_t} \qquad (2.11)$$

其中，$\frac{dY_t}{dt}\frac{1}{Y_t}$、$\frac{dA_t}{dt}\frac{1}{A_t}$、$\frac{dK_t}{dt}\frac{1}{K_t}$、$\frac{dL_t}{dt}\frac{1}{L_t}$、$\frac{dF_t}{dt}\frac{1}{F_t}$ 分别是产出、全要素生产率、资本积累、劳动力投入及金融发展水平的增长率；系数 α、β、γ 分别是资本积累、劳动力投入及金融发展水平的产出弹性。

2. 空间计量模型设定

如果观测变量间存在着空间相关性，则需要引入一个空间权重矩阵对普通面板数据模型进行修正，这种模型通常被称为空间计量模型（Anselin，1988）。常用的空间计量模型有三种：空间滞后模型（spatial lag model，SLM）、空间误差模型（spatial errors model，SEM）和空间杜宾模型。本节构建了引入空间滞后变量和空间权重矩阵的空间面板数据模型[①]：

$$y_{it} = \rho\sum_{j=1}^{N}w_{ij}y_{jt} + \phi + X_{it}\theta + \sum_{j=1}^{N}w_{ij}X_{it}\psi + \delta_i + v_t + \varepsilon_{it}$$

$$\varepsilon_{it} = \lambda\sum_{j=1}^{N}w_{ij}\varepsilon_{jt} + \mu_{jt} \qquad (2.12)$$

其中，y_{it} 是城市 i 在时刻 t 的产出观测值；X_{it} 是自变量的观测值，包括资本积累（K_{it}）、劳动力投入（L_{it}）、金融发展水平（F_{it}）的观测指标；$\rho\sum_{j=1}^{N}w_{ij}y_{jt}$、$\lambda\sum_{j=1}^{N}w_{ij}\varepsilon_{jt}$ 表示周围城市经济增长对本城市经济增长的影响，ρ 是空间滞后系数，λ 是空间误差系数；$\sum_{j=1}^{N}w_{ij}X_{it}\psi$ 表示周围城市解释变量对本城市经济增长的影响，ψ 是参数向量；ϕ、δ_i、v_t、ε_{it} 分别是常数项、地区效应、时间效应和随机扰动项；w 是空间权重矩阵[②]。为选定最合适的空间面板数据模型，本节还将计算单变量和双变量 Moran's I 指数，并对产出和生产要素间的空间相关性进行检验，这些检验将放在 2.2.3 节进行。

---

① 该计量模型可以表示为三种空间面板数据模型，具体来说，当 $\lambda = 0$ 时模型被称为空间杜宾模型；当 $\lambda = 0$ 且 $\psi = 0$ 时模型被称为空间滞后模型；当 $\psi = 0$ 且 $\rho = 0$ 时模型被称为空间误差模型。

② 传统的"0~1"权重矩阵将不相邻地区的空间权重值设置为0，这显然与实际情况存在较大出入。考虑到随着城市距离的增加，城市间的空间相关性程度不断减弱，本节选择基于城市距离计算的空间权重矩阵。本节根据城市间的经纬度坐标计算出距离矩阵，对距离矩阵进行标准化得到空间权重矩阵 w。

3. 变量选择与数据说明

本节选择城市 GDP 作为经济增长的指标变量，全社会固定资产投资总额作为资本积累的代理变量，用 Inv 表示；在岗职工平均人数作为劳动力投入的反映变量，用 Lab 表示。本节借鉴陆静（2012）、Zhang 等（2012）、杨友才（2014）的做法，选择金融机构贷款总额/GDP 作为金融发展水平的代理变量，用 Fid 表示。

本节实证分析的数据为《中国城市统计年鉴》（2004~2013 年）中 285 个地级及以上城市 2003~2012 年的统计数据。本节实证分析使用的变量均为实际变量，处理方法如下：根据《新中国六十年统计资料汇编》和《中国统计年鉴》计算各省 GDP 平减指数，并对省内城市 GDP 进行平减；利用各省的固定资产投资价格指数对省内城市固定资产投资总额进行调整；利用 CPI 指数对金融机构贷款总额进行调整[①]；最后根据理论分析[式（2.10）]对所有变量取对数，分别用符号 lnGDP、lnInv、lnLab、lnFid 表示。

2.2.3　城市经济增长的空间相关性检验

1. 单变量空间相关性

考察地区经济变量的空间相关性，大多数学者采用 Moran's I 指数进行检验（Anselin，1995；潘文卿，2012），该指数的计算公式可以表示为

$$\text{Moran's I} = \frac{\sum_{i=1}^{n}\sum_{j=1}^{n} w_{ij}\left(Y_i - \bar{Y}\right)\left(Y_j - \bar{Y}\right)}{S^2 \sum_{i=1}^{n}\sum_{j=1}^{n} w_{ij}} \tag{2.13}$$

其中，$S^2 = \frac{1}{n}\sum_{i=1}^{n}\left(Y_i - \bar{Y}\right)^2$，$\bar{Y} = \frac{1}{n}\sum_{i=1}^{n} Y_i$，$Y_i$ 是第 i 个地区的观测值；w 是空间权重矩阵。Moran's I 指数的取值范围为 $[-1, 1]$，指数大于 0 意味着观测变量存在正的空间相关性或空间依赖性，越接近 1 空间正相关性越强；指数小于 0 意味着观测变量存在负的空间相关性或空间异质性，越接近 -1 空间负相关性越强[②]。

表 2.3 为使用 2003~2012 年城市实际 GDP 计算的 Moran's I 指数。可以看出，

---

① 其中，CPI、固定资产投资价格指数、GDP 平减指数均以 2000 年为基期。

② 为了检验 Moran's I 指数的显著性，进一步构造 Z 统计量：$Z\left(\text{Moran's I}\right) = \dfrac{\text{Moran's I} - E\left(\text{Moran's I}\right)}{\sqrt{\text{VAR}\left(\text{Moran's I}\right)}}$。其中，$E\left(\text{Moran's I}\right) = -\dfrac{1}{n-1}$。

以四种带宽（0~350千米、0~750千米、0~1 150千米、0~1 550千米）计算的中国城市GDP的Moran's I指数均为正，且都通过了5%的显著性检验，这表明中国城市GDP存在着显著的正的空间相关性。随着城市距离的增加，Moran's I指数呈减小趋势（2003年、2004年以0~750、0~1 150带宽计算的Moran's I除外），而以0~2 350带宽计算的Moran's I指数为负，且没有通过显著性检验。从时间维度来看，Moran's I指数没有呈现递增或递减的变动趋势，其最大值（除去不显著的以0~2 350带宽计算的Moran's I指数）均出现在2004年。

表2.3　城市GDP的Moran's I指数

年份	城市距离/千米				
	0~350	0~750	0~1 150	0~1 550	0~2 350
2003	0.118 7 6.09	0.046 6 3.79	0.030 5 3.51	0.017 1 2.74	−0.001 3 −0.48
2004	0.122 4 6.21	0.050 0 4.02	0.031 9 3.60	0.018 0 2.81	−0.001 3 −0.48
2005	0.109 4 5.69	0.041 9 3.53	0.027 1 3.21	0.013 7 2.29	−0.002 1 −0.79
2006	0.114 8 5.88	0.044 6 3.68	0.028 3 3.30	0.014 4 2.37	−0.001 9 −0.73
2007	0.114 6 5.87	0.045 3 3.73	0.028 2 3.28	0.014 9 2.43	−0.001 9 −0.72
2008	0.114 8 5.87	0.046 2 3.75	0.029 5 3.39	0.015 7 2.52	−0.001 9 −0.71
2009	0.106 5 5.54	0.042 3 3.52	0.026 8 3.15	0.015 1 2.44	−0.001 8 −0.67
2010	0.106 4 5.53	0.042 2 3.52	0.026 5 3.12	0.014 9 2.41	−0.001 6 −0.63
2011	0.104 1 5.43	0.040 6 3.40	0.025 9 3.09	0.014 5 2.36	−0.001 6 −0.63
2012	0.101 8 5.33	0.039 6 3.34	0.025 0 3.00	0.013 8 2.27	−0.001 7 −0.65

注：表格中上方数字为Moran's I指数，下方数字对应为t-统计值，下同

以上Moran's I指数测度了全域范围城市GDP的空间相关性,但全域Moran's I指数有时并不能反映"非典型"局域分布特征（Anselin, 1995），因此需要一种补充测度方法——空间关联局部指标（local indicators of spatial association, LISA）来测度空间相关的局域特征，其计算公式为

$$I_i = Z_i \sum_{i=1}^{n} w_{ij} Z_j \qquad (2.14)$$

其中，$Z_i = Y_i - \overline{Y}$，$Z_j = Y_j - \overline{Y}$，Y_i、Y_j 分别是城市 i、j 的观测值，该指标与局域集聚图能够清晰地刻画局域空间集聚特征。

由 2003 年、2012 年城市实际 GDP 的局域集聚特征图[①]可以看出，2003 年城市 GDP 的高值集聚城市共 28 个，主要集中于环渤海城市圈和长江三角洲城市圈，低值集聚城市有 44 个，主要分布于西北地域和西南地区，"低-高""高-低"集聚城市共 21 个。在 2012 年，高值集聚城市数量没有显著变化（29 个），仍然集中于环渤海城市圈和长江三角洲城市圈，"高-低""低-高"城市个数也没有发生显著变化，然而低值集聚城市显著减少，由 2003 年的 44 个减少到 37 个，减少的城市主要位于西部地区。这说明，我国西部地区的城市经济发展水平显著提升。还可以看出，珠江三角洲城市群并没有表现出高值集聚特征，这可能是城市发展模式不同或者是生产要素流通不畅所致，这也暗示出珠江三角洲城市群仍然具有较大的经济增长潜力。

2. 双变量空间相关性

单变量空间相关性检验结果表明城市 GDP 具有显著的空间相关性，这意味着最优的空间计量模型应包含因变量的空间滞后项或空间误差项，为验证最优空间计量模型是否应包含自变量的空间滞后项，本节进一步计算双变量 Moran's I 指数。双变量全局 Moran's I 指数的向量形式可以表示为

$$I_{ko} = \frac{y_k^{\mathrm{T}} w y_o}{y_k^{\mathrm{T}} y_o} \tag{2.15}$$

其中，$y_k = \left(x_k - \overline{x_k}\right)/\delta_k$，$y_o = \left(x_o - \overline{x_o}\right)/\delta_o$，$x_k$、$x_o$ 是变量的观测值；δ_k、δ_o 分别是 x_k、x_o 的标准差。该指标反映某一地区变量 y_k 与周围地区变量 y_o 之间的空间相关关系。

表 2.4 为城市 GDP 与劳动力投入（K）、资本积累（L）、金融发展水平（F）的双变量 Moran's I 指数。可以看出，城市 GDP 与资本积累、劳动力投入具有显著的正的空间相关性，并且这种相关程度随着城市距离的增加而逐渐减弱。从时间维度看，城市 GDP 与资本积累的 Moran's I 指数呈递减趋势，这意味着该市的投资行为与周围城市 GDP 的空间相关性在减弱；城市 GDP 与劳动力投入的 Moran's I 指数并未呈现递增或递减趋势。从城市 GDP 与金融发展水平的 Moran's I 指数看出，多数指数为负，且只有部分通过了显著性检验，综合考虑，我们认为

---

① LISA 集聚图将某一地区与周围地区的空间相关性划分为"高-高""低-低""高-低""低-高""不显著"五种类型。"高-高"表示研究区域为高值集聚区；"低-低"表示研究区域为低值集聚区；"高-低"表示研究区域为高值，其周围区域为低值，"低-高"则相反。

金融发展水平与经济增长具有一定的负的空间相关性，但这种相关程度并不十分显著。双变量 Moran's I 指数检验结果意味着最优的空间计量模型应包含自变量的空间滞后项。

表 2.4   双变量 Moran's I 指数

年份	GDP-K			GDP-L			GDP-F		
	0~350 千米	0~950 千米	0~1 950 千米	0~350 千米	0~950 千米	0~1 950 千米	0~350 千米	0~950 千米	0~1 950 千米
2003	0.124 2 5.98	0.034 2 3.35	0.001 2 0.31	0.013 2 0.24	−0.000 9 −0.02	−0.001 6 −0.73	−0.047 0 −2.11	−0.026 0 −1.78	−0.005 0 −1.07
2004	0.127 3 6.07	0.037 1 3.49	0.001 0 0.23	0.053 4 3.26	0.016 9 1.96	0.001 8 0.47	−0.042 0 −1.93	−0.023 0 1.79	−0.005 0 −1.09
2005	0.124 3 5.76	0.036 7 3.21	0.000 3 0.06	0.059 1 3.62	0.016 8 1.95	0.001 2 0.31	−0.018 0 −0.80	−0.012 0 −1.00	−0.005 0 −1.32
2006	0.117 8 5.71	0.035 7 3.25	0.000 6 0.12	0.064 6 3.86	0.019 1 2.23	0.001 6 0.45	−0.013 0 −0.60	−0.008 0 −0.80	−0.005 0 −1.46
2007	0.109 6 5.47	0.035 2 3.25	0.000 8 0.18	0.065 7 3.98	0.018 7 2.25	0.001 6 0.45	−0.002 0 −0.10	−0.003 0 −0.34	−0.005 0 −1.60
2008	0.106 5 5.29	0.037 1 3.27	0.001 2 0.25	0.067 4 4.11	0.019 7 2.43	0.001 7 0.49	0.006 4 0.27	−0.003 0 −0.39	−0.005 0 −1.62
2009	0.097 1 4.84	0.032 7 2.90	0.001 4 0.28	0.656 5 3.94	0.016 7 2.11	0.001 7 0.48	0.011 6 0.50	−0.003 0 −0.41	−0.004 0 −1.47
2010	0.091 1 4.66	0.032 9 2.96	0.001 4 0.30	0.026 0 2.64	0.007 2 2.01	−0.001 5 −1.00	−0.040 0 −1.57	−0.043 0 −3.90	0.000 2 0.15
2011	0.081 0 4.35	0.029 3 2.85	0.001 2 0.26	0.063 5 3.97	0.019 0 2.39	0.001 6 0.49	0.004 1 0.18	−0.007 0 −0.75	−0.005 0 −1.85
2012	0.077 6 4.16	0.028 8 2.85	0.001 2 0.27	0.063 3 3.92	0.018 9 2.37	0.001 3 0.40	0.002 0 0.09	−0.007 0 −0.81	−0.005 0 −1.86

2.2.4   实证分析结果

城市 GDP 的单变量和双变量 Moran's I 指数检验表明，城市 GDP 确实存在着全域和局域空间自相关性，城市 GDP 与金融发展水平、资本积累、劳动力投入之间也存在空间相关性，因此，资本积累、劳动力投入、金融发展的地理空间效应对地区经济增长的作用不容忽视。根据空间相关性的检验结果，本节选择空间杜宾模型对金融发展与经济增长的关系及其空间溢出效应进行实证分析。Hausman检验结果表明固定效应模型优于随机效应模型，本节根据研究目的和样本特点选择地区固定效应模型进行分析。本节同时估计了空间滞后模型和空间误差模型，以检验空间杜宾模型估计结果的稳健性。借鉴 Lee 和 Yu（2010）的做法，本节采用极大似然估计（maximum likelihood estimation，MLE）方法模型参数，使用的软件为 Matlab 2010a，结果如表 2.5 所示。

表 2.5 空间面板数据模型的估计结果

解释变量	空间误差模型	空间滞后模型	空间杜宾模型
lnInv	0.364 76*** [23.002]	0.362 32*** [23.328]	0.354 38*** [21.954]
lnLab	0.224 71*** [5.412]	0.227 61*** [5.496]	0.223 17*** [5.378]
lnFid	0.466 71*** [11.267]	0.428 16*** [10.917]	0.471 40*** [11.428]
$w \times$ lnGDP	0.785 97*** [16.753]	0.381 98*** [11.476]	0.135 99 [0.762]
$w \times$ lnInv			0.107 28 [1.068]
$w \times$ lnLab			0.569 68** [1.997]
$w \times$ lnFid			−0.482 23*** [−3.653]
R^2	0.837 6	0.854 3	0.855 1
调整 R^2	0.480 0	0.508 3	0.515 1
log$L$	689.695 7	701.913 2	710.961 8
σ^2	0.039 7	0.039 5	0.039 3

***、**分别表示在1%、5%的显著性水平上显著

注：表中括号中的数据为估计量的t值

从三种空间面板数据模型的回归结果可以看出，空间杜宾模型的 R^2、调整 R^2 及对数似然值（log$L$）均大于其他两种模型，且其随机误差项的方差 σ^2 最小，这表明空间杜宾模型的拟合优度最高、估计效果最好，这进一步佐证了本节关于最优模型选择的推断。

从空间杜宾模型的估计结果可以看出，lnInv 和 lnLab 的系数为正，且小于1，并通过了 1%的显著性检验。实证分析变量均为取对数后的变量，因此，lnInv、lnLab

的系数反映了资本积累、劳动力投入的产出弹性。资本积累的产出弹性为
0.354 38，这意味着资本积累增加 1%，产出将增加 0.354 38%；劳动力投入的产
出弹性为 0.223 17，这意味着劳动力投入增加 1%，产出将增加 0.223 17%。在三
种空间计量模型中，lnFid 的系数均为正，且都通过了 1%的显著性检验，这说明
在考虑空间溢出效应后，金融发展水平仍然是推动经济增长的重要因素，这与
Hassan 等（2011）、Zhang 等（2012）采用普通面板数据模型得出的结论一致。同
时可以看出，金融发展水平的空间滞后项 $w \times$ lnFid 系数为负，且通过了 1%的显
著性检验，这意味着该地区的金融发展水平对周围地区经济增长产生负向影响，
这和城市 GDP 与金融发展水平的双变量 Moran's I 检验结果基本一致。然而，一
般认为金融发展水平具有正的空间溢出效应，即该地区金融发展水平的提高会促
进周围地区经济增长，但实证分析结论却与该观点相违背，我们认为造成这一问
题的原因在于：全国性的金融中心城市能够促进周围城市经济发展，如上海与其
周边城市，但大部分城市之间并不存在这种关系，大多数情况下相邻城市的金融
发展水平接近，而本节的实证主要考察全域城市层面而非部分金融中心城市金融
发展水平的空间溢出效应。具体来说，当某一区域的城市金融发展水平接近时，
金融发展水平就可能会产生负的空间溢出效应，这是因为，我国的贷款利率的浮
动区间是由银行自行决定的，金融发展水平的提高不会影响利率水平，并不能形
成地区利率差异，但金融发展水平有助于减轻道德风险和逆向选择问题，使得企
业更容易获取资金，投资环境得到优化，因此，资本由金融发展水平低的地区流
向金融发展水平高的地区，导致金融发展水平产生负的空间溢出效应。这进一步
暗示，金融发展水平的空间溢出效应可能存在门限效应，即当金融发展水平低于
特定值时，金融发展水平产生负向空间溢出效应，而当其高于特定值时产生正向
空间溢出效应。

　　在空间杜宾模型中，$w \times$ lnInv 的系数为正，但并没有通过显著性检验。$w \times$
lnLab 的系数为正，且通过了 5%的显著性检验，这说明劳动力投入具有显著的空
间溢出效应，即该地区的劳动力投入对周围地区 GDP 具有促进作用。这是因为：
一方面，该地区劳动力较为集中，说明其工业化水平较高，由于经济具有空间集
聚特征，该地区及周围地区会吸引更远地区的劳动力，促进周围地区经济增长；
另一方面，该地区劳动力集中也在一定程度上增加了就业压力，部分劳动力流向
周围地区。在空间滞后模型和空间误差模型中，$w \times$ lnGDP 的系数为正，且通过
显著性检验，但在加入自变量滞后项的空间杜宾模型中该系数明显减小，并且没
有通过显著性检验，这也间接表明城市 GDP 的空间溢出不是偶然发生的，是生
产要素及其他因素的空间溢出效应所致。

　　对比三种空间计量模型，在加入资本积累、劳动力投入和金融发展水平空间
滞后项的空间杜宾模型中，lnInv、lnLab、lnFid 系数的符号及大小并没有显著变化，

且均通过了 1% 的显著性检验,这说明本节估计的空间杜宾模型结果具有稳健性。LeSage 和 Pace(2009)指出,利用空间计量模型的点估计结果判断是否存在空间溢出效应可能会导致错误的结论,而应用直接效应、间接效应和总效应进行分析可以提高研究结论的准确性①。本节采用直接效应、间接效应和总效应对金融发展水平与经济增长的关系及其空间溢出效应做进一步检验。

表 2.6 给出了空间滞后模型和空间杜宾模型的直接效应、间接效应和总效应估计结果。根据三种效应的定义,直接效应更适合检验金融发展水平与经济增长的关系,因为这种效应考虑了金融发展水平的空间溢出效应。从表 2.6 可以看出,金融发展水平的直接效应均为正,且通过了 1% 的显著性检验,这更为精确地表明在考虑了空间溢出效应后,金融发展水平仍然是推动经济增长的重要因素。根据三种效应的定义,间接效应更适合检验自变量的空间溢出效应。从表中可以看出,金融发展水平的间接效应为负,且通过了 1% 的显著性检验,这更为精确地说明金融发展水平具有负的空间溢出效应;资本积累和劳动力投入的间接效应为正,且均通过了 5% 的显著性检验,这更为确切地表明资本和劳动力具有显著的正向空间溢出效应。

表 2.6　空间面板数据模型的直接效应、间接效应与总效应

解释变量		lnInv	lnLab	lnFid
空间滞后模型	直接效应	0.363 28*** [23.174]	0.227 09*** [5.556]	0.430 53*** [10.878]
	间接效应	0.224 14*** [9.000]	0.140 25*** [4.687]	0.267 05*** [5.758]
	总效应	0.587 42*** [26.259]	0.367 35*** [5.514]	0.697 59*** [9.040]
空间杜宾模型	直接效应	0.353 73*** [21.723]	0.224 75*** [5.356]	0.473 02*** [11.281]
	间接效应	0.182 17*** [4.850]	0.688 68** [2.218]	−0.485 41*** [−2.914]
	总效应	0.535 91*** [15.466]	0.913 43*** [2.949]	−0.012 39 [−0.075]

***、**分别表示在1%、5%的显著性水平上显著

---

① 根据 LeSage 和 Pace(2009):直接效应是指本地区自变量对本地区因变量总的作用效果,包括本地区自变量对本地区因变量的直接影响和本地区自变量通过空间滞后项对本地区因变量的影响;间接效应是指周围地区自变量对本地区因变量总的作用效果,包括周围地区自变量对本地区因变量的直接影响和周围地区自变量通过空间滞后项对本地区因变量的影响;综合效应是指自变量对因变量总的作用效果。

2.2.5   结论与启示

关于金融发展与经济增长的研究层出不穷，包括构建复杂的理论模型，应用更为先进的计量方法，然而这些研究均忽视了变量间的空间溢出效应。本节以2003~2012 年中国 285 个地级及以上城市的统计数据为研究样本,构建城市距离空间权重矩阵，通过计算单变量和双变量 Moran's I 指数检验金融发展与经济增长的空间相关性，然后运用空间杜宾模型实证分析了金融发展与经济增长的关系及其空间溢出效应，得到以下结论。

第一，单变量 Moran's I 指数检验表明城市 GDP 存在显著的正的空间自相关性，这种空间自相关程度随着城市距离的增加逐渐减弱，双变量 Moran's I 指数检验表明城市 GDP 与资本积累、劳动力投入存在正的空间相关性，而与金融发展水平存在负的空间相关性，这意味着资本积累、劳动力投入、金融发展水平的地理空间效应对地区经济发展的作用不容忽视，在检验金融发展与经济增长的关系时应考虑这些空间溢出效应。

第二，空间杜宾模型的估计结果显示，在考虑空间溢出效应后，金融发展仍然是推动经济增长的重要因素，并且本地区金融发展对周围地区经济增长具有负的空间溢出效应，本地区经济增长、资本积累及劳动力投入对周围地区经济增长具有正的空间溢出效应。金融发展水平、资本积累、劳动力投入的直接效应、间接效应进一步佐证了空间杜宾模型的实证结果。

本节的研究具有重要的理论意义和现实意义。首先，国内外学者很少关注金融发展与经济增长的空间溢出效应，本节尝试从实证方面对其分析，后续的研究可构建更为复杂的理论模型，从理论层面深入分析金融发展和生产要素的空间溢出效应。其次，本节为克服"0~1"空间权重矩阵的缺陷，选择基于城市距离矩阵计算的空间权重矩阵进行实证分析，后续的研究也可构建更为符合实际的"经济距离"空间权重矩阵。再次，本节的研究表明珠江三角洲城市群并没有表现出城市 GDP 高值集聚特征，这值得更为深入细致地分析，也暗示出珠江三角洲城市群仍然具有较大的经济增长潜力。最后，本节的研究表明金融发展具有负的空间溢出效应，这主要是因为地区间未能形成融资利率差异，这暗示出利率市场化应进一步强调地区贷款利率的市场形成机制，推动地区间利率差异化，强化地区资本流动，促使金融发展产生正向空间溢出效应，最终促进地区经济收敛。

2.3　金融脱媒、资产价格与中国经济波动

产出、工资、进出口、投资、消费、就业、物价和货币供应是影响宏观经济的主要变量，而这些变量在价格因素的驱动下彼此联系，相互作用，形成了一个动态循环，推动着整个宏观经济的稳定运行。每个变量相互影响又各自进行周期运动，每个变量在前面变量推动下完成自身周期循环的同时，也共同推动所有变量的大周期循环，形成由单个变量"自转"和整体变量"公转"组成"多环联动"的周期性运动。宏观经济中如果个体和总体特征是朝好的方向运动的话，那么多环联动循环上升，推动资产价格上涨；反之则下跌。每个变量的运行情况影响着商品市场、金融市场、房地产市场和劳动力市场的长期和短期均衡，各市场间彼此联系，与各宏观经济变量相互交织，共同影响着总需求和总供给，从而决定着实体经济和虚拟经济的均衡状态，影响着整个宏观经济的整体均衡。

2.3.1　引言

自 2008 年以来，频繁爆发的金融危机强化了金融部门与实体经济之间的内在联系，来源于金融市场的各种外生冲击和金融摩擦已经成为影响我国宏观经济波动的重要因素。2008 年的美国次贷危机、2010 年的欧洲主权债务危机、2013 年 6 月中国银行业经历的"钱荒"事件，都让我们更加清晰地认识到流动性冲击可以通过资产负债表渠道和资产价格渠道影响金融市场（昌忠泽，2010），而流动性在资产价格季度繁荣与极度萧条时常常扮演着重要角色（陈继勇等，2013）。现实中，导致流动性冲击的一个重要原因就是家庭储蓄的违约行为（da Silva and Divino，2013）。尽管相对其他国家，我国居民家庭储蓄率比较稳定，但是与我国不断增长的居民可支配收入相比（图 2.8），银行储蓄占可支配收入的比重总体上呈现逐年下降趋势，尤其是 2007 年和 2014 年，该比例达到历史最低水平（分别为 13%和17%）。此段时间中国股市正处于"牛市"，在互联网金融的大背景下，各类理财产品（如余额宝等）规模和 P2P 网贷成交额纷纷暴增，较高的收益率吸引大量资金从银行储蓄外流到股市、债市和互联网金融市场等。由此可见，我国居民的储蓄意愿日益减弱，因家庭储蓄提前赎回所引发的"虹吸效应"必然会直接影响银行的信贷总量和融资水平，在信息不对称和短期投机气氛的作用下，局部的家庭违约行为可能会导致银行系统性风险，产生流动性冲击。尤其是在我国利率市场化进程逐渐完成的情况下，存款保险制度日益完善，探究流动性冲击对我国宏观经

济波动影响机制及其作用效果有助于监管部门及时向金融体系注入或抽离流动性，避免引发系统性的金融风险。

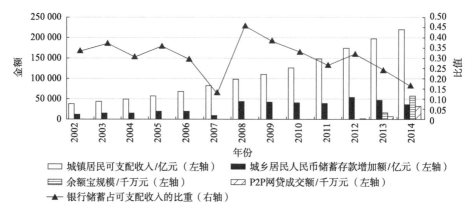

图 2.8　我国 2002~2014 年城镇居民可支配收入、银行储蓄增加额和互联网金融规模

在金融创新、利率市场化的大潮下，国内影子银行活动狂飙突进，P2P 网络借贷平台风生水起，家庭资产由过去单一的储蓄模式逐渐向储蓄与以资本市场为载体的股票、债券和基金等金融产品相结合的多样化投资模式转变。由此引发的金融脱媒问题使银行的资产和负债均发生了结构性变化，银行对资本市场的依赖度和敏感度也明显提高。金融脱媒又称"金融非中介化"，是指进行交易时跳过所有中间人而直接在供需双方之间进行（宋旺，2011）。可见，金融脱媒实际上反映的是直接融资和间接融资的相对比重。随着我国金融市场的不断完善，尽管贷款融资规模不断上升，但间接融资的比例已呈现逐年下降的趋势，由 2002 年高达 91.86%下降到 2014 年的 59.42%，而在 2013 年更是跌至历史最低点（51.35%）。互联网金融的快速发展更是加剧了我国经济系统的金融脱媒化程度，金融脱媒的出现俨然弱化了货币政策的信贷传导渠道，却强化了利率传导渠道和资产价格传导渠道（朱玲玲和胡日东，2014）。随着金融在经济中的作用日益凸显及经济虚拟化程度不断提高，经济运行与金融市场、金融脱媒和资产价格的变化有着越来越紧密的联系，经济活动在内外部冲击下，将会更多地沿着金融市场传导并呈现持续性波动和周期性变化的特征。

因此，资产价格波动通过财富效应和挤出效应一方面影响家庭资产在消费、储蓄和购买金融产品之间的分配比例，从而通过家庭违约行为决定流动性冲击的产生及其规模；另一方面通过改变厂商生产资本和银行净资产的真实价值，间接影响银行信贷规模和厂商的融资结构与最终产出，而资产价格的这两方面作用都会引起金融脱媒状态的变化。然而，现有文献鲜有研究由流动性、金融脱媒和资产价格所引发的外生冲击对中国经济的周期波动产生的影响作用。除此之外，本节还考虑了货币政策冲击、生产技术冲击等，原因是这些冲击对解释宏观经济波动非常重要（王国静和田国强，2014；吕朝凤等，2013；Gertler and Karadi，2011；da Silva and Divino，2013）。所以，本节研究的主要目的是通过构建一个合理的分析框架来讨论流动性冲击、金融脱媒、资产价格波动和货币政策等因素驱动中国经济波动的动态效应及其作用机制。研究金融脱媒、资产价格与我国宏观经济波动的内在联系也与党的十八大以来习近平总书记就提高直接融资比重、优化融资结构、增强金融服务实体经济能力做出一系列重要指示相一致。

2.3.2　文献综述

自 20 世纪 80 年代以来，基于真实经济周期理论（real business cycle theory，RBCT）和新凯恩斯主义（new Keynesianism）理论的 DSGE 被广泛应用于经济波动因素的识别、经济政策的分析及社会福利的损益等领域，成为现代宏观经济学研究的基本框架之一。一方面，自从 Bernanke 和 Gertler（1989）等在传统 DSGE 模型中引入银行部门（或金融机构），并考虑金融摩擦（或金融加速器）因素后，国内外学者已经将金融摩擦视作构建带有银行部门（或金融机构）DSGE 模型的重要条件之一。例如，Gertler 和 Kiyotaki（2010）在经济危机中考虑信贷市场摩擦和总体经济行为，从而分析金融中介的倒闭规模如何引发危机和影响实体经济，以及中央银行如何干预信贷市场来规避危机。Gertler 和 Karadi（2011）在新凯恩斯模型框架下，通过在 DSGE 模型中引入银行部门和金融摩擦来讨论中央银行如何利用非传统货币政策（unconventional monetary policy，UMP）抑制金融危机。上述模型虽能较好地描述经济波动的放大过程，但由于只讨论了一个实体经济和一个金融部门，在刻画不同实体部门之间、不同国家之间的传导效应方面稍有欠缺。因此，康立等（康立等，2013；康立和龚六堂，2014）将 Gertler 和 Karadi（2011）的模型扩展为多行业和开放式经济两种情形，从而分析金融危机在行业间和国际的传导效应。另一方面，传统的经济理论和现实数据已经充分证实了名义黏性现象的存在，主要包括价格黏性、工资黏性和信息黏性等。例如，Calvo（1983）提出了黏性价格理论，并被广泛应用于新凯恩斯框架下的货币政策分析。后来，名义黏性条件被纳入 DSGE 模型中，成为构建该模型的又一重要条件。例如，Smets 和 Wouters（2007）、Christiano 等（2010）、Gertler 和 Karadi（2011）等均在其构建的 DSGE 模型中考虑了名义黏性因素。目前国内学者也对 DSGE 模型中的名义黏性条件进行了一些研究，如王文甫（2010）、王立勇等（2012）。除了金融摩擦和名义黏性以外，吕朝凤和黄梅波（2011）还将居民消费习惯和信贷约束引入 RBC 模型中以解释中国经济的周期波动特征。因此，本节将家庭消费习惯、银行法定存款准备金率、资产折旧率和融资杠杆率等众多实际经济因素纳入所构建的DNK-DSGE 模型中，使其更加符合中国经济运行的实际特征。

在金融市场中，各种外生冲击包括金融冲击、生产技术冲击、货币政策冲击（或利率冲击）、政府支出冲击等，其往往会引起宏观经济的主要变量（如产出、消费、投资、信贷和通货膨胀等）产生波动甚至引发突变。例如，王国静和田国强（2014）指出金融冲击已经是驱动中国经济周期波动的主要力量，能较好地解释产出、投资、债务、工资和就业等变量的波动情况。类似考虑这些冲击因素的学者还有 Gertler 和 Karadi（2011）、鄢莉莉和王一鸣（2012）、康立等（康立等，2013；康立和龚六堂，2014）、胡志鹏（2014）等。在研究中国经济波动的问题时，很少涉及流动性冲击，原因可能在于：一方面，流动性是一个多维度的概念，难以找到一个合适的切入点；另一方面，相对其他冲击来说流动性冲击显得不太明显。因此，本节参考 da Silva 和 Divino（2013）的方法，从由家庭储蓄违约所引发的流动性冲击入手，综合考虑分析生产技术冲击、货币政策冲击、流动性冲击等多种外生冲击对经济波动的动态影响。

目前中国金融脱媒程度日益提高已是不争的事实，但较少有文献深刻分析我国金融脱媒状态变化是如何影响宏观经济的稳定发展。事实上，金融脱媒的概念最早由 Hester（1969）提出，并指出金融脱媒就是资金绕过银行而直接通过其他金融机构和资本市场进行配置的现象。随后，该概念逐渐引起国内外学术界的广泛关注。当前关于金融脱媒的研究主要分为两类：一类是构建金融脱媒的衡量指标，如 Schmidt 等（1999）利用非金融部门的资产或负债流向金融中介机构的比例来测度金融脱媒的程度。宋旺（2011）在 Schmidt 等的基础上估算了中国 1978~2007 年的金融脱媒程度，并证实了金融脱媒显著影响我的货币政策效率。Boutillier 和 Bricongne（2012）采用多种方法测算了法国金融脱媒的变化。类似研究还有宋旺和钟正生（2010）、Aoki 和 Nikolov（2012）、章洪量和封思贤（2015）、Fang 等（2015）。另一类是分析金融脱媒与货币政策之间的关系，如 Tan 和 Goh（2009）通过实证说明金融脱媒现象导致了马来西亚实际利率对实际变量的影响作用减小，削弱了货币政策的传导效果。国内学者如伍戈和刘琨（2013）、朱玲玲和胡日东（2014）、马方方和唐薇（2014）等根据中国的数据也得出了类似的结论。本节用直接融资和间接融资之比来刻画金融脱媒，并首次将金融脱媒冲击引入一个多部门的 DSGE模型中，从而探索金融脱媒影响主要经济变量的内在机理及其冲击效应。

DSGE 方法能够对任意时间的政策效应进行动态分析，还能监测政策冲击的条件分解和边际效应，这使政策制定者能够更加准确地把握政策的量和度（Bukowski and Kowal，2010）。因此，在利用 DSGE 模型来分析货币政策、财政政策、汇率制度和宏观审慎政策等经济政策方面已经取得了诸多有益的成果。例如，胡志鹏（2014）讨论了在"稳增长"和"控杠杆"双重目标下的货币当局最优政策设定问题。肖尧和牛永青（2014）、袁申国等（2011）、王彬等（2014）分别利用 DSGE 方法分析了财政政策和汇率制度的选择及其政策效果。Angelini 等（2011）和 Suh （2012）分别构建了一个带有银行部门的 DSGE 模型和金融加速器机制下的 BGG-DSGE 模型，用以研究货币政策与宏观审慎政策之间的相互关系，结果都显示宏观审慎政策在一定范围内优势明显。类似利用 DSGE 模型研究经济政策的学者还有 Galí（2008）、Chadha 和 Corrado（2012）、王爱俭和王璟怡（2014）等。鉴于货币政策在研究经济波动问题中的重要作用，它既是连接金融部门和实体经济的重要纽带，又是政府（或货币当局）调控经济的主要工具，因此本节在所构建的 DNK-DSGE 模型中也考虑了货币政策因素，通过数值模拟发现货币政策冲击仍然是驱动中国经济波动的主要力量，这也与传统经济理论和中国的实际情况相符。

　　货币政策目标是否应关注资产价格一直是理论界和实务界争论的重要问题之一，Hilberg 和 Hollmayr（2011）在银行市场间构建一个新凯恩斯 DSGE 模型，认为中央银行在设定货币工具时应该关注资产价格波动，并设计了资产价格泡沫破裂时的退出机制。资产价格所包含的内容广泛，包括股票、债券、房地产和衍生品等，一些学者从抽象视角讨论资产价格波动对货币政策和宏观经济的影响作用，如 Noussair 等（2015）、López（2015）等；另一些学者则是从某一类具体的金融资产（如股价、房地产等）入手构建 DSGE 及其扩展模型，如 Nisticò（2012）、Mendicino 和 Punzi（2014）、Lee 和 Song（2015）、康立等（2013）、陈利锋和范红忠（2014）等。事实上，资产价格的波动不仅影响家庭资产的分配结构，也会改变银行净资产和厂商生产资本的真实价值，然而当前鲜有文献涉及这一点。随着美联储退出量化宽松（quantitative easing，QE），外汇占款变化形势莫测，跨境资金波动规模加大、频率加快，资产价格在宏观经济波动中的作用越来越明显。但是，本节并没有将资产价格引入泰勒规则中，原因如下：第一，当期的产出缺口中已经吸收了资产价格变化的影响，如果加入资产价格可能会产生重复信息；第二，资产价格包括范围非常丰富，如股票和债券的价格、房地产价格等，很难找到一个包含资产价格的稳定广义价格指数作为货币政策的名义锚，如果选用某一种资产难免会有以偏概全之嫌；第三，本节研究的重点并不是讨论各种泰勒规则的演变形式，实际上中央银行一般也不会公布自己的货币政策规则，这里只是将普遍使用的泰勒规则看作中国货币政策的一个参照尺度。参考 Hilberg 和 Hollmayr （2011）、Chadha 和 Corrado（2012）、Steinbach 等（2014）的做法。所以，本节尝试从资产价格波动改变家庭的违约行为和全社会的金融脱媒状态这个新视角出发，来分析流动性冲击、金融脱媒和资产价格等因素的变化是如何驱动我国宏观经济的周期波动。

　　基于前述出发点和与现有文献相比，本节在传统的金融摩擦和价格黏性基础上，考虑使用银行法定存款准备金率因素来刻画银行信贷的"杠杆效应"，在兼顾生产技术冲击、货币政策冲击等常见外生冲击的同时，首次将流动性冲击、金融脱媒冲击和资产价格冲击引入宏观经济的多部门均衡问题中，并尝试构建一个涵盖家庭、银行、政府、厂商和零售商等多部门的 DNK-DSGE 模型。对于模型参数采取分类估计的方法，即用校准方法估计静态参数和用贝叶斯方法估计动态结构参数，该类方法很好地综合了历史经验和数据信息的特点，在保证模型参数准确性的前提下也能最大限度地减少运算量。对于数值模拟方面，利用方差分解来揭示影响我国宏观经济波动的主要力量，采用脉冲响应分析来探究五种外生冲击影响主要经济变量（包括产出、消费、通货膨胀、信贷、劳动、投资等）的方向、范围和程度。目前，国内还没有文献在数值上测度流动性冲击、金融脱媒冲击和资产价格冲击对我国宏观经济波动的重要性，这也反映了本节研究具有重要的理论价值，同时也能为监管部门提供较强的现实指导意义。

　　本节主要的结构安排如下：在 2.3.1 节、2.3.2 节的基础上，2.3.3 节建立一个带有金融摩擦、价格黏性和银行法定存款准备金率等因素，并且包含五种外生冲击（货币政策冲击、生产技术冲击、流动性冲击、金融脱媒冲击和资产价格冲击）的 DNK-DSGE 模型；2.3.4 节利用中国实际数据通过参数校准和贝叶斯估计两种方法确定模型参数；2.3.5 节分别通过方差分解和脉冲效应分析研究五种外生冲击对我国宏观经济波动的动态效应及其作用机制；2.3.6 节总结，并给出未来进一步研究的方向。

2.3.3　理论模型

　　假定一个经济系统由家庭、银行、厂商、零售商、资本市场和政府（即货币当局）六类经济主体构成。在这个系统中，家庭主要向厂商提供劳动并获得工资，在银行进行储蓄以获得利息，在资本市场上购买金融产品（如债券、股票等）来获得红利，在满足一定预算约束的情况下通过最大化自己的期望效用来达到均衡。银行通过吸收家庭储蓄存款并向厂商提供贷款来获得利息差收益，主要承担信贷中介的职能。厂商利用家庭劳动、借贷资金（包括从银行获得的间接贷款和从资本市场获得的直接融资）进行生产，并将生产出来的产品以批发价出售给零售商，厂商基于某种生产函数通过最大化自己的期望利润以达到均衡。零售商通过将厂商提供的批发商品进行重新组合成为差异化的消费品，并以一定的加成比率将其出售给家庭获得收益，在此过程中零售商具有重新定价权，而定价过程中存在价格黏性。政府则在满足资源约束的条件下通过制定和调整货币政策和信贷政策来调节经济，保持整个经济系统的均衡稳定。模型中各经济主体间的结构如图 2.9 所示。

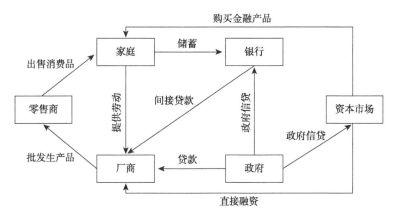

图 2.9　经济系统的结构图

1. 家庭部门

　　假设经济系统中存在可活无限期的居民组成的连续代表性家庭，家庭通过劳动获得工资收入，并将一部分收入用于消费，一部分收入用作储蓄，一部分收入用于购买金融产品，如股票、债券等。家庭的最优化决策问题是在满足一定预算约束的条件下实现其跨期效用贴现的最大化，可写成如下形式：

$$\max E_t \left\{ \sum_{i=1}^{\infty} \beta^i \left[\ln\left(C_{t+1} - hC_{t+i-1} \right) - \frac{\chi}{1+\varphi} L_{t+i}^{1+\varphi} \right] \right\} \tag{2.16}$$

其中，$E_t(\bullet)$ 是条件期望算子；C_t 是 t 期的消费；L_t 是 t 期家庭向厂商提供的劳动；$\beta \in (0,1)$ 是效用贴现因子；$h \in (0,1)$ 是消费习惯因子；$\chi > 0$ 是劳动对效用的影响参数；$\varphi > 0$ 是劳动供给弹性的倒数。家庭的预算方程为

$$\text{s.t.} \quad C_t + D_t + Q_t F_t = W_t L_t + (1-\tau_t) R_t D_{t-1} + \tau_t D_{t-1} + (Q_t - Q_{t-1}) F_{t-1} \tag{2.17}$$

其中，D_t 是家庭 t 期的储蓄；R_t 是 t 时刻名义无风险利率；F_t 是在 t 时刻家庭购买的金融资产数量，对应的资产价格为 Q_t；τ_t 是流动性冲击，表示在 t 期家庭提前赎回存款的可能性，其对数形式满足一个 $\mathrm{AR}(1)$ 过程，即 $\ln \tau_t = \rho_\tau \ln \tau_{t-1} + \varepsilon_t^\tau$。为了反映资产价格波动对整个经济系统均衡的影响，这里将引起资产价格波动的主要原因归结于外在的市场随机因素，因此不妨将资产价格冲击设定为其对数也满足一个 $\mathrm{AR}(1)$ 过程，即 $\ln Q_t = \rho_Q \ln Q_{t-1} + \varepsilon_t^Q$。

　　根据上述设定，家庭部门决策的最优化问题条件为

$$\lambda_t = \left(C_t - hC_{t-1} \right)^{-1} - \beta h E_t \left(C_{t+1} - hC_t \right)^{-1} \tag{2.18}$$

$$\lambda_t W_t = \chi L_t^\varphi \tag{2.19}$$

$$E_t \left[\beta \Lambda_{t,t+1} R_{t+1}^e \right] = 1 \tag{2.20}$$

$$E_t\left[\beta\Lambda_{t,t+1}\frac{Q_{t+1}-Q_t}{Q_t}\right]=1 \tag{2.21}$$

其中，$\Lambda_{t,t+1}=\lambda_{t+1}\big/\lambda_t$，$R_t^e=(1-\tau_t)R_t+\tau_t$，$\lambda_t$ 是拉格朗日乘子。式（2.18）是消费欧拉方程，式（2.19）是家庭最优化劳动供给方程，式（2.20）是最优储蓄决策方程，式（2.21）是最优资产决策方程。式（2.20）和式（2.21）说明在无套利条件下 $\beta\Lambda_{t,t+1}$ 为资金贴现因子。

2. 银行部门

银行的信用中介职能决定了它主要是通过吸收家庭存款并贷款给厂商来获得收益，假设银行借贷满足如下的平衡公式：

$$S_{jt}^b=N_{jt}+(1-\tau_t)(1-u)D_{jt} \tag{2.22}$$

其中，S_{jt}^b 是 t 期银行 j 提供给厂商的贷款额；N_{jt} 是该银行的净资产；D_{jt} 是银行 j 吸收的存款额；u 是法定存款准备金率。

由于家庭在银行的存款有提前赎回的可能，假设银行只会向家庭支付到期存款的无风险利率，对提前赎回的那部分存款并不支付利息，因此家庭储蓄的预期收益率为 R_{t+1}^e；另外，银行向厂商提供贷款，所对应的贷款利率为 R_{t+1}^k。在给定银行 j 的资产负债情况，在 $t+1$ 时刻其净资产的积累方程为

$$N_{j+1t}=R_{t+1}^k S_{jt}^b-R_{t+1}^e D_{jt}=\left[R_{t+1}^k-\frac{R_{t+1}^e}{(1-u)(1-\tau_t)}\right]S_{jt}^b+\frac{R_{t+1}^e}{(1-u)(1-\tau_t)}N_{jt} \tag{2.23}$$

若令 $R_{t+1}^u=\dfrac{R_{t+1}^e}{(1-u)(1-\tau_t)}$ 为调整后预期收益率，则式（2.23）可变为

$$N_{j+1t}=\left(R_{t+1}^k-R_{t+1}^u\right)S_{jt}^b+R_{t+1}^u N_{jt} \tag{2.24}$$

式（2.24）说明银行下一期的净资产主要来自向厂商提供贷款的预期存贷利差 $\left(R_{t+1}^k-R_{t+1}^u\right)S_{jt}^b$ 和前期银行净资产以调整后预期收益率计算的回报 $R_{t+1}^u N_{jt}$。$R_{t+1}^u>R_{t+1}^e$ 且 $R_{t+1}^u>R_{t+1}$，表明存款准备金率和家庭提前赎回存款的行为实质上增加了银行净资本积累中前期净资本所占的比例，缩小了前期贷款在净资本中的比重。

为了避免银行净资产的无限积累，假设每家银行都只有 θ 的概率存活到下一期，有 $1-\theta$ 的概率退出银行部门，因此银行最大化其退出市场时的期望净资产为

$$\begin{aligned}V_{jt}&=\max E_t\left[\sum_{i=1}^{\infty}(1-\theta)\theta^i\beta^{i+1}\Lambda_{t,t+i+1}N_{jt+i+1}\right]\\&=\max E_t\left[\sum_{i=1}^{\infty}(1-\theta)\theta^i\beta^{i+1}\Lambda_{t,t+i+1}\left(\left(R_{t+i+1}^k-R_{t+i+1}^u\right)S_{jt+i}^b+R_{t+i+1}^u N_{jt+i}^b\right)\right]\end{aligned} \tag{2.25}$$

若将式（2.25）写成如下形式：

$$V_{jt} = v_t S_{jt}^b + \eta_t N_{jt} \qquad (2.26)$$

其中，

$$v_t = E_t\left[(1-\theta)\beta\Lambda_{t,t+1}\left(R_{t+1}^k - R_{t+1}^u\right) + \beta\theta\Lambda_{t,t+1}x_{t,t+1}v_{t+1}\right] \qquad (2.27)$$

$$\eta_t = E_t\left[(1-\theta) + \beta\theta\Lambda_{t,t+1}z_{t,t+1}\eta_{t+1}\right] \qquad (2.28)$$

$$x_{t,t+1} = \frac{S_{jt+1}^b}{S_{jt}^b};\ \ z_{t,t+1} = \frac{N_{jt+1}}{N_{jt}} \qquad (2.29)$$

由式（2.25）可知，只要 $R_{t+i+1}^k > R_{t+i+1}^u$ 就会激励银行无限期地扩大信贷总量，为了避免此类情况的发生，类似于 Gertler 和 Karadi（2011）、康立等（康立等，2013；康立和龚六堂，2014）的做法，这里引入金融摩擦，即假设在每一期银行都可以选择单方面不遵守与家庭的借款合同，将银行总资产中的 λ 部分带走并直接退出银行部门。这种道德风险迫使家庭在选择储蓄时需要保证银行期望净资产满足激励相容约束：

$$V_{jt} \geqslant \lambda S_{jt}^b \qquad (2.30)$$

式（2.30）的左边表示银行履行借款合同并最终正常退出银行部门时可以获得的期望净资产，右边代表银行发生违约时带走的部分总资产。只有当该式满足时，银行才会选择继续履行借款合约，进行正常的存贷经营活动。结合式（2.26），式（2.30）可以写成如下形式：

$$v_t S_{jt}^b + \eta_t N_{jt} \geqslant \lambda S_{jt}^b \qquad (2.31)$$

考虑临界情况，当等式成立时，令 $\phi_t = \dfrac{\eta_t}{\lambda - v_t}$，则有

$$S_{jt}^b = \frac{\eta_t}{\lambda - v_t} N_{jt} = \phi_t N_{jt} \qquad (2.32)$$

事实上，由式（2.32）可知 ϕ_t 是银行的贷款总额与其净资产的比值，可看作银行融资的杠杆率，表明银行在拥有净资产 N_{jt} 时可贷资金最多不超过 $\phi_t N_{jt}$。此时银行 j 净资产的积累方程（2.24）可简化为

$$N_{j+1t} = \left[\left(R_{t+1}^k - R_{t+1}^u\right)\phi_t + R_{t+1}^u\right]N_{jt} \qquad (2.33)$$

式（2.29）也可表示为

$$x_{t,t+1} = \frac{\phi_{t+1}z_{t,t+1}}{\phi_t};\ \ z_{t,t+1} = \left(R_{t+1}^k - R_{t+1}^u\right)\phi_t + R_{t+1}^u \qquad (2.34)$$

注意到 v_t，η_t，ϕ_t，$x_{t,t+1}$，$z_{t,t+1}$ 等主要变量与银行指标 j 无关，因此通过加总银行部门在总量上仍然满足式（2.22）~式（2.34），如式（2.34）可推广为代表性银

行形式：$S_t^b = \phi_t N_t$。

正如 Gertler 和 Karadi（2011）所描述的，银行净资产 N_t 主要由两部分组成：已经存在的银行（existing banks）的净资产 N_{et} 和新进银行（entering or new banks）的净资产 N_{nt}，即

$$N_t = N_{et} + N_{nt} \tag{2.35}$$

其中

$$N_{et} = \theta\left[\left(R_t^k - R_t^u\right)\phi_{t-1} + R_t^u\right]N_{t-1} = \theta z_{t-1,t} N_{t-1}; \quad N_{nt} = \omega S_{t-1}^b \tag{2.36}$$

3. 政府部门与资源约束

政府（或货币当局）除了通过货币政策来调整经济外，还可以直接向厂商提供额外信贷资金来缓解危机期间市场上的流动性短缺问题，典型的如美国政府的量化宽松政策、日本政府的 QQE（quantitative and qualitative monetary easing，量化质化货币宽松政策）计划和 2010 年中国政府的"四万亿"经济刺激计划等。为简单起见，不妨假设政府提供的额外信贷与银行所提供的贷款性质相同，借贷利率也大体相同。这样整个市场的信贷总量就由银行信贷和政府信贷两部分组成，即 $S_t = S_t^b + S_t^g$，其中 S_t^g 为政府信贷量。若令 $S_t^g = \psi_t S_t$ 且 $\phi_{ct} = \dfrac{\phi_t}{1 - \psi_t}$，则有 $S_t = \dfrac{\phi_t}{1 - \psi_t} N_t = \phi_{ct} N_t$。可以发现，参数 ϕ_{ct} 是全社会的信贷总量与银行净资产之间的比值，可看作全社会的融资杠杆率。另外，当市场流动性短缺时，政府可以通过调整信贷参数 ψ_t 来向经济系统中注入更多的信贷资金，缓解流动性紧张局面，维护经济稳定。根据 Gertler 和 Karadi（2011）的研究，假设政府这种非常规的信贷政策可按照以下动态反馈机制运行：

$$\psi_t = \psi + \upsilon E_t\left[\left(\ln R_{t+1}^k - \ln R_{t+1}^e\right) - \left(\ln R^k - \ln R^e\right)\right] \tag{2.37}$$

其中，ψ、R^k 和 R^e 分别是 ψ_t、R_t^k 和 R_t^e 的稳态值；υ 是反馈机制的度量参数。

中央银行作为政府进行货币政策调控的主要部门，其货币政策设置主要有两种：利率规则（如泰勒规则）和货币供应量规则（如麦克勒姆规则）。孔丹凤（2008）利用中国数据对泰勒规则和麦克勒姆规则进行了检验，发现泰勒规则能够更好地刻画中国货币政策状态。张勇（2015）、王爱俭和王璟怡（2014）、马勇（2013）等也认为随着我国利率市场化的逐步完成，采用泰勒规则进行货币政策调控也更加合适。因此，本节假设中央银行主要基于利率规则中的泰勒规则来调整经济系统的货币政策，即

$$i_t = \left(1 - \rho_i\right)\left[i + \kappa_\pi \pi_t + \kappa_y\left(\ln Y_t - \ln Y^*\right)\right] + \rho_i i_{t-1} + \varepsilon_t^i \tag{2.38}$$

其中，i_t 是名义利率；Y_t 是消费品产出；π_t 是通货膨胀率；i 和 Y^* 分别是 i_t 和 Y_t 的稳态值，$\rho_i \in (0,1)$；κ_π、κ_y 是对应参数；ε_t^i 是货币政策冲击。名义利率 i_t 与实际的无风险利率 R_{t+1} 之间遵循 Fisher 效应表达式，即 $1+i_t = R_{t+1}\dfrac{E_t P_{t+1}}{P_t}$。

最后，全社会满足的资源约束方程为 $Y_t = C_t + I_t$，其中 I_t 为投资。

4. 厂商部门

厂商一方面通过银行或政府信贷获得间接融资 S_t，在资本市场上通过发行股票、债券等金融资产进行直接融资 $Q_t F_t$，进而得到生产所需要的资本 K_t；另一方面利用雇佣家庭劳动 L_t 进行生产活动，并以价格 P_{mt} 将产品 Y_{mt} 出售给零售商。假设厂商遵循的生产函数为 $Y_{mt} = A_t K_t^a L_t^{1-\alpha}$，其中 α 为资本的产出弹性。K_t 满足如下等式：

$$K_t = S_t + Q_t F_t = (1+\theta_t) S_t \qquad (2.39)$$

其中，$\theta_t = \dfrac{Q_t F_t}{S_t}$ 是直接融资与间接融资的比值，可看作对经济系统中金融脱媒程度的一种刻画。这里假设 θ_t 的对数形式服从 AR(1) 过程，即 $\ln\theta_t = \rho_\theta \ln\theta_{t-1} + \varepsilon_t^\theta$。生产资本 K_t 的积累方程为 $K_t = (1-\delta)K_{t-1} + I_t$，其中参数 δ 为资本折旧率。

通过求解厂商利润最大化问题可得到如下一阶条件：

$$(1-\alpha)P_{mt}Y_{mt} = W_t L_t \qquad (2.40)$$

$$\alpha P_{mt}Y_{mt} = \left(R_{t+1}^k + \frac{Q_{t+1}-Q_t}{Q_t}\theta_t\right)S_t \qquad (2.41)$$

其中，式（2.40）是劳动的欧拉方程，式（2.41）是资本的欧拉方程。

5. 零售商部门

假设经济中存在一系列连续的零售商 f，$f \in [0,1]$，它们以价格 P_{ft}（即 P_{mt}）从厂商批发产品 Y_{ft}，通过重新组合得到消费品 Y_t，并以价格 P_t 出售给家庭。假设消费品 Y_t 是对所有零售商批发产品 Y_{ft} 的一种集成，即

$$Y_t = \left[\int_0^1 Y_{ft}^{(\varepsilon-1)/\varepsilon}\mathrm{d}f\right]^{\varepsilon/(\varepsilon-1)} \qquad (2.42)$$

其中，ε 是零售商之间的替代弹性。假设零售商是充分竞争的，其决策问题是在给定消费品价格 P_t 和批发价格 P_{ft} 的情况下实现其利润最大化，从而得到零售商 f 的产出需求为

$$Y_{ft} = \left(\frac{P_{ft}}{P_t}\right)^{-\varepsilon} Y_t \tag{2.43}$$

综合式（2.42）和式（2.43），可得

$$P_t = \left[\int_0^1 P_{ft}^{1-\varepsilon} \mathrm{d}f\right]^{1/(1-\varepsilon)} \tag{2.44}$$

假设零售商具有对 P_{ft} 重新定价的权力，定价过程存在价格黏性，即每期零售商都以概率 $1-\gamma$ 将价格调整成为 P_t^*；以概率 γ 不重新定价，但根据过去的通货膨胀水平确定其指数化价格，即 $P_{ft} = \pi_{t-1}^{\gamma_p} P_{ft-1}$。由 Y_{mt} 和 Y_{ft} 之间的关系，结合式（2.43）可得

$$Y_{mt} = \int_0^1 Y_{ft}\mathrm{d}f = Y_t \int_0^1 \left(\frac{P_{ft}}{P_t}\right)^{-\varepsilon} \mathrm{d}f \hat{=} Y_t d_t \tag{2.45}$$

其中，$d_t = \int_0^1 \left(\frac{P_{ft}}{P_t}\right)^{-\varepsilon} \mathrm{d}f = (1-\gamma)\left(\frac{P_t^*}{P_t}\right)^{-\varepsilon} + \gamma\left(\frac{\pi_{t-1}^{\gamma_p}}{\pi_t}\right)^{-\varepsilon} d_{t-1}$。

零售商在 Calvo（1983）定价机制下制定价格以最大化其实际贴现利润，而此时的相对边际成本为 P_{mt}，这样可得到如下规划问题：

$$\max E_t\left[\sum_{i=1}^{\infty}(\gamma\beta)^i \Lambda_{t,t+i}\left(\frac{P_t^*}{P_{t+i}}\prod_{k=1}^i \pi_{t+k-1}^{\gamma_p} - P_{mt+i}\right)Y_{ft+i}\right] \tag{2.46}$$

在满足条件式（2.43）的情况下，可得到该最优化问题的一阶条件为

$$\pi_t^* = \frac{\varepsilon B_t^1}{(1-\varepsilon) B_t^2}\pi_t \tag{2.47}$$

其中，$\pi_t^* = \frac{P_t^*}{P_{t-1}}$，且 B_t^1 和 B_t^2 分别满足如下等式：

$$B_t^1 = P_{mt}Y_t + \beta\gamma E_t\left[\Lambda_{t,t+1}\pi_{t+1}^{\varepsilon}\pi_t^{-\varepsilon\gamma_p} B_{t+1}^1\right] \tag{2.48}$$

$$B_t^2 = Y_t + \beta\gamma E_t\left[\Lambda_{t,t+1}\pi_{t+1}^{\varepsilon-1}\pi_t^{(1-\varepsilon)\gamma_p} B_{t+1}^2\right] \tag{2.49}$$

同时，价格水平的演化方程为

$$P_t = \left[(1-\gamma)\left(P_t^*\right)^{1-\varepsilon} + \gamma\left(\pi_{t-1}^{\gamma_p}P_{t-1}\right)^{1-\varepsilon}\right]^{1/(1-\varepsilon)} \tag{2.50}$$

通货膨胀率的演化方程为

$$\pi_t = \left[(1-\gamma)\left(\pi_t^*\right)^{1-\varepsilon} + \gamma\left(\pi_{t-1}^{\gamma_p}\right)^{1-\varepsilon}\right]^{1/(1-\varepsilon)} \tag{2.51}$$

2.3.4　模型参数确定

根据国内数据的可获得性，本节选择 2002Q1~2014Q4 的季度数据，用 HP 滤波对原始数据进行去除趋势项和季节性调整，并利用消费价格指数将名义值量化为实际值。主要观测变量包括 GDP（ Y_t ）、城镇固定资产投资额（ I_t ）、银行间七天同业拆借利率（ R_t ）、CPI（ π_t ）和沪深 300 指数收盘价（ Q_t ）等。数据来自同花顺金融数据库、中经网统计数据库和《中国统计年鉴》等。由于国内外已有的一些关于 DSGE 模型的文献考虑了"金融摩擦"和"价格黏性"等因素，加之受到数据信息量等客观条件的制约，本节的部分参数按照以往文献进行赋值，而对新出现的参数结合中国实际情况进行校准，对于不确定的结构参数，利用贝叶斯方法进行估计。

1. 参数校准

为了能够比较方便地求解出各参数的稳态值，这里的校准方法主要分为两类：对于一般 DSGE 模型中常见的参数根据现有文献直接赋值，如效用贴现因子 β 取 0.98（王国静和田国强，2014；陈利锋和范红忠，2014；da Silva and Divino，2013）、消费习惯参数 h 取 0.815（da Silva and Divino，2013）和资本折旧率 δ 取 0.025（王立勇等，2012；王国静和田国强，2014）等[①]；对于政策参数依据当前监管要求进行赋值，如法定存款准备金率 u 设定为 20%（2015 年 2 月之前的大型金融机构的规定）。所有参数校准的稳态值见表 2.7。

表 2.7　参数校准情况

参数	描述	取值	参数	描述	取值
β	效应贴现因子	0.98	ε	零售商价格加成参数	4.5
h	消费习惯参数	0.815	γ	不重新定价的概率	0.779
φ	劳动供给弹性的倒数	0.52	γ_p	指数化价格参数	0.241
χ	劳动对效用的影响参数	3.4	ω	转换为新进银行的比例	0.002
α	资本产出弹性	0.33	δ	资本折旧率	0.025
λ	金融摩擦参数	0.38	κ_π	货币政策对通货膨胀的反应系数	1.5

[①] 其他参数的赋值主要参考王立勇等（2012）、康立等（康立等，2013；康立和龚六堂，2014）、王国静和田国强（2014）、陈利锋和范红忠（2014）、胡志鹏（2014）、Gertler 和 Karadi（2011）、da Silva 和 Divino（2013）等。

续表

参数	描述	取值	参数	描述	取值
θ	银行存留概率	0.97	κ_y	货币政策对产出的反应系数	0.125
υ	信贷政策参数	10	u	法定存款准备金率	20%

2. 参数估计

本节主要考虑了 5 种外生冲击，假设每个冲击都服从 AR（1）过程，则有 10 个参数需要进行贝叶斯估计。类似于王国静和田国强（2014），对于平滑参数 ρ_* 一般在 $[0,1)$ 区间上，可假定它们服从均值为 0.5，标准差为 0.2 的贝塔分布（Beta）；对于标准差参数 σ_* 可假定其服从均值为 0.01 的逆伽玛分布（Inv.Gamma）。贝叶斯估计的结果如表 2.8 所示，表 2.8 中间三列分别为预先设定的先验分布、先验均值和标准差，最后两列是估计得到的后验均值和 90%置信区间。

表 2.8　参数贝叶斯估计结果

参数	描述	先验分布			后验分布	
		分布类型	均值	标准差	均值	90%置信区间
ρ_τ	流动性冲击平滑系数	Beta	0.5	0.2	0.705 2	[0.508 8，0.903 2]
ρ_θ	金融脱媒冲击平滑系数	Beta	0.5	0.2	0.894 3	[0.798 6，0.981 9]
ρ_a	生产技术冲击平滑系数	Beta	0.5	0.2	0.901 8	[0.869 4，0.935 7]
ρ_i	货币政策冲击平滑系数	Beta	0.5	0.2	0.711 4	[0.463 7，0.959 4]
ρ_q	资产价格冲击平滑系数	Beta	0.5	0.2	0.803 2	[0.765 8，0.841 6]
σ_τ	流动性冲击的标准差	Inv.Gamma	0.01	2	0.016 1	[0.013 3，0.019 7]
σ_θ	金融脱媒冲击的标准差	Inv.Gamma	0.01	2	0.052 8	[0.029 3，0.076 8]
σ_a	生产技术冲击的标准差	Inv.Gamma	0.01	2	0.044 5	[0.022 8，0.067 2]
σ_i	货币政策冲击的标准差	Inv.Gamma	0.01	2	0.008 7	[0.003 9，0.013 8]
σ_q	资产价格冲击的标准差	Inv.Gamma	0.01	2	0.068 5	[0.042 5，0.094 5]

从表 2.8 的估计结果可以看出，大部分动态参数的后验均值与其先验均值存在较大差异，并且后验分布的均值都落在 90%的置信区间，说明参数估计的结果具

有较好的稳健性和收敛性，也表明待估参数的真实信息能在所使用的数据中有所反映。另外，从冲击的持续性来看，五种冲击平滑系数的后验均值都较大，说明冲击过程具有比较明显的持续性，其中货币政策冲击和流动性冲击的平滑系数分别为 0.711 4 和 0.705 2，其持续性相比其他外生冲击要小一些，而生产技术冲击的平滑系数为 0.901 8，其持续性在五种冲击过程中是最强的，这与王国静和田国强（2014）、陈利锋和范红忠（2014）等的结果是一致的。从冲击的波动性来看，流动性冲击和货币政策冲击的标准差分别为 0.016 1 和 0.008 7，其波动性相对其他外生冲击要小一些，这是因为我国家庭储蓄比例非常高，储蓄习惯相对稳定，提前赎回存款的概率较小，同时我国还没有完全实行利率市场化，货币政策相对稳健，利率调整幅度和频率也较小。但资产价格冲击的标准差为 0.068 5，具有较明显的波动特征，这与我国金融市场尚不完善有关，信息不对称导致投资者非理性交易，"追涨杀跌""政策市"等现象时有发生，这些不稳定因素往往会导致资产价格在较大范围内波动。

2.3.5　数值模拟与结果分析

根据参数校准和贝叶斯估计的结果，下面从方差分解和脉冲响应两个方面来分析流动性冲击（ τ_t ）、金融脱媒冲击（ θ_t ）、生产技术冲击（ A_t ）、资产价格冲击（ Q_t ）和货币政策冲击（ i_t ）对我国宏观经济波动的动态影响。

1. 方差分解

方差分解就是将 t 时期受到多种外生冲击后相关变量偏离稳态时的方差根据其不同的冲击来源进行分解。通过方差分解可以得到所有冲击综合作用下产生总偏离方差的贡献份额，从而确定各种冲击因素对经济活动中主要宏观经济变量波动的影响力大小。通过数值模拟对 DSGE 模型中的主要宏观经济变量进行了方差分解，以便定量考察每一种冲击对这些变量的长期影响。表 2.9 给出了五种冲击解释产出增长、消费增长、投资增长、信贷增长、劳动需求和通货膨胀率的无条件方差的比例。

表 2.9　主要经济变量的方差分解

冲击	τ_t	A_t	Q_t	θ_t	i_t
产出 Y_t	1.24%	23.32%	2.22%	25.13%	48.09%
消费 C_t	0.01%	1.02%	18.75%	9.56%	70.66%
投资 I_t	2.08%	29.46%	13.45%	22.67%	32.34%

续表

冲击	τ_t	A_t	Q_t	θ_t	i_t
信贷 S_t	0.02%	0.04%	4.62%	38.30%	57.02%
劳动 L_t	1.87%	35.12%	11.64%	1.81%	49.56%
通货膨胀率 π_t	0.02%	4.43%	12.36%	17.50%	65.69%

如表 2.9 所示，从整体上看货币政策冲击对每个变量的影响不尽相同，但仍然是驱动我国宏观经济波动的主要力量，尤其是对消费和通货膨胀率的影响，分别达到 70.66% 和 65.69%。与其他外生冲击相比，因家庭提前赎回存款所产生的流动性冲击对这些变量的影响显著偏小，这说明在我国当前的经济发展状态下，由家庭违约所造成的流动性紧缩还不足以对我国宏观经济产生实质性影响。一方面，可能是因为受到我国传统的"勤俭持家"美德和长期形成的储蓄习惯的影响；另一方面，由于我国的银行存款主要是以国家信用作为担保，利率市场化尚未完全放开，银行倒闭的风险几乎为零。事实上，相比其他国家，2008 年的次贷危机和 2010 年的欧美主权债务危机对我国的影响相对较小也从侧面佐证了这一点。

与传统文献类似，生产技术冲击仍然能够解释较大部分产出、投资和劳动供给等变量的波动，分别达到了 23.32%、29.46% 和 35.12%，所以生产技术升级能够带动产出、投资和劳动的大幅上升。值得注意的是，资产价格冲击和金融脱媒冲击对我国宏观经济波动的作用已经逐渐显现，其中资产价格冲击对消费、投资和通货膨胀率的影响较大，分别达到 18.75%、13.45% 和 12.36%，资产价格波动通过托宾 Q 效应影响家庭财富及其分配，从而影响家庭消费水平和劳动需求；资产价格泡沫往往会改变全社会的商品价格水平（如房地产、石油等）进而导致通货膨胀问题。金融脱媒反映了直接融资和间接融资（主要是银行贷款）在全社会信贷总额中的相对比重，如表 2.9 所示，金融脱媒冲击分别解释了产出、投资和信贷波动的 25.13%、22.67% 和 38.30%。一方面，金融脱媒改变了家庭的资产结构，随着我国资本市场、金融业的发展和金融产品的不断创新，家庭资产逐渐由单一的储蓄存款发展为存款、股票、债券、基金、保险、理财、信托和贵金属等多种形式；另一方面，金融脱媒拓宽了企业的融资渠道，2014 年全社会融资规模为 16.46 万亿元，其中人民币贷款 9.78 万亿元，占社会融资规模比例为 59.42%。可见，金融脱媒冲击已成为驱动宏观经济变量波动不可忽略的因素之一，这些事实都与方差分解的结果是相一致的（《2015 年中国金融统计年鉴》）。

2. 脉冲响应

本节运用脉冲响应分析，在考虑金融摩擦和价格黏性的情况下，探究五种外生冲击如何影响中国经济波动, 包括产出 (Y)、消费 (C)、劳动 (L)、信贷 (S)、通货膨胀率 (π)、投资 (I)、银行融资杠杆率 (ϕ) 和全社会融资杠杆率 (ϕ_c) 八个经济变量和金融变量。下面给出了主要的内生变量在给定一个标准差单位正向冲击下 0~40 期 (季度) 的脉冲响应, 图 2.10~图 2.14 的横轴表示响应时期, 纵轴表示变量关于其稳态值的偏离率。

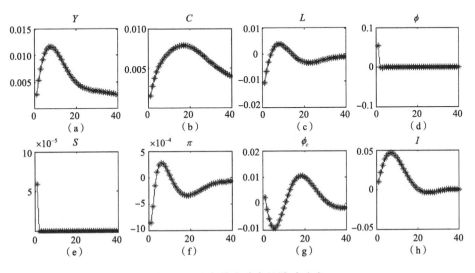

图 2.10 生产技术冲击的脉冲响应

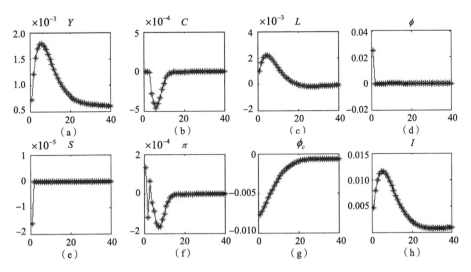

图 2.11 流动性冲击的脉冲响应

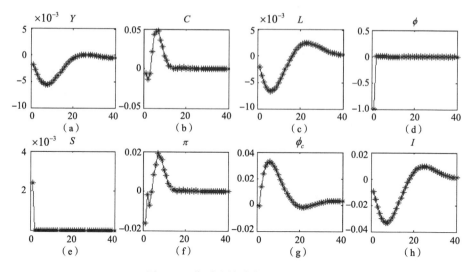

图 2.12   货币政策冲击的脉冲响应

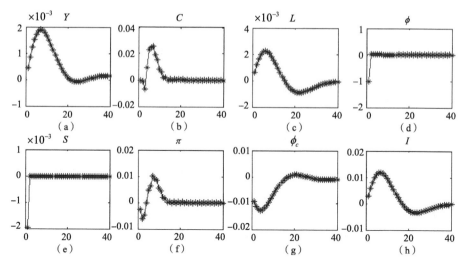

图 2.13   金融脱媒冲击的脉冲响应

如图 2.10 所示，当经济系统受到一个标准差单位的正向生产技术冲击后，在给定生产函数下，A_t 的提高引起产出 Y_t 增长了 1.25%；由于生产技术升级能够提高投资效率，在现有的资源约束下，产出的提高也会带动消费和投资的相应增长，而且投资的涨幅要明显高于消费，分别达到 5% 和 0.8% 左右。有意思的是，虽然消费的涨幅不大，却具有更强的持续性，当产出和投资在 20 期已回归稳态时，消

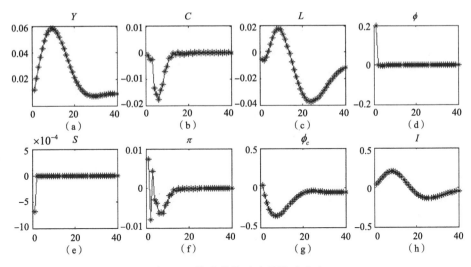

图 2.14　资产价格冲击的脉冲响应

费在 40 期仍然位于稳态水平之上。正向的生产技术冲击在替代效应的作用下会
抑制对劳动的需求，但是产出的增长则需要更多的劳动支持，这两方面力量的作
用导致了劳动需求呈现先降后增的"驼峰"形态。产出的增幅和增速都要高于消
费，导致了短时间内商品供应超过需求，从而引起通货膨胀率在初始时间出现小
幅下滑，产出回归稳态的速度也快于消费，供需之间的差距逐渐缩小，进而引起
通货膨胀率逐渐上升，出现这种由负转正的态势，最终在消费持续性的作用下，
通货膨胀率在 20 期回归稳态后又出现轻微上浮的态势。厂商利润的最大化要求
产出与全社会的信贷呈正相关关系［式（2.41）］，产出的增加引起了信贷规模的
小幅上涨，银行信贷规模 $S_t^b = S_t - S_t^g$ 也会随之上浮，从而加剧了银行的融资杠杆
率。在政府信贷不变的情况下，政府信贷占比 $\psi_t = S_t^g / S_t$ 会随着 S_t 的增加而减小，
这样全社会融资杠杆率 $\phi_{ct} = \phi_t / (1 - \psi_t)$ 一方面随着 ψ_t 的减小而减小；另一方面又
随着 ϕ_t 的增大而增大，这样 ϕ_{ct} 在这两方面力量的综合作用下呈现出先下降后上
升的波动趋势。

　　如图 2.11 所示，当经济系统受到一个标准差单位的正向流动性冲击后，τ_t 的
正向变化会直接增加家庭储蓄存款在到期前的赎回比例，银行储蓄 D_t 的减少和 τ_t
的增加会导致银行信贷 S_t^b 下降，全社会的信贷总额 S_t 和全社会融资杠杆率 ϕ_{ct} 也会
随之下降；在政府信贷 S_t^g 不变的情况下，参数 $1 - \psi_t = 1 - S_t^g / S_t$ 会随着 S_t 的减小
而增加且 ϕ_{ct} 的跌幅较小，这时银行融资杠杆率 $\phi_t = \phi_{ct}(1 - \psi_t)$ 在初始时小幅增加后
便迅速回归至稳态水平。正向的流动性冲击导致了消费出现下降,家庭资产中 C_t 和
D_t 的减少需要厂商直接融资 $Q_t F_t$ 出现大幅提高来保持平衡，而厂商的生产资本

$K_t = S_t + Q_t F_t$ 也会随之增加。在既定的生产函数下，K_t 的提高一方面带来产出增加了 0.18% 左右；另一方面刺激投资 $I_t = K_t - (1-\delta)K_{t-1}$ 的上升。产出的提高增加了劳动的需求，在流动性冲击使消费小幅下降时，产出和消费的反向变化导致了供过于求的局面，进而引起通货膨胀率小幅下滑并在 16 期后又回归稳态水平。

　　如图 2.12 所示，当经济系统受到一个标准差单位的正向货币政策冲击后，会引起产出和投资的下降，也抑制了厂商对劳动的需求，其中投资下降最大，达到 3% 左右。利率的提高也会增加厂商从银行间接融资的成本，减少银行信贷的规模 S_t^b，引起银行融资杠杆率的下滑。为了维护金融稳定，政府会通过增加政府信贷 S_t^g 来刺激经济，这样会使全社会的信贷总量得到较大提高，相应的全社会融资杠杆率 $\phi_{ct} = S_t / N_t$ 也会随之增加。货币政策冲击引起消费在初始时小幅下滑又迅速上升，且上升幅度要大于产出增加的幅度，这就导致供求关系在短时间内发生逆转，从而引起通货膨胀率在初始时期先上升后小幅下滑再迅速上升并在 16 期附近回归稳态。

　　如图 2.13 所示，当经济系统受到一个标准差单位的正向金融脱媒冲击后，θ_t 的增加使更多的家庭资产从储蓄存款向资本市场转移，缩减了银行信贷的来源，导致 S_t^b 和 S_t 都出现下滑，银行融资杠杆率 $\phi_t = S_t^b / N_t$ 和全社会融资杠杆率 $\phi_{ct} = S_t / N_t$ 也会相应下跌，其中银行融资杠杆率下跌近一倍。正向的金融脱媒冲击改变了银行的资产结构，减少了厂商对银行信贷的依赖性，提高了厂商直接融资的规模，从而其生产资本 $K_t = S_t + Q_t F_t$ 不减反增，生产资本的充裕会刺激产出和投资的不断提高，分别达到 0.2% 和 1.3% 左右。例如，自 2015 年 1 月初开始短短三个月创业板指数涨幅超过 60%，"新三板"市场也不断扩容，大量中小企业通过资本市场获得直接融资。产出的提高要求厂商增加对劳动的需求，也会进一步刺激家庭增加消费，而消费的增加幅度超过了产出引起供过于求，进而导致了通货膨胀率的小幅上涨。因此，金融脱媒冲击确实已经成为影响中国经济波动的重要因素，这也与前面方差分解的结果相一致。

　　如图 2.14 所示，当经济系统受到一个标准差单位的正向资产价格冲击后，资产价格 Q_t 的上涨在挤出效应的作用下会吸引更多的家庭资产向资本市场转移，减少当期消费 C_t 和家庭储蓄存款 D_t。消费和储蓄的下滑会引起直接融资 $Q_t F_t$ 的较大提高，厂商的生产资本 K_t 也会增加，生产资本的增加会进一步刺激产出和投资，涨幅分别达到 6% 和 20% 左右，其影响作用已超过了其他外生冲击。产出和投资的增加会带来劳动需求和通货膨胀率的提高，但是消费需求的减少也会使通货膨胀率的演变趋势模糊化。如图 2.14 所示，与流动性冲击类似，通货膨胀率在刚开始出现了在其稳态值附近震荡并在 16 期左右回归稳态水平的趋势。家庭储蓄 D_t 的减少会引起银行信贷资金的缩减，从而引起全社会信贷规模的减少，这样全社会融资杠杆率也相应地降低。另外，资产价格波动通过财富效应会改变银行的净资产，在金融加速器效应的作用下会提高银行融资杠杆率。例如，2015 年初股市大涨，不断扩大的财富效应吸引了越来越多的家庭储蓄进入资本市场，如股市、基金市场等，从而降低了全社会信贷结构中银行存款的比重。然而，银行融资杠杆率和全社会融资杠杆率的变化并非总是一致的，尤其在涉及资产价格因素时，二者的动态关系更难把握。这也是将资产价格引入货币政策调控目标会引起理论界和实务界巨大争议的原因。事实上，资产价格与流动性冲击、金融脱媒并非完全独立，在效用最大化原则下：一方面，资产价格上涨会吸引更多的家庭提前赎回存款并将资金用于购买金融产品，获得更高的收益，从而引发流动性冲击；另一方面，资产价格上涨又会提高厂商直接融资能力，加剧全社会的金融脱媒状态。因此，流动性冲击、金融脱媒和资产价格波动对我国宏观经济的传导作用是系统的、交互的和持续的。

3. 数值模拟分析

法定存款准备金率是中央银行规定的商业银行和存款类金融机构必须缴存给中央银行的法定准备金占其存款总额的比率，是中央银行调控宏观经济的主要货币政策手段之一。表 2.10 总结了在中央银行在不同的法定存款准备金率（u）下，通过模型数值模拟得到的产出、消费、劳动、信贷总量、通货膨胀率和投资等主要经济变量的波动情况。根据历史经验，中央银行调整法定存款准备金率的幅度一般为 0.5%~1%，因此这里以 20% 为基点分别取 20.5%、20%、19.5%、18.5% 和 18%。

表 2.10　不同法定存款准备金率下的主要经济变量的波动情况

u	20.5%	20%	19.5%	18.5%	18%
产出 Y_t	1.728 6	1.736 7	1.743 6	1.791 2	1.803 3
消费 C_t	2.832 7	2.994 1	3.057 9	3.327 6	3.485 3
劳动 L_t	1.535 6	1.674 3	1.727 8	1.901 4	1.956 2
信贷 S_t	1.039 2	1.041 7	1.048 6	1.053 5	1.057 8
通货膨胀率 π_t	2.221 8	2.349 2	2.456 3	2.631 2	2.706 4
投资 I_t	2.504 2	2.547 8	2.588 3	2.641 7	2.653 9

提高法定存款准备金率是一种紧缩性的货币政策，由表 2.10 可知，首先，它会导致银行信贷的减少，从而引起全社会信贷总量的下降，短时间内容易引发企

业融资困难，因此，在面对外生冲击时，产出、信贷的波动会随着法定存款准备金率的下降而提高。其次，扩张性的货币政策能够强化通货膨胀率，导致通货膨胀率波动会随法定存款准备金率的下降而增强。最后，产出的提高需要以增加劳动为基础，而根据恒等式 $Y_t = C_t + Y_t$ 可知，消费和投资也会随着产出的增加而提高，这会导致消费和投资的波动也将随着法定存款准备金率的下降而提高。总体来说，消费、投资和通货膨胀率的波动要高于产出和劳动的波动，产出和劳动的波动大体相当，但都高于信贷波动，这与货币政策冲击下各主要经济变量的脉冲响应基本一致。

2.3.6　主要结论和政策建议

本节构建了一个涵盖家庭、银行（主要是商业银行）、厂商、零售商、政府（或货币当局）和资本市场六类经济主体的经济系统。在兼顾金融摩擦和价格黏性等金融因素和家庭消费习惯、法定存款准备金率和资本折旧等实际刚性的基础上，将流动性冲击、金融脱媒冲击和资产价格冲击引入 DNK-DSGE 模型中。

对于 DNK-DSGE 模型的参数估计问题主要分成两类：一类是静态参数，主要参照现有文献的参数值或当前银行监管要求；另一类是动态结构参数（包括冲击的平滑系数和波动率），主要是结合宏观经济数据利用贝叶斯估计加以确定。贝叶斯估计结果表明，五种外生冲击都具有较大的平滑系数，尤其是生产技术冲击和金融脱媒冲击（分别达到 0.901 8 和 0.894 3），说明这两种冲击过程具有较明显的持续性。就波动性而言，流动性冲击的标准差较小（仅有 0.016 1），而资产价格冲击的标准差较大（达到 0.068 5），这主要与我国家庭的储蓄习惯、信息的不对称及金融市场发展状态有关。

方差分解结果表明，货币政策冲击仍然是驱动我国宏观经济波动的主要力量，均超过了 30%，最高能解释消费波动的 70%。因家庭违约所引发的流动性冲击对各经济变量的影响作用有限（最高也只有 2%），生产技术冲击能够较好地解释产出、投资和劳动供给等变量的波动，金融脱媒冲击和资产价格冲击对产出、消费、信贷和通货膨胀率等变量的影响已经不容忽视，两者综合在一起能解释这些变量近 30% 的波动。进行脉冲响应分析发现，生产技术冲击一般会带来宏观经济变量的正向响应，而货币政策冲击则常常会引起产出、投资等变量的下降，刺激消费、劳动、信贷和融资杠杆率的上升。金融脱媒冲击和资产价格冲击能使产出、投资、劳动和信贷等出现较大提高，其中正向的资产价格冲击能分别使产出和投资增长达 6% 和 20% 左右。流动性冲击会引起消费和通货膨胀率等多个变量的小幅下降，但能增加产出、投资和劳动需求。当实施扩张性货币政策（如降低法定存款准备金率）时，产出、消费、劳动、信贷总量、通货膨胀率和投资等主要经济变量的波动有所加剧。在考虑模型的可计算性和复杂性基础上，研究表明金融脱媒冲击主要受金融创新、制度变革和金融市场发展等因素影响，资产价格冲击由投资者情绪、市场结构和宏观经济变化等因素决定，在实际分析处理时将它们都归结为外生冲击，暂且不考虑其可能存在的内生性问题。另外，现有大多文献尚未对不同冲击之间相互加强、交叉影响的作用机制做仔细研究，如果能够将这种作用机制嵌入 DSGE 模型的架构中将会较大地推动一般均衡理论的发展，这也将是我们未来重要的研究方向。

根据上述研究结果，提出以下三点政策建议：①调整优化信贷结构，激发金融脱媒促进经济发展的内生动力。金融脱媒虽然在一定程度上开始影响我国宏观经济，但目前我国间接融资仍然在全社会融资中占关键地位，信贷总量控制对控制企业投资仍然具有显著作用。根据金融脱媒程度和演化进程，需要及时引导信贷资金投向，调整信贷结构，实现产业结构转型升级和经济结构优化。②积极应对家庭储蓄模式因利率市场化可能发生的诸多变化，尽量降低流动性转向对银行系统稳定产生的冲击。虽然我国家庭储蓄目前较为稳定，但如今家庭理财观念日益盛行，因利率市场化引发家庭储蓄可能违约产生的流动性冲击将会逐渐显现，需要提升银行结构流动性从而有效缓释流动性风险。监管部门不但要引导家庭资产的合理配置，减小可能的流动性冲击，而且应加强对银行资本充足率监管和流动性监管的协调配合。③资本市场的各项改革要审慎考虑到市场对资产价格波动的承受区间以及由此可能带来的宏观经济影响，要结合不同资产价格波动的差异化特征实施多元化调控，合理引导缓释因为金融脱媒对不同资产类的价格影响，帮助投资者形成合理的市场预期，更好地维护金融系统稳定和促进实体经济发展。

第3章 杠杆异质性、资产价格与实体经济研究

 已有系列金融危机表明，虽然适度的杠杆有利于促进经济发展，但杠杆过度往往会引起资产价格泡沫，诱发系统性风险，对金融部门和实体经济产生相当的负面冲击。在给定的经济结构下，资产价格存在一个有利于实体经济稳定发展的正常波动区间，如果资产价格上涨超出该区间的上限可能会引发资产价格泡沫，价格泡沫积累到一定程度便会产生泡沫经济，最终导致实体经济危机和金融危机；如果资产价格下跌超出该区间的下限可能会引发资产价格缩水，导致通货紧缩使企业陷入财务困境引发实体经济危机。资产价格波动偏离合理区间的程度决定了其对实体经济的冲击力度，而不同的波动状态（上涨或下跌）对实体经济的冲击程度、表现形式各有不同。乘数效应作为一种宏观经济效应，是刻画经济活动中某一变量的增减如何引起经济总量变化的工具。不同资产类型（实物资产、贸易资产、原生金融资产和衍生金融资产）之间的波动并不是等幅度和同步的，它们之间往往存在着杠杆效应、放大效应等，它们对实体经济的影响存在着乘数效应。不同类型资产的价格形成机制不尽相同，实体资产价格波动直接影响实体经济供求均衡，而金融资产一方面通过影响实体资产间接作用于实体经济；另一方面通过影响投资、消费和金融体系来改变企业的信贷状况和投资者心理预期等来影响实体经济。由于不同市场（商品交易市场、资本市场、股票市场、债券市场、外汇市场、期货市场和衍生品市场等）之间彼此相关，单一市场价格的波动迅速扩散到其他市场，引发市场间资产价格波动的联动效应，并随经济运行周期变化冲击实体经济和金融体系，影响投资者未来经济预期。

3.1　杠杆对资产价格的非对称效应研究

3.1.1　引言

近年来，随着银行借贷、伞形信托、融资融券、场外配资等杠杆资金入市，我国金融杠杆水平迅速攀升。2014 年以来，杠杆驱动股票市场经历了股价泡沫的快速膨胀和破裂，引发了较大的股市动荡；同时，银行信贷杠杆驱动房地产价格快速上涨，房地产价格泡沫日益凸显。系列金融危机表明，杠杆驱动的资产价格泡沫往往会大幅提高金融危机的系统性风险，对金融部门和实体经济形成长期的负面冲击。避免高杠杆，维持合理的杠杆水平是抑制资产价格泡沫、防范金融系统风险的重要举措。研究杠杆对资产价格泡沫的作用机制及影响效应无疑具有重要的理论和现实意义，可以为宏观政策制定提供相应的理论基础和参考经验。

关于资产价格泡沫的形成研究主要有理性预期理论（Blanchard，1979）、行为金融解释（Allen et al.，1993）和基于信贷扩张的泡沫模型（Allen and Gale，2000）三个方面。理性泡沫模型假定金融市场是有效的，认为即使在理性预期情况下仍可能形成正反馈机制，催生不断膨胀的理性泡沫，该类理论的缺点在于仅描述泡沫的持续条件，并没有解释泡沫是如何产生的。以行为金融学为框架的非理性资产价格泡沫模型更多地考虑了交易者有限理性和市场摩擦等问题，主要从噪声交易（de Long et al.，1990）、过度自信（Scheinkman and Xiong，2003）、同步合作风险引起的延迟套利（Abreu and Brunnermeier，2003）和市场约束如资产流动性（Jarrow et al.，2012）等多个方面分析泡沫的形成原因，但该类研究没有考虑财富约束在泡沫形成过程中的作用。为此，Allen 和 Gale（2000）首次构建了基于信贷扩张的资产价格泡沫模型，严格证明了信贷扩张和资产价格泡沫之间的关系，并指出资产价格的崩溃将导致大面积违约，引发金融危机，Dow 和 Han（2015）从契约合同方面对其进行了改进。国内学者赵胜民等（2011）和张成思等（2014）结合中国的实际情况也做了类似研究，认为资产价格泡沫的形成在一定程度上归因于信贷资金的推动。

适度的杠杆有利于促进经济发展，但杠杆过度往往会引发市场危机。投资者繁荣和资产价格泡沫通常是由严重的杠杆借贷和持续增长的投机需求引起的，在杠杆乘数效应下演变成经济繁荣—萧条的循环。近年来，有学者开始在信贷扩张的基础上直接研究杠杆与资产价格泡沫的关系。Barlevy（2014）构建了基于杠杆的投机泡沫模型，从借贷市场上可借贷时间和数量、投资者交易方式和投资者承担一定风险义务三个方面对 Allen 和 Gale 模型进行了扩展。Enders 和 Hakenes（2019）在不限制市场规模的条件下建立了基于理性预期的杠杆与投机泡沫模型，表明资产价格泡沫主要依赖于市场规模、投资者杠杆度和无风险利率。目前关于杠杆和资产价格泡沫之间关系的实证研究相对较少，Jordà 等（2015）利用 17 个国家 140 年的房地产和股票市场数据进行研究，表明信贷驱动的泡沫比其他泡沫更具危害性。

已有研究虽然揭示了杠杆和资产价格泡沫之间的关系，但没有区分泡沫程度和杠杆水平，实证分析也主要依赖于线性模型，忽略了泡沫潜伏、膨胀和破裂的演化过程（赵鹏和曾剑云，2008；孟庆斌和荣晨，2017）。由于不同经济主体使用杠杆的目的和效率具有明显的差异，在泡沫不同阶段杠杆对资产价格泡沫的影响也有可能不同，因此，本节首先构建理论模型分析杠杆对资产价格泡沫的非对称作用，然后在泡沫测算的基础上，采用分位数方法实证检验杠杆对资产价格泡沫的非对称效应。本节主要贡献在于：构建基于杠杆的资产价格泡沫模型，建立了两者之间的理论研究框架；鉴于泡沫测度的相当难度，已有成果很少将泡沫度量出来讨论杠杆对泡沫的影响，本节分别对股价泡沫和房地产价格泡沫进行了测算，并运用分位数方法对该问题进行深入研究，可以捕捉在泡沫不同阶段不同水平杠杆对泡沫影响的特征差异。

本节剩余部分的结构安排如下：3.1.2 节为杠杆和资产价格泡沫关系的理论模型；3.1.3 节构建计量模型，并对资产价格泡沫进行测度；3.1.4 节是基于分位数模型的实证分析；3.1.5 节为研究结论与政策建议。

3.1.2　理论分析

杠杆和资产价格泡沫之间存在内在的逻辑关系，但是没有经典文献描述两者的确切函数关系。Allen 和 Gale（2000）将泡沫定义为，投资者因借贷行为引起的，资产价格超过基础价格的部分，在此基础上构建了基于信贷扩张的资产价格泡沫模型。本节在 Allen 和 Gale（2000）的研究基础上引入杠杆，创新性地研究杠杆对资产价格泡沫的作用机制。

1. 杠杆与资产价格泡沫的存在性

基本假设：①假设存在无风险资产（如现金）和风险资产（如房地产和股票），其中无风险资产供给可变，风险资产的供给固定；资产的存续期为时期 1 和时期 2，时期 1 风险资产的均衡价格为 P_1，供给量为 1 单位。②无风险资产的收益率记为 r。③投资者是风险中性的。④投资者自有资金为 A，投资者可以从金融中介借款进行投资，借款资金为 B，则投资者杠杆为 $L = B / A$，可见 L 是不确定的，设其为随机变量，有一个分布在 $[0, l_{max}]$ 上的连续密度函数 $f(l)$。⑤投资者和金融中介签订债务合约，支付借贷利息获得资金。在均衡条件下贷款利率等于无风险资产收益率，若风险资产收益小于无风险资产收益，则投资者违约。⑥时期 2 风险资产的均衡价格随着市场资金总量调整，即随着 L 改变，假设在杠杆水平 $L = l$ 时，风险资产的均衡价格为 $P_2(l)$。

与 Allen 和 Gale（2000）不同的是，我们没有对风险资产收益率做直接假设，而是引入杠杆定义和分布，并添加风险资产均衡价格关于杠杆的函数 $P_2(l)$，由此可得泡沫关于杠杆及其分布的函数。基于上述假设，投资者的优化问题是选择使用多大杠杆，以及如何在风险资产和无风险资产之间配置全部资金（自有资金和杠杆资金），实现在时期 2 的最大收益。设 Q_S 和 Q_R 分别代表投资者持有无风险资产和风险资产的数量，则时期 2 的清算价值为 $rQ_S + [P_2(l) - P_1]Q_R$，需要偿还 rAl 的利息，净收益为 $rQ_S + [P_2(l) - P_1]Q_R - rAl$。投资者决策问题为

$$\max_{Q_R \geqslant 0} \int_{l^*}^{l_{max}} \left\{ rQ_S + [P_2(l) - P_1]Q_R - rAl \right\} f(l)\mathrm{d}l \tag{3.1}$$

其中，l^* 是投资者在时期 2 违约的杠杆临界点，满足 $P(l^*) = (1 + r)P$。市场出清条件为

$$Q_R = 1 \tag{3.2}$$

$$Q_S + Q_R P_1 = A(1 + l) \tag{3.3}$$

其中，式（3.2）、式（3.3）分别是风险资产和借贷市场的出清条件，由于无风险资产的供给由投资决策内生决定，贷款出清的条件即预算约束。将式（3.2）、式（3.3）代入式（3.1）得一阶条件下决策问题：

$$\int_{l^*}^{l_{max}} \left[P_2(l) - (1 + r)P_1 \right] f(l)\mathrm{d}l = 0 \tag{3.4}$$

式（3.4）有三个均衡变量 r、l 和 P_1，由于 r 通常是给定的，所以可将 P_1 表示为关于 l 的表达式：

$$P_1 = \frac{1}{1 + r} \frac{\int_{l^*}^{l_{max}} P_2(l) f(l)\mathrm{d}l}{\Pr(l > l^*)} \tag{3.5}$$

Allen 和 Gale（2000）将基础价格定义为投资者仅用自有资金投资时的价格。将投资者自有资金分为 A 和 B 两部分，并定义 $L = B / A$，其中 A 固定，B 随着投资者自有资金总量的变化而变化。这里引进 L 主要是便于市场均衡价格在使用和不使用杠杆两种情况下的比较，两者区别在于时期 2 是否存在违约及 B 这一部分

资金是否需要偿还利息。在不使用杠杆时，投资者决策问题可以表示为从以下问题中求解 (Q_R, Q_S)：

$$\max_{Q_R \geqslant 0} \int_0^{l_{\max}} \left\{ rQ_S + \left[P_2(l) - P_1 \right] Q_R \right\} f(l) \mathrm{d}l \tag{3.6}$$

满足 $Q_S + Q_R P_1 = A(1+l)$，$Q_R = 1$。求解式（3.6）可得出时期 1 风险资产的基础价格：

$$\overline{P}_1 = \frac{\int_0^{l_{\max}} P_2(l) f(l) \mathrm{d}l}{1+r} = \frac{E\left[P_2(l) \right]}{1+r} \tag{3.7}$$

比较风险资产在时期 1 的基础价格［式（3.7）］和使用杠杆时均衡价格［式（3.5）］，有

$$P_1 - \overline{P}_1 = \frac{E\left[P_2(l) \right] \Pr\left(l \leqslant l^* \right) - \int_0^{l^*} P_2(l) f(l) \mathrm{d}l}{(1+r)\Pr\left(l \geqslant l^* \right)} \tag{3.8}$$

显然，式（3.8）分母大于 0，分子在 $P_2(l)$ 为单调递增函数的条件下大于 0。事实上，在本节假设下杠杆资金全部用来投资，因此，在风险资产供给不变时，l 越大，市场资金越多，风险资产的价格也就越大，因此 $P_2(l)$ 为单调递增函数成立。由此可以得到如下结论。

命题 3.1：如果投资者使用杠杆工具，且杠杆资金全部投资市场上两种资产（风险资产和无风险资产），那么 $P_1 > \overline{P}_1$，即市场均衡时风险资产的价格存在正泡沫。

模型中假设比较严格，实际市场存在很多的不确定性。一个经济体系中风险资产不止有一种，杠杆资金不可能集中在某一风险资产上。由此提出以下研究假设。

假设 3.1：风险资产以股票为例，如果杠杆资金没有投入股票市场而投资到实体经济、房地产市场或其他资产，此时杠杆的增加并不会带来股价的增加，即 $P_2(l)$ 非单调递增，那么式（3.8）分子的符号不确定，则股价正负泡沫均可能存在[①]。

2. 杠杆水平对资产价格泡沫的非对称作用

本节从时期 2 风险资产的市场随机价格来推导时期 1 的泡沫大小，为此假设杠杆水平 l 下时期 2 风险资产的市场价格为 $P_{21}(l)$ 的概率为 α，为 $P_{22}(l)$ 的概率为 β，其中 $P_{21}(l) \geqslant P_1 > P_{22}(l)$，$\alpha + \beta = 1$，其他假设同上一部分。若投资者仅用自

---

① Shiller（2000）在《非理性繁荣》一书中将负泡沫定义为市场价格低于其基本价值的部分。负资产价格泡沫由向下的反馈生成，资产价格的下跌使投资者产生向下的预期，进而引发之后价格的进一步下跌，杠杆资金的撤离会加速资产价格下滑的速度。

有资金进行投资，市场均衡时有 $\alpha P_{21}(l) + \beta P_{22}(l) = P_1(1+r)$，由此可得时期 1 风险资产的基础价值为

$$\overline{P}_1 = \frac{\alpha P_{21}(l) + \beta P_{22}(l)}{1+r} \qquad (3.9)$$

若投资者同时使用自有资金和杠杆资金进行投资，则时期 1 风险资产的均衡价格随着 $P_{22}(l)$ 的大小而不同。

（1）当 $P_{22}(l) > P_1(1+l)$ 时，在时期 2 即使风险资产价格为较低的值 $P_{22}(l)$，投资者在偿付借款利息后仍能获取正的收益，投资者不违约，此时清算价值为

$$rQ_S + \alpha\left[P_{21}(l) - P_1\right]Q_R + \beta\left[P_{22}(l) - P_1\right]Q_R \qquad (3.10)$$

令其等于只投资无风险资产时的价值 $rA(1+l)$，结合清算条件 $Q_S + Q_R P_1 = A(1+l)$ 和 $Q_R = 1$ 可得时期 1 风险资产的均衡价格为

$$P_1 = \frac{\alpha P_{21}(l) + \beta P_{22}(l)}{1+r} = \overline{P}_1 \qquad (3.11)$$

（2）当 $P_{22}(l) < P_1(1+l)$ 时，在时期 2 投资者不仅无法偿还银行借款和利息，还会损失自有资金投资于风险资产的部分，因此投资者违约，清算价值为 $rQ_S + \alpha\left[P_{21}(l) - P_1\right]Q_R + \beta A P_1 Q_R / A(1+l)$，令其等于 $rA(1+l)$，结合清算条件可得时期 1 风险资产的均衡价格为

$$P_1 = \frac{\alpha P_{21}(l)(1+l)}{1+r+l(\alpha+r)} \qquad (3.12)$$

比较式（3.9）和式（3.12）有

$$P_1 - \overline{P}_1 = \frac{\left[\beta\alpha P_{21}(l) - \beta(\alpha+r)P_{22}(l)\right] - \beta(1+r)P_{22}(l)}{(1+r)^2 + (1+r)(\alpha+r)l} \qquad (3.13)$$

由式（3.13）容易得出如下结论。

命题 3.2：当杠杆 $l > \dfrac{\beta(1+r)P_{22}(l)}{\beta\alpha P_{21}(l) - \beta(\alpha+r)P_{22}(l)}$ 时，$P_1 - \overline{P}_1 > 0$，存在正的资产价格泡沫；当杠杆 $l < \dfrac{\beta(1+r)P_{22}(l)}{\beta\alpha P_{21}(l) - \beta(\alpha+r)P_{22}(l)}$ 时，$P_1 - \overline{P}_1 < 0$，存在负的资产价格泡沫；当杠杆 $l = \dfrac{\beta(1+r)P_{22}(l)}{\beta\alpha P_{21}(l) - \beta(\alpha+r)P_{22}(l)}$ 时，$P_1 - \overline{P}_1 = 0$，不存在资产价格泡沫。

命题 3.2 证明了研究假设 3.1 观点。与 Allen 和 Gale（2000）得出信贷扩张导致正的资产价格泡沫不同，本节证明了尽管使用杠杆投资，资产价格可能存在正、负泡沫，也可能不存在泡沫，并给出资产价格出现正、负泡沫和不存在泡沫的杠

杆条件。式（3.13）对 l 求偏导有

$$\frac{\partial\left(P_1-\bar{P}_1\right)}{\partial l}$$
$$=\frac{\alpha\beta(1+r)^2 P_{21}(l)+\alpha\beta l\left[(1+r)(\alpha+r)l+(1+r)^2\right]P'_{21}-\beta\left[(1+r)(\alpha+r)^2 l^2+2(\alpha+r)+(1+r)^3\right]P'_{22}(l)}{\left[(1+r)^2+(1+r)(\alpha+r)l\right]^2}$$

（3.14）

式（3.14）不为常数，且符号不确定，与 l、$P_{22}(l)$ 和 $P_{22}(l)$ 大小有关，而由式（3.13）可知 $P_{21}(l)$ 和 $P_{22}(l)$ 直接影响泡沫程度。当 l 大小不同时，式（3.14）的大小和方向不同。即使给定 l，$P_{21}(l)$ 和 $P_{22}(l)$ 的随机性也会导致泡沫大小不同，此时式（3.14）的大小和方向亦不能确定。可见，杠杆对资产价格泡沫的影响是非线性的，在大小和方向上随杠杆水平的变化而变化。由上可得如下命题。

命题 3.3：不同水平杠杆对资产价格泡沫的影响在大小和方向上均存在差异，相同水平的杠杆在泡沫不同阶段对资产价格泡沫的影响亦不相同，即杠杆对泡沫的影响具有非对称性。

3. 不同主体杠杆与资产价格泡沫的关系

杠杆按照测度范围和使用主体可划分为宏观杠杆和微观杠杆（贾庆英和孔艳芳，2016）。宏观杠杆表示一个国家或地区的杠杆，而微观杠杆则通常表示某经济主体的杠杆，包括金融部门杠杆、非金融部门杠杆和政府部门杠杆。对于股价泡沫而言，金融部门和非金融部门是股票市场主要的参与者，与政府部门有明显区别，尤其是在泡沫极端情形下。在泡沫膨胀初期，各部门杠杆的使用均会促进股票价格的上涨，由于金融部门投资相对理性，非金融部门投资者的非理性特征更加明显，因此非金融部门杠杆比金融部门杠杆对泡沫的正向影响要大。当泡沫积聚到一定程度时，随着泡沫破裂概率的增加杠杆资金继续进入股票市场的可能性减小，金融部门杠杆与非金融部门杠杆对股价泡沫的作用转为负面作用，但两者转为负面作用时的泡沫积聚程度可能不同。政府部门具有在股价大幅上涨时防止泡沫过度膨胀，在股价剧烈下跌时稳定市场的职能，因此，政府部门杠杆对股价泡沫的影响与金融部门杠杆和非金融部门杠杆相反。

对于房地产价格泡沫而言，金融部门杠杆越高，可用于投资房地产市场的资金量越多，短期内必然造成房地产价格的上涨。当投资于房地产的收益远远大于借贷杠杆资金成本，会诱使投资者从金融部门借贷更多的资金投资房地产，表现为金融部门杠杆对房地产价格泡沫的正向作用。非金融部门杠杆对房地产价格泡沫的影响则比较复杂。非金融部门包括企业和家庭，企业又包含房地产企业和非房地产企业。家庭部门杠杆会增加需求方的资金量，房地产企业杠杆则容易增加

供给方的成本，因此这两者的杠杆会增大房地产价格泡沫，非房地产企业杠杆的使用很大部分是用来投资实体经济，增加社会效率，从而会挤出房地产价格泡沫。鉴于非房地产企业占非金融部门的大多数，我们认为非金融部门杠杆对房地产价格泡沫整体上可能具有负向作用。

综上可知，杠杆由于其使用主体的不同，对股票市场和房地产市场可能起到不同的作用，因此，有必要从不同维度来考察杠杆对资产价格泡沫的影响。

3.1.3　数据说明、变量测度与实证模型构建

1. 数据说明

本节研究的主要变量是杠杆和资产价格泡沫，其中泡沫主要以股价泡沫和房价泡沫为代表，杠杆包括宏观杠杆、金融部门杠杆、非金融部门杠杆和政府部门杠杆四种。本节使用样本点的时间跨度为 2006 年 1 月至 2016 年 9 月。杠杆计算所使用的变量包括 GDP、国内信贷、金融部门信贷、非金融部门信贷和政府部门信贷（马勇等，2016）；股价泡沫提取所使用的变量包括上证综合指数、工业增加值、CPI 和银行间隔夜拆借利率（赵鹏和曾剑云，2008）；房地产价格泡沫测算使用了房地产销售额、销售面积、CPI、居民人均可支配收入、建房成本等指标（陈长石和刘晨晖，2015）。本节计量分析中股价泡沫和房价泡沫数据为测算所得，四种杠杆按照一定公式计算所得，其他直接获得。所有基础数据均来源于 Wind 金融数据库和国家统计局网站。

2. 变量测度

1）杠杆

宏观杠杆一般用总债务与 GDP 之比表示，或者采用总信贷与 GDP 的比表示。微观杠杆为经济主体资产负债表上净资产与总资产的比率，包括金融部门杠杆、非金融部门杠杆和政府部门杠杆（贾庆英和孔艳芳，2016）[①]。由于各部门债务的统计口径不好统一，马勇等（2016）考虑到信贷构成的债务，采用信贷总额与 GDP 之比来衡量经济主体的微观杠杆，本节亦采用马勇等（2016）的研究方法对各部门杠杆进行计算。根据上述对杠杆的界定，本节关于杠杆的计算口径只关注国内总信贷，以及各微观经济主体的信贷，其中总信贷为对非金融部门债权、对金融

[①] 非金融部门杠杆可以分为居民部门杠杆和企业部门杠杆，但是分开考虑仅能获得年度数据，而资产价格泡沫数据是月度数据，年度数据换为月度数据必然失真，而将泡沫转换为年度数据也将失去意义，因此本节不再分开讨论居民部门杠杆和企业部门杠杆。

部门债权和对政府部门债权的总额。Macro-leverage$_t$、Finan-leverage$_t$、Nonfinan-leverage$_t$和Gover-leverage$_t$分别表示宏观杠杆、金融部门杠杆、非金融部门杠杆和政府部门杠杆。

2）股价泡沫

股价泡沫一般认为是实际价格偏离其基本价值的大小，因此股价泡沫测度的前提是对股票基本价值的准确估计。国外学者通常采用股利倍数法来计算股票基本价值（Nneji，2015），然而由于中国企业红利政策的非约束性，公司红利发放随意且时间间隔长，用红利衡量股票的基本价值在中国不具有现实意义。因此本节参考赵鹏和曾剑云（2008）的做法，选取工业增加值、CPI、银行间同业拆借利率三个宏观经济变量作为基本面的代理变量，建立上证综合指数和宏观变量之间的向量误差修正模型，从中求得上证综合指数的残差为其第 t 个月的泡沫成分，记为 Sb$_t$，代表泡沫绝对大小，定义 Sp 为上证综合指数，SB$_t$ = Sb$_t$ / Sp$_t$ 代表泡沫相对大小，下述中股价泡沫均指其相对大小。图 3.1 给出了 2006~2016 年上证综合指数（Sp）及泡沫相对大小（SB）的走势，2006~2007 年和 2014~2015 年间泡沫相对大小（SB）的异常波动与我国股市 2006~2007 年和 2014 下半年到 2015 上半年两轮牛市的实际行情总体一致。

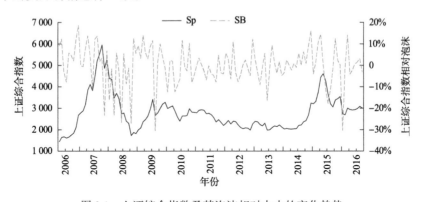

图 3.1　上证综合指数及其泡沫相对大小的变化趋势

3）房地产价格泡沫

借鉴陈长石和刘晨晖（2015）的方法，首先，将房价中的基础价值和投机泡沫分离如下：

$$Hp_t = Hp_t^* + Hb_t \qquad (3.15)$$

其中，Hp$_t$ 和 Hp$_t^*$ 分别表示第 t 期房屋的实际价格和基础价值；Hb$_t$ 表示第 t 期房地产价格泡沫部分。Hp$_t^*$ 是由一些外部因素决定，对物价水平、居民收入、建房成本、利率和汇率几个变量进行了剔除，最终选择人均可支配收入（用 PI$_t$ 表示）

和建房成本（用 HC_t 表示）[①]。Hb_t 主要取决于投机者对获利的预期，这里将其分解为上期房价和上期房价偏离两部分。由上可得

$$Hp_t^* = a_0 + a_1 PI_t + a_2 HC_t \tag{3.16}$$

$$Hb_t = \lambda_0 + \lambda_1 Hp_{t-1} + \lambda_2 \left(\ln Hp_{t-1} - \ln Hp_{t-1}^* \right) \tag{3.17}$$

将式（3.16）、式（3.17）代入式（3.15）则可得出房价的分解方程：

$$Hp_t = a_0 + a_1 PI_t + a_2 HC_t + \lambda_0 + \lambda_1 Hp_{t-1} + \lambda_2 \left(\ln Hp_{t-1} - \ln Hp_{t-1}^* \right) \tag{3.18}$$

其次，采用式（3.18）对房价进行分解。因 Hp^* 本身具有内生性，系数 λ_2 暂时无法确定，故首先估计除此项以外的参数，然后加入 λ_2 项对式（3.18）进行迭代和校正。为确立迭代回归所需的初始序列 $\ln Hp_{t-1} - \ln Hp_{t-1}^*$，需找出某个不存在房地产投机泡沫的特殊时期 t_0[②]，即在 t_0 时刻房价等于基础价值，此时房价与外生变量的价值计算可得出截距项，并以此为基础通过逐次回归进行校正，发现到第四组估计结果时各参数趋于一致，具体如表 3.1 所示。

表 3.1　房地产泡沫测算迭代结果

模型	Hp			
	（1）	（2）	（3）	（4）
PI	1.427 7*** (8.142 3)	1.607 1*** (8.336 7)	1.617 5*** (8.059 9)	1.617 8*** (7.973 5)
HC	−0.173 4*** (−7.258 3)	−0.179 9*** (−7.570 8)	−0.177 4*** (−7.472 7)	−0.177 0*** (−7.451 7)
λ_1	0.689 2*** (13.767 2)	0.525 1*** (5.686 5)	0.537 4*** (5.683 5)	0.537 9*** (5.615 5)
λ_2		976.864 9** (2.107 8)	892.551 9* (1.884 3)	876.448 2* (1.814 7)
a_0（计算）	1 193.644 0	1 068.878 2	1 061.064 4	1 060.729 9
R-Square	0.917 1	0.919 9	0.919 4	0.919 2
DW	2.024 3	2.071 2	2.060 8	2.058 7

***、**和*分别表示在1%、5%和10%的显著性水平上显著

注：括号内为 t 值

[①] 变量筛选的过程：对房价、物价水平、居民收入（人均可支配收入）、建房成本（房地产投资完成额）、利率和汇率建立 VAR 模型，在不同样本期、滞后阶数下的参数估计结果中，利率（无论长期还是短期）、CPI、汇率几项的系数均不显著。

[②] 具体估算中，将1999年2月作为特殊时期 t_0，原因如下：第一，我国在1998年7月进行了住房体制改革，住房福利分配制度正式向住房分配货币化、商品化改革，所以我们认为在住房货币化的初期，房屋交易主要是基于其使用价值的。第二，虽然我国海南等地曾在20世纪90年代初期出现过房价泡沫，但1998年东南亚发生金融危机，对中国市场亦造成一定的影响，到1999年初，曾局部存在的房价泡沫已经基本消失。第三，考虑数据的可得性，这里选择1999年2月作为第 t_0 期。

　　根据表 3.1 第（4）轮估计结果可测算出房地产价格泡沫（ Hb$_t$ ）及其相对规模（ HB$_t$ = Hb$_t$ / Hp$_t$ ），下述中房地产价格泡沫均指其相对大小。图 3.2 表明房地产价格泡沫呈现上升态势，2006~2008 年维持在 30%左右；2009 年开始中央政府为应对全球金融危机，迅速增加了流动性供给，导致房地产价格泡沫从 2008 年底的 25%上升至 40%，2009~2010 年不断膨胀，经过政府的调控政策，2011~2015年房地产价格泡沫逐渐趋稳，但大部分时间维持在 40%以上；2014~2015 年房地产市场一度低迷，直到 2015 年底和 2016 年 4 月到 9 月房价再次大幅上升，泡沫一度高达 55%以上，后受国家"限购"政策的影响，房价泡沫回落至 45%左右。

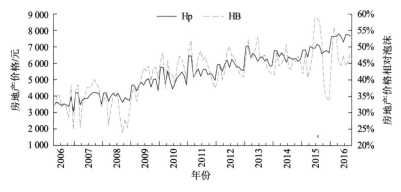

图 3.2　房地产价格及其相对泡沫的变化趋势

3. 计量模型

基于本节理论分析和研究假设，从分位数角度进行实证检验。

1）分位数因果检验

考虑分位数模型：

$$Q_{\text{bubble}_t}\left(\tau | F_{t-1}\right) = a(\tau) + \sum_{j=1}^{q} \alpha_j(\tau)\, \text{bubble}_{t-j} + \sum_{j=1}^{q} \beta_j(\tau)\, \text{leverage}_{t-j} \qquad （3.19）$$

其中，bubble$_t$ 和 leverage$_t$ 分别是第 t 期泡沫和杠杆；F_{t-1} 表示由 bubble$_t$ 的过去值生成的信息集；$Q_{\text{bubble}_t}\left(\tau | F_{t-1}\right)$ 是 bubble$_t$ 分布的 τth 分位点。对于分位数区间 $\tau \in (a,b)$，leverage$_t$ 不是 bubble$_t$ 的 Granger 原因的原假设为 $\text{H}_0 : \boldsymbol{\beta}(\tau) = \left(\beta_1(\tau), \beta_2(\tau), \cdots, \beta_q(\tau)\right)' = 0, \forall \tau \in (a,b)$。Chuang 等（2009）指出此时 Wald 统计量是弱收敛于 q 维独立的 Bessel 过程：

$$W_T(\tau) = T \frac{\hat{\boldsymbol{\beta}}_t(\tau)' \hat{\Omega}_t(\tau)^{-1} \hat{\boldsymbol{\beta}}_t(\tau)}{\tau(1-\tau)}, \quad \sup_{\tau \in (a,b)} W_T(\tau) \to \sup_{\tau \in (a,b)} \left\| \frac{B_q(\tau)}{\sqrt{\tau(1-\tau)}} \right\|^2 \qquad （3.20）$$

其中，$\hat{\Omega}_t(\tau)$ 是参数向量 $\boldsymbol{\beta}(\tau)$ 协方差矩阵的估计值；$B_q(\tau)$ 是 q 维独立的布朗桥，$B_q(\tau) = \left[\tau(1-\tau)\right]^{1/2} N(0, I_q)$。具体检验过程参考 Ding 等（2016）。

2）分位数脉冲响应

通过分析已有文献发现，资产价格泡沫的影响因素包括经济增长（用 GDP 衡量）、投资者预期（用近两期资产价格增长率的均值衡量）、信贷扩张（用杠杆衡量）和货币政策（用银行间拆借利率代表）四个方面（刘宪，2008；黄鑫和周亚虹，2012）。因此构建包含资产价格泡沫（bubble_t）、经济增长（GDP_t）、投资者预期（expectation_t）、杠杆（leverage_t）和货币政策（rate_t）的分位数 VAR（vector auto regression，向量自回归）模型：

$$Q_\pi(\boldsymbol{y}_t) = \boldsymbol{c}(\tau) + \sum_{i=1}^{p} \boldsymbol{B}_i(\tau) y_{t-i} + \boldsymbol{e}_t(\tau), \quad t = 1, 2, \cdots, T \quad (3.21)$$

其中，

$$\boldsymbol{y}_t = \left(\text{bubble}_t, \text{GDP}_t, \text{expectation}_t, \text{leverage}_t, \text{rate}_t\right)'$$

$$\boldsymbol{c}(\tau) = \left(c_1(\tau_1), c_2(\tau_2), c_3(\tau_3), c_4(\tau_4), c_5(\tau_5)\right)'$$

$$\boldsymbol{e}_t(\tau) = \left(e_t^{\text{bubble}}(\tau_1), e_t^{\text{GDP}}(\tau_2), e_t^{\text{expectation}}(\tau_3), e_t^{\text{leverage}}(\tau_4), e_t^{\text{rate}}(\tau_5)\right)' \quad (3.22)$$

$$\boldsymbol{B}_i(\tau) = \begin{pmatrix} \beta_{i,11}(\tau_1) & \beta_{i,12}(\tau_1) & \beta_{i,13}(\tau_1) & \beta_{i,14}(\tau_1) & \beta_{i,15}(\tau_1) \\ \beta_{i,21}(\tau_2) & \beta_{i,22}(\tau_2) & \beta_{i,23}(\tau_2) & \beta_{i,24}(\tau_2) & \beta_{i,25}(\tau_2) \\ \beta_{i,31}(\tau_3) & \beta_{i,32}(\tau_3) & \beta_{i,33}(\tau_3) & \beta_{i,34}(\tau_3) & \beta_{i,35}(\tau_3) \\ \beta_{i,41}(\tau_4) & \beta_{i,42}(\tau_4) & \beta_{i,43}(\tau_4) & \beta_{i,44}(\tau_4) & \beta_{i,45}(\tau_4) \\ \beta_{i,51}(\tau_5) & \beta_{i,52}(\tau_5) & \beta_{i,53}(\tau_5) & \beta_{i,54}(\tau_5) & \beta_{i,55}(\tau_5) \end{pmatrix} \quad (3.23)$$

此处 $\boldsymbol{y}_t$ 是一个包含 5 个内生变量的向量，$\boldsymbol{c}(\tau)$ 是在 $\tau = (\tau_1, \tau_2, \tau_3, \tau_4, \tau_5)'$ 分位数的截距向量，$\boldsymbol{B}_i(\tau)$，$i = 1, 2, \cdots, p$ 是在 $\tau = (\tau_1, \tau_2, \tau_3, \tau_4, \tau_5)'$ 分位数的滞后项系数矩阵，$\boldsymbol{e}_t(\tau)$ 是在 $\tau = (\tau_1, \tau_2, \tau_3, \tau_4, \tau_5)'$ 分位数的误差项向量，参数估计和脉冲响应函数的求解过程参考 Zhu 等（2016）的研究。在实证分析过程中泡沫分别考虑股价泡沫和房地产价格泡沫两种代表性资产价格泡沫，杠杆分别考虑宏观杠杆、金融部门杠杆、非金融部门杠杆和政府部门杠杆四个维度的杠杆。

3.1.4　实证结果与分析

1. 研究变量描述性统计

从表 3.2 可以看出，除 GDP 对数和非金融部门杠杆外其他变量的峰度均大于 3，说明其分布具有尖峰厚尾特征。JB 检验表明只有房地产价格泡沫和股价预期

（stock expectation）为正态分布，其他变量均为非正态分布。股价泡沫均值为 −0.074 8%，而房地产价格泡沫均值为 41.622 6%，存在明显差异；四种杠杆的各描述性统计量在数值上差距也较大。因此，采用分位数方法研究不同杠杆分别对股价泡沫和房地产价格泡沫的影响是有必要的。此外，ADF（Augmented Dickey Fuller）检验表明，四种杠杆和 GDP 对数是一阶单整序列，其他变量均为平稳序列，因此对四种杠杆和 GDP 对数均做差分处理。

表 3.2　变量的描述性统计

变量	均值	最大值	最小值	标准差	偏度	峰度	JB 检验
股价泡沫	−0.074 8%	18.683 3%	−30.413 3%	9.423 9%	−0.910 6%	4.447 8%	28.418 4%（0.000 0）
房地产价格泡沫	41.626 6%	58.857 8%	23.773 3%	7.179 0%	−0.281 2%	3.043 5%	1.670 7%（0.433 7）
股价预期	1.099 8	20.831 5	−14.476 5	6.939 1	0.218 4	3.044 3	1.011 7（0.603 0）
房地产价格预期	1.110 7	19.528 8	−10.452 5	5.577 4	0.828 2	4.142 2	21.250 2（0.000 0）
lnGDP	10.526 4	11.038 7	9.772 8	0.371 5	−0.393 0	1.903 9	9.551 0（0.008 4）
宏观杠杆	16.895 7	24.814 6	13.173 6	2.952 9	1.084 5	3.428 4	25.663 8（0.000 0）
金融部门杠杆	1.562 0	4.163 9	0.802 6	0.880 0	1.543 5	4.556 8	62.751 7（0.000 0）
非金融部门杠杆	14.437 2	18.312 4	11.601 6	1.941 6	0.327 7	2.246 1	5.238 6（0.072 9）
政府部门杠杆	0.896 6	2.359 9	0.333 9	0.360 6	1.982 2	7.539 3	190.691 8（0.000 0）
货币政策	2.304 0	6.433 4	0.810 0	0.856 7	1.004 7	6.221 2	75.671 2（0.000 0）

2. 杠杆对资产价格泡沫的分位数因果检验

表 3.3 给出四种杠杆在不同分位数区间分别对股价泡沫和房地产价格泡沫的因果检验结果。表 3.3（a）表明当 $\tau \in (0.05, 0.2)$ 时宏观杠杆、非金融部门和政府部门杠杆是股价泡沫的 Granger 原因。事实上，低分位点区间一般包含股价泡沫刚刚破裂后的极端数据，此阶段金融部门杠杆没有表现出对泡沫的 Granger 影响，是因为金融机构投资者在股价泡沫疯狂膨胀时比其他投资者更早地意识到泡沫隐含的巨大隐患，在泡沫破裂之前提早降低杠杆。当 $\tau \in (0.8, 0.95)$ 时金融部门杠杆和政府部门杠杆能够 Granger 影响股价泡沫。这是因为好的股市行情带来金融机构高杠杆态势，刺激银行理财、信托及券商资管快速发展，故在高涨时金融杠杆成为股价泡沫的主推力量。政府部门作为宏观调控的实施者，在泡沫高涨时降低杠杆缓释泡沫化风险，而在泡沫破裂后刺激市场恢复活力，故在极端情形下政府部门杠杆对股价泡沫均有显著影响。

表 3.3　分位数因果检验结果

分位数区间	(0.05,0.2)	(0.2,0.4)	(0.4,0.6)	(0.6,0.8)	(0.8,0.95)	(0.05,0.95)	(0.05,0.5)	(0.5,0.95)
	（a）杠杆—>股价泡沫							
宏观杠杆	19.151***	0.723	0.267	1.087	0.878	18.746**	18.746***	1.080
金融部门杠杆	1.439	0.714	0.272	0.541	11.184***	1.439	1.439	11.070***
非金融部门杠杆	36.380***	7.593***	1.283	2.214	2.259	36.380***	36.380***	2.247
政府部门杠杆	13.698**	3.858	0.664	0.324	12.327**	13.552**	13.552**	12.209**
	（b）杠杆—>房地产价格泡沫							
宏观杠杆	12.424**	17.103***	0.342	0.419	23.092***	12.424*	12.424**	23.092***
金融部门杠杆	20.923***	0.326	0.495	1.022	39.692***	25.578***	20.695***	39.692***
非金融部门杠杆	20.573***	47.883***	12.821	10.881	32.286***	11.936**	12.313***	15.665
政府部门杠杆	18.955***	19.378***	12.861**	9.902**	17.463***	25.752***	26.660***	17.463***

***、**和*分别表示在1%、5%和10%的显著性水平上显著

由表 3.3（b）可知，当 $\tau \in (0.05,0.2)$、$\tau \in (0.8,0.95)$ 时，四种杠杆均是房地产价格泡沫的 Granger 原因；但当 $\tau \in (0.2,0.4)$ 时，金融部门杠杆不再是房价泡沫的 Granger 原因，当 $\tau \in (0.4,0.6)$、$\tau \in (0.6,0.8)$ 时，房地产价格泡沫不能由宏观杠杆、金融部门杠杆和非金融部门杠杆 Granger 引起，但政府部门杠杆依然是房地产价格泡沫的 Granger 原因。以上说明，金融部门杠杆对房地产价格泡沫的影响范围最窄，这是因为投资房地产的主要是非金融部门。在所有考虑的分位数区间，政府部门杠杆对房地产价格泡沫均具有显著影响，中国特殊土地政策和经济增长的发展需求使得政府高度依赖房地产，且我国政府对房地产调控的程度要大于对股市的调控，因此，政府部门杠杆对房地产价格泡沫造成影响的范围更为广泛。

3. 杠杆对资产价格泡沫的分位数脉冲响应

参照 Zhu 等（2016），本节考虑采用 OLS（ordinary least square，普通最小二乘法）及五个分位数条件下资产价格泡沫对四种杠杆冲击做脉冲响应，结果如图3.3和图 3.4 所示，横轴表示响应时期，纵轴表示变量关于其稳态值的偏离度。$\tau = (0.05,0.2,0.5,0.8,0.95)$ 是泡沫分布的五个典型分位数，若采用其他分位点结果亦是稳健的。根据分位数理论和泡沫演化过程，将样本期内泡沫看成一个完整的数据周期，则 $\tau = (0.05,0.2,0.5,0.8,0.95)$ 分别对应泡沫的破裂、潜伏、平稳、膨胀和高涨五个不同的时期，由于房地产价格泡沫均大于 0，因此破裂期对应为低谷期。

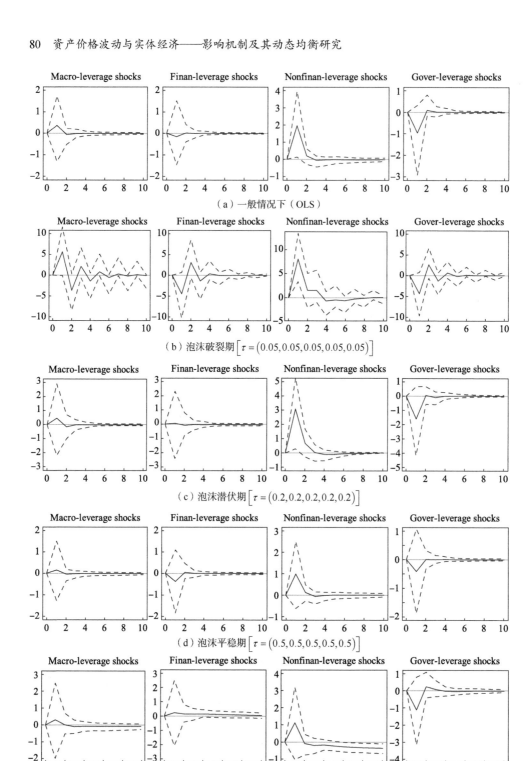

（a）一般情况下（OLS）

（b）泡沫破裂期 $\left[\tau=(0.05,0.05,0.05,0.05,0.05)\right]$

（c）泡沫潜伏期 $\left[\tau=(0.2,0.2,0.2,0.2,0.2)\right]$

（d）泡沫平稳期 $\left[\tau=(0.5,0.5,0.5,0.5,0.5)\right]$

（e）泡沫膨胀期 $\left[\tau=(0.8,0.8,0.8,0.8,0.8)\right]$

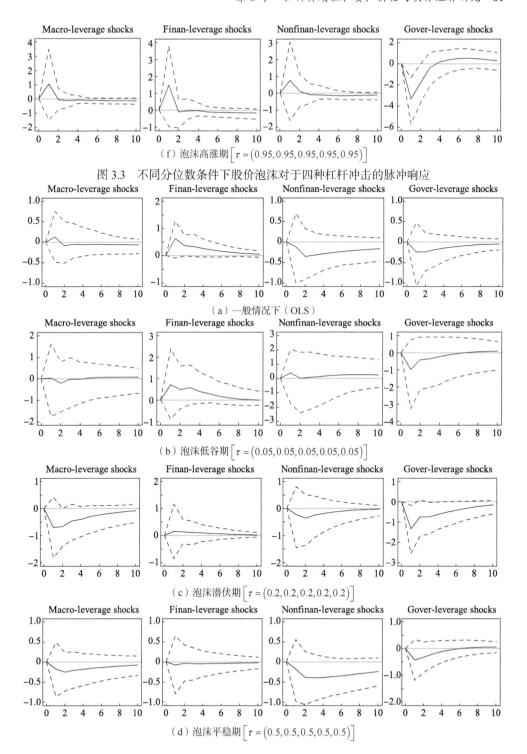

（f）泡沫高涨期$\left[\tau=(0.95,0.95,0.95,0.95,0.95)\right]$

图 3.3　不同分位数条件下股价泡沫对于四种杠杆冲击的脉冲响应

（a）一般情况下（OLS）

（b）泡沫低谷期$\left[\tau=(0.05,0.05,0.05,0.05,0.05)\right]$

（c）泡沫潜伏期$\left[\tau=(0.2,0.2,0.2,0.2,0.2)\right]$

（d）泡沫平稳期$\left[\tau=(0.5,0.5,0.5,0.5,0.5)\right]$

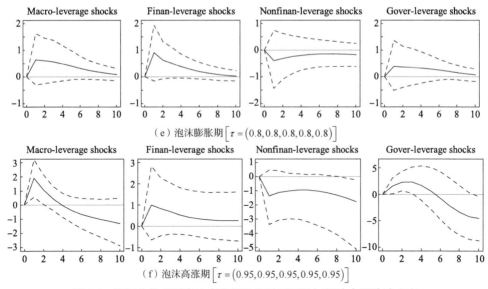

图 3.4   不同分位点下房地产价格泡沫对于四种杠杆冲击的脉冲响应

由图 3.3（a）和图 3.3（d）可知，在平稳期四种中等水平杠杆的增加对股价泡沫均只有 1 期的影响，但是宏观杠杆和非金融部门杠杆的影响为正，金融部门杠杆和政府部门杠杆的影响为负。事实上，平稳期杠杆水平与稳定的经济增长匹配，没有被过度使用，此阶段股价泡沫更多地属于非理性繁荣，其主要来源包括非金融部门企业和个人的非理性投资者的盲目投机，故非金融部门杠杆在第 1 期对股价泡沫有正向效应。相反，此阶段金融部门和政府部门加杠杆的资金可能并没有完全进入股市中，因此股价泡沫对其冲击表现出负向响应。

图 3.3（b）表明，破裂期股价泡沫对于四种极低水平杠杆的一单位正向冲击在第 1 期均具有最大响应，然后开始震荡减弱。与平稳期相比，破裂期股价泡沫对于四种杠杆冲击的 1 期脉冲响应在方向上相同，但是响应程度更大，且响应时间更持久，具有明显的不稳定特征。这是因为股价泡沫破裂往往伴随着经济衰退，投资者情绪波动较大，市场力量不够集中，不论哪种杠杆冲击都没有形成对泡沫的稳定影响。由图 3.3（c）可知，潜伏期四种杠杆对股价泡沫的 1 期影响大于平稳期而小于破裂期，且震荡特征已消失，均在短期内趋于 0。这是因为随着经济不断复苏，四种杠杆冲击对股价泡沫的影响有所减弱，并逐渐向着泡沫平稳时的情形发展。

图 3.3（e）和图 3.3（f）表明在泡沫膨胀期和高涨期，宏观杠杆和非金融部门杠杆对泡沫的影响由正转负。在泡沫高涨期，金融部门杠杆对股价泡沫的影响也是由正转负，但在泡沫膨胀期，金融部门杠杆对股价泡沫有持续的正向影响。高分位点的股价泡沫极有可能属于信贷驱动型泡沫，随着泡沫膨胀程度的增加，

泡沫破裂的概率越来越大，高杠杆带来的风险就越来越大，此时杠杆资金不一定全部流入高度泡沫化的股票市场，股价随着杠杆而增加的格局就会被打破，因此泡沫对杠杆冲击呈现出正到负的响应结果。宏观杠杆和非金融部门杠杆在膨胀期这一负向作用已经凸显出来，但金融部门杠杆对泡沫的负向作用在高涨期才有所显示。这是因为金融部门杠杆资金的入市对加大股价泡沫积聚的效果比其他部门更明显，因此出现其正向影响持续到了泡沫较高分位点的情况。此外，政府部门杠杆冲击对股价泡沫的作用由负转正，与其他三种杠杆完全相反，这和政府部门抑制泡沫过度的政策有关。

图 3.4（a）表明均值情况下只有金融部门杠杆对房地产价格泡沫具有持续的正向作用，说明金融部门杠杆是房价快速上涨产生泡沫的主要驱动力。由图 3.4（b）~图 3.4（e）可知，宏观杠杆在低谷期对房地产价格泡沫影响极小，在潜伏期对房地产价格泡沫起到了一定的负向作用，但此负向作用在泡沫平稳期有所减小，并在膨胀期转为正向作用，在泡沫高涨期由正转负。这是因为，低谷期宏观杠杆资金更多地流向实体经济，房地产价格泡沫对于宏观杠杆冲击的响应不明显；随着实体经济的增长房地产价格泡沫会被挤出，故潜伏期宏观杠杆对房地产价格泡沫有负向作用，此负向作用随着泡沫增大而缩小；膨胀期经济逐步进入中高速增长，宏观杠杆增加带来的资金有较大可能进入资本市场，宏观杠杆冲击对房地产价格泡沫表现出正向作用；高涨期杠杆增加的空间逐步缩小，泡沫由于得不到足够的杠杆资金支撑而出现缩小，然后负反馈机制加速了泡沫破裂，因此高涨期宏观杠杆冲击对房地产价格泡沫表现出由正到负的影响。

房地产价格泡沫对金融部门杠杆的正向冲击在不同阶段均有显著正向响应，且在低谷期和高涨期的响应分别大于潜伏期和膨胀期的响应。金融部门杠杆越高，房地产业的资金成本越高，而受社会整体生产效率的约束其投资回报率却并未提高，推高房地产价格泡沫就成为摊销成本的重要途径，因此金融部门杠杆整体上对房地产价格泡沫发挥了正向作用。非金融部门杠杆的正向冲击除了在低谷期带来房地产价格泡沫的增长，在其他阶段均带来房地产价格泡沫的稳定减小，且在高涨期减幅最大。不论是企业部门还是个人部门的投资行为，其目的更多地在于投机，非金融部门杠杆带来的投资增加会引起房地产价格的增加；随着经济复苏到繁荣，企业营利能力逐步提高，非金融企业杠杆有利于促进经济增长效率提升，改善房地产投资收益率，挤出房地产价格泡沫，故非金融部门杠杆对房地产价格泡沫从潜伏阶段开始便具有负向影响。房地产价格泡沫对政府杠杆冲击的脉冲响应在低谷期由负转正，在潜伏期持续为负，在平稳期短期为负，在膨胀期长期为正，在高涨期由正转负。政府在经济萧条、复苏甚至增长的过程中都发挥着增加投资、拉动增长的作用，因此在中低分位点条件下政府部门杠杆对房地产价格泡沫有负向作用；政府为了维护经济的持续增长，需要继续加杠杆，由此引起房价上涨,较高分位点处政府杠杆对房地产价格泡沫有正向作用;但高涨期政府会采取抑制措施,因此在高分位点房地产价格泡沫对政府杠杆冲击的脉冲响应由正转负。

上述研究表明,与已有代表性文献(Enders and Hakenes,2019)中杠杆增加促进泡沫膨胀的结论不同,我们发现不同杠杆对不同资产价格泡沫的影响不同,同种杠杆在其不同水平和不同泡沫程度时对泡沫的影响亦不相同,这与前文理论分析一致。此外,杠杆对资产价格泡沫的影响在泡沫破裂(低谷)期和高涨期、潜伏期和膨胀期具有明显的非对称性,很好地验证了命题3.3的真实性。

3.1.5　结论与政策建议

本节通过构建基于杠杆的资产价格泡沫模型,分析了杠杆对资产价格泡沫的非对称作用机制,并运用分位数方法验证了杠杆对资产价格泡沫存在非对称效应和临界约束,由此产生彼此抑制或者助推的内生动力。杠杆冲击对股价泡沫的影响在泡沫破裂期和泡沫高涨期比平稳期均更持久;泡沫高涨期宏观杠杆、金融部门杠杆和非金融部门杠杆冲击对股价泡沫的影响由正转负,政府部门杠杆的冲击效应与之相反。金融部门杠杆对房地产价格泡沫的影响最大,整体上发挥正向作用;非金融部门杠杆冲击在低谷期带来房地产价格泡沫的增长,其他时期则带来房地产价格泡沫的稳定减小,且这种减小幅度在泡沫高涨期最大。因此,杠杆对资产价格泡沫的影响因经济发展阶段、泡沫演化程度和杠杆水平的不同而不同。

基于研究结论,提出相关政策建议:①维持适应经济稳健发展要求的杠杆水平,避免高杠杆引发资产价格泡沫风险。研究结论表明杠杆对资产价格泡沫的膨胀和破裂作用明显,因此在加杠杆和去杠杆过程中,要注意结合经济金融发展周期,避免过快压缩或放松金融杠杆引发资产价格系统性风险。②区别对待杠杆主体,实施精准的杠杆管理政策。不同经济主体使用杠杆的目的和效率不同,对资产价格泡沫的影响效果必然不同,因此,要综合考虑不同杠杆及其实施主体的动态变化,明确去杠杆、加杠杆和稳杠杆的对象,采取有针对性的杠杆政策,兼顾多种杠杆的协调统筹。③积极发挥市场机制,优化杠杆结构,调节杠杆规模。稳增长与调结构是经济可持续增长的重要动力和保障,杠杆的加减要有助于结构优化和经济的长期稳健发展。政府在加强杠杆宏观管理的同时,要充分发挥资本市场的杠杆选择功能。

3.2　异质性杠杆周期与资产价格

3.2.1　引言

借贷是金融机构常见的行为，也是经济运行中十分必要的活动，金融机构通过融资融券进行杠杆投资可以获得一定的收益，但是随之也会产生一定的风险。金融市场的很多经验事实表明，投资者杠杆会对市场造成不可忽略的影响，如在2014~2015 上半年中国股市牛市过程中，投资者之间的博弈促进了交易数量的异常波动，融资融券交易数量大幅上升，投资者杠杆促成了此轮股市泡沫的非理性演变，是推动股市上涨的重要原因。事实上，股市上行期间，关于资产价格上涨的积极信息会降低投资者对预知风险的判断，这将放松杠杆约束，银行和证券公司等机构投资者的融资可得性提高，大量的资金流入市场之中，引起资产价格的进一步上涨，投资者杠杆也随之变大；反之，资产价格的下跌会加紧杠杆约束，且促使投资者在下行市场中卖出手中的风险资产，造成风险资产价格的进一步下跌，投资者杠杆也随之变小，Geanakoplos（2010）将此投资者杠杆的动态演化过程称为杠杆周期。2008 年美国次贷危机及其前后时期的金融市场发展，也很好说明了银行杠杆、市场波动率和资产价格之间具有很强的相关性，在金融危机的剧烈冲击下，持有大量次贷资产的美国大型商业银行和投资银行等金融机构实施了"去杠杆化"过程。Adrian 和 Shin（2010）研究了更长时间段内各种金融机构的杠杆与资产价格之间的关系，并支持它们之间具有强烈关系的结论。

对于银行、证券公司或者其他机构投资者个体而言，在使用杠杆的过程中对其进行合理约束有利于风险的控制和管理。从整个金融系统层面上来讲，由于杠杆约束产生的杠杆动态过程可以带来金融市场的繁荣和萧条，一般认为，杠杆的过度使用会导致或者至少加重金融危机。鉴于金融机构高杠杆容易导致金融系统脆弱性，以及金融机构杠杆的周期变动可能引发严重的经济后果，中国金融机构也逐渐从实施"加杠杆"政策转向实施"去杠杆"政策。李泽广和杨钦（2013）通过统计分析指出，中国的银行和证券公司的杠杆变动均较为明显，在 2008 年金融危机之前，商业银行的杠杆高达 30 以上，银行杠杆远高于证券公司杠杆，但证券公司和银行的业务结构使其杠杆变化特征也有所差异，并且他们实证分析了金融机构杠杆的决定因素，却并没有考虑金融市场上资产价格变动对杠杆的影响，且缺乏理论模型的支撑。因此，有必要考虑银行和证券公司这两大机构投资者的杠杆异质性特征，对杠杆与资产价格之间周期性特征的理论模型构建及实证检验进行深入的研究。

3.2.2 文献综述

理论研究方面，目前关于杠杆和资产价格的研究主要分为两类，一类是杠杆对资产定价、资产价格泡沫及资产价格波动的影响。Semmler 和 Bernard（2012）指出经济中许多繁荣—萧条的循环是由信贷市场和资产价格之间的关系自然驱动的，新的复杂有价证券如 MBS（mortgage-backed security，抵押支持债券）、CDO（collateralized debt obligation，担保债券凭证）和 CDS（credit default swaps，信用违约互换）的出现加剧了杠杆循环，并放大了繁荣—萧条的循环。他们构建了一个动态模型来展示杠杆和资产价格之间的互动关系，主要从市场中容易产生杠杆的风险资产产品角度进行研究。Hugonnier 和 Prieto（2015）通过构造包含有风险约束代理人、无约束代理人和存在信贷融通的套利者的经济体系，研究了套利者有限套利者机会对市场投资组合需求均衡产生改变，指出套利活动放大了繁荣时期杠杆上升和萧条时期杠杆下降带来的基本冲击。Barlevy（2014）从杠杆对资产价格泡沫影响的角度，发展了一个信用驱动的投机泡沫模型，指出快速的价格增长和投机交易量增长是资产价格被过度高估的经验指标，类似的研究还有 Jordà 等（2015）、Miller 和 Stiglitz（2010）等。

另一类主要是从投资者杠杆角度，分析杠杆的周期特性及市场上风险资产价格对杠杆的影响。杠杆周期的主要驱动因素是进行风险管理的杠杆投资者。Adrian 和 Shin（2008）指出许多杠杆投资者如商业银行利用的固定杠杆目标，会引导风险资产的需求及其收益之间形成积极的正反馈作用。下降的资产价格会增加杠杆，因此为了维持一定的杠杆水平，投资者会在下行的市场中卖出风险资产而在上行的市场中买入资产，这种行为会引起金融市场的内在不稳定性，即高的市场需求会刺激产生高的资产价格，而高的资产价格更进一步增加投资者需求；低的市场需求则会产生低的资产价格，风险资产供给的增加进一步降低其需求。Tasca 和 Battiston（2012）、Adrian 和 Shin（2014）也支持了杠杆投资者的风险管理对杠杆周期有影响的结论，其中 Adrian 和 Shin（2014）构造了一个契约模型来刻画金融中介机构的杠杆与其 VAR 之间负相关的关系。Aymanns 等（2015）构造了包含以银行为代表的杠杆投资者和以基金为代表的非杠杆投资者的简单金融系统，建立了杠杆和风险资产价格之间的动态迭代模型，并选择合适的参数数值模拟出它们之间的正反馈作用，刻画出银行杠杆的顺周期性特征，并讨论了影响杠杆周期的因素。与之接近的研究还有 Thurner 等（2012）和 Poledna 等（2014），他们同样假设杠杆投资者的有限理性，不同的是他们以基金为杠杆投资者代表，且投资者所用杠杆是随着投资机会而显著变化的，其杠杆上限仅受到债权人的影响且很少达到，而 Aymanns 等（2015）模型中杠杆约束受具体的风险资产价格的风险波动所影响。以上模型假设所有杠杆投资者的杠杆均是一样的，但是实际金融市场中不同类型机构投资者的杠杆存在不同的演变特征，所以本节从投资者杠杆异质性角度出发，在已有模型基础上以银行和证券公司两种类型的金融机构作为杠杆投资者的代表，重新构建和模拟投资者杠杆和风险资产价格之间的动态模型。

实证研究方面，关于金融机构投资者杠杆周期性行为的研究主要集中在其与公司资产和宏观经济变量波动之间的关系，以及杠杆周期性变化的影响因素两个方面，且以银行杠杆的研究居多。大部分文献认为银行杠杆是存在周期性行为的，如 Baglioni 等（2013）、Laux 和 Rauter（2017）、Giordana 和 Schumacher（2013）分别得出了欧洲、美国和卢森堡的投资银行和商业银行存在顺周期行为的结论，其中 Giordana 和 Schumacher（2013）还阐述了影响银行杠杆的银行自身和宏观经济因素。Dewally 和 Shao（2013）针对更广泛的国际数据范围研究，发现许多发展中国家的银行杠杆的顺周期性特征仍然存在。Brei 和 Gambacorta（2014）分析了《巴塞尔协议Ⅲ》中杠杆率随着宏观经济周期变化的行为，检验银行资本率的周期特性，并考虑在金融危机及其余波的影响之下银行行为的结构性变化，发现《巴塞尔协议Ⅲ》杠杆率比风险加权资本监管率具有更明显的反周期性。但是，也有学者有不同的观点，Mimir（2010）研究了美国金融中介部门的金融变量包括负债、所有者权益和杠杆率的周期性特征，指出相对于经济周期而言，负债具有强烈的顺周期性，而所有者权益和杠杆率却是非周期性的，金融变量的波动幅度大于经济产出的波动幅度，并通过构建 DSGE 模型发现了杠杆率非周期性产生的原因在于外在的净资本冲击。

大部分杠杆顺周期行为的研究是针对公司资产和宏观经济周期的，如 Nuño 和 Thomas（2012）提出金融机构的资产规模、杠杆和宏观经济指标 GDP 三者之间存在正向的周期联合变动关系，且杠杆和资产的波动要几倍大于 GDP 的波动。Mésonnier 和 Stevanovi（2012）、Calmès 和 Théoret（2013）也做了类似的研究，其中 Calmès 和 Théoret（2013）考虑到资产负债表的不平衡会产生新的流动性，构造了关于杠杆的时变指标，包含了更多的杠杆动态信息，指出以市场为导向的银行在经济繁荣时期对杠杆具有更强的影响。鉴于大部分文献只研究银行或者金融机构的杠杆周期性特征，Istiak 和 Serletis（2014）研究了五个不同部门的杠杆与经济活动之间的关系，采用基于脉冲响应函数的非对称性检验方法得出，银行、经纪公司和影子银行的杠杆与经济活动之间的关系是非线性和非对称的，2008 年底美国去杠杆政策实施过程和反周期性的全局性资本增加可以减少金融系统的顺周期行为。国内对金融机构杠杆的顺周期行为的理论研究还比较欠缺，实证研究也相对较少，其中项后军等（2015）就银行杠杆的顺周期行为及其影响因素进行研究，并通过建立面板联立方程模型研究了与流动性之间相互作用的复杂关系，表明我国商业银行杠杆存在顺周期行为，但不同类型的银行杠杆之间存在差异。李泽广和杨钦（2013）实证分析了中国银行业和非银行金融机构杠杆率的周期性变化，发现商业银行的杠杆率高于非银行金融机构的杠杆率，非银行金融机构的杠杆率呈现出较强的亲宏观周期性。

鉴于已有文献对金融机构杠杆和风险资产价格之间的理论研究缺乏对投资者异质杠杆的考虑，且实证文献关于金融机构杠杆顺周期的检验关注的重点是亲公司资产周期性和亲宏观周期性，并没有对杠杆围绕其所投资的风险资产价格表现出的周期行为进行验证，本节将尝试从以上两个角度来建立理论模型和进行实证分析。本节余下内容安排如下：3.2.3 节为理论模型，构造了包含两个杠杆投资者和一个非杠杆投资者的简单金融系统，建立金融机构投资者杠杆和风险资产价格之间的动态模型，并数值模拟观察投资者杠杆和其所投资的风险资产价格之间的周期联动关系。3.2.4 节是实证分析，根据理论分析结果，建立合适的计量模型来研究金融机构投资者杠杆与资产价格之间的周期性特征，并将银行和证券公司分开考虑，验证我们理论模型考虑杠杆异质性的必要性。3.2.5 节为结论和政策建议。

3.2.3 理论模型

考虑一个包括两个杠杆投资者和一个非杠杆投资者的简单金融系统，其中杠杆投资者主要以银行和证券公司为代表，这里引入两个杠杆投资者主要是为了讨论不同性质的机构投资者的杠杆异质性。银行和证券公司的杠杆交易行为必然引起金融系统的内生不稳定性，为此必须有非杠杆投资者来起到稳定市场的作用，本节非杠杆投资者以基金公司为代表。银行、证券公司和基金投资者持有的资产均为无风险资产和风险资产的组合，为方便起见，我们假设无风险资产为具有固定价格属性的现金，风险资产为股票，其价格由金融系统的均衡状态内生决定。基于风险管理的视角，杠杆投资者持有风险资产和无风险资产的比例会维持在一个他们认为相对合理的水平，基于此我们假设银行或证券公司会根据市场上股票价格的历史回报率来预测其未来波动，调整其投资策略，改变风险资产和无风险资产的持有比例，进而管理其杠杆目标。我们关注的问题是杠杆投资者的异质杠杆与其所持有的风险资产之间的动态关系，本节在 Aymanns 等（2015）模型的基础之上，考虑投资者杠杆的异质性，在金融系统中引入证券公司，建立杠杆与资产价格之间的动态迭代模型，以考察它们之间的联动关系。下面我们首先详细阐述银行、证券公司和基金公司的具体投资行为。

1. 资产

模型建立在离散时间状态 $t=\{\tau, 2\tau, \cdots, T\tau\}$ 下，其中 τ 为时间步长。假设市场上有一单位的无风险资产和风险资产，且无风险资产是可无限分割的，其价格为 1。记 $p(t)$ 为 t 时刻风险资产的价格，风险资产可以认为是任何一种可交易的有价证券，如股票、债券、资产担保证券等。风险资产的收益率为 $r(t)=\log\big[p(t)/p(t-\tau)\big]$。由于市场上只有三个投资者，设银行、证券公司和基金公司在 t 时刻持有风险资产的份额分别为 $n_B(t)$、$n_S(t)$ 和 $n_F(t)$，其中下标 B、S 和 F 分别代表银行、证券公司和基金公司，且满足 $n_B(t)+n_S(t)+n_F(t)=1$。

2. 杠杆投资者

为讨论银行杠杆、证券公司杠杆和风险资产价格之间的关系，我们主要关注杠杆投资者的资产负债表结构、投资策略及其对风险资产预知风险的估计。首先看其资产负债表方面，记 $A_I(t)$、$L_I(t)$ 和 $E_I(t)\,(I\in\{B,S\})$ 分别表示杠杆投资者银行或证券公司的资产、负债和所有者权益，假设银行或证券公司将其资产 $A_I(t)$ 以一定比例 $\omega_I(t)$ 投资于风险资产，则持有现金 $C_B(t)$ 的比例为 $1-\omega_I(t)$。银行或证券公司以价格 $p(t)$ 分别持有 $n_I(t)\,(I\in\{B,S\})$ 份额的风险资产，则它们之间的相关关系为

$$n_I(t)p(t)=\omega_I(t)A_I(t),\ I\in\{B,S\} \tag{3.24}$$

$$C_I(t)=\big(1-\omega_I(t)\big)A_I(t),\ I\in\{B,S\} \tag{3.25}$$

$$A_I(t)=C_I(t)+n_I(t)p(t),\ I\in\{B,S\} \tag{3.26}$$

其中，式（3.24）~式（3.26）分别是银行或证券公司的风险投资、无风险投资和总资产。杠杆投资者负债 $L_I(t)\,(I\in\{B,S\})$ 的到期期限均假设为一个时间步长 τ，并且可以自行展期，对于杠杆投资者的负债没有特殊的限制，意味着其可以在某个时刻一次性偿还所有负债。对所有者权益：一方面为降低风险，银行或证券公司将其所有者权益维持在某一水平之上；另一方面为了进行资产的有效合理投资利用，银行或证券公司不会配置过多的先知资金在股东权益上，基于此假设杠杆投资者的目标所有者权益为 $\bar{E}_I\,(I\in\{B,S\})$，并以此为标准不断调整其资产负债表结构。如果杠杆投资者偏离其目标所有者权益 $\bar{E}_I$，则会支付股利给其他基金或个人投资者，或者从其他投资者处筹集资金，调整速度利率为 $\eta_I\,(I\in\{B,S\})$，则 t 时刻所有者权益变化为

$$e_I(t)=\eta_I\big(\bar{E}-E_I(t)\big),\ I\in\{B,S\} \tag{3.27}$$

考虑到风险资产价格变化和银行所有者权益的变化两方面因素后，在下一时

刻 $t+\tau$ 银行或证券公司的所有者权益变化为

$$E_I(t+\tau) = n_I(t)p(t+\tau) + C_I(t) - L_I(t) + e_I(t), I \in \{B,S\} \quad (3.28)$$

相应地，得到下一时刻银行或证券公司的实际杠杆为

$$\lambda_I(t+\tau) = \frac{n_I(t)p(t+\tau)}{E_I(t+\tau)}, \quad I \in \{B,S\} \quad (3.29)$$

假设银行或证券公司通过目标杠杆控制资产的风险，设 t 时刻其目标杠杆为

$$\bar{\lambda}_I(t) = \alpha_I\left(\sigma^2(t) + \sigma_0^2\right), \quad I \in \{B,S\} \quad (3.30)$$

其中，$\sigma^2(t)$ 是杠杆投资者利用风险资产的历史数据对其预知风险的预测，类似于 Longerstaey（1996），主要采用对风险资产历史收益率的指数移动平均方法得到，即

$$\sigma^2(t+\tau) = (1-\delta)\sigma^2(t) + \delta r^2(t) = (1-\delta)\sigma^2(t) + \delta\left[\log\left(p(t)/p(t-\tau)\right)\right]^2 \quad (3.31)$$

其中，$\delta \in (0,1)$。

杠杆投资者对应上述目标杠杆式（3.30）的资产组合的目标价值为 $\bar{A}_I(t) = \bar{\lambda}_I(t)E_I(t)\left(I \in \{B,S\}\right)$，设银行和证券公司的资产负债表调整的速度为 $\theta_I\left(I \in \{B,S\}\right)$，则 t 时刻杠杆投资者的资产负债表调整大小为

$$\Delta I(t) = \theta_I\left[\bar{A}_I(t) - A_I(t)\right] = \theta_I\left[\bar{\lambda}_I(t)\left(A_I(t) - L_I(t)\right) - A_I(t)\right], \quad I \in \{B,S\} \quad (3.32)$$

考虑到杠杆投资者的异质性，银行和证券公司在控制其风险过程中所使用的所有者权益调整速度、资产负债表调整速度和风险承受能力等均不相等，已用下标区别标记，具体差异将在参数校准中体现。另外，鉴于银行和证券公司各自的属性，并借鉴已有参考文献，针对杠杆投资者持有风险资产的比例我们做不同假设。对于银行假设此比例为常数，即 $\omega_B(t) = \omega_B$。对于证券公司，参照 Aymanns 等（2015）研究，其投资风险资产的比例服从下列随机过程：

$$\omega_S(t+\tau) = \omega_S(t) + \frac{\omega_S(t)}{p(t)}\left[\rho_S\left(\mu - p(t)\right) + \sqrt{\tau}s(t)\xi(t)\right] \quad (3.33)$$

其中，$s^2(t)$ 服从以下简单的 GARCH(1,1) 过程：$s^2(t) = a_0 + a_1\chi^2(t-1) + a_2 s^2(t-1)$，$\chi(t) = s(t)\xi(t)$，这里 $\xi(t)$ 是标准正态分布。

3. 非杠杆投资者

基金投资者和其他个人投资者在金融系统中以非杠杆投资者形式出现，主要起到噪声交易者的作用，对整个金融系统的稳定有重要意义，本节主要以基金工资来代表非杠杆投资者。由于杠杆的不存在，基金公司的总资产等于总所有者权

益，即 $A_F(t)=E_F(t)$。和杠杆投资者一样，基金公司将其资产按照一定的比例在风险资产和无风险资产之间分配，设持有风险资产的比例为 $\omega_F(t)$，持有无风险资产的比例为 $1-\omega_F(t)$。与证券公司类似，基金公司根据市场上风险资产的价格和收益率不断调整风险投资的比例，但是调整过程与证券公司有所不同，参照 Aymanns 和 Farmer（2015），风险资产的投资权重按照下列过程演化：

$$\frac{d\omega_F(t+1)}{\omega_F(t)}=\rho_F\left[0.5-\omega_F(t)\right]+\gamma dW,W\sim\mathrm{N}(0,1) \tag{3.34}$$

$$\omega_F(t+1)=\omega_F(t)+d\omega_F(t+1) \tag{3.35}$$

其中，ρ_F 是基金公司投资组合均值回复的速度。与杠杆投资者类似，基金公司的投资组合与其资产之间的关系为

$$n_F(t)p(t)=\left[1-n_B(t)-n_S(t)\right]p(t)=\omega_F(t)A_F(t) \tag{3.36}$$

$$C_F(t)=\left[1-\omega_F(t)\right]A_F(t) \tag{3.37}$$

$$A_F(t)=C_F(t)+n_F(t)p(t)=C_F(t)+\left[1-n_F(t)-n_F(t)\right]p(t) \tag{3.38}$$

其中，式（3.36）~式（3.38）分别是基金公司的风险投资、无风险投资和资产总和。下一时刻 $t+\tau$ 基金公司的所有者权益为

$$E_F(t+\tau)=\left[1-n_B(t)-n_S(t)\right]p(t+\tau)+C_F(t)+e_F(t) \tag{3.39}$$

其中，基金公司的所有者权益变动是杠杆投资者所有者权益变动总和的相反数，即 $e_F(t)=-e_B(t)-e_S(t)$。

4. 动态模型及模拟

根据市场出清机制来确定风险资产的价格，为此我们根据下一时刻 $t+\tau$ 各投资者的总资产、风险资产投资比例及风险资产的价格来构建银行、证券公司和基金公司对风险资产的需求函数，分别记为 $D_B(t+\tau)$、$D_S(t+\tau)$ 和 $D_F(t+\tau)$，具体如下：

$$
\begin{aligned}
D_B(t+\tau)&=\frac{1}{p(t+\tau)}\omega_B A_B(t+\tau)\\
&=\frac{1}{p(t+\tau)}\omega_B\left[n_B(t)p(t+\tau)+C_B(t)+\Delta B(t)\right]
\end{aligned}
\tag{3.40}
$$

$$
\begin{aligned}
D_S(t+\tau)&=\frac{1}{p(t+\tau)}\omega_S(t+\tau)A_S(t+\tau)\\
&=\frac{1}{p(t+\tau)}\omega_S(t+\tau)\left[n_S(t)p(t+\tau)+C_S(t)+\Delta S(t)\right]
\end{aligned}
\tag{3.41}
$$

$$
\begin{aligned}
D_F\left(t+\tau\right) &= \frac{1}{p\left(t+\tau\right)}\omega_F\left(t+\tau\right)A_F\left(t+\tau\right) \\
&= \frac{1}{p\left(t+\tau\right)}\omega_F\left(t+\tau\right)\Big[\left(1-n_B\left(t\right)-n_S\left(t\right)\right)p\left(t+\tau\right)+C_F\left(t\right)\Big]
\end{aligned}
\tag{3.42}
$$

结合市场出清条件 $D_B\left(t+\tau\right)=D_S\left(t+\tau\right)+D_F\left(t+\tau\right)=1$ 可以计算出下一时刻 $t+\tau$ 风险资产的均衡价格 $p\left(t+\tau\right)$，进一步可计算出下一期各风险资产的其他信息及各投资者市场行为的其他信息，为陈述方便，直接给出所构造的简单金融系统的动态迭代模型：

$$
x(t)=\Big[\sigma^2\left(t\right),\omega_S\left(t\right),\omega_F\left(t\right),p\left(t\right),n_B\left(t\right),n_S\left(t\right),L_B\left(t\right),L_S\left(t\right),p'\left(t\right)\Big]'
\tag{3.43}
$$

则动态系统可以表示为如下形式：

$$
x(t+\tau)=g\big(x(t)\big)
\tag{3.44}
$$

其中，函数 $g(\bullet)$ 是 9 维映射，$\sigma^2\left(t\right)$、$\omega_S\left(t\right)$ 和 $\omega_F\left(t\right)$ 的关系分别见式（3.31）、式（3.33）和式（3.35），其他如下：

$$
p\left(t+\tau\right)=\frac{\omega_B\Big[C_B\left(t\right)+\Delta B\left(t\right)\Big]+\omega_S\left(t+\tau\right)\Big[C_S\left(t\right)+\Delta S\left(t\right)\Big]+\omega_F\left(t+\tau\right)C_F\left(t\right)}{1-\omega_B n_B\left(t\right)-\omega_S\left(t+\tau\right)n_F\left(t\right)-\omega_F\left(t+\tau\right)\Big[1-n_B\left(t\right)-n_F\left(t\right)\Big]}
\tag{3.45}
$$

$$
n_B\left(t+\tau\right)=\frac{\omega_B\Big[n_B\left(t\right)p\left(t+\tau\right)+C_B\left(t\right)+\Delta B\left(t\right)\Big]}{p\left(t+\tau\right)}
\tag{3.46}
$$

$$
n_S\left(t+\tau\right)=\frac{\omega_S\left(t+\tau\right)\Big[n_S\left(t\right)p\left(t+\tau\right)+C_S\left(t\right)+\Delta S\left(t\right)\Big]}{p\left(t+\tau\right)}
\tag{3.47}
$$

$$
L_B\left(t+\tau\right)=L_B\left(t\right)+\Delta B\left(t\right)
\tag{3.48}
$$

$$
L_S\left(t+\tau\right)=L_S\left(t\right)+\Delta S\left(t\right)
\tag{3.49}
$$

$$
p'\left(t+\tau\right)=p\left(t\right)
\tag{3.50}
$$

其中，式（3.45）是风险资产的市场出清价格；式（3.46）、式（3.47）是银行和证券公司根据下一时期风险资产的市场出清价格调整的持有风险资产的份额；式（3.48）和式（3.49）是银行和证券公司依据资产负债表改变调整负债后的下一负债；式（3.50）仅仅是为了系统形式的方便，能够保证整个系统是一阶动态的。

为了探讨模型的动态演化行为，我们对其进行数值模拟。由于模型参数的复杂性，以及模型较于简单金融市场的简单化，参数校准不可能与实际完全吻合，但在保证主要参数合理性的情况下，有助于我们观察模型的特性，尤其是银行和证券公司的杠杆与资产价格之间的关系，参照 Aymanns 等（2015）并结合中国市场的实际情况，参数的校准如表 3.4 所示。其中投资者杠杆控制的周期性参数取

-0.5，以保证杠杆的顺周期性特征，当杠杆周期性参数取 0.5 时，则实现投资者杠杆逆周期性的特征，本节在模拟分析中只分析杠杆顺周期性。

表 3.4　数值模拟的参数校准

主体	参数	描述	取值
系统	τ	时间步长	0.1
	b	投资者杠杆控制的周期性	−0.5
资产	σ_0^2	初始方差	0.000 001
	δ	风险资产方差估计中的记忆参数	0.05
银行	α_B	银行风险水平	1
	$\overline{E}_B$	银行所有者权益目标	2.27
	θ_B	银行资产负债表调整速度	0.95
	η_B	银行所有者权益调整速度	1
	ω_B	银行风险资产的投资权重	0.3
证券公司	α_S	证券公司风险水平	0.5
	$\overline{E}_S$	证券公司所有者权益目标	5
	θ_S	证券公司资产负债表调整速度	0.95
	η_S	证券公司所有者权益调整速度	1
	μ	风险资产基本价值	10
	ρ_S	证券公司均值回复速度	0.01
基金公司	ρ_S	基金公司均值回复速度	0.05
	γ	基金公司风险资产权重过程扩散项系数	0.2
GARCH	a_0	基本回报方差	0.001
	a_1	自回归项误差	0.016
	a_2	自回归项方差	0.87

注：GARCH：generalized auto regressive conditional heteroskedasticity，广义自回归条件异方差

本节构造的包含两个杠杆投资者和一个非杠杆投资者的简单金融系统，我们称为异质杠杆动态模型，如果不考虑证券公司的存在，则退化为 Aymanns 等（2015）的模型，即同质杠杆动态模型。为分析投资者杠杆顺周期性与资产价格之间的关系，我们模拟出杠杆同质和异质两种情况下系统的动态演化过程（图3.5、图 3.6）。

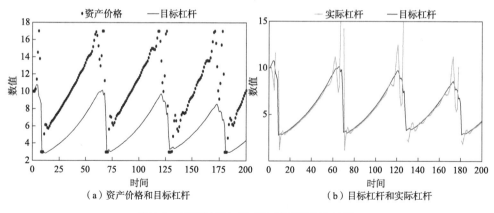

图 3.5 同质杠杆与资产价格顺周期性结果

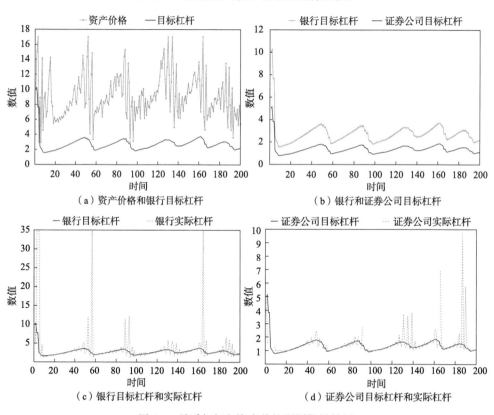

图 3.6 异质杠杆与资产价格顺周期性结果

从图 3.5（a）可以看出，在投资者同质杠杆情况下，风险资产价格波动与杠杆投资者的杠杆波动具有很大的相关性，投资者的杠杆对资产价格具有很强的顺周期性。当资产价格上涨时，杠杆也上涨，当资产价格下跌时，杠杆也下降，且资产价格和杠杆周期均呈现缓慢上升和迅速下跌的特点，这和实际股票市场股票价格的运动特点是吻合的。图 3.5（b）表明银行的实际杠杆和目标杠杆基本吻合，但在资产价格偏离其基本价值较大的时候，即资产价格上涨较大的时候，银行实际杠杆要比目标杠杆变化的幅度更大，说明银行杠杆对资产价格的顺周期性在资产价格上涨较大时更为明显。从图 3.6（a）可以看出，考虑投资者杠杆异质性后，资产价格运动的随机性强于同质杠杆情形，这与实际市场资产价格运动的随机性更加吻合；异质杠杆情形下银行目标杠杆与资产价格波动亦具有很强的顺周期性，杠杆随着资产价格的上涨而上涨；银行目标杠杆则明显低于同质杠杆情形，说明异质杠杆的存在可以降低杠杆投资者的目标杠杆，有利于整个金融系统的稳定。图 3.6（b）说明，本节构造的模型在表 3.4 参数范围内实现了银行目标杠杆高于证券公司目标杠杆的结果。结合图 3.6（c）、（d）可知，当考虑投资者杠杆异质性后，银行的实际实现杠杆远高于证券公司的实际实现杠杆，银行实际杠杆最大可以达到 30 以上，而同质杠杆情形下银行杠杆最大值小于 15，模拟结果与实际市场银行高杠杆的特性是吻合的。另外，考虑杠杆异质性后，在资产价格波峰时期，杠杆随着资产价格的上涨而增加的幅度比同质杠杆情形下更加明显，更加支持了投资者杠杆相对资产价格的顺周期性在资产价格较高时期更为显著的结果。

3.2.4　实证分析

1. 计量模型的设计及数据描述

基于理论分析，银行和证券公司的杠杆与其投资的风险资产的价格存在显著的关系，在参数校准的基础上，模拟结果表明杠杆投资者的杠杆针对资产价格具有顺周期性。以此为基础，本节进一步实证检验中国金融系统中杠杆投资者异质杠杆的周期性行为，并区分不同杠杆投资者杠杆周期性行为的差异。本节用动态面板回归的方法研究股票价格是如何影响杠杆投资者杠杆的改变。我们搜集了 40 家上市银行和证券公司季度的非平衡面板数据，样本区间为 2006 年第一季度到 2015 年第四季度，研究数据来源于同花顺金融数据库。理论模型的模拟分析指出，投资者杠杆的周期性行为在资产价格极端高或低的时候具有不同的特点，为此我们引进两个虚拟变量 R_t 和 C_t，其中 R_t 在 2006 年第四个季度到 2007 年第四个季度及 2014 年第三个季度到 2015 年第二个季度取值为 1，其他时期为 0；C_t 在 2008 年第一个季度到 2013 年第四个季度取值为 1，其他时期为 0。虚拟变量的设置不仅捕捉中国股市牛中股票价格大幅上涨对投资者杠杆的额外效应，还捕捉危机时期股票价格变化对投资者杠杆的额外影响。基于理论分析的结果，构造如下动态面板模型：

$$\text{leverage}_{it} = \alpha_0 + \alpha_1 \text{leverage}_{it-1} + \alpha_2 \ln p_t + \varepsilon_{it} \tag{3.51}$$

$$\text{leverage}_{it} = \alpha_0 + + \alpha_1 X_t + \alpha_2 \text{leverage}_{it-1} + (\alpha_3 + \alpha_4 X_t) \ln p_t + \varepsilon_{it} \tag{3.52}$$

其中，$X_t \in \{R_t, C_t\}$，leverage_{it} 表示第 i 个杠杆投资者在第 t 个时期的杠杆；p_t 是第 t 个时期市场上的股票价格，考虑到杠杆投资者不断调整其投资股票的组合，且不同的银行和证券公司持有的股票的不同性，本节股票价格以上证综合指数来代替，同时取沪深 300 指数作为稳健性检验。式（3.51）研究的是投资者杠杆与股票价格之间是否存在顺周期行为，在总体样本的基础上，将杠杆投资者分为银行和证券公司两类，研究不同类型杠杆投资者的异质杠杆变化情况是否存在差异。如果杠杆投资者的杠杆与资产价格之间存在明显的顺周期行为，那么投资者杠杆与股票价格之间为正相关关系，即股票价格上涨的同时，投资者的杠杆上升，α_1 显著为正。如果 α_1 显著为负，则投资者杠杆为逆周期；如果 α_1 不显著，则投资者杠杆不存在明显的随股票价格周期性变化的情况。式（3.52）研究金融繁荣时期或者金融危机时间杠杆与股票价格之间周期性行为是否受到影响，如果金融繁荣时期，股票价格的上涨对机构投资者的杠杆变化具有促进作用，则金融繁荣的虚拟变量和股票价格的交叉项 $R_t \ln p_t$ 系数显著为正；如果金融危机时期股票价格的变动对杠杆周期性行为有抑制作用，则金融危机的虚拟变量和股票价格的交叉项 $C_t \ln p_t$ 系数显著为负。

为检验结论的稳健性，根据 Brei 和 Gambacorta（2014）的做法，我们考虑从两个方面添加控制变量，一方面是关于杠杆投资者即银行或证券公司的具体自身差异变量，主要选取公司总资产的对数（log of total asset，$\ln A_{it}$）、公司相对规模（relative size，Rsize_{it}）和资产收益率（return on assets，ROA_{it}）；另一方面是关于宏观经济因素的变量，主要选取 GDP_t 和货币供给量 M2_t，其中 GDP_t 经济增长，采用名义 GDP 的同比增长率，M2_t 反映货币政策。按照项后军等（2015）的研究，此稳健性检验还可以作为考察影响投资者杠杆的因素的方法，不同的是项后军等（2015）研究对象仅仅是银行杠杆的周期性，且主要讨论银行杠杆与银行总资产之间的周期性关系，并没有讨论杠杆与资产价格之间的周期性，参照 Brei 和 Gambacorta（2014）文献，将其中杠杆顺周期的参考对象改变为股票价格，构造如下动态面板模型：

$$\text{leverage}_{it} = \alpha_0 + \alpha_1 \ln p_t + \alpha_2 \ln A_{it} + \alpha_3 \text{Rsize}_{it} + \alpha_4 \text{ROA}_{it} + \varepsilon_{it} \tag{3.53}$$

$$\text{leverage}_{it} = \alpha_0 + \alpha_1 X_t + \alpha_2 \text{leverage}_{it-1} + (\alpha_3 + \alpha_4 X_t) \ln p_t \\ + \alpha_5 \ln A_{it} + \alpha_6 \text{Rsize}_{it} + \alpha_7 \text{ROA}_{it} + \varepsilon_{it} \tag{3.54}$$

$$\text{leverage}_{it} = \alpha_0 + \alpha_1 \ln p_t + \alpha_2 \ln A_{it} + \alpha_3 \text{Rsize}_{it} + \alpha_4 \text{ROA}_{it} + \alpha_5 \text{GDP}_t + \alpha_6 \text{M2}_t + \varepsilon_{it} \tag{3.55}$$

$$\text{leverage}_{it} = \alpha_0 + \alpha_1 X_t + (\alpha_2 + \alpha_3 X_t)\text{leverage}_{it-1} + (\alpha_4 + \alpha_5 X_t)\ln p_t + \alpha_6 \ln A_{it}$$
$$+ \alpha_7 \text{Rsize}_{it} + \alpha_8 \text{ROA}_{it} + \alpha_9 \text{GDP}_t + \alpha_{10} \text{M2}_t + \varepsilon_{it} \quad (3.56)$$

其中，式（3.53）在不考金融繁荣和金融危机额外影响的情况下，研究投资者自身因素对杠杆的影响，以及投资者杠杆与股票价格之间顺周期性行为；式（3.54）在式（3.53）的基础上考虑金融繁荣和金融危机对投资者杠杆的额外影响；式（3.55）在不考虑金融繁荣和金融危机额外影响的情况下，控制变量同时加入杠杆投资者自身因素和宏观经济变量，进一步检验宏观经济变量对投资者杠杆的影响；式（3.56）在式（3.55）的基础上检验金融繁荣和金融危机对投资者杠杆的额外影响。

2. 杠杆与资产价格的周期关系

对上述式（3.51）和式（3.52）采用系统 GMM（Gaussian mixture model，高斯混合模型）方法进行参数估计，采取合适的被解释变量滞后阶数和内生变量滞后阶数作为工具变量，并进行残差相关性检验和控制变量的过度识别检验，以确保估计结论的有效性。表 3.5 是投资者杠杆与股票价格是否存在周期行为的实证研究结果，在采用总样本的基础上，对不同类型的杠杆投资者进行了分样动态面板回归，并同时考虑了上证综合指数和沪深 300 指数两种股票价格的代理变量。表 3.5 中所有 AR(1) 所对应的值表明在 1% 的显著性水平上可以接受扰动项无自相关的原假设，且卡方统计量及其 P 值表明在 1% 的显著性水平上可以接受"所有工具变量都有效"的原假设，这表明可以对式（3.51）和式（3.52）进行系统 GMM 估计。

表 3.5　投资者杠杆和资产价格周期行为的存在性

Panel A：式（3.51）的估计

变量	杠杆与上证综合指数			杠杆与沪深 300 指数		
	总样本（1）	证券（2）	银行（3）	总样本（4）	证券（5）	银行（6）
leverage$_{it-1}$	−0.010 965 5*** (−84.97)	−0.159 839 4*** (−600.62)	0.916 251 7*** (14.20)	−0.005 183 5*** (−40.78)	−0.161 336 6*** (−23.68)	0.883 995 8*** (13.57)
ln p_t	252.829 2*** (30.01)	196.049 1*** (8.33)	0.218 047 2** (1.91)	6.161 9*** (12.63)	6.073 866*** (5.26)	0.042 858 9 (0.52)
常数项	−2 053.234*** (78.061 56)	−1 682.972*** (−7.84)				
工具变量	(3, 2)	(3, 2)	(1, 1)	(1, 2)	(2, 1)	(1, 5)
AR(1)	0.316 7	0.317 3				
Chi-square	39.721 79 (1.000 0)	21.988 72 (1.000 0)				

续表

Panel B：式（3.52）的估计，其中虚拟变量为 R_t

变量	杠杆与上证指数			杠杆与沪深 300 指数		
	总样本（7）	证券（8）	银行（9）	总样本（10）	证券（11）	银行（12）
leverage_{it-1}	-0.009 389*** (-33.45)	-1.486 697*** (-225.93)	0.554 918 7** (2.12)	-0.009 081 1*** (-44.16)	-0.148 701 7*** (-286.90)	0.896 091 4*** (9.38)
$\ln p_t$	161.262 4*** (23.87)	270.410 9*** (9.24)	-2.452 227* (-1.82)	215.753 4*** (11.35)	363.693 9*** (7.58)	-0.520 808 5*** (-2.63)
R_t	-3 508.463*** (-46.76)	-3 205.269*** (-8.05)	-20.485 29*** (-3.90)	-2 707.557*** (-44.71)	-2 287.79*** (-8.52)	-9.699 035** (-2.39)
$R_t \ln p_t$	424.873 3*** (-21.15)	373.923 3*** (7.33)	2.591 168*** (3.78)	326.285 5*** (42.85)	260.920 1*** (7.64)	1.210 435** (2.32)
常数项	-1 326.442*** (-21.15)	-2 247.798*** (-8.80)		-1 767.366*** (-10.92)	-3 003.13*** (-7.30)	
工具变量	（2，2）	（1，2）	（1，1）	（1，2）	（1，2）	（1，3）
AR（1）	0.335 7	0.318 5		0.332 7	0.318 3	
Chi‑square	39.978 75 （1.000 0）	22.636 07 （1.000 0）		39.985 51 （0.999 4）	23.250 7 （1.000 0）	

Panel C：式（3.52）的估计，其中虚拟变量为 C_t

变量	杠杆与上证指数			杠杆与沪深 300 指数		
	总样本（13）	证券（14）	银行（15）	总样本（16）	证券（17）	银行（18）
leverage_{it-1}	-0.009 539 6*** (-58.25)	-0.157 446 1*** (-338.41)	0.847 896 7*** (6.23)	-0.009 281*** (-76.79)	-0.157 498*** (-354.51)	0.781 826*** (4.73)
$\ln p_t$	24.781 01*** (18.14)	691.040 8*** (7.73)	0.535 979 1 (1.29)	565.663 2*** (14.02)	652.286 7*** (7.84)	0.168 085 6 (0.38)
C_t	-152.918 7*** (-4.97)	6 735.207*** (6.21)		5 042.803*** (13.07)	6 073.417*** (7.04)	-0.475 921 5 (-0.53)
$C_t \ln p_t$	-18.163 77*** (-3.24)	-824.369 3*** (-6.11)	-0.603 960 9 (-0.8)	-627.729 7*** (-13.03)	-749.377 9*** (-6.98)	
常数项		-5 798.934*** (-7.62)		-4 655.067*** (-13.70)	-5 477.875*** (-7.70)	
工具变量	（3，2）	（3，2）	（5，5）	（3，2）	（3，2）	（3，3）
AR（1）		0.317 6		0.318 0	0.317 7	
Chi‑square		23.625 7 （1.000 0）		39.994 4 （1.000 0）	23.001 4 （1.000 0）	

***、**、*分别表示在1%、5%、10%的显著性水平上显著

注：系数估计的括号中报告的是 Z 统计量；工具变量一行括号对应的分别是选取的被解释变量和内生变量，为工具变量的相应滞后阶数；Chi‑square 统计量的括号中是其对应的 P 值

　　首先，从总样本来看，列（1）、列（7）和列（13）的上证综合指数的对数 $\ln p_t$ 的系数均显著为正，可以看出，正如理论部分所述，中国杠杆投资者的杠杆与股票价格之间存在显著的正相关关系，表现为股票价格上涨时，杠杆投资者会从社会其他部门融资进行股票投资，加之购买股票的价格上涨作用，投资者总资产增加，但并未增加相应足量的自有资本，资产负债表中所有者权益未能得到与总资产同等程度的调整，使得投资者杠杆增加，对股票价格存在顺周期性的行为。考虑金融市场繁荣和金融危机虚拟变量后，列（7）中 $R_t \ln p_t$ 的系数显著为正，说明金融繁荣中股票价格上涨对杠杆的影响增加，即在股市上行时期投资者杠杆的顺周期性更加显著，而列（13）中 $C_t \ln p_t$ 的系数显著为负，说明金融危机中股票价格的上涨对杠杆的影响减弱，即股市低迷时期投资者杠杆的顺周期性显著性降低，甚至会出现反周期行为。列（7）和列（13）的结论与图 3.5 和图 3.6 的模拟结果十分吻合。采用沪深 300 指数作为股票价格的代理指标，其估计结果见列（4）、列（10）和列（16），沪深 300 指数对数的系数显著为正，与金融繁荣虚拟变量交叉项的系数显著为正，与金融危机虚拟变量交叉项的系数显著为负，和上证综合指数作为股票价格代理变量时的结论完全一致。

　　其次，从证券公司和银行来看，列（2）、列（3）说明不同类型的杠杆投资者之间的杠杆变化存在一定的差异，虽然上证综合指数的系数均显著为正，但列（2）的值 196.049 1 远远大于列（3）的值 0.218 047 2，说明证券公司的杠杆比银行对股票价格表现出更为明显的顺周期行为。加入金融繁荣和金融危机的虚拟变量后，列（8）与列（14）证券公司参数估计的结论与总样本一致，而列（9）中上证综合指数对数的系数则显著为负（-2.452 227），说明银行甚至表现出反周期行为，考虑到金融繁荣虚拟变量与上证综合指数对数交叉项的系数仍为正 2.591 168，我们认为银行杠杆仍存在顺周期性，但是和列（3）的结论一致，银行的杠杆对股票价格并不存在十分明显的顺周期性行为。这可能是因为上市银行中大型商业银行居多，加之国内银行与国外投行比较，其投资属性占比较低，风险偏好相对于证券公司来说更为保守，保持较低的风险水平，股票投资的比例会受到一定的限制，且在进行风险投资的同时，要求及时通过各种渠道补充资本，应对规模扩张及股票投资带来的风险。总体而言，投资者杠杆和股票价格之间存在顺周期行为，但不同类型的杠杆投资者之间顺周期行为存在不同，证券公司的杠杆随着股票价格变化的顺周期性十分显著，且在金融繁荣时期顺周期性被扩大，在金融危机时期顺周期性被有所抑制，银行的杠杆随着股票价格变化的周期性并不十分显著。

　　3. 考虑个体及宏观因素的杠杆周期行为的再估计

　　上述得到我国杠杆投资者的杠杆总体与股票价格存在周期性联动变化的结论，接下来则通过对基础模型的扩展，考虑包括杠杆投资者自身因素和宏观经济变量的动态面板模型，并采用系统 GMM 回归，研究影响投资者杠杆行为的机构投资者个体及宏观因素，结果如表 3.6 和表 3.7 所示。

表 3.6　考虑个体因素的投资者杠杆与资产价格周期行为研究

变量	杠杆与上证综合指数			杠杆与沪深 300 指数		
	无虚拟变量（19）	虚拟变量 R_t（20）	虚拟变量 C_t（21）	无虚拟变量（22）	虚拟变量 R_t（23）	虚拟变量 C_t（24）
leverage_{it-1}	$-0.517\,754^{***}$（-27.82）	$-0.050\,571\,7^{***}$（-39.88）	$-0.052\,418\,6^{***}$（-75.58）	$-0.056\,844\,4^{***}$（-26.34）	$-0.050\,904^{***}$（-43.52）	$-0.050\,440\,9^{***}$（-49.18）
$\ln p_t$	$166.437\,5^{***}$（7.05）	$24.137\,25$（0.70）	$524.795\,8^{***}$（9.71）	$216.854\,8^{***}$（12.17）	$69.150\,17^{**}$（2.14）	$468.791\,5^{***}$（8.25）
R_t		$-3\,965.169^{***}$（-7.53）			$-3\,134.535^{***}$（-5.03）	
$R_t \ln p_t$		$483.662\,9^{***}$（7.42）			$380.916\,6^{***}$（4.96）	
C_t			$5\,112.414^{***}$（9.48）			$4\,371.706^{***}$（9.49）
$C_t \ln p_t$			$-629.858\,8^{***}$（-9.61）			$-536.107\,7^{***}$（-9.49）
$\ln A_{it}$	$81.311\,69^{***}$（12.19）	$85.491\,82^{***}$（10.71）	$83.244\,9^{***}$（12.30）	$83.015\,89^{***}$（6.72）	$87.659\,27^{***}$（12.09）	$86.429\,01^{***}$（8.25）
ROA_{it}	$12.724\,29$（1.36）	$16.623\,62$（1.34）	$10.893\,37$（-1.43）	$9.793\,555$（1.08）	$16.118\,7$（1.41）	$12.532\,42$（0.268）
Rsize_{it}	$-925.180\,5^{***}$（-5.11）	$-935.863\,6^{***}$（-3.69）	$-846.766\,2^{**}$（-2.13）	$-1\,003.959^{***}$（-3.70）	$-1\,044.849^{***}$（-4.19）	-956.291^{***}（-14.94）
常数项	$-3\,432.823^{***}$（-11.34）	$-2\,434.22^{***}$（-6.60）	$-6\,450.088^{***}$（-12.91）	$-3\,877.501^{***}$（-10.43）	$-2\,836.746^{***}$（-8.25）	$-6\,077.859^{***}$（-14.94）
工具变量	（1，2，2）	（1，1，1）	（2，1，2）	（3，2，2）	（1，1，2）	（1，2，2）
$\text{AR}(1)$	0.317 3	0.321 1	0.316 6	0.317 2	0.319 2	0.316 5
Chi - square	37.519 2（1.000 0）	36.723 2（1.000 0）	36.944 4（1.000 0）	38.557 2（1.000 0）	36.052 9（1.000 0）	37.794 9（1.000 0）

***、**分别表示在1%、5%的显著性水平上显著

注：系数估计的括号中报告的是 Z 统计量；工具变量一行括号对应的分别是选取的被解释变量和内生变量（资产对数和股票价格），为工具变量的相应滞后阶数；Chi - square 统计量的括号中是其对应的 P 值

表 3.7　考虑个体和宏观因素的投资者杠杆与资产价格周期行为研究

变量	杠杆与上证综合指数			杠杆与沪深 300 指数		
	无虚拟变量（25）	虚拟变量 R_t（26）	虚拟变量 C_t（27）	无虚拟变量（28）	虚拟变量 R_t（29）	虚拟变量 C_t（30）
leverage_{it-1}	$-0.507\,793^{***}$（-60.86）	$-11.549\,56^{***}$（-5.29）	$-0.049\,795\,9^{*}$（-1.75）	$-0.510\,669^{*}$（-1.74）	$-6.771\,872$（-1.37）	$-0.052\,810\,4^{*}$（-1.83）
$\ln p_t$	$408.024\,9^{***}$（23.40）	$44.001\,64$（0.85）	$426.129\,1$（1.16）	$205.334\,4$（1.64）	$144.875\,5$（1.36）	$356.787\,8$（1.15）

续表

变量	杠杆与上证综合指数			杠杆与沪深 300 指数		
	无虚拟变量（25）	虚拟变量 R_t（26）	虚拟变量 C_t（27）	无虚拟变量（28）	虚拟变量 R_t（29）	虚拟变量 C_t（30）
R_t		-4 067.479*** (-4.20)			-1 917.9*** (-3.22)	
$R_t \ln p_t$		485.622 6*** (4.06)			224.500 9*** (3.23)	
$R_t \mathrm{leverage}_{it-1}$		11.339 73*** (5.19)			6.566 319 (1.33)	
C_t			2 241.75 (1.14)			2 340.235 (1.18)
$C_t \ln p_t$			-269.676 6 (-1.14)			-285.335 4 (-1.17)
$\ln A_{it}$	66.922 37*** (6.83)	163.473 5*** (3.93)	33.1** (1.98)	36.647 84** (2.42)	150.682 9*** (8.50)	39.787 8* (1.95)
ROA_{it}	8.645 802 (1.18)	21.894 99*** (5.20)	4.156 813 (1.23)	4.427 286 (0.81)		4.600 584 (0.84)
Rsize_{it}	-1 124.99*** (-3.66)	-1 739.022 (-0.49)	-568.385 6*** (-1.90)	-684.143 5* (-1.75)	-2 197.497*** (-5.22)	-479.899 1* (-1.66)
GDP_t	-60.822 4*** (-18.78)	-57.895 26*** (-5.86)	-37.277 53 (-1.22)	-26.675 07* (-1.70)	-47.119 82** (-2.55)	-27.870 68 (-1.19)
$\mathrm{M2}_t$	11.267*** (18.58)	12.899 13*** (4.80)	4.986 498 (1.23)	5.526 426** (2.06)	10.888 45** (1.99)	5.843 15 (1.26)
常数项	-4 579.002*** (-19.71)	-4 149.961*** (849.831 9)	-4 063.043 (-1.28)	-2 426.837* (-1.94)	-4 666.177*** (-4.81)	-3 763.027 (-1.30)
工具变量	(1, 3, 1)	(2, 3, 1)	(1, 1, 2)	(1, 3, 1)	(1, 1, 1)	(2, 1, 1)
AR(1)	0.316 5	0.317 8	0.384 1	0.384 5	0.302 5	0.378 8
Chi - square	39.599 04 (1.000 0)	35.832 34 (1.000 0)	20.316 45 (1.000 0)	20.674 74 (1.000 0)	31.910 03 (1.000 0)	20.553 15 (1.000 0)

***、**、*分别表示在1%、5%、10%的显著性水平上显著

注：系数估计的括号中报告的是 Z 统计量；工具变量一行括号对应的分别是选取的被解释变量和内生变量（资产对数和股票价格），为工具变量的相应滞后阶数；Chi - square 统计量的括号中是其对应的 P 值

　　表 3.6 是对式（3.53）和式（3.54）的参数估计及有效性检验的结果。表 3.6 中最后两行关于扰动项自相关和工具变量的过度识别检验的统计量表明估计是有效的。从表 3.6 可以看出，无论是上证综合指数还是沪深 300 指数作为股票价格的代理变量，除列（20）之外股票价格对数的系数显著为正，且考虑金融繁荣和金融危机的虚拟变量之后，金融繁荣与股票价格交叉项的系数显著为正，金融危机与股票价格交叉项的系数显著为负，说明在考虑投资者自身因素之后，投资者杠杆与股票价格之间同样存在正相关关系，且在金融繁荣时期正相关关系更加明显，金融危机时期正相关关系有所减弱。这与表 3.4 及理论分析得到的结论相吻合。另

外，杠杆投资者总资产对数的系数均显著为正，说明中国杠杆投资者的杠杆与其总资产之间存在显著的正相关关系，这支持了项后军等（2015）得出的银行杠杆的增长率与资产规模增长率之间存在显著正相关关系的结论，但是不同的是我们直接给出的是杠杆和资产的关系而不是其增长率之间的关系。事实上杠杆投资者的资产规模会随着股票价格的上涨而扩张，其自有资本增加的不足量使得杠杆未能维持在原来的水平，表现为每单位资产对应的所有者权益减少，因此杠杆增加。资产收益率的系数均不显著，所以我们认为资产收益率对投资者杠杆的变化影响并不显著。投资者相对规模的系数显著为负，说明投资者相对规模对其杠杆的影响显著为负，投资者相对规模越大，投资者的杠杆越低，此结论与李泽广和杨钦（2013）的判断较为一致。他们研究指出我国银行系统中一般规模较大的银行倾向于持有较低的杠杆，但是我们的研究包括了比银行更广泛的金融机构范围，包含了对证券公司的考察，指出银行与证券公司这样的机构投资者的杠杆与其相对规模呈负相关关系。

表 3.7 是对式（3.55）和式（3.56）的参数估计及有效性检验的结果，同样表3.7最后两行关于扰动项自相关和工具变量的过度识别检验表明估计是合理的。从表3.7 可以看出，滞后一期的杠杆对当期存在负向影响，说明金融机构投资者的杠杆变化没有延续性，上一期杠杆的增加会对本期杠杆起到一定的约束作用。考虑宏观经济因素之后，虽然股票价格对数对杠杆的影响不是全部显著，但是仍然均为正值，且在考虑金融繁荣的影响后，金融繁荣的虚拟变量与股票价格对数额交叉项的系数仍然显著为正，再次说明股票价格在达到局部最高点时，对杠杆的影响也最大，杠杆顺周期性在牛市中得到更好的体现。考虑宏观经济因素的影响后，总资产对数对投资者杠杆同样呈正向影响，相对规模大小对投资者杠杆同样有负向影响，资产收益率对投资者杠杆仍然大部分没有显著影响，这与表3.6的结论一致。宏观经济变量中，代表经济增长的 GDP 系数大多显著为负，表明投资者杠杆与经济增长之间存在一定的反周期关系，这与项后军等（2015）得出的银行杠杆与经济增长之间具有一定顺周期关系的结论相反，可能是因为项后军等（2015）顺周期性研究的主要解释变量是银行资产，但是证券公司的杠杆周期性行为与银行杠杆周期性行为存在明显差异，在综合考虑银行和证券公司，引入股票价格为主要解释变量之后，金融机构投资者的杠杆与经济增长之间的周期关系有所改变。从代表货币政策的 M_2 的系数可以看出，在大多数列中，该系数显著为正，说明在本节研究的范围内，货币政策对银行和证券公司的杠杆有明显的正向影响。

3.2.5 结论与政策建议

去杠杆是我国政府供给侧结构性改革的五大任务之一，研究中国各部门、各行业杠杆率现状，剖析高杠杆的成因，对提出去杠杆的应对措施和应对去杠杆过程中的机会和风险具有十分重要意义。针对不同问题杠杆的含义和计算也不尽相同，本节重点关注金融机构投资者杠杆和资产价格之间的关系。本节在考虑金融机构投资者杠杆异质性的基础上，构建了包含两个杠杆投资者、一个非杠杆投资者的金融系统动态迭代模型，数值模拟刻画了金融机构杠杆的周期行为，并采取2006~2015 年上市银行和证券公司的季度数据，实证检验了理论模型的分析结果，主要结论如下。

第一，理论建模及模拟分析表明，考虑投资者杠杆异质性后的金融系统中风险资产价格的走势在维持同质杠杆情况下的周期性特征的同时表现出更强的随机性，与实际市场更加贴近；异质杠杆情形下银行和证券公司的杠杆与风险资产价格具有很强的顺周期性，金融机构的杠杆随着资产价格的上涨而上涨；银行目标杠杆则明显低于同质杠杆情形，说明异质杠杆的存在可以降低杠杆投资者的目标杠杆，有利于整个金融系统的稳定。

第二，实证结果表明，与理论分析结论一致，金融机构投资者杠杆和股票价格之间存在顺周性特征，且在金融繁荣时期顺周期行为被扩大，在金融危机时期顺周期行为被抑制。但不同类型的杠杆投资者之间顺周期行为具有明显差异，证券公司的杠杆随着股票价格变化的顺周期性十分显著，我国银行的杠杆随着股票价格变化的顺周期性并不十分显著。

第三，通过研究金融机构自身因素和宏观经济因素对其杠杆周期的影响发现，中国金融机构投资者的杠杆与其总资产之间存在显著的正相关关系，而与机构投资者的相对规模呈负相关关系，代表货币政策的货币供应量对银行和证券公司的杠杆有明显的正向影响。

本节对于金融机构的杠杆监管具有以下启示意义：首先，针对杠杆投资者而言，基于在金融繁荣时期杠杆顺周期性显著增强的特征，在资产价格异常偏高的时候，投资者不可以一味地受高收益率的驱动而构建杠杆，应适时地采取反周期行为，合理地实施去杠杆措施，通过减少风险资产的持有量降低财务风险，尽量减少资产价格在承受一定的上涨压力之后暴跌带来的损失。其次，针对我国金融系统的监管体系，鉴于我国银行和其他金融机构的杠杆与资产价格关系的周期性变化存在显著差异的结论，有必要对不同属性的杠杆投资机构设置各自的风险识别、预测和监控体系，进而建立和使用不同的杠杆监管标准，加大机构投资者杠杆的异质性，以平衡高杠杆投资带来的风险，增强金融系统的稳定性。

第4章 货币政策的资产价格波动与实体经济效应研究

资产价格波动可能通过国家政策途径影响实体经济的稳定发展，因此，在资产价格出现异常波动时，需要进行政策的相机抉择。国家政策主要包括货币政策、财政政策、汇率政策和产业政策等，其中货币政策主要通过利率和信贷方式对资产价格波动进行调控，在短期内最有效并且会产生强大的预期作用，因此对实体经济的影响最为迅速；财政政策主要通过财政支出和税收手段对资产价格实施调控，主要作用于资产使用市场，由于货币政策的灵敏性，小范围的资产价格波动通常只需进行财政干预即可；外汇作为资产的一种，稳定汇率在正常范围内波动有利于稳定进出口资产价格；产业政策对资产价格的调控主要是间接的且时期较长，通过对某些行业的发展给予一定的指导扶持来影响实体经济。

4.1 渐进式利率市场化对我国货币政策的影响

4.1.1 引言

在现代经济中，有效的货币政策调控可以起到维持物价稳定、减少经济波动、促进经济增长的作用。货币政策能否有效发挥取决于传导渠道是否顺畅，其传导渠道主要包括利率渠道、汇率渠道、资产价格渠道和信贷渠道（Mishkin，2007）。利率渠道在货币政策传导中发挥着重要作用，其是否有效已经成为判断货币政策有效性的重要依据，相关研究一直受到经济学者的高度关注，被誉为"真正极富思想性"贡献的泰勒规则（Taylor，1993）就是该领域的大成之作。一些国外学者已经证实货币政策利率传导的有效性，如 Bernanke 和 Blinder（1992）研究发现利率渠道是美国货币政策传导的现实模式。然而，一些国内学者的研究表明我国的利率传导渠道并不通畅（蒋瑛琨等，2005；盛松成和吴培新，2008；张雪兰和杨丹，2010）。是何原因导致我国利率渠道传导不畅呢？一般认为，金融机构存贷款利率管制是利率渠道传导不畅的主要原因。管制利率不仅自身会形成一种传导渠道（姜再勇和钟正生，2010）[①]，还会通过引导货币市场利率间接影响产出。这种复杂的传导机制使得货币市场利率不能真实地反映资金供求，从而减弱了货币政策利率渠道的传导作用，这也暗示出，实施利率市场化改革对疏通利率传导渠道具有重要意义，然而这一经验上的判断是否得到理论模型和经验证据的支持呢？

梳理国内外已有文献发现，有关利率市场化与货币政策关系的文献并不多，这是因为发达经济体早在 20 世纪八九十年代就完成了利率市场化改革。已有的相关研究主要关注中国市场，其大致可分为四类：第一类主要关注制度变迁对货币政策利率传导的影响，如樊明太（2004）、Dickinson 和 Liu（2007）发现金融制度变革对利率传导机制及作用效果具有显著影响，但他们没能有效地区分这些制度变量。第二类侧重利率市场化进程中的货币政策利率渠道的实证检验，如姜再勇和钟正生（2010）将利率市场化下的货币政策利率渠道细分为管制利率渠道和市场利率渠道，其实证结果表明，随着利率市场化的推进，利率渠道的传导有效性不断提高。第三类则从微观视角分析了利率市场化进程中不同货币政策工具对市场利率的传导过程及作用效果。Porter 和 Xu（2009）、Chen 等（2011）发现管制利率的存在不仅减弱了数量型货币政策对银行间市场利率的作用效果，也阻碍了银行信贷作用的发挥；何东和王红林（2011）的研究表明，货币市场利率对基准存款利率变动的反应最敏感，而对公开市场操作的反应并不敏感。第四类主要关注利率市场化前后货币政策对房地产市场的不同影响，如 Kasai 和 Gupta（2010）、Gupta 等（2012）发现利率市场化后房地产市场对货币政策冲击的反应更敏感。

由此可见，以往的研究并没有提出有效的理论模型用以分析利率市场化对货币政策利率传导效应的影响。这是因为这些研究并没有厘清利率市场化的本质及利率市场化背景下货币政策利率渠道的特征：①利率市场化改革有激进式和渐进式两种模式，渐进式改革的思路是建立利率双轨制制度。利率双轨制的实质是允许金融市场中存在两种利率形成机制，通过不断弱化金融市场对"一轨"（由中央银行管制的金融体系存贷款利率形成机制）的依赖，不断强化对"另一轨"（由市场资金供求决定的市场利率形成机制）的依赖，最终形成由中央银行数量工具控制（主要指公开市场操作）、基准利率引导、市场资金供求决定的利率形成机制。②中国的货币政策利率传导机制不同于西方发达国家，其利率传导渠道可细分为

[①] 实际上，我国的货币政策工具与西方发达经济体有本质区别。例如，美联储的基准利率是联邦基金利率，它是一种间接货币政策工具，通过对其调节达到引导市场利率的作用。我国的基准利率是金融机构存贷款利率，它既具有间接性——通过引导市场利率间接影响产出，又具有直接性——通过调节银行存贷款总量直接影响产出。

价格渠道和数量渠道（何东和王红林，2011），这两种渠道并非孤立存在，而是具有联动性，因此传统的货币政策利率传导理论在中国并不适用。

由 McKinnon（1973）、Shaw（1973）创建，Kapur（1976）、Mathieson（1980）等推广的金融发展理论认为金融抑制会减少储蓄和投资，影响经济增长，这一理论基础和我国特殊的制度背景为本节提供了研究素材。本节在分析我国渐进式利率市场化改革的"价格"双轨制基础上，综合金融发展理论和传统的利率传导理论，构建利率双轨制背景下的 IS-LM 模型，分析利率市场化进程对货币政策在货币市场和商品市场传导效应的影响，并基于利率期限结构的视角运用 MS-VAR 模型进行实证检验。

4.1.2 节构建了利率双轨制的 IS-LM 模型，分析了利率市场化对货币政策利率传导效应的影响并提出了相应的研究假设，4.1.3 节从利率期限结构的视角，运用 MS-VAR 模型对理论分析进行实证检验，4.1.4 节是结论与启示。

4.1.2 制度背景、模型构建与研究假设

1. 制度背景：利率双轨制与货币政策利率传导机制

改革开放以来，我国采取了以价格双轨制为核心思路的渐进式商品经济市场化改革方式，这一制度改革大幅提升了商品市场资源配置的效率。实际上，我国渐进式利率市场化改革与商品市场改革是一脉相承的，即都采用价格双轨制改革思路，只不过利率市场化是对资金使用价格—利率的形成机制进行改革。

一些学者，如 Qin 等（2005）、Dickinson 和 Liu（2007）将中国的货币政策传导机制视为一个不可知的黑箱，我们试图揭示这个黑箱的内部机制。从利率传导渠道的角度考虑，一方面，中央银行运用以公开市场操作为代表的数量型工具注入或回收流动性，调整金融机构同业拆借利率，通过长期利率作用于投资和产出，在实际操作中，中央银行主要通过类似公开市场操作的外汇占款方式投放和回收流动性；另一方面，中央银行运用以管制利率为代表的价格型工具，通过引导货币市场利率及直接影响产出产生作用。所以，我国的货币政策利率传导渠道可细分为价格渠道和数量渠道，由于管制利率具有引导市场利率的作用，数量渠道和价格渠道并非孤立存在，而是具有联动机制，已有的研究均忽视了这一重要特征。相比而言，美国的货币政策利率传导机制简单很多，其数量信号和价格信号合二为一（图 4.1）。例如，美联储在公开市场上通过注入或收回流动性（数量信号），将市场短期利率调整到其目标利率（价格信号），然后通过长期利率影响投资和产出（何东和王红林，2011）。

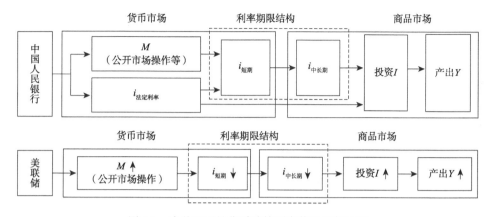

图 4.1 中美两国的货币政策利率传导机制比较

我国这种特殊的货币政策机制导致不同的数量工具具有不同的属性：一方面，中央银行运用公开市场操作等数量工具调节市场利率，间接影响实体经济；另一方面，运用法定存款准备金率、信贷额度等数量工具影响商业银行信用扩张，通过信贷传导渠道直接作用于实体经济。在金融制度发达的经济中，货币当局往往并不经常使用法定存款准备金率这一猛烈的数量工具，而我国中央银行却经常使用这一数量工具，其原因在于经济中存在利率管制。具体来说，存款利率上限管制导致银行获得资金的成本被人为压低，这使得银行具有过度放贷的倾向，市场会在一个低于均衡贷款利率的水平上出清（图 4.2），过度的流动性引起通货膨胀，这种价格工具带来的扭曲需要数量工具（存款准备金和信贷额度等）进行纠正（Geiger，2006），这意味着存在管制利率的经济中需要数量型和价格型货币工具并存（何东和王红林，2011）。这种特殊的双轨制利率制度决定了我国货币政策传导的中介目标包括两个：利率和货币供应量，这种中介目标的二元性决定了货币政策传导的低效率。

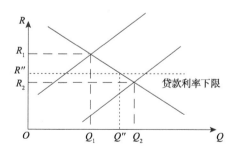

图 4.2 存在利率管制的银行信贷市场出清

从货币政策实施的角度考虑，我国利率市场化的过程是逐渐放开管制利率等价格型工具，不断削弱其对市场利率及实体经济的影响，强化公开市场操作等数量型工具的作用效果，最终使得这两类工具有机统一，形成简单、高效的利率传导机制。在这一过程中，价格型工具的本质已发生改变，即从管制利率过渡到由公开市场操作等数量工具调控的金融市场基准利率。同时，减少法定存款准备金率等数量型工具的实施频率，最终实现货币政策两种中介目标（利率、货币供应量）的有机统一。

2. 利率双轨制背景下的 IS-LM 模型构建

显然，按照国外传统的 IS-LM 理论研究我国货币政策利率传导效应（蒋瑛琨等，2005；闫力等，2009；王立勇和张良贵，2011）是不合适的，因此，亟须建立一种适合渐进式利率市场化改革情形的理论模型。在利率双轨制下，管制利率会在一定程度上引导市场利率，这使得以公开市场操作为代表的数量型货币政策工具不能达到理想的作用效果。

本节用变量 β 表示利率市场化因子，用以反映利率市场化程度，β 满足：$\beta = \beta(t)$，$\beta(t) \in [0,1]$，且 $\dfrac{d[\beta(t)]}{dt} \geqslant 0$[①]。$\beta(t) = 0$ 代表没有进行利率市场化改革，我国改革开放初期的利率市场化程度可以近似地用 $\beta(t) = 0$ 表示。$\beta(t) = 1$ 代表利率市场化改革已经完成，金融市场利率由资金供求决定。$\dfrac{d[\beta(t)]}{dt} \geqslant 0$ 意味着随着时间推移，利率市场化程度不断加深。

本节假设存在一种完全利率市场化的情形（$\beta(t) = 1$），市场利率由资金供求决定，这时的资金配置是有效率的，货币政策的利率传导机制可以用传统的 IS-LM 模型解释，这时的利率用 r 表示，对应的均衡产出用 Y 表示。同时，假设存在一种没有进行利率市场化改革的情形（$\beta(t) = 0$），管制利率在国民经济中起主导作用，管制利率用 $\bar{r}$ 表示，这时的资金配置缺乏效率，对应的产出用 $\bar{Y}$ 表示。

Mckinnon（1973）、Shaw（1973）倡导的金融发展理论指出，政府规定名义利率上限会使经济发生扭曲：①低利率使人们增加现期消费，减少资本积累；②低利率使得一部分储户将资金投向低收益的生产活动。根据他们的观点，这种扭曲会降低经济增长速度。一些国内外学者的实证结果支持他们的观点（Fry，1989；Shrestha and Chowdhury，2007；Bumann et al.，2013；王国松，2001；武志，2010；孙君和张前程，2012；黎欢和龚六堂，2014）。据此，我们可以假定：$\bar{Y} \leqslant Y$。Feyzioglu

---

① 实际上，各种利率市场化措施并不能立刻发挥其最大作用，其作用效果具有一个由弱到强的过程，而且，实施不同措施也是有一定顺序的，只有在某些措施已实施且市场条件成熟时才能实施下一步举措，因此，可以近似地把 $\beta(t)$ 看成时间 t 的连续函数。

等（2009）的研究表明存款利率上限是约束有效的，金中夏等（2013）、陈彦斌等（2014）的研究发现利率管制抑制了银行贷款利率，因此我们可以假定：$\bar{r} \leqslant r$。

在利率双轨制经济中，市场中的真实利率和真实产出组合既不是 (r,Y)，也不是 $(\bar{r},\bar{Y})$，事实上，真实的市场中存在一种均衡利率 $r^{*①}$，对应的产出为 Y^{*}，且 r^{*}、Y^{*} 满足：$\bar{r} \leqslant r^{*} \leqslant r$，$\bar{Y} \leqslant Y^{*} \leqslant Y$。本节假设：

$$r^{*} = r\beta + (1-\beta)\bar{r} \tag{4.1}$$

$$Y^{*} = L(\beta)Y \tag{4.2}$$

本节设定 $L(\beta) = e^{(\beta-1)②}$，由式（4.1）可以得到利率完全市场化情形下的市场利率表达式：$r = \left(r^{*} - (1-\beta)\bar{r}\right)/\beta$。

为便于分析，本节利用三部门模型推导利率双轨制下的 IS-LM 模型。三部门 IS-LM 模型可以表示为

$$\text{IS 曲线：} \quad Y = \alpha_{G}\left(\bar{A} - br\right) \tag{4.3}$$

$$\text{LM 曲线：} \quad r = \frac{1}{h}\left(kY - \frac{M}{P}\right) \tag{4.4}$$

其中，α_{G} 是支出乘数；$\bar{A}$ 是自主性支出；b、h 分别是投资、实际余额需求对利率变动的敏感系数；k 是实际余额需求对收入变动的敏感系数，b、h、k 满足：$b>0$、$h>0$、$k>0$。将式（4.1）、式（4.2）代入式（4.3）、式（4.4），整理得到利率双轨制 IS-LM 模型：

$$\text{IS 曲线：} \quad Y^{*} = \alpha_{G}e^{(\beta-1)}\left[\bar{A} - b\left(r^{*} - (1-\beta)\bar{r}\right)/\beta\right] \tag{4.5}$$

$$\text{LM 曲线：} \quad r^{*} = \frac{\beta}{h}\left(ke^{-(\beta-1)}Y^{*} - \frac{M}{P}\right) + (1-\beta)\bar{r} \tag{4.6}$$

3. 理论分析与研究假设

本节按照货币政策→货币市场→商品市场的逻辑顺序分析利率市场化对货币政策在两个市场传导效应的影响，并结合已有研究提出相应的研究假设。根据前述的理论分析，以公开市场操作为代表的数量型货币政策工具和以管制利率为代表的价格型工具都会对货币市场利率产生影响，因此，本节将分别考察两种货币

---

① 这种均衡利率既可以理解为 $\beta(t)=0$ 情形和 $\beta(t)=1$ 情形下的加权利率，也可以理解为一种真实存在的利率，该利率通过银行和货币市场的投资者套利实现。

② 选择指数形式的 $L(\beta)$ 函数，基于两点原因：第一，$L(\beta)$ 是 β 的增函数，这符合金融发展理论的观点；第二，这种指数形式保证了 $\beta=0$ 时，$L(\beta) \neq 0$。

政策对货币市场利率的作用效果。对反映货币市场均衡的 LM 曲线［式（4.6）］关于 $M / \bar{P}$ 求导，得到：

$$\frac{\mathrm{d}r^*}{\mathrm{d}\left(M / \bar{P}\right)} = -\frac{\beta}{h} < 0 \tag{4.7}$$

可以看出，实际货币余额变动对市场利率产生负向影响，对其导数关于 β 求导，得到 $-1 / h$，该值小于 0，这说明利率市场化可以促进数量型货币政策在货币市场中的传导效应。价格型货币政策同样会对市场利率产生影响，对式（4.6）关于 $\bar{r}$ 求导，得到：

$$\frac{\mathrm{d}r^*}{\mathrm{d}\bar{r}} = (1 - \beta) \geqslant 0 \tag{4.8}$$

可以看出，管制利率对市场利率产生正向影响，这种影响随着 β 的增加而减弱，这说明利率市场化削弱了管制利率对货币市场利率的引导作用。

随着利率市场化的不断推进，货币政策在货币市场中的作用逐渐加强，而管制利率在整个金融系统中的重要性在逐渐降低（姜再勇和钟正生，2010）。因此，我们提出如下研究假设：

假设 4.1：利率市场化能够促进数量型货币政策在货币市场中的作用，同时削弱管制利率对市场利率的作用。

在商品市场上，市场利率变动引起投资变动，投资变动又通过乘数效应引起产出变动。对反映商品市场均衡的 IS 曲线［式（4.5）］关于市场利率 r^* 求导，得到：

$$\frac{\mathrm{d}Y^*}{\mathrm{d}r^*} = -\frac{b\alpha_G e^{(\beta-1)}}{\beta} < 0 \tag{4.9}$$

从式（4.9）可以看出，市场利率变动对产出产生负向影响，对式（4.9）关于 β 求导，得到 $-b\alpha_G (\beta-1)e^{(\beta-1)} / \beta^2 \geqslant 0$，这说明利率市场化会削弱市场利率对产出的作用效果[①]，这是因为，随着利率市场化的推进，管制利率对产出的直接作用在减弱，而管制利率又是市场利率的重要影响因素，这导致市场利率对产出的作用减弱，因此，我们提出如下研究假设：

假设 4.2：利率市场化会削弱市场利率对产出的作用效果。

根据前述分析，管制利率不仅间接影响产出，其自身也会形成一种传导渠道——价格渠道。继续考察利率市场化对价格渠道传导效应的影响，对式（4.5）关于 $\bar{r}$ 求导，得到：

---

① 此处及下述的理论分析排除了 $\beta = 0$ 的情形，实际上，在真实市场中 $\beta = 0$ 的情况是不存在的，即使在没有进行利率市场化改革的经济中也存在地下借贷利率或高利贷率。

$$\frac{\mathrm{d}Y^*}{\mathrm{d}\overline{r}} = \frac{b\alpha_G e^{(\beta-1)}(1-\beta)}{\beta} \geqslant 0 \qquad (4.10)$$

由此可见，价格型货币政策变动会对产出产生正向影响，这符合金融发展理论的观点。对式（4.10）关于 β 求导，得到：$b\alpha_G e^{(\beta-1)}(\beta-1-\beta^2)/\beta^2 \leqslant 0$，这说明利率市场化会削弱管制利率对产出的作用效果。

根据金融发展理论的相关研究，放松利率管制会使管制利率上升，进而增加资本积累，在长期可以提升生产效率和产出水平（Fry，1989；Shrestha and Chowdhury，2007；Bumann et al.，2013；王国松，2001；武志，2010；孙君和张前程，2012；黎欢和龚六堂，2014），但是在短期，管制利率上升会增加企业成本，进而抑制投资，并对经济产生负向影响。结合理论模型分析与已有文献研究结论，我们提出如下研究假设：

假设 4.3：提升管制利率在短期内降低产出水平，而在长期内提升产出水平，同时，利率市场化会削弱管制利率对产出的作用效果。

以上理论分析是从单个市场均衡角度考虑的，并没有考虑挤出效应，下面将从两个市场同时均衡的角度考察利率市场化进程对货币政策利率传导效应的影响。求解利率双轨制 IS-LM 模型，得到 r^* 和 Y^* 的均衡解：

$$Y_e^* = \frac{\alpha_G h e^{(\beta-1)}}{h+\alpha_G bk}\overline{A} + \frac{\alpha_G b e^{(\beta-1)}}{h+\alpha_G bk}\frac{M}{\overline{P}} \qquad (4.11)$$

$$r_e^* = \frac{\beta k\alpha_G}{h+\alpha_G bk}\overline{A} - \frac{\beta}{h+\alpha_G bk}\frac{M}{\overline{P}} + (1-\beta)\overline{r} \qquad (4.12)$$

对式（4.11）关于 $M/\overline{P}$ 求导，得到 $\dfrac{\mathrm{d}Y_e^*}{\mathrm{d}(M/\overline{P})} = \dfrac{\alpha_G b e^{(\beta-1)}}{h+\alpha_G bk} > 0$，然后对其导数关于 β 求导，得到 $\dfrac{\alpha_G b e^{(\beta-1)}}{h+\alpha_G bk} > 0$，这说明在考虑挤出效应后，利率市场化能够促进货币政策的利率传导效应。

如前所述，从货币政策的角度考虑，我国利率市场化改革的目标是将数量型工具和价格型工具统一，形成简单高效的利率传导机制。这表明提升货币政策的传导效率是利率市场化改革的目标和落脚点，再结合姜再勇和钟正生（2010）、金中夏等（2013）的研究结论，现提出如下研究假设：

假设 4.4：在考虑挤出效应后，利率市场化仍能从整体上提升货币政策的传导效应。

利率双轨制 IS-LM 模型的参数是理想情形下的参数，不能由实际数据估计得到。MS-VAR 模型是一种变参数模型，它不仅能够考虑宏观经济变量的内生性问题，还可以显示时间序列本身的区制转换信息，本节因此尝试运用 MS-VAR 模型捕捉利率市场化进程的区制转换信息，通过比较不同区制的脉冲响应函数对理论分析进行实证检验。货币市场利率因期限、风险等因素而不同，仅仅选择一种利率进行实证分析是不全面的。近年来，利率期限结构因其包含大量宏观经济信息（Mishkin，1990；郭涛和宋德勇，2008），被广泛应用于宏观经济分析，因此，本节将其引入对货币政策作用效果的实证分析，以期抛砖引玉。

4.1.3 实证分析

1. 实证模型说明

1）Nelson-Siegel 模型及其拟合原理

利率期限结构是指某一时点风险程度相同、期限不同的利率组合。利率期限结构的拟合方法主要有息票剥离法、样条函数法和参数模型法。Nelson 和 Siegel（1987）构建了一种经典的参数模型，该模型具有参数少、估计简单等优点，从我国国债市场的实践看，该方法的拟合效果优于其他方法（郭涛和李俊霖，2007），该模型可表示为

$$
\begin{aligned}
R(t,m) = \beta_0(t) + \beta_1(t) \cdot \frac{\tau}{m}\left[1 - \exp(-m/\tau)\right] \\
+ \beta_2(t)\left\{\frac{\tau}{m}\left[1 - \exp(-m/\tau)\right] - \exp(-m/\tau)\right\}
\end{aligned}
\tag{4.13}
$$

其中，$\beta_0(t)$、$\beta_1(t)$、$\beta_2(t)$ 分别是收益率曲线的水平因子、斜率因子、曲度因子；τ 是事先设定的比例参数（Diebold and Li，2006）。

根据连续复利贴现原理，通过最小化债券的理论价格 $P_t^i = \sum_{m}^{T} C_m^i \cdot D_t(m)$ 与实际价格 $P_t^{i'} = P_t^i + \varepsilon_t^i$ 间的误差平方和就能估计出模型参数[①]。

2）马尔科夫区制转换向量自回归模型

MS-VAR 模型是一种参数时变 VAR 模型，它依赖于一种不可观测的状态变量 s_t，s_t 服从马尔科夫过程。定义 M 为可能的区制个数，则一个滞后 p 阶的 MS-VAR 模型可以表示为

$$
y_t - v(s_t) = A_1(s_t)\left[y_{t-1} - u(s_{t-1})\right] + \cdots + A_p(s_t)\left[y_{t-p} - u(s_{t-p})\right] + u_t \tag{4.14}
$$

其中，$u_t \sim \text{NID}\left(0, \sum(s_t)\right)$，$v(s_t)$、$A_1(s_t), A_2(s_t), \cdots, A_p(s_t)$、$\sum(s_t)$ 分别是用来描

---

① 为了消除异方差性，本节采用加权最小二乘法估计模型参数，设置的权重为 $\dfrac{1/D_{mi}}{\sum 1/D_{mi}}$，其中，$D_{mi}$ 为债券 i 的修正久期。

述依赖于状态变量 s_t 的 v、$A_1, A_2, \cdots, A_p$、$\sum$ 变参数方程，$s_t \in (1, 2, \cdots, M)$。区制 i 转移到区制 j 的概率为 $p_{ij} = \Pr(s_{t+1} = j | s_t = i)$，$p_{ij}$ 满足 $\sum_{j=1}^{M} p_{ij} = 1$，$\forall i, j \in (1, 2, \cdots, M)$。

MS-VAR 模型有多种形式，根据方程的均值（M）、截距（I）、方差（H）、系数（A）是否随状态变量 s_t 变化，可以设置不同形式的 MS-VAR 模型。例如，MSIH（3）-VAR（2）表示截距和方差随 s_t 变化的模型，其具体形式可表示为 $y_t - v(s_t) = A_1 y_{t-1} + A_2 y_{t-2} + u_t$，$u_t \sim \mathrm{NID}\left(0, \sum(s_t)\right)$。

2. 变量说明、数据处理与检验

1）变量说明

2001 年以前，我国国债市场存在着市场规模小、交易制度不完善、市场分割等问题，估计的利率期限结构曲线存在较大误差。黄金老（2001）指出，直到 2000 年左右，我国的利率市场化水平还处于低级阶段，综合考虑，本节选择 2001 年以来的季度数据进行实证分析，具体的时间范围为 2001 年 4 季度至 2013 年 4 季度。

根据前述的理论分析，由于存在利率管制，法定存款准备金率、信贷额度等数量工具主要通过信贷渠道作用于产出，而本节主要考察的是利率传导渠道，为了减轻其对中央银行调控利率意图的干扰，本节研究借鉴姜再勇和钟正生（2010）、陈浪南和田磊（2015）的做法，选择 M1 作为数量型货币政策工具的代理变量。同时，本节选择五年期银行存款基准利率作为管制利率的代理变量，用 DR 表示。

目前，中国债券信息网仅公布 2006 年 3 月以来的银行间债券市场国债利率期限结构，2006 年之前的数据需要通过估计模型获取。本节仅对 2001 年 4 季度至 2006 年 1 季度的利率期限结构进行估计[①]，2006 年 1 季度以来的利率期限结构数据从中国债券信息网获取。将估计的参数代入收益率表达式就可以计算不同期限的市场利率，本节选择 9 个月、2 年期、10 年期的市场利率分别作为短期利率、中期利率和长期利率的代理变量，并用 $R_{0.75}$、R_2、R_{10} 表示[②]。本节共构建三个模型，每个模型选择一种期限利率与其余变量建立 MS-VAR 模型，分别将其称为短期利率模型、中期利率模型和长期利率模型。

2）数据处理

实际上，货币政策的利率传导渠道强调实际利率对投资的影响（Mishkin，1996），因此，本节首先对名义市场利率 $R_{0.75}$、R_2、R_{10} 和存款基准利率 DR 进行

---

① 本节使用银行间市场国债日交易数据估计 Nelson-Siegel 模型参数，数据来源于 RESSET 金融数据库。

② 为了减小异常值的影响，本节使用每季度月末交易日市场利率的平均值作为当季度的利率数据。

调整①。对变量 GDP、M1 去除价格因素后做季节调整，并进行取对数处理，分别用 LNGDP、LNM1 表示。

3）数据检验

在建立 MS-VAR 模型之前，要对变量进行平稳性检验，本节使用 ADF 方法进行检验，检验结果如表 4.1 所示。可以看出，所有水平变量均不能拒绝存在单位根的原假设，而其一阶差分变量均拒绝了原假设，这说明这些变量均为一阶单整变量。

表 4.1 变量 ADF 检验结果

变量	检验形式 （c, t, p）	ADF 值	概率值	变量	检验形式 （c, t, p）	ADF 值	概率值
LNM1	（c, t, 1）	−1.58	0.784	$R_{0.75}$	（c, 0, 0）	−1.50	0.523
D（LNM1）	（c, 0, 1）	−2.75*	0.073	D（$R_{0.75}$）	（c, 0, 0）	−5.43***	0.000
LNGDP	（c, t, 0）	0.07	0.994	R_2	（c, 0, 0）	−1.62	0.466
D（LNGDP）	（c, t, 0）	−7.23***	0.000	D（R_2）	（c, 0, 0）	−4.81***	0.000
DR	（c, 0, 3）	−1.64	0.452	R_{10}	（c, 0, 3）	−2.59	0.102
D（DR）	（c, 0, 1）	−6.69***	0.000	D（R_{10}）	（c, 0, 0）	−6.50***	0.000

*、***分别表示在10%、1%的显著性水平上显著

注：检验形式 c、t、p 分别表示检验方程中的常数项、趋势项、滞后阶数；最优滞后阶数根据修正的AIC（Akaike information criterion，赤池信息量准则）确定

在变量同为一阶单整的情况下，如果变量间存在协整关系，则用变量水平值建立的 VAR 模型不存在错误识别问题（Sims et al.，1990），本节对三种模型分别进行协整检验，受篇幅所限，本节仅列出长期利率模型变量的检验结果。从检验结果表 4.2 可以看出，在 5%的显著性水平下，迹检验和最大特征值检验均表明变量间存在 1 个协整方程②。因此，本节采用水平变量建立 MS-VAR 模型。

表 4.2 Johansen 协整检验结果

原假设	迹统计量	临界值（0.05）	概率值	最大特征值统计量	临界值（0.05）	概率值
无	65.547 7	47.856 1	0.000 5	39.120 5	27.584 3	0.001 1
最多 1 个	26.427 2	29.797 0	0.116 4	14.060 9	21.131 6	0.360 1
最多 2 个	12.366 8	15.494 7	0.140 2	7.734 9	14.264 6	0.406 3
最多 3 个	4.631 9	3.841 4	0.031 4	4.631 9	3.841 4	0.031 4

① 本节以 2000 年 1 月为基期，用 CPI 环比数据计算出物价指数序列，然后计算出季度物价增长率，并根据费雪方程对名义利率进行调整，得到实际利率数据。

② 本节的协整检验表明短期利率模型变量间存在 2 个协整方程，中期利率模型变量间存在 2 个协整方程。

3. 模型设定与估计

本节根据均值、截距、方差、系数是否随状态变量变化，设置了多种形式的 MS-VAR 模型，去除无法有效估计和不能进行脉冲响应分析的模型，本节从中选择了最优模型。由于篇幅所限，本节只列出部分长期利率模型的 LogL、AIC、HQ、SC 结果。从表 4.3 可以看出，MSIH（3）-VAR（2）模型的 LogL 值最大，AIC、HQ、SC 值最小，该模型的线性检验值为 153.845 4，卡方统计量的 P 值小于 1%，这说明非线性模型的估计结果显著优于线性模型，因此，最优的长期利率模型为 MSIH（3）-VAR（2）。同时，本节选择的最优短期利率模型和中期利率模型均为 MSIH（3）-VAR（2）模型。

表 4.3　最优模型选择

参数	线性模型	非线性模型					
	VAR（2）	MSIH（2）-VAR（2）	MSIH（3）-VAR（2）	MSM（2）-VAR（2）	MSM（3）-VAR（2）	MSMH（2）-VAR（2）	MSMH（3）-VAR（2）
LogL	181.684 6	202.778 0	258.607 3*	137.332 5	145.357 6	155.506 6	181.216 0
AIC	−5.773 8	−5.990 6	−7.600 3*	−3.631 2	−3.632 2	−3.979 0	−4.307 1
HQ	−5.092 4	−5.072 1	−6.415 3*	−2.860 9	−2.743 4	−3.060 6	−3.122 0
SC	−3.963 0	−3.549 9	−4.451 1*	−1.584 2	−1.270 3	−1.538 4	−1.157 9

注：LogL表示对数似然值；*表示根据相应规则选择的最优模型；HQ：Hannan-Quinn criterion，汉南-奎因准则；SC：Schwarz criterion，施瓦兹准则

表 4.4 为长期利率模型的区制转换概率与区制特征，可以看出，系统维持在区制 1 的概率为 0.899 1，持续期为 9.91 个季度，由区制 1 转入区制 2、区制 3 的概率分别为 0.011 5、0.089 5。系统维持在区制 2 的概率为 0.780 1，持续期为 4.55 个季度，由区制 2 转入区制 1、区制 3 的概率分别为 0.042 7、0.177 2。系统维持在区制 3 的概率为 0.678 2，持续期为 3.11 个季度，由区制 3 转入区制 1、区制 2 的概率分别为 0.003 3、0.318 5。这说明系统的三个区制本身是稳定的，其区制间的转换是由巨大的外部冲击造成的。本节建立的短期利率模型和中期利率模型也显示出类似的特征。

表 4.4　区制转换概率与区制特征

区制	区制 1	区制 2	区制 3	样本数	概率	持续期
区制 1	0.899 1	0.011 5	0.089 5	11.2	0.209 8	9.91
区制 2	0.042 7	0.780 1	0.177 2	21.8	0.471 9	4.55
区制 3	0.003 3	0.318 5	0.678 2	14.0	0.318 3	3.11

　　表 4.5 为利用长期利率估计的 MSIH（3）-VAR（2）模型结果，可以看出，长期利率 R_{10} 方程的截距项随区制转换不断增大、标准差不断减小，实际存款利率 DR 方程、实际产出 LNGDP 方程的截距项不断增大，最优的短期利率模型和中期利率模型也表现出类似特征。根据这些特征，本节认为区制 1 代表的是利率市场化初级阶段，区制 2 代表的是利率市场化中级阶段，区制 3 代表的是利率市场化较高阶段。这是因为：①VAR 模型的截距项和标准差一定程度上反映因变量的平均值和波动程度，在利率市场化初级阶段，金融抑制程度高，产出随利率市场化程度的提高而增加，这与 LNGDP 方程截距项随区制转换而增加这一特点相吻合；②随着利率市场化程度的提高，金融市场的利率水平也将上升，这与 DR 方程、长期利率 R_{10} 方程截距项随区制转换不断增大这一特点相吻合；③在利率市场化初级阶段，金融市场不成熟，极易受到外部冲击的干扰，市场利率的波动性也较大，随着利率市场化程度的提高，金融市场的广度和深度不断增加，市场利率的波动性不断降低，所以，长期利率 R_{10} 方程的标准差随区制转换不断缩小。下述对区制转换时点的分析再次佐证了本节对三个区制定义的合理性。

表 4.5　MSIH（3）-VAR（2）模型的参数估计结果

参数	LNM1 方程		DR 方程		R_{10} 方程		LNGDP 方程	
	系数	T 值	系数	T 值	系数	T 值	系数	T 值
C（区制 1）	0.027 9	2.675 1	10.859 0	31.517 3	9.492 2	27.351 4	0.239 2	67.453 8
C（区制 2）	0.032 0	3.963 0	11.657 6	44.166 8	9.611 2	37.150 1	0.258 2	89.468 3
C（区制 3）	0.029 0	3.235 7	13.539 2	46.817 9	11.580 4	42.922 4	0.261 7	76.467 1
LNM1（−1）	1.512 8	23.881 5	−10.220 0	−21.381 0	−1.897 4	−4.072 2	0.092 6	19.835 7
LNM1（−2）	−0.616 6	−9.629 6	−5.142 0	−10.797 0	−12.213 3	−25.733 8	−0.059 6	−12.580 0
DR（−1）	−0.018 0	−3.833 7	−0.347 2	−1.574 8	−1.069 1	−5.279 8	−0.000 7	−0.937 9
DR（−2）	0.012 6	3.364 9	−0.123 0	−0.601 5	−0.000 7	−0.003 9	−0.004 5	−6.282 6
R_{10}（−1）	0.020 3	3.345 1	−0.022 1	−0.096 3	0.696 0	3.125 3	−0.002 3	−1.269 7
R_{10}（−2）	−0.008 8	−1.925 7	−0.079 1	−0.353 9	−0.060 0	−0.264 1	−0.000 9	−0.697 3
LNGDP（−1）	−0.058 9	−0.706 4	−14.032 0	−24.309 0	−9.796 2	−15.209 0	0.929 4	351.753 0
LNGDP（−2）	0.167 5	2.071 1	29.966 6	46.381 0	24.468 2	43.586 1	0.016 8	6.518 0
SE（区制 1）	0.023 262		1.111 519		1.146 435		0.009 628	
SE（区制 2）	0.010 468		0.572 990		0.637 943		0.011 383	
SE（区制 3）	0.021 825		0.583 829		0.497 634		0.010 376	

　　注：C 表示截距项，SE 表示标准差

　　比较三种模型的区制转换概率图，我们发现除个别异常样本外，三种模型的区制转换时点基本一致，所以本节仅对长期利率模型的区制转换概率图进行分析，分析时忽略掉个别异常样本。由图 4.3 可以看出，我国货币政策的利率传导效应在样本期内发生了四次区制转换，是何原因造成区制转换呢？本节将区制转换时点和一些事实进行比照分析以找出区制转换的原因。我们发现区制转换时点均对应着利率市场化的重要举措或重大事实。首先，2001~2004 年，我国相继出台了多项利率市场化措施，特别在 2004 年 10 月，中央银行放开了对贷款利率上限、存款利率下限的管制，形成了"贷款利率管下限，存款利率管上限"的利率管制模式（易纲，2009）。同年 11 月，又放开了 1 年期以上外币存款利率，这些举措出台时间与模型系统由区制 1 转入区制 2 的时点基本一致。其次，模型系统于 2008 年 2 季度由区制 2 转入利率市场化程度较高的区制 3，本节认为这次区制转换是 2007 年推出的上海银行间同业拆借利率（Shanghai interbank offered rate，Shibor）及其他政策措施累积的结果。易纲（2009）指出，经过一年的运行，Shibor 在货币市场的基准地位初步确立，能够充分反映市场的资金供求变化。然而，模型系统又于 2009 年 1 季度转入区制 2，我们认为这次区制转换是 2008 年爆发的金融危机造成的，金融危机不但引起经济总量大幅波动，而且对经济的内在运行机制产生巨大冲击，严重影响了利率市场化进程。最后，模型系统于 2011 年 2 季度再次转入利率市场化程度较高的区制 3，是何原因导致了这次区制转换呢？回顾"十一五"期末至"十二五"期初，我们发现中央银行鲜有实质性的利率市场化举措出台，这并不意味着利率市场化进程停滞，实际上，利率市场化进入到一种"无声"阶段，银行理财产品和非金融企业债务工具的大规模发行开辟了利率市场化的"第二战场"。2011 年，银行理财产品累计发售额超过 20 万亿元，比 2010 年增长 65%，这反映出企业在融资时更多地使用直接融资工具，这使得市场利率更大程度上取决于市场资金供求，利率市场化程度大幅提升。综上所述，我们认为将三个区制定义为不同的利率市场化阶段是符合我国实际的。

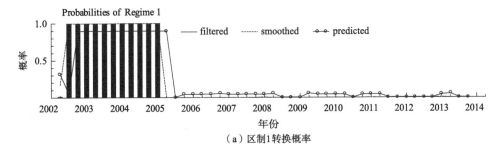

（a）区制 1 转换概率

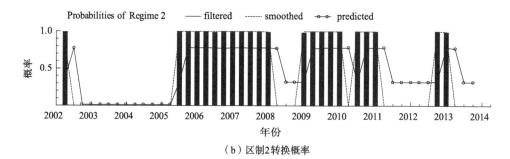

（b）区制2转换概率

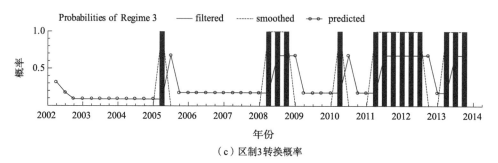

（c）区制3转换概率

图 4.3   区制转换概率图

4. 脉冲响应分析

本节采用脉冲响应函数方法进一步检验前述的理论分析。由于三种利率模型的区制转换时点基本一致，本节将相同区制的脉冲响应函数放在一起分析。

1）渐进式利率市场化对货币政策在货币市场传导效应的影响

本节按照货币政策→市场利率→产出的顺序分析利率市场化进程对货币政策在货币市场、商品市场传导效应的影响。图 4.4 显示的是不同期限货币市场利率分别对公开市场操作等数量工具冲击、管制利率冲击的脉冲响应，横轴表示响应时期，纵轴表示变量关于其稳态值的偏离度。可以看出，在区制 1，给定 LNM1 一个标准差的正向冲击，三种利率的脉冲响应值在第一期均为负，短期利率、中期利率的脉冲响应值在第三期达到峰值（−0.125、−0.18）后趋于平稳，长期利率的脉冲响应值在第五期达到最大后趋于平稳。在区制 2 和区制 3，三种利率的脉冲响应值在第一期为正，在第二期转为负，达到峰值后趋于平稳。还可以看出，除长期利率脉冲响应峰值由区制 1 转入区制 2 时呈减小趋势外，其余利率的脉冲响应峰值均随区制的转换呈增大趋势，这说明利率市场化促进了以公开市场操作为代表的数量型货币政策工具在货币市场中的传导效应，这与前文的理论分析结论［式（4.7）］是一致的。从图 4.4 还可以看出，给定实际存款利率 DR 一个标准差的正向冲击，市场短期利率、中期利率和长期利率的脉冲响应值均随区制转换呈递减趋势，这说明利率市场化减弱了管制利率对市场利率的引导作用，这体现了本节关于利率双轨制本质的表述。综合而言，利率市场化可以促进数量型货币政策在货币市场中的作用，同时削弱管制利率对市场利率的作用，这验证了本节提出的研究假设 4.1。

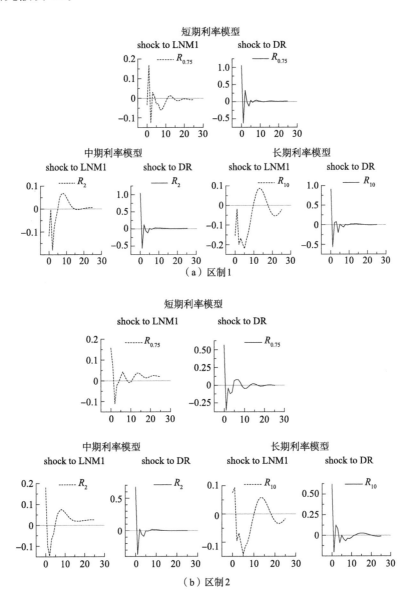

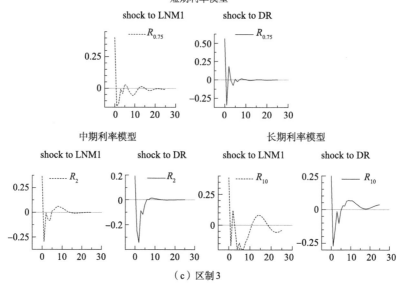

图 4.4 市场利率对货币政策冲击的脉冲响应

2）渐进式利率市场化对货币政策在商品市场传导效应的影响

图 4.5 反映了利率市场化对货币政策在商品市场传导效应的影响,横轴表示响应时期,纵轴表示变量关于其稳态值的偏离率。可以看出,在区制 1 和区制 3,产出对短期利率、长期利率冲击的脉冲响应峰值及其平稳后的值均为正,这些结果与本节的理论分析不一致,产生这一问题的原因有两点:①在利率市场化初级阶段（区制 1）,货币市场存在着规模小、利率波动频繁、市场分割明显等缺陷,导致不同的市场利率缺乏联动机制,使得一些利率不能起到引导市场资金流向的作用;②在利率双轨制下,市场利率的提高部分源于管制利率的提高,根据金融发展理论,提高管制利率可以提升经济增长质量,促进长期经济增长,因此,市场利率在有些情况下对产出产生正向影响就不足为奇了。同时可以看出,在长期利率模型中,产出的脉冲响应值有正有负,此外,图 4.6（横轴表示响应时期,纵轴表示变量关于其稳态值的偏离率）中的长期利率模型也存在着与理论不一致的问题,产生这一问题的原因在于:短期利率在货币政策传导中起主导作用,市场分割使得短期利率与长期利率的联动机制不健全,从而长期利率不能起到有效引导市场资金流向的作用。不考虑货币市场不健全的区制 1,产出对短期利率冲击的脉冲响应的峰值和平稳值在区制 2 转入区制 3 时增大了,这与稳健性检验中使用银行间同业拆借利率得到的结论一致,表明研究假设 4.2 在短期市场利率条件下是成立的。

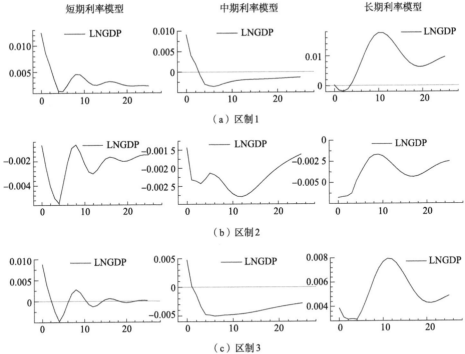

图 4.5　产出对市场利率冲击的脉冲响应

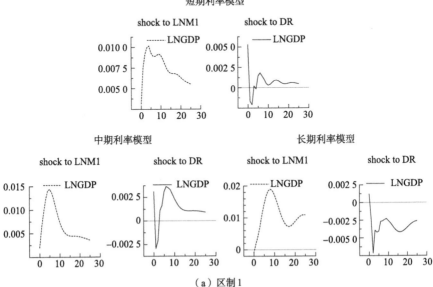

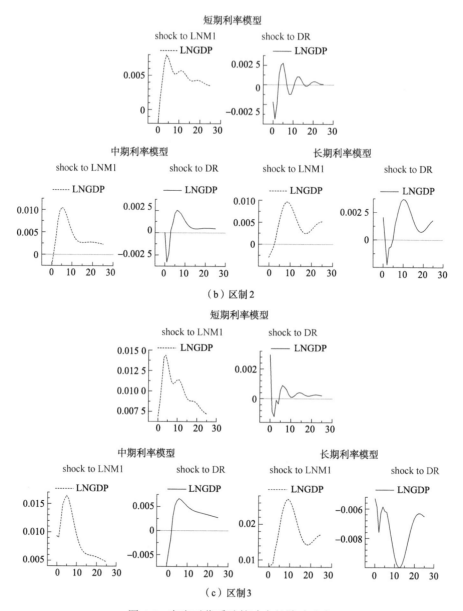

图 4.6 产出对货币政策冲击的脉冲响应

3）渐进式利率市场化对货币政策数量渠道和管制利率渠道传导效应的影响

本节结合货币市场和商品市场均衡，进一步考虑挤出效应，分析利率市场化对货币政策数量渠道和管制利率渠道传导效应的影响。从图 4.6 可以看出，给定实际存款利率 DR 一个标准差的正向冲击，产出的脉冲响应峰值及其平稳后的值（除长期利率模型的区制 1 和区制 3 外）均为正，这说明提高管制利率在长期可以促进产出增长，这符合金融发展理论的观点，也验证了本节的理论分析［式（4.10）］。此外，多数产出的脉冲响应值在短期为负，而在长期为正，这说明提高管制利率在短期对产出产生负向影响，但在长期会促进产出增长，这与 Hu 和 Xu（2013）的结论一致。根据前述的分析，此处在分析利率市场化对管制利率作用效果的影响时只考虑短期利率模型和中期利率模型，可以看出，除中期利率模型中的区制 3 外，产出对短期利率、中期利率的冲击响应的峰值及其平稳后的值随着利率市场化的推进逐渐减小，综合而言，这些实证结论与研究假设 4.3 基本一致。

图 4.6 还显示了产出对数量型货币政策冲击的脉冲响应，可以看出，在不同区制内，给定 LNM1 一个标准差的正向冲击，产出的脉冲响应峰值及其平稳后的值均为正，这说明数量型货币政策对产出具有正向作用。对比不同区制下的脉冲响应函数，本节发现当系统由区制 1 转入区制 2 时，产出的脉冲响应值呈减小趋势，这与前节的理论分析相悖，导致这一问题的原因是本节建立的 IS-LM 模型没有假设货币政策存在非对称，而一些学者（赵进文和闵捷，2005；王立勇等，2010）的研究发现我国的货币政策存在政策方向和经济周期上的非对称性。本节构造样本期内的通货膨胀时序图发现，区制 2 大体上对应着高通货膨胀率阶段，而且区制 2 中 LNM1 方程的截距项显著大于其他区制，这说明在区制 2，我国处于货币扩张和经济上升周期。根据孙俊（2013）的研究，扩张性货币政策在经济上升周期的效果并不显著，因此，货币政策非对称性是导致实证结果与理论分析不一致的主要原因。当系统由区制 2 转入区制 3 时，产出对数量型货币政策冲击的脉冲响应值显著增大，这符合本节的理论分析，因此，在不考虑货币政策传导的非对称性情况下，本节的实证结论与研究假设 4.4 是一致的。

5. 稳健性检验

本节基于 3 种不同期限国债市场利率的实证结果基本验证了前述理论分析与研究假设，也表明了实证结果的稳健性。从货币政策传导中介的角度考虑，金融机构同业拆借市场是货币政策传导的重要场所，因此，有必要选择金融机构同业拆借利率对本节的实证结论进行稳健性检验。具体来说，本节选择 2 月期的全国银行间同业拆借利率作为稳健性检验的替代指标。对该指标进行相同的数据处理后发现该指标为一阶单整过程，进一步的 Johansen 协整检验也表明该指标与其他宏观经济变量之间也存在着协整关系，因此本节选择变量的水平值建立模型。稳健性检验的结果见表 4.6~表 4.8、图 4.7~图 4.9。稳健性检验的区制转换概率图表明，选择不同性质的市场利率指标并不会对货币政策传导效应的区制转换特征产生显著影响。脉冲响应分析结果也表明，选择银行间同业拆借利率与债券市场利率的结果基本一致。此外，区制转换概率矩阵表明，以银行间同业拆借市场利率为中介的区制惯性更为强烈。总体上来说，本节的实证结论是稳健的。

表 4.6　Johansen 协整检验结果（稳健性检验）

原假设	迹统计量	临界值（0.05）	概率值	最大特征值统计量	临界值（0.05）	概率值
无	70.895 07	47.856 13	0.000 10	40.117 56	27.584 34	0.000 80
最多 1 个	30.777 50	29.797 07	0.038 40	18.090 99	21.131 62	0.126 50
最多 2 个	12.686 51	15.494 71	0.126 80	9.598 16	14.264 60	0.239 70
最多 3 个	3.088 36	3.841 47	0.078 90	3.088 36	3.841 47	0.078 90

表 4.7　区制转换概率与区制特征（稳健性检验）

区制	区制 1	区制 2	区制 3	样本数	概率	持续期
区制 1	0.916 1	0.083 9	1.052e – 010	11.0	0.000 0	11.9
区制 2	1.165e – 011	0.858 0	0.142 0	21.9	0.531 8	7.0
区制 3	3.478e – 010	0.161 3	0.838 7	14.1	0.468 2	6.2

表 4.8　MSIH（3）-VAR（2）模型的参数估计结果（稳健性检验）

参数	LNM1 方程		DR 方程		R_{10} 方程		LNGDP 方程	
	系数	T 值	系数	T 值	系数	T 值	系数	T 值
C（区制 1）	0.158 5	2.340 4	−11.360 6	−2.775 2	−18.190 6	−3.624 4	0.178 2	0.711 6
C（区制 2）	0.149 1	2.103 7	−11.548 1	−2.618 2	−19.242 5	−3.544 8	0.183 3	0.671 6
C（区制 3）	0.137 5	1.897 6	−10.559 5	−2.308 8	−17.754 0	−3.194 7	0.182 6	0.673 1
LNM1（−1）	1.325 6	10.235 9	−6.348 8	−1.234 8	−0.980 0	−0.238 6	−0.152 2	−1.094 9
LNM1（−2）	−0.368 2	−2.669 1	−12.397 4	−2.429 0	−15.359 6	−4.716 3	0.122 0	1.348 4
DR（−1）	0.000 6	0.126 6	0.355 0	1.083 9	−0.147 9	−0.576 8	−0.000 1	−0.017 6
DR（−2）	0.012 7	2.958 3	−1.178 4	−4.841 0	−1.336 4	−6.326 9	−0.001 5	−0.447 1
R_{10}（−1）	−0.000 2	−0.046 0	−0.825 4	−2.683 9	−0.367 9	−1.453 8	−0.002 4	−0.376 4
R_{10}（−2）	−0.010 0	−2.401 8	0.947 9	4.127 2	1.112 8	5.651 1	−0.003 8	−1.684 0
LNGDP（−1）	−0.234 2	−1.875 2	0.713 3	0.221 6	1.097 2	0.372 9	0.778 2	7.222 7
LNGDP（−2）	0.267 0	1.983 6	20.981 0	6.200 3	18.653 9	8.899 8	0.243 1	1.449 1
SE（区制 1）	0.017 6		0.849 4		0.840 5		0.009 8	
SE（区制 2）	0.008 9		0.664 1		0.789 9		0.012 8	
SE（区制 3）	0.021 3		1.145 3		0.893 7		0.007 7	

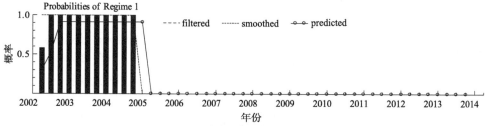

（a）区制 1 转换概率

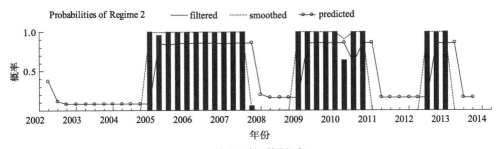

（b）区制2 转换概率

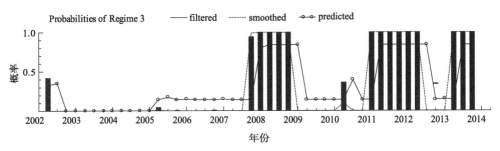

（c）区制3 转换概率

图 4.7　区制转换概率图（稳健性检验）

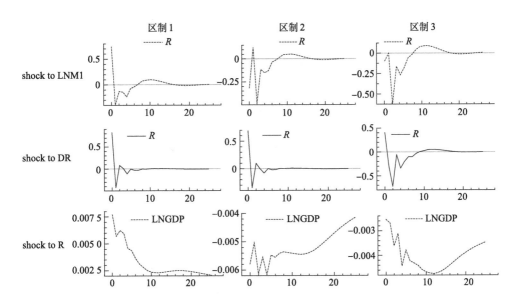

图 4.8　货币政策在货币市场和商品市场中的传导效应（稳健性检验）

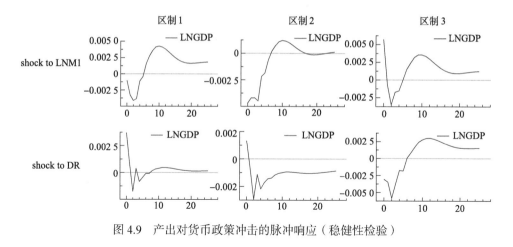

图 4.9   产出对货币政策冲击的脉冲响应（稳健性检验）

4.1.4   结论与启示

本节在分析我国渐进式利率市场化的价格双轨制基础上，综合运用金融发展理论和传统利率传导理论，构建了符合我国渐进式利率市场化进程的 IS-LM 模型，分析了渐进式利率市场化进程中货币政策在货币市场和商品市场的传导效应，得到以下结论。

（1）渐进式利率市场化改革促进了以公开市场操作为代表的数量型货币政策工具对货币市场利率的传导效应，削弱了管制利率对货币市场利率的传导效应。然而，实证结果显示利率市场化对货币政策在商品市场传导效应的影响并不显著，这一结论暗示利率市场化并不能提升投资的利率敏感系数，因此，在疏通货币政策利率渠道时应兼顾货币市场和商品市场，寻求利率市场化以外的举措以提升货币政策在商品市场中的传导效应。

（2）在考虑挤出效应后，利率市场化的推进提升了以公开市场操作为代表的数量工具对产出的作用效果，降低了管制利率对产出的作用效果，这说明以公开市场操作为代表的数量型工具的作用逐步加强，意味着实行由中央银行数量工具控制（主要指公开市场操作）、基准利率引导、市场资金供求决定的利率形成机制（或者说由以法定存款准备金率为代表的数量调控模式向以同业拆借基准利率调控模式的转变）的时机逐渐成熟。研究还发现，提高管制利率在短期内会对产出产生一定负向影响，但在长期会促进产出增长，同时，提高管制利率又通过市场利率对产出产生负向影响，降低我国货币政策的传导效率。

（3）区制转换概率图表明，我国的货币政策利率传导效应在 2001 年 4 季度至 2013 年 4 季度发生了四次区制转换，这四次区制转换时点均对应着利率市场化重要措施或重大事件，同时也表明金融危机对货币政策利率传导效应的影响是显著的，金融危机、经济波动一定程度上阻碍了利率市场化进程。

本节的研究具有重要的理论和现实意义。首先，国内外学者很少关注渐进式利率市场化与货币政策利率传导的关系，本研究是一个初步尝试，后续的研究可将模型扩展为四部门模型，考察汇率制度改革、利率市场化与货币政策传导之间的动态关系。其次，本节厘清了货币政策管制利率渠道和数量渠道之间的区别和联系，为全面理解利率市场化条件下货币政策的利率传导机制提供了新思路。最后，随着商业银行存款利率放开，我国的利率市场化改革已经基本完成，然而，货币政策调控改革的任务并没有因此结束，利率市场化的完成仅是货币政策改革的新起点，货币政策改革仍然任重道远。为了更加高效地制定、执行、反馈货币政策，需要进一步克服由于长期金融抑制导致的金融系统缺陷，制定针对性的措施提升金融系统运行效率，促进数量型货币政策工具与价格型货币政策工具有效结合，最终形成简单高效的货币政策传导机制。

4.2　负利率与资产价格：影响机制及经验证据

4.2.1　引言

在后危机时代，世界各国相继施行极度宽松的货币政策以托底经济复苏，并以"降低利率—量化宽松—负利率"的实施路径为主，迅速压低政策利率，来引导中长期利率的走低，实现托底实体经济的目的。从实践效果来看，实体经济的投资与消费水平、通货膨胀水平并未通过实施长期过度宽松的货币政策而得到有效改善，在长期低迷的经济状态下，政治局势动荡和国际资金的避险需求迫使日本及欧洲部分国家实施了负利率政策。在负利率政策实施后，大量经济体国债收益率逐渐降为负值，实体经济是否得以复苏的不确定巨大，因此或可驱动部分中央银行进一步深化负利率的程度。流动性宽松在推升股票和债券类资产的同时，利率走低使得机会成本下降，或使大宗商品呈现缓慢的结构性牛市，作为避险保值资产的黄金近年来受到市场追捧，原本低迷的农产品、原油等大宗商品价格，也在资金的驱动下出现回暖迹象。此外，利率走低也使得购房融资成本下降及固定收益产品的收益下降从而推动资金进入房产投资领域，抬升房地产价格水平，导致租金回报率同比走低。在对货币市场的冲击方面，负利率可能导致银行间隔夜拆借市场交易量萎缩。

资产价格作为金融研究的基础问题及市场经济的基本要素，在负利率效应下更是政策效果的重要表现。本节将围绕负利率对各类资产价格的影响借鉴负利率实施国家的实际经验来阐述负利率政策的效果并探讨进一步的政策趋势。本节研究框架分为以下四部分：4.2.2 节为文献综述，4.2.3 节为负利率对资产价格的理论分析，4.2.4 节为模型介绍，4.2.5 节进行实证检验，4.2.6 节进行总结并提出政策建议。

4.2.2   文献综述

1. 关于实施负利率政策的研究

在负利率实施的历史原因和实施背景方面，中外学者均有较为丰富的研究。最初，中央银行传统的货币政策具有零利率下限（McCallum，2000），负利率则是突破零利率下限来恢复货币政策的效用。欧洲中央银行于 2014 年将其存款利率降至负区间，以巩固中长期通货膨胀预期（Draghi，2014），基于同样的考虑，瑞典中央银行在 2015 年一季度开始实行负利率，以巩固将通货膨胀预期作为价格及工资制定的名义锚（Heath-Brown，2015）。王宇哲（2016）指出丹麦中央银行为了应对国际投资涌入对本国经济的冲击，通过对大额订单实施负利率，实现对丹麦克朗向下施压以消除泡沫。还有学者对可能实施负利率的国家进行了预测，提出捷克、挪威、以色列等国拥有实施该政策的趋势（钟伟等，2016）。

对实体经济和金融市场的影响也是学者们探讨的负利率政策研究相关热点话题，负利率政策的支持者 Buiter 和 Panigirtzoglou（2003）认为负利率政策可以避免并逃脱负利率缺口；Ilgmann 和 Menner（2011）研究表明，支付负利率和通货膨胀具有替代作用，在温和的通货膨胀水平下，负利率对实体经济有正向作用。Jobst 和 Lin（2016）基于分析欧元区的实践经验，提出负利率至今支撑了更为宽松的金融条件，这是因为信贷更加宽松，同时认为之前的"零利率下限"限制较为盲目。然而，反对者也用实际数据和实证检验支撑观点，Palley（2016）基于缺陷理论和缺陷政策评估的方法，阐述负利率政策可能盲目地导致总需求的降低，从而造成金融脆弱性，一致性采用负利率政策会给经济造成巨大的损害，并非有利的政策。张娜（2016）分析了日本实施负利率的短期实践效果，结果发现从日本国内经济角度，结构性因素才是导致经济长期低迷的基本原因，仅用货币政策刺激经济无法从根本上解决结构性问题。

近期，持续的负利率政策对银行业利润造成了较大下行压力也引起了学者们的重视，如 Turk（2016）提出了负利率政策的实施严重削弱了丹麦和瑞士银行业利润。另有研究表明，负利率弱化了持有长期负债金融机构的利润和稳健，如保险公司和养老基金，并对它们的业务模式带来严峻挑战（Borio et al.，2017）。

2. 关于负利率政策对资产价格及其波动性影响的研究

资产价格渠道是政策传导的重要渠道，在负利率政策下，由于未来现金流的贴现率降低而提升了即期的资产价格，同时创造了一个货币供应过度扩张的环境。在对负利率与资产价格相关关系的影响方面，国内外学者并未得出较为一致的结论。刘社建（2004）对负利率政策对资本市场作用效果进行理论分析，认为负利率应是促进资本市场发展的重要因素，但作为一种非常态且不可持续的经济状态，无法长期支撑股市走牛。在负利率对房地产价格的影响方面，Bacha 等（2008）认为负利率导致房地产的租金和抵押价格上升，由此推升房地产价格上涨。董登新（2010）认为，负利率环境下通货膨胀预期不断强化，因此强制性储蓄之外，存款从"银行"出逃会有部分配置房地产，房地产成为保值工具，因此促进房价推升。在大宗商品价格方面，Yoshino 和 Taghizadeh-Hesary（2016）解释了日本实施的负利率政策与长期的货币宽松条件对石油价格的下行压力，并提出日本需要降低 2%通货膨胀率以刺激经济复苏的观点。更多的学者认同负利率会扭曲资产价格的观点，如巴曙松等（2016）的研究指出欧元区的债券价格并未充分反映其高额债务水平的内在风险，同时负利率刺激投资者配置高风险资产，在该机制下认为股价被抬高，偏离正常估值区间。

由上可知，目前我国针对负利率与资产价格的实证研究较少，不仅在作用机制的梳理方面不够全面，也在实证方面没有进行深入而具体的研究，为本节的研究提供了思路。

4.2.3　负利率政策作用资产价格的理论分析

1. 负利率作用资产价格的理论机制

政策负利率从"政策实质"与"市场预期"两个方面都加强了市场对经济走势的宽松预期，加上地缘政治、"英国脱欧"、"欧洲银行业危机"等不确定因素的事件性冲击，在经济下行的大环境下，市场上的投资主体避险情绪更加强烈，对国债、黄金等避险资产的需求直线上涨，直接引起国债收益率的持续下行，同时推升黄金、白银等避险商品的价格。但是，货币极度宽松下的流动性泛滥加上避险资产品种匮乏且收益率下降，导致市场流动性部分投向风险资产，风险资产与避险资产同时上涨。总结已有研究，政策负利率对资产价格的影响机制根据市场主体可分为以下三种。

（1）中央银行渠道端：受量化宽松和储备资产属性的影响，较多经济体的中央银行对日本、欧元区国债及类货币资产的刚性需求逐渐旺盛，推动该类资产的收益率下行，从负利率国家的国债收益率下行状况可知。同时，为货币基金市场、国债市场突破零利率下限进入负收益区间提供了可能性。

（2）商业银行渠道端：在负利率作用下大量流动性被中央银行体系挤出，无法及进入信贷市场，因此会寻找其他通道投向类货币资产，然而，伴随类货币资产的收益率逐渐降至零下，在财富效应的驱动下，部分资金会流向高收益资产的投资渠道。

（3）市场渠道端：受到避险情绪、市场预期和流动性泛滥的影响，避险资产同样受到追捧，导致收益率大幅下降，在投资标的匮乏且收益下降的情况下，市场转向对风险资产的配置。

基于以上分析，负利率政策不仅会导致货币基金、国债等收益稳健资产的收益率持续下跌，甚至进入负区间，还会在市场避险情绪的作用下抬升风险资产价格，因此助推风险资产与避险资产价格同时上涨。

2. 负利率对各类资产的作用机制

将资产分成实体资产与金融资产两大类，实体资产以房地产为代表，金融资产分为信贷市场的货币类资产（以汇率、银行间市场利率为代表）、资本市场的股权和债权类资产、商品市场的大宗商品等，基于以上代表性资产类别，本节分市场讨论负利率对不同类型资产价格的传导机制和影响作用。

1）负利率与商品市场

利率的调整直接影响大宗商品价格，一般而言，利率的降低可促进居民部门的投资，同时增加大宗商品的配置需求，因此促进大宗商品的价格抬升。在负利率政策实施前，世界大宗商品普遍低迷，负利率时代的到来引起了"资产荒"，价格低迷的大宗商品成为热钱和储蓄的首选。居民财富面临缩水时，具有保值和避险性特征的金银成为投资热点，故在负利率浪潮之初，推动了金银价格的一番上涨。在负利率实施一段时间后，对避险资产的投资热度逐渐减弱，投机需求与基本面的脱轨使投资方向转向金属、原油、农产品等大宗商品，但该需求增加不足以构成大宗商品价格上涨的主动力。大宗商品与商品价格之间本身存在矛盾，如果负利率能够使得大宗商品价格持续回升，那么负利率所依赖的长期低通货膨胀的基础则不能维持。也就是说，如果负利率能够实现缓解通货紧缩目标，同时也意味着负利率本身不会延续太长的时间。

2）负利率与资本市场

根据被广泛应用的戈登模型（Gordon model），可以直观反映股票价格与贴现率之间的负相关关系，贴现率即为利率的一种表现形式。但在负利率环境下，除非股息负增长且小于负利率，否则无法满足贴现率大于股息增长率的模型前提条件。负利率政策对股价的影响可能有以下三个渠道。

（1）居民部门的财富转移效应：负利率政策引起存款收益下降，甚至为零左右，从未使得投资者减少储蓄增加投资，作为投资准入门槛最低的股票市场上的资金供应增加，股价随之上升。

（2）企业部门的总供求效应：负利率环境影响企业的借贷，从而改变企业的经营环境和业绩，从基本面因素角度影响上市公司的股票价格。利率作为投资与消费的机会成本，在负利率环境下，该机会成本为负，进而影响社会总供给与总需求同步增加，改善企业经营环境，使得股价上涨。

（3）政府部门的信号效应：利率一般被中央银行视为货币政策的中介目标，利率的变动可反映政策方向，如当利率处于下行通道时，相当于释放宽松的政策信号。负利率政策的提出也是为刺激经济，利率的下降通常可以给投资者未来经济将走向繁荣的预期，企业对未来的营利能力持乐观态度，都在预期作用下有助于推动股价上涨。同时，在预期较为乐观时，投资者的风险承受能力也随之增加，更倾向于配置风险更高的资产，如股权类，市场内流动性的增加可推动股价的上行。

3）负利率与货币市场

相比其他市场，负利率政策对信贷市场的传导更为直接，通过直接调控商业银行与中央银行之间的超额准备金率及贷款利率，传导至银行间同业拆借利率，进而影响整个经济环境中的信贷活动。具体而言，该传导渠道可从以下两个渠道刺激信贷：一是负利率的本质相当于中央银行对商业银行的储蓄收税，因此可改变商业银行的资产负债表结构，从而刺激放贷行为；二是负利率通过降低商业银行的融资成本，如银行间借贷和发行债券的利率，来增加信贷行为。货币市场利率属于短期利率，受政策利率影响较大，因此对市场并未产生较大冲击。

4）负利率与外汇市场

探讨负利率对汇率的作用较难，因为有更多复杂因素影响货币的外部需求。负利率会通过提供转移资产到更高收益率投资标的激励来降低汇率，一个扩张的实际期限价差将对货币产生向下的压力。其他国家更高的通货膨胀和通货膨胀预期将面对这样的影响。此外，负利率对总需求的累计影响和对资产价格的提升作用可能会抵消对刚汇率的向下压力。随着进入负利率队列的中央银行名单越来越长，外汇市场对负利率的反应却越来越小，有学者称，真正对汇市起作用的是两种货币之间绝对利率差异，并非基础利率本身。但负利率却如中央银行所愿推动了持续的货币疲软，也证实了利率平价理论的有效性，因此，两种货币的利率差异对汇率起决定性作用。若负利率有效实现了汇率贬值，那么汇率贬值的负反馈作用将从以下三条路径对利率形成冲击。

（1）出口层面：汇率贬值将改善本国的贸易条件以促进出口，可支撑经济基本面并引导利率水平上行。

（2）进口方面：汇率贬值导致进口成本提升，引起的输入性通货膨胀也会影响利率上行。

（3）资本流动方面：汇率贬值导致资本外流，在中央银行政策宽松下制约政策效果，对利率上行有一定促进作用。但是在实际情况中，往往传导路径不畅，汇率贬值的负反馈作用较弱。

5）负利率与房地产市场

负利率政策的实施带来的影响除了存贷款利率的下降，还有住房贷款利率的下行，意味着降低了购房成本。该利率渠道通过降低房地产使用成本、提高价格预期并增加房地产商的供应，配合银行的信贷渠道和资产负债表渠道来提高房地产的需求和消费，且房地产估值对贷款利率更为敏感，利率大幅下滑令居民房贷需求大幅提高，进而推动房地产价格的抬升。此外，在房价处于上升周期时，投资者与消费者的财富效应和信心效应的叠加作用，会进一步推动房价上涨并加剧价格波动，甚至产生房地产价格泡沫。然而，货币政策在对房价的传导方面存在区域效应，利率渠道配合信贷渠道未必在每一个实施负利率政策的国家都得以有效传导，受区域经济发展状况、银行规模及数量等外部因素影响。

3. 负利率政策对资产价格波动的影响

中央银行制定灵活的通货膨胀目标框架，可以使得当资产价格波动较大时，不需要随时调整利率以维持资产价格稳定，其中的逻辑在于，当资产价格增加持续刺激社会总需求，反之也成立。稳定通货膨胀目标将集中于稳定总需求，由此市场产生学习效应——随着资产价格的增加提高利率并随着资产价格的降低而减少利率，该反馈作用可以稳定经济与金融市场。

我们从中央银行制定利率的基本泰勒规则（Taylor，1993）出发：

$$i_t = \pi_t + i^* + \gamma_1\left(\pi_t - \pi^*\right) + \gamma_2\left(y_t - y^*\right) \tag{4.15}$$

其中，i_t 是 t 时期的政策利率；i^* 是政策目标利率；π_t 是 t 时期的通货膨胀率；π^* 是该国的通货膨胀目标，因此 $\pi_t - \pi^*$ 为通货膨胀缺口，$y_t - y^*$ 为产出缺口。

Bernanke 和 Gertler（2000）曾利用 CGG98 模型证明了利率对股票价格及股价收益率存在响应作用，Rigobon 和 Sack（2003）研究得到美国的利率水平对股价波动有显著的响应作用。根据 CGG98 模型，中央银行平滑地调整利率，短期利率有如下变动路径：

$$i_t = (1-\rho)i_t^* + \rho i_{t-1} + \upsilon_t \tag{4.16}$$

其中，ρ 代表利率平滑的程度，满足 $\rho \in (0,1)$；υ_t 是 t 时期的随机扰动项，服从均值为 0 方差恒定。利率平滑代表中央银行虽然需要随着经济变化调整利率，但小幅而持续的短期利率调整可减轻政策冲击，且在长期会产生更大的影响，而非一次性大幅调整到目标利率，表现为变化频率低且持续时间长的特征。

如果反应函数是前瞻性的，目标利率可表示为下式：

$$i_t^* = \bar{i} + \alpha\left(E\left[\pi_{t+1}\big|\Omega_t\right] - \pi^*\right) + \beta\left(E\left[y_t\big|\Omega_t\right] - y^*\right) \tag{4.17}$$

其中，$\bar{i}$ 是均衡的长期利率；π_{t+1} 是 t 到 $t+1$ 时期的通货膨胀水平；E 是期望算子；Ω_t 是 t 时期中央银行所获得的信息集。参考 Werner 和 Bohl（2004）的研究，资产价格可被用来可靠地预测未来的通货膨胀和产出，因此在上式加入资产价格因素的扩展泰勒规则可得到：

$$i_t^* = \bar{i} + \alpha\left(E\left[\pi_{t+1}\big|\Omega_t\right] - \pi^*\right) + \beta\left(E\left[y_t\big|\Omega_t\right] - y^*\right) + \gamma\left(E\left[s_{t+1}\big|\Omega_t\right] - \bar{s}_{t+1}\right) \tag{4.18}$$

s_{t+1} 为 $t+1$ 时期的资产价格，$\bar{s}_{t+1}$ 表示资产的内在价值，那么 $s_{t+1} - \bar{s}_{t+1}$ 为 $t+1$ 时期资产真实价格偏离内在价值的波动性，也有学者称为价格泡沫。为简化，定义预期通货膨胀缺口 $\tilde{\pi}_{t+1} = \pi_{t+1} - \pi^*$，产出缺口 $\tilde{y}_t = y_t - y^*$，价格波动 $\tilde{s}_{t+1} = s_{t+1} - \bar{s}_{t+1}$。经研究，泰勒规则引入利率平滑将更好地符合实际观测，同时，借鉴 Semmler 和 Zhang（2007）提出的欧元区货币政策实践规则相关方程，假定中央银行调整利率有平滑行为，将（4.19）式代入式（4.17）：

$$
\begin{aligned}
i_t = {} & (1-\rho)\bar{i} + (1-\rho)\alpha\left(E\left[\tilde{\pi}_{t+1}\big|\Omega_t\right]\right) + (1-\rho)\beta\left(E\left[\tilde{y}_t\big|\Omega_t\right]\right) \\
& + (1-\rho)\gamma\left(E\left[\tilde{s}_{t+1}\big|\Omega_t\right]\right) + \rho i_{t-1} + \upsilon_t
\end{aligned} \tag{4.19}
$$

令 $\omega = (1-\rho)\bar{i}$，$\phi = (1-\rho)\alpha$，$\eta = (1-\rho)\beta$，$\varphi = (1-\rho)\gamma$，同时消去表达式中不可观测的预期变量，我们得到加入资产价格波动的扩展性泰勒规则：

$$i_t = \omega + \phi\tilde{\pi}_{t+1} + \eta\tilde{y}_t + \varphi\left(E\left[\tilde{s}_{t+1}\big|\Omega_t\right]\right) + \rho i_{t-1} + \lambda_t \tag{4.20}$$

其中，$\lambda_t = -(1-\rho)\left[\alpha\left(\tilde{\pi}_{t+1} - E\left[\tilde{\pi}_{t+1}\big|\Omega_t\right]\right) + \beta\left(\tilde{y}_t - E\left[\tilde{y}_t\big|\Omega_t\right]\right)\right] + \upsilon_t$，即 λ_t 代表对通货膨胀和产出缺口的预期偏误的线性组合。

负利率的实施背景是经济衰退与通货紧缩，即两项缺口 $\tilde{\pi}_{t+1} < 0$，$\tilde{y}_t < 0$。政策利率由正转负，即 $i_{t-1} > 0$，$i_t < 0$。实际利率在长期早已为负，即 $\omega = (1-\rho)\bar{i} < 0$。在传统的泰勒规则下，产出缺口与通货膨胀缺口的系数为均大于零，如 Taylor（1993）将美国的利率调控规则表示为 $i_t = 2 + \pi_t + 0.5(\pi_t - 2) + 0.5\tilde{y}_t$，假定 $\alpha > 0, \beta > 0$。因此，当 i_t 由正转负时，由于政策实施的时滞性，$\phi\tilde{\pi}_{t+1} + \eta\tilde{y}_t$ 的变动较小，ω 基本恒定，可能引起 $E\left[\tilde{s}_{t+1}\big|\Omega_t\right]$ 的增加，即短期内可能推升资产价格的波动，甚至产生资产价格泡沫。长期来看，若负利率政策逐渐实现政策效果，在利率平滑的作用下，$i_t - \rho i_{t-1}$ 变化较小，产出缺口与通货膨胀缺口逐渐减小 $\phi\tilde{\pi}_{t+1} + \eta\tilde{y}_t$，由此预期资产价格的波动性也逐渐减弱，可能形成泡沫温和破灭的过程。

4.2.4 模型选择与介绍

1. TVP-SV-VAR 模型介绍

1）模型选择

被广泛应用的 VAR 模型是具有固定参数的静态模型,无法有效解释不稳定的经济金融变量间的长期均衡随时间变化的动态关系。TVP-VAR（time varying parameter-Vector auto regression，时变参数向量自回归）模型是在 VAR 模型的基础上，将系数、方差和协方差都扩展为随时间变动的模型，具有完全意义上的非线性时变特征（Primiceri，2005），且具有更强的预测特征。Nakajima（2011）进一步改进了 TVP-VAR 模型的待估参数极大似然估计，用贝叶斯方法和马尔科夫链的蒙特卡洛模拟对后验概率密度函数进行估计，解决了之前由于参数过多而无法准确估计似然函数的问题，构建了时变随机波动率向量自回归模型（time varying parameter-stochastic volatility-vector auto regression，TVP-SV-VAR）。近期的研究多集中于借助该模型研究政策的传导效应，对本节的研究具有一定的适用性和可行性。

2）TVP-SV-VAR 模型推导

根据 Primiceri（2005）、Nakajima（2011）的研究，TVP-VAR 模型建立在基础的 VAR 模型之上，并允许参数随时间变化。我们考虑如下 VAR 模型:

$$Ay_t = F_1 y_{t-1} + F_2 y_{t-2} + \cdots + F_s y_{t-s} + \varepsilon_t, \quad t = s+1, s+2, \cdots, n \quad (4.21)$$

其中，y_t 是一个 $k \times 1$ 维的观测变量；$A, F_1, \cdots, F_s$ 是 $k \times k$ 维的系数矩阵；随机扰动项 ε_t 是一个 $k \times 1$ 维的结构化冲击向量，且 $\varepsilon_t \sim N(0, \Sigma)$，$\Sigma$ 是一个对角矩阵，表示为

$$\Sigma = \begin{pmatrix} \sigma_1 & 0 & \cdots & 0 \\ 0 & \ddots & \ddots & \vdots \\ \vdots & \ddots & \ddots & 0 \\ 0 & \cdots & 0 & \sigma_k \end{pmatrix}$$

其中，σ_i 是结构化冲击的标准差。接下来用递归辨识结构冲击中的同步关系，要求 A 是一个下三角矩阵，表示为

$$A = \begin{pmatrix} 1 & 0 & \cdots & 0 \\ a_{2,1} & \ddots & \ddots & \vdots \\ \vdots & \ddots & \ddots & 0 \\ a_{k,1} & \cdots & a_{k,k-1} & 1 \end{pmatrix}$$

则式（4.21）可被改写为如下简化形式:

$$y_t = B_1 y_{t-1} + B_2 y_{t-2} + \cdots + B_s y_{t-s} + A^{-1} \Sigma \varepsilon_t, \quad \mu_t \sim N(0, I_k) \quad (4.22)$$

其中，$\boldsymbol{B}_i = \boldsymbol{A}^{-1}\boldsymbol{F}_i$，$i = 1, 2, \cdots, s$。将 $\boldsymbol{B}_i$ 的行向量堆叠就形成新矩阵 $\boldsymbol{\beta}_t$，是一个 $k^2 s \times 1$ 维列向量，定义 $\chi_t = I_k \otimes (y_{t-1}, y_{t-2}, \cdots, y_{t-k})$，式（4.22）又可被改写为

$$y_t = \chi_t \beta + \boldsymbol{A}^{-1}\boldsymbol{\Sigma}\boldsymbol{\varepsilon}_t \tag{4.23}$$

有许多假设可以被用来设定 TVP-SV-VAR 模型，具体可见 Christiano 等（1999）的研究。首先，矩阵 $\boldsymbol{A}_t$ 被假设为一个下三角矩阵，且参数被假定为符合随机游走过程，表达式如下：

$$\begin{cases} \beta_{t+1} = \boldsymbol{\beta}_t + u_{\beta_t} \\ \alpha_{t+1} = \alpha_t + u_{\alpha_t} \\ h_{t+1} = h_t + u_{h_t} \end{cases} \tag{4.24}$$

同时，$h_t = (h_{1t}, h_{2t}, \cdots, h_{kt})'$ 且 $h_{kt} = \log \sigma_{jt}^2$，$j = 1, 2, \cdots, k$，$t = s+1, s+2, \cdots, n$。那么 $\beta_{s+1} \sim N(\mu_{\beta_0}, \boldsymbol{\Sigma}_{\beta_0})$，$\alpha_{s+1} \sim N(\mu_{\alpha_0}, \boldsymbol{\Sigma}_{\alpha_0})$，$h_{s+1} \sim N(\mu_{h_0}, \boldsymbol{\Sigma}_{h_0})$。由此可知：

$$\begin{pmatrix} \boldsymbol{\varepsilon}_t \\ u_{\beta_t} \\ u_{\alpha_t} \\ u_{h_t} \end{pmatrix} \sim \mathrm{N} \left(0, \begin{pmatrix} 1 & 0 & 0 & 0 \\ 0 & \boldsymbol{\Sigma}_\beta & 0 & 0 \\ 0 & 0 & \boldsymbol{\Sigma}_\alpha & 0 \\ 0 & 0 & 0 & \boldsymbol{\Sigma}_h \end{pmatrix} \right) \tag{4.25}$$

其中，$\boldsymbol{\Sigma}_\beta$、$\boldsymbol{\Sigma}_\alpha$ 和 $\boldsymbol{\Sigma}_h$ 被假设为正定矩阵，且时变参数 β_t、α_t 和 h_t 之间不相关。我们通过模拟漂移系数和参数来捕捉 VAR 模型随时间可能发生的变化。随机游走过程不仅允许系数临时的变换，还允许永久的变化，可能的非线性如渐进结构或一个结构性突变就可以被捕捉，提高估计效率。从式（4.25）可知 $\boldsymbol{\Sigma}_h$ 的对角性可在不影响估计结果的前提下提高估计效率。

　　3）马尔科夫链蒙特卡罗算法

　　学者们已经开发出对 TVP 回归形式的状态空间模型的不同估计方法。模型是非线性状态空间模型，由此被应用于随机波动的案例。贝叶斯方法解决了其他办法中过度参数化的问题，因而被广泛使用。在贝叶斯推断过程中，马尔科夫链蒙特卡罗（Markov chain monte carlo，MCMC）算法是在参数确定的先验概率分布下，从后验分布中抽取包含未知参数不确定的状态变量的数据样本。根据 Primiceri 和 van Rens（2006）的研究，MCMC 算法对参数进行仿真平滑，这将更有效地提取时变参数 β 和 α。另外，针对随机波动率 h，我们参考多步抽样方法（Watanabe and Omori，2004），是从条件后验密度函数中精确提取，可有效实现模型中的时变部分。

　　MCMC 算法具体的抽样方法如下。

　　设定 $y = \{y_t\}_{t=1}^n$；$\omega = (\boldsymbol{\Sigma}_\beta, \boldsymbol{\Sigma}_\alpha, \boldsymbol{\Sigma}_h)$，且 $\Phi(\omega)$ 代表 ω 的先验概率密度函数。给定 y，从后验密度中抽取样本 $\Phi(\beta, \alpha, h, \omega | y)$ 包含以下 MCMC 算法抽样步骤：

步骤 1：初始化参数 β、α、h 和 ω；

步骤 2：给定 α、h、Σ_β、y，根据后验分布抽样 β；

步骤 3：给定 β，抽样 Σ_β；

步骤 4：给定 β、h、Σ_α、y，抽样 α；

步骤 5：给定 α，抽样 Σ_α；

步骤 6：给定 β、α、Σ_h、y，抽样 h；

步骤 7：给定 h，抽样 Σ_h；

步骤 8：返回步骤 2。

为了生成 VAR 参数 β，我们联立式（4.23）和式（4.24）：

$$\begin{cases} y_t = \chi_t \beta + A^{-1} \sum \mu_t \\ \beta_{t+1} = \boldsymbol{\beta}_t + u_{\beta_t} \\ \beta_s = \mu_{\beta_0}, \mu_{\beta_s} \sim N\left(0, \sum\nolimits_{\beta_0}\right) \end{cases}$$

为加速马尔科夫链的收敛，应用 Durbin 和 Koopman（2002）的仿真平滑算法进行计算。

为了对 α 进行抽样，我们使用以下方程进行仿真平滑：

$$\hat{y}_t = \hat{\chi}_t a_t + \sum\nolimits_t \boldsymbol{\varepsilon}_t, \ t = s+1, s+2, \cdots, n \tag{4.26}$$

$$\alpha_{t+1} = \alpha_t + u_{a_t}, \ t = s, \cdots, n-1 \tag{4.27}$$

其中，$\alpha_s = \mu_{a_0}$，$\mu_{a_s} \sim N\left(0, \Sigma_{a_0}\right)$，$\hat{y}_t = y_t - \chi_t \boldsymbol{\beta}_t$。对于 $t = s+1, s+2, \cdots, n$，有

$$\hat{\boldsymbol{\chi}}_t = \begin{pmatrix} 0 & \cdots & & & & 0 \\ -\hat{y}_{1t} & 0 & 0 & \cdots & & \vdots \\ 0 & -\hat{y}_{1t} & -\hat{y}_{2t} & 0 & \cdots & \\ 0 & 0 & 0 & -\hat{y}_{1t} & \cdots & \\ \vdots & & & \ddots & 0 & \cdots & 0 \\ 0 & \cdots & & 0 & -\hat{y}_{1t} & \cdots & -\hat{y}_{k-1,t} \end{pmatrix} \tag{4.28}$$

最后，为了捕捉随机波动状态 h，对 $j = 1, 2, \cdots, k$，分别从 $\left\{h_{jt}\right\}_{t=s+1}^n$ 做出相应推断。那么 $A_t \hat{y}_t$ 的第 i 个元素可被重写为

$$y_{it}^* = \exp\left(\frac{h_{it}}{2}\right) \varepsilon_{it}, t = s+1, s+2, \cdots, n \tag{4.29}$$

$$h_{i,t+1} = h_{it} + \eta_{it}, t = s, \ldots, n-1 \tag{4.30}$$

$$\begin{pmatrix} \varepsilon_{it} \\ \eta_{it} \end{pmatrix} \sim N\left(0, \begin{pmatrix} 1 & 0 \\ 0 & \upsilon_i^2 \end{pmatrix}\right) \tag{4.31}$$

其中，$\eta_{is} \sim N\left(0, \upsilon_{i0}^2\right)$，$\upsilon_i^2$、$\upsilon_{i0}^2$ 分别是三角矩阵 $\boldsymbol{\Sigma}_h$ 和 $\boldsymbol{\Sigma}_{h0}$ 的第 i 个元素，η_{it} 也是 u_{ht} 第 i 个元素。此处参考 Pitt 和 Shephard（1999）、Watanabe 和 Omori（2004）的方法，采用多步移动抽样的方法，从后验概率分布中抽取（$h_{i,s+1}, h_{i,s+2}, \cdots h_{i,n}$）的样本。

2. 变量选取与数据处理

本节的研究涉及以下变量。

（1）政策变量：利率。政策利率变动频率较低，无法良好反映市场利率的走势，因此选取合适的市场短期利率作为代理变量。日本：隔夜无担保拆借利率月度平均值（R_Japan_t）；欧元区：3 个月借款利率（R_Euro_t）。

（2）政策目标变量：汇率、通货膨胀水平。日本：日本对美元的有效汇率（Ex_Japan_t）和 CPI 同比增长率（π_Japan_t）；欧元区：欧元对美元月均汇率（Ex_Euro_t）和欧元区 HICP（harmonized index of consumer prices，调和消费者物价指数）的当月同比（π_Euro_t）。

（3）价格变量：选取股票指数、长期政府债券收益率、房价指数、大宗商品指数分别代表股票市场、债券市场、房地产市场、大宗商品市场的资产价格，相应指标为：日本：日经 225 指数月收盘价的对数收益率（$Stock\_Japan_t$）、日本 10 年期国债基准收益率（$Bond\_Japan_t$）、日本全国综合不动产价格指数（RE_Japan_t）、东京橡胶 RSS3 的连续期货月末结算价的对数收益率（$Rubber_t$）。欧元区：STOXX 欧洲 50 指数月度收盘价的对数收益率（$Stock\_Euro_t$）、二级市场 10 年期政府债券收益率（$Bond\_Euro_t$）、欧元区房价指数（RE_Euro_t）、LME（London metal exchange，伦敦金属交易所）基本金属指数的对数收益率（LME_t）。

本节以代表性的实施负利率政策的两大经济体——日本和欧元区为代表，探究负利率政策的实施对不同市场资产价格的作用。为探究后危机时代负利率政策的实际效果，选取的时间区间为 2008 年 1 月至 2016 年 12 月，共 108 个月度样本数据。数据的处理方法：①针对部分指标为季度情况，如欧元区房价指数，采用二次匹配平均（uadratic-match-average）方法将季度数据转换为月度数据；②针对缺失数据，采用插值法补全；③统一所有数据量纲，以便做实证检验。

本节实证部分所有数据来源为 Wind 数据库，数据统计及建模过程通过 Eviews 8 和 Matlab 2012a 实现。其中，模型构建参照 Nakajima（2011）的程序代码借助 Matlab 2012a 实现。

根据前述理论分析和实证设计，为同时考察负利率的政策效果，及对四类资产价格的影响作用，对欧元区（模型 1）和日本（模型 2）分别建立包含利率、汇率和通货膨胀、四类资产价格的七变量 TVP-SV-VAR 模型，基本模型设定如下：

模型 1（R_Euro_t，Ex_Euro_t，π_Euro_t，$Stock\_Euro_t$，$Bond\_Euro_t$，

RE_Euro$_t$，LME$_t$）；

模型 2（R_Japan$_t$，Ex_Japan$_t$，π_Japan$_t$，Stock_Japan$_t$，Bond_Japan$_t$，RE_Japan$_t$，Rubber$_t$）。

4.2.5　负利率作用资产价格的实证检验——以欧元区、日本为例

1. 平稳性检验

首先对所有数据进行单位根检验以避免"伪回归"问题，保证时间序列的平稳性。由表 4.9 可知，欧元区的汇率指标、通货膨胀指标、债券价格指标和房地产价格指标均不平稳，且房地产价格指标经两次差分后才平稳。为符合拟合 VAR 模型的要求，将原数据处理为平稳序列。

表 4.9　欧元区各序列的单位根检验结果

变量	ADF 统计值	1%临界值	5%临界值	结论
R_Euro$_t$	−2.552 9**	−2.587 0	−1.943 9	平稳
D(Ex_Euro$_t$)	−7.606 3***	−3.493 1	−2.888 9	平稳
D(π_Euro$_t$)	−4.804 9***	−3.493 7	−2.889 2	平稳
Stock_Euro$_t$	−10.410 6***	−3.492 5	−2.888 7	平稳
D(Bond_Euro$_t$)	−8.951 8***	−3.493 1	−2.888 9	平稳
D(D(RE_Euro$_t$))	−8.131 0***	−3.499 2	−2.891 6	平稳
M_Euro$_t$	−8.182 9***	−3.492 5	−2.888 7	平稳

、*分别表示在5%和1%的显著性水平上显著

注：D（ ）表示一阶差分，D（D（ ））表示二阶差分

由表 4.10 可见，日本的原数据中汇率是不平稳的，经一阶差分后平稳，因此可以进一步地拟合模型。

表 4.10　日本各序列的单位根检验结果

变量	ADF 统计值	1%临界值	5%临界值	结论
R_Japan$_t$	−3.237 2***	−2.587 0	−1.943 9	平稳
D(Ex_Japan$_t$)	−6.445 3***	−2.587 0	−1.943 9	平稳
π_Japan$_t$	−2.063 6**	−2.587 0	−1.943 9	平稳
Stock_Japan$_t$	−8.956 6***	−2.587 0	−1.943 9	平稳
Bond_Japan$_t$	−3.694 5**	−4.046 1	−3.452 4	平稳
RE_Japan$_t$	−3.320 5*	−4.051 5	−3.454 9	平稳
M_Japan$_t$	−7.643 9***	−2.587 0	−1.943 9	平稳

*、**、***分别表示在10%、5%和1%的显著性水平上显著

2. 模型 1（欧元区）参数估计结果及时变参数特征分析

通过对 VAR 模型进行 AIC 判断以选择 TVP-SV-VAR 的滞后阶数，设定模型滞后期为两阶。表 4.11 为模型 1 的参数估计结果。从 Geweke 的 CD 收敛值判断收敛性，估计参数在 5% 的显著水平下均无法拒绝收敛于后验分布的原假设。最大的非有效性因子为 89.16，表明在模拟 10 000 次的情况下，至少可得到 $10\,000/89.16 \approx 112$ 个有效样本。以上说明参数估计结果是有效的。

表 4.11　参数估计结果（欧元区）

参数	均值	标准差	95%置信区间	Geweke 检验	非有效性因子
s_{b1}	0.002 3	0.000 3	（0.001 8，0.002 9）	0.184	4.90
s_{b2}	0.002 3	0.000 3	（0.001 8，0.002 8）	0.450	4.70
s_{a1}	0.005 6	0.001 5	（0.003 4，0.009 1）	0.825	20.51
s_{a2}	0.005 5	0.001 6	（0.003 3，0.009 1）	0.001	32.77
s_{h1}	0.171 6	0.076 4	（0.073 0，0.357 2）	0.229	89.16
s_{h2}	0.005 8	0.001 7	（0.003 4，0.010 1）	0.421	30.84

注：Geweke检验在1%和5%的显著水平下的临界值分别为2.56和1.96

图 4.10 为 MCMC 算法参数估计的结果，包含样本自相关函数、样本取值路径和后验分布的密度函数，即表示模型中 s_{b1}、s_{b2}、s_{a1}、s_{a2}、s_{h1} 和 s_{h2} 这六个参数的样本抽样模拟路径。由图 4.10 可知，抽样的模拟路径表现出了波动聚类的特征，各参数的尾部均收敛于样本均值，由此表明该算法可产生有效的不相关样本，可见模型能够得到有效的后验抽样。

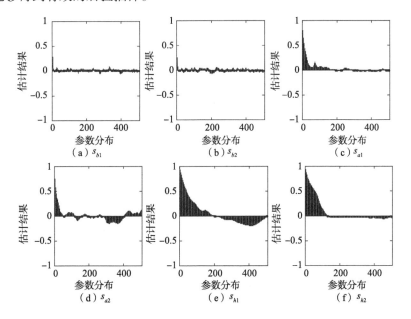

（a）s_{b1}　（b）s_{b2}　（c）s_{a1}　（d）s_{a2}　（e）s_{h1}　（f）s_{h2}

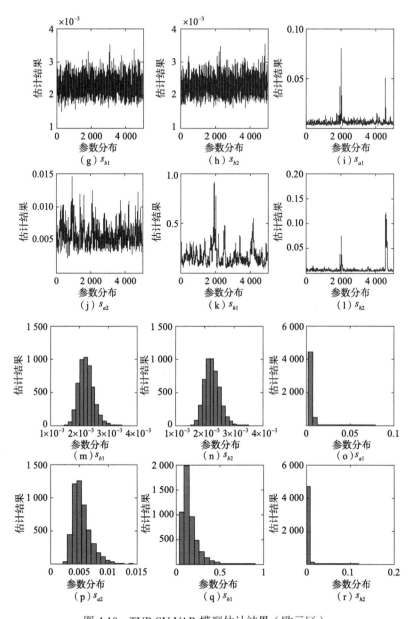

图 4.10　TVP-SV-VAR 模型估计结果（欧元区）

　　在 7 个变量的 TVP-SV-VAR 模型中，受制于多个需要估计的系数，故本节参照多数相关研究的做法，忽略分析各参数的系数，直接分析欧元区的脉冲响应结果。首先，检验不同滞后期的响应函数的动态变化过程。

　　图 4.11 为负利率实施前后，利率与两个政策目标——通货膨胀和汇率的结构冲击响应关系，选取 4 个月、8 个月和 12 个月的冲击影响时间约束，分别代表短

期、中期和长期，可以描述单位冲击变量对被冲击变量在不同滞后期下的影响。由图可知，随着影响时间约束的增加，利率对各变量冲击的响应程度差异较大，并随着不同的时间阶段而变动，表明负利率对政策目标变量和四大资产价格的脉冲响应具有明显的时变特征。

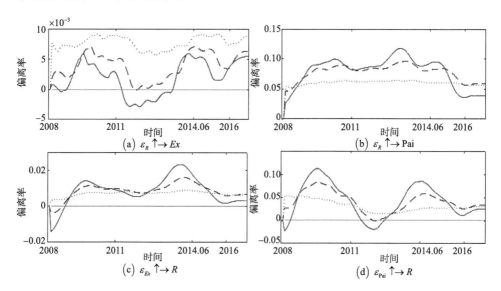

图 4.11　利率与汇率、通货膨胀的滞后期外生冲击的脉冲响应图（欧元区）
短虚线、长虚线和实线分别代表 4 个月、8 个月和 1 年的结构冲击响应状态，下同

　　由图 4.11（a）可知，利率在短期和中期的冲击影响时间下，脉冲响应函数曲线始终为正，而在 1 年的冲击影响时间下，于 2011~2013 年对汇率的冲击效应为负。自 2009 年开始的欧债危机以来，欧洲央行货币宽松程度不断加大，推动欧元逐步脱离受基本面影响而转变成一种套利货币，同时由于市场不确定程度骤增，欧元区汇率的波动性不断上涨。2014 年 6 月，负利率政策推出后，参考丹麦的经验，短期内负利率有助于缓解欧元升值压力，欧元对美元汇率大幅下跌。直到 2015 年 3 月，欧元区全面开启量化宽松政策，政府的一系列操作向市场表明量化宽松的决心，但负利率短期效果有限，加之欧元区 2015~2016 年的"黑天鹅"事件不断爆发，在众多不确定因素的作用下，欧元区汇率波动性大幅增加。目前来看，欧元区汇率的根本决定因素还在于欧元区整体的经济恢复情况以及美联储的加息进度，负利率政策配合量化宽松的政策效果依然有限。

　　由图 4.11（b）可知，利率对通货膨胀的冲击影响为正，但也具备时变特征。2008~2011 年利率的冲击效应稳步增加，这与欧元区当时的利率水平处于下行阶段且在低利率区间有关，不断下行的实际利率发挥政策效应，促进了通货膨胀的上涨。2012 年 7 月欧元区开启"零利率"时代，在"流动性陷阱"作用下，利率政策不再有下行空间，其政策效果受到严重制约，欧元区通货膨胀水平开始进入下行区间。由于通货膨胀复苏持续乏力，2014 年 6 月欧洲中央银行进一步将存款利率降至负区间，3 个月后加深负利率，负利率对通货膨胀的正向冲击逐渐减弱，进入 2016 年后变得平缓。欧洲中央银行推动货币贬值并降低通货紧缩预期的良好愿景并未实现，负利率政策实施后的通货膨胀率一度降至负值，并在零左右徘徊，说明负利率并未对缓解通货紧缩压力和促进经济复苏起到良好的政策效果。

再由图 4.11（c）和图 4.11（d）可知，2008 年下半年至 2016 年底，汇率水平和通货膨胀率在不同的影响时间约束下，对利率的冲击作用大致趋势相同且差异较小。在通货膨胀对利率的脉冲响应中，1 年期影响时间约束下的冲击作用变化较大，说明通货膨胀对利率传导渠道的反馈作用在长期更为明显。

欧元区低利率期和负利率期下，资产价格的走势也因不同事件的冲击而被分为几个阶段。首先看利率对股市和债市的作用［图 4.12（a）和图 4.12（b）］，我们结合欧元区政策和资本市场大事件分为以下四个阶段分别阐述。

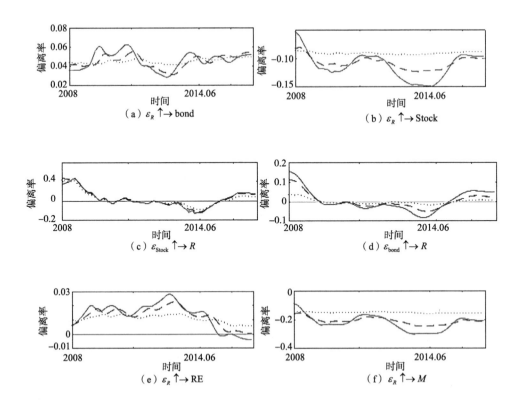

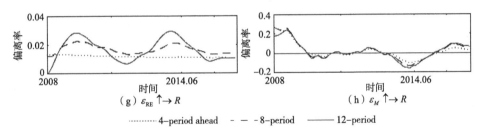

图 4.12　利率与不同资产价格的滞后期外生冲击的脉冲响应图（欧元区）

（1）2008~2012 年 6 月，利率对股价和债券价格的中期与长期时间影响作用均大幅增强，后期作用开始回落。这可能是因为，欧元区利率一直处于下行区间，在次贷危机和欧债危机的叠加影响下，市场风险偏好回落，对债市的冲击明显加大，资金受避险需求的驱动，助推债券市场的繁荣。此外，利率下行导致的市场风险的骤增，使投资者对不确定的预期增强，资金开始由股市大幅撤离，导致了欧元区股市的暴跌。

（2）2012 年 7 月至 2013 年底，负利率对股价和债券价格的冲击作用又逐渐增强，依然推升股市和债市的震荡上行。在该阶段，中央银行几次降息加大货币宽松力度，欧元区于 2012 年 7 月正式进入"零利率时代"，资产价格得到支撑，但欧债危机的阴影仍挥之不去。2012 年 7 月之前，在债务危机、银行危机和政治危机的三重困扰下，国际资本的安全港效应达到了历史新高，金融市场普遍恐慌。在此情境下，欧元区财政契约、欧洲中央银行最后贷款人政策、政府救援措施相应出台，并稳定了局势，但是受制于全球的货币宽松和后危机时代金融市场的脆弱性和不稳定性，股市与债市的波动性加剧。欧洲股市和债市从 2012 年下半年开始出现了亮丽的反弹，可能此前欧洲中央银行拟提出的购债救市措施对提振市场信心起了较大作用。

（3）2014 年 1 月至 2015 年 7 月，股债双牛的市场趋势一直维持，尤其在负利率推出后，利率对股票价格的负面效应大幅降低，对债券价格的推升作用也有所抬升。欧元区 2014 年 1 月的消费者信心指数创下新高，其他经济数据大都出现复苏迹象，支撑了欧元区股市的阶段性走强。在债市方面，全球发达市场自 2014 年 1 月以来长端债券收益率持续下降，欧元区也不例外。在短期预期的作用下，欧元成为更有吸引力的融资货币，刺激了更多资金流入欧元区股市和债市，导致了短期繁荣。

（4）2015 年 8 月至 2016 年 12 月，负利率对股市和债市的负面冲击有小幅回落。2015 年 8 月开始，欧元区内外部风险频出，风险偏好回落，欧洲中央银行货币宽松政策短期推动了股市上涨，但随着利好出尽，无风险利率下降对股市的推动空间也越发狭窄，2015 年下半年欧洲股市再次下跌，受强劲的制造业 PMI （purchasing managers' index，采购经理指数）数据推动，2016年底股市开始反弹。对于债券价格，2015年下半年恢复上行趋势，在收益率稳步下行的趋势下，波动性也有所降低。2016年3月，欧洲中央银行扩大资产购买计划范围后，很可能影响市场的流动性并加重市场的扭曲，欧元区债券市场应声下行。

图4.12（e）为利率对房地产价格的冲击效应，2008~2012年，利率对房地产价格的冲击作用为正，且作用效果震荡上升。2013年初开始，负利率的正向冲击作用逐渐减弱，这可能是因为欧元区房价普遍下跌。房价的下跌对家庭来说是严重的打击，家庭财富缩水带动居民消费水平下降，阻碍了经济复苏和货币政策的有效性。在负利率政策实施后，利率对房价的正向冲击作用逐渐减弱，2016年开始，在1年的冲击影响时间下甚至转变为负向冲击。同时，欧元区房价开始触底反弹后大幅增加，负利率带动了房贷利率的下行，降低了住房的购买成本，带动了房价的上涨行情。

图4.12（f）为利率对大宗商品的冲击效应，该效应在短期、中期和长期的冲击影响时间下均为负，这可能因为，大宗商品以美元标价，受国际因素影响较为明显，在金融危机和债务危机等风险事件的作用下，加之利率下行导致收益率水平的下跌，国内外的投资者均对欧元区保持悲观预期。负利率实施后，短期内对商品价格的负面冲击效应并未有较大改变，随后在2015年下半年，欧元区经济数据显示复苏步伐放缓，在强势美元的共同影响下，大宗商品价格持续承压。

总体来看，在大宗低迷的环境下负利率对打击通货膨胀以及刺激经济复苏并未产生立竿见影的效果。展望欧元区经济的未来的走势，在恐怖主义阴云、欧盟治理困局、移民带来的安全问题、失业率高企、贫富差距日益扩大、银行业危机、增长乏力等种种问题的制约下，仅从需求端刺激经济的政策无法起到良好的效果。

图4.13表示不同时点利率对各变量冲击形成的脉冲响应，横轴表示响应时期，纵轴表示变量关于其稳态值的偏离率。本节参考李菁和王冠英（2015）的做法，选择代表性事件的时间点做脉冲响应。本节选择的比较时点为欧元区2008~2016年有关货币政策的三大事件：2009年12月为欧债危机的最早时点，2014年6月欧元区开始实施负利率政策，2016年3月是欧元区最近一次下调政策利率并扩大资产购买计划范围至公司债的时点，着重考察在实施负利率危机后的负利率政策对不同资产价格的脉冲响应结果。

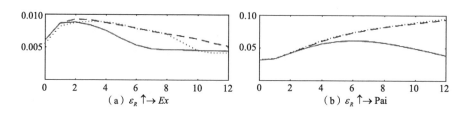

（a）$\varepsilon_R \uparrow \to Ex$ （b）$\varepsilon_R \uparrow \to Pai$

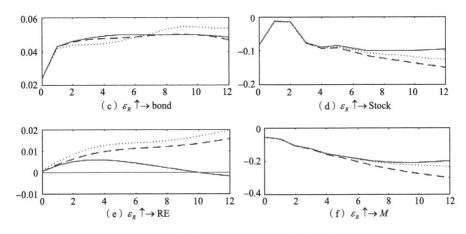

图 4.13　不同时点上的脉冲响应函数（欧元区）

短虚线、长虚线和实线分别代表 2009 年 12 月、2014 年 6 月和 2016 年 3 月利率对各变量的结构冲击响应状态

图 4.13 的前两幅图是利率在三个时点下对两个政策目标——汇率和通货膨胀的脉冲效应。对汇率来说，短期内，利率对汇率的正向推升作用增加，但在滞后 2 个月之后该正向冲击作用直线下滑，且在 2016 年 3 月的进一步降息和扩张资产购买范围的事件冲击下，对汇率的正向冲击直线降低，说明负利率的实施在短期内并未有效缓解欧元的升值压力，反而对其有一定的推升作用，而在中长期可能有一定的政策的效果，但欧元成为套利货币阻碍了政策的效果。在对通货膨胀的影响方面，由图可知利率对通货膨胀具有正向冲击作用。在欧债危机爆发和负利率政策的实施时点，随时间的推移，利率提升通货膨胀的政策效果越强。但在 2016 年 3 月的时点上，更低的负利率短期内推升了通货膨胀，长期来看正向冲击作用逐渐减小，说明负利率政策的实施在长期来看无法实现目标通货膨胀水平，这可能受制于欧元区其他风险事件对经济复苏的制约。

图 4.13 的后四幅图分别为在三个时点下负利率对债券价格、股价、房地产价格和大宗商品价格的冲击脉冲响应。首先，负利率对债券价格的正向冲击在中期和长期没有较大的区别，且在欧债危机的时点作用更大。其次，负利率对股价的负向冲击短期内下降，随着冲击影响时间的增加而触底回升，长期来看，负利率实施时点对股价的冲击更为明显。对房地产价格来说，利率的正向冲击对欧债危机和负利率实施时点基本一致，但随着冲击影响时间的增加，2016 年 3 月的进一步降息和扩大资产购买范围的进一步货币宽松政策对房地产价格的正向冲击作用逐渐下降，最后甚至为负冲击。最后，在对大宗商品价格的影响方面，三个时点的负向冲击作用随冲击影响时间的走势基本一致，但负利率实施时点的负面作用更强。

3. 模型 2（日本）参数估计结果及时变参数特征分析

同样，通过 AIC 判断以选择 TVP-SV-VAR 模型的滞后阶数，设定一阶滞后期。表 4.12 为模型 2 的参数估计结果。Geweke 检验的估计参数在 5%的显著水平下均无法拒绝原假设，表明参数估计有效。非有效性因子都较低，表明模型中的参数都产生了效果很好的样本。此外，由于 MCMC 算法抽样次数设定为 10 000 次，本次实证结果至少可获得 10 000 / 49.61 ≈ 202 个不相关的样本，因此用上述预设参数的 MCMC 算法抽样得到的样本个数对模型的后验推断足够多，证明模型估计有效。

表 4.12　参数估计结果（日本）

参数	均值	标准差	95%置信区间	Geweke 检验	非有效性因子
s_{b1}	0.002 3	0.000 3	（0.001 8，0.002 9）	0.063	6.14
s_{b2}	0.002 3	0.000 3	（0.001 8，0.002 8）	0.024	3.67
s_{a1}	0.006 4	0.007 8	（0.003 5，0.011 9）	0.134	49.61
s_{a2}	0.005 4	0.001 4	（0.003 4，0.008 8）	0.915	15.58
s_{h1}	0.796 9	0.160 6	（0.507 0，1.140 3）	0.843	16.91
s_{h2}	0.006 3	0.004 8	（0.003 4，0.019 7）	0.213	97.27

图 4.14 为 MCMC 算法参数估计的结果，同样可判断产生了有效的样本。

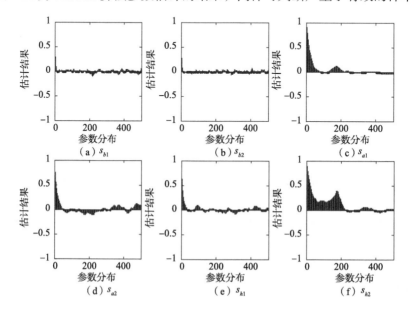

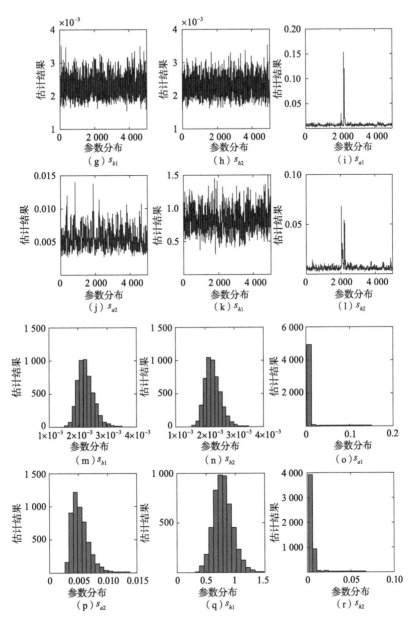

图 4.14　TVP-SV-VAR 模型估计结果（日本）

接下来进行脉冲响应分析。在 TVP-SV-VAR 模型中，脉冲响应函数根据不同时点上的时变参数计算。首先，图 4.15 反映不同滞后期的一单位标准正向冲击形成的脉冲响应时变时间序列，模型设定的滞后期分别为 4 期、8 期和 12 期，代表 4 个月、8 个月和 12 个月。

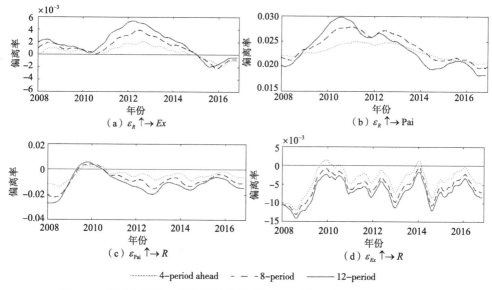

-------- 4-period ahead   - - - 8-period   —— 12-period

图 4.15   利率与汇率、通货膨胀的滞后期外生冲击的脉冲响应图（日本）

从图 4.15 可见，提前 4 期、8 期和 12 期冲击形成的对两个政策目标的脉冲响应变化走势基本一致，但在变动的时点上不一致。由图 4.15（a）可知，2008~2014 年底，利率对汇率的冲击均是正面的，但从 2012 年开始该正向冲击效果开始减弱，直至 2015 年利率对汇率形成了负面冲击，且随着时间推移该负向冲击先增加后减弱，在负利率实施后，负向冲击达到低点。随着汇率的走弱，利率对汇率的正向冲击作用也逐渐减弱。2013 年 4 月至 2016 年 1 月实施的无限期、开放式的 QQE 政策使日元趋势性贬值。2016 年 1 月 29 日日本中央银行毫无预兆地宣布实施负利率政策，汇率应声下跌，但效果仅是昙花一现。在市场一致预期下，日本股市下滑，市场上做多股市做空本币的策略预期落空，阻碍了日本贬值走势与预期。日本的汇率非但没有因负利率贬值，反而在负利率推出当日成为该轮日元大幅升值的转折点，日元本身具备避险工具的属性，2016 年全球风险偏好下行推动资本加速回流日本，出现反弹行情，日元开始升值。

相比汇率目标，日本中央银行此举可能更加重视通货膨胀目标。由其对金融机构存放在中央银行的新增超额准备金征收 0.1%的利息，并推迟达到通货膨胀目标的时间跨度可知，此举意在推动量化宽松的资金进入实体经济，刺激消费和投资，从而推动实体经济的复苏，最终实现 2%的通货膨胀目标。由图 4.15（b）可知，2008~2010 年下半年，利率对通货膨胀的正向冲击作用逐渐增强，且在 1 年的冲击影响时间下作用最强，此后该正向冲击作用逐渐减弱。2016 年初负利率政策推出，负利率对通货膨胀的负面冲击还是不断减弱，但负利率和 QQE 的货币宽松并未带来通货膨胀回升，表明加大力度的宽松政策并未有效减弱对冲外部其他因素导致的负面冲击。由于 2016 年初以来，国际油价持续上涨，阻碍了日本向通货膨胀目标迈进的步伐。

图 4.16（a）是利率对债券价格的结构性脉冲响应，可知 2010~2012 年对债券价格的正向冲击作用不断增强，随后一致减弱，直到 2016 年 1 月底负利率实施后对债券价格的推升作用又有所增强。2010 年 10 月 5 日起，日本中央银行设立了资产购买计划，促使长期利率曲线的下移。在多次扩大量化宽松规模的影响下，利率通过对国债收益率施加下行压力推升了债券价格。在完成大规模购买国库券和国债后，短期刺激经济的预期逐渐消耗，量化宽松对经济的刺激作用越来越小，以至于 2013~2015 年底利率对债券价格的正向冲击作用逐渐减小。负利率实施后，中央银行增加对中长期购债的购买，随后 2016 年 9 月日本中央银行引入了"附加收益率曲线控制的 QQE"新货币政策框架，短期内可提升刺激经济增长的预期，债券市场触顶反弹，国债收益率开始进入上行区间。

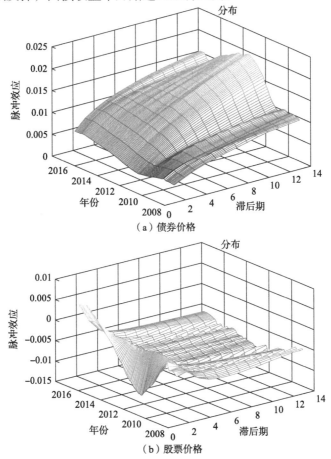

（a）债券价格

（b）股票价格

图 4.16　日本负利率对债券价格（a）和股票价格（b）的脉冲响应三维图

  图 4.16（b）为利率对股票价格的结构性脉冲响应结果，从 2008~2013 年左右负面冲击效应逐渐增强，随后逐渐减弱，且在负利率实施后该负面冲击大幅降低。从历史来看，历次量化宽松政策退出后，日本股市在短期内都迎来一波上涨行情。2010 年 10 月、2013 年 4 月的量化宽松和 QQE 政策均使得利率对股市的负面冲击减弱，QQE 框架实施后，"量化、质化、负利率"三管齐下，更是加速冲击减弱的速度，均带动了股市的短期繁荣。负利率的出台利好股市的时间并未超过 1 周，这是因为它无法对冲国内外市场动荡、全球各市场股票、大宗商品被抛售的负面影响。

  图 4.17（a）为负利率对大宗商品的脉冲响应，由 1 年冲击影响时间的图可知，2008~2011 年利率对大宗商品的负面冲击不断增强，随着时间推移该冲击作用有所降低。2014 年中，利率的冲击作用反弹增强，这可能受强势美元、国际市场大宗商品的暴跌的影响。负利率政策实施后，负向冲击有所减弱，虽然日本中央银行加大了量化宽松力度，但在国际大宗商品市场逐渐回暖的背景下，大宗商品可能进入缓慢而持续的结构性牛市。与负利率相关的不确定性提高了黄金的吸引力，导致对大宗商品的冲击力度增强。此外，股市在负利率环境下不确定增强，资金可能有部分涌向大宗商品市场，推升了大宗商品价格。

  由图 4.17（b）可知，2012 年之前负利率对房地产价格的正向冲击效应缓慢增加，随后触顶回落，在 2015 年初开始转变为负向冲击，而在负利率实施后，该负向冲击的增速明显放缓。2008 年次贷危机后日本房地产市场惨淡。随后在几轮量化宽松政策刺激下，日本房地产市场开始缓慢复苏，在第二轮量化宽松政策推出后，房地产市场开始快速回温。负利率政策推出后，房价持续上升，虽然不能得出负利率一定能推升房价的结论，但从脉冲响应图可看出此次政策起到了一定作用。负利率可以推升房地产价格的原因可能在于消费端，因负利率对居民的冲击

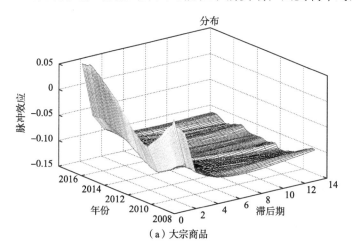

（a）大宗商品

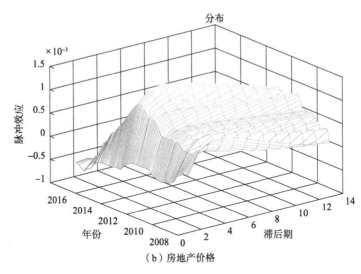

图 4.17　日本负利率对大宗商品（a）和房地产价格（b）的脉冲响应三维图

较大，居民选择了增加消费而非储蓄，因此从消费端增加需求，从而推升了房价。同时，随着滞后期的增加，负利率的结构性冲击效应先快速减弱后缓慢增强，表明负利率对房价的政策效果在短期显现，但长期来看因受较多外部因素的冲击而具有较大不确定性。

图 4.18 表示不同时点冲击形成的脉冲响应，选择比较的时点为：2010 年 10 月日本中央银行公布资产购买计划，代表第二轮量化宽松政策；2013 年 4 月实施无限量、无限期的"QQE"，为第三轮量化宽松政策；2016 年 2 月，中央银行丰富了 QQE 政策框架，引入负利率，构成宽松政策组合。

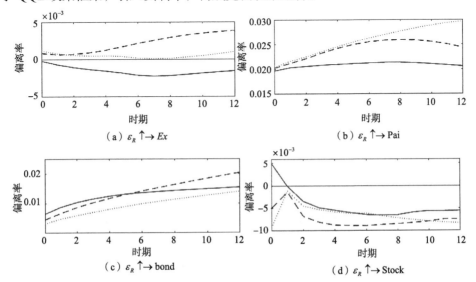

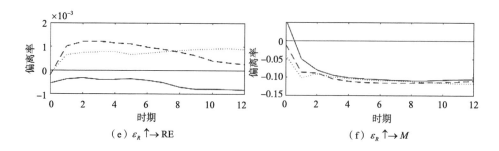

图 4.18　不同时点上的脉冲响应函数（日本）

短虚线、长虚线和实线分别对应 2010 年 10 月、2013 年 4 月和 2016 年 2 月利率对各变量的结构冲击响应状态

图 4.18 的前两幅图为在三个时点下利率对政策目标变量形成的结构性冲击响应。首先，在对汇率的冲击响应方面，第二轮量化宽松和 QQE 时点下，利率对汇率的冲击为正，其中二轮量化宽松的正向冲击作用极小，但都随着时间的推移而缓慢增强。在负利率实施时点下，利率对汇率的负面冲击较强，但随着时间推移该负向冲击又逐渐减弱。在对通货膨胀的影响方面，三个时点的脉冲效应分化明显，第二次量化宽松时点下，随着时间推移利率对通货膨胀的推升作用缓慢增强，但在 QQE 时点下为先增加后减弱，在负利率实施后，负利率对通货膨胀的影响较弱，且随着时间推移没有明显变化。这说明，当货币宽松政策不断加大力度的情况下，政策效果在逐渐减弱。

图 4.18 的后四幅图分别为在三个时点下利率对债券价格、股价、房地产价格和大宗商品价格的结构性冲击效应，横轴表示响应时期，纵轴表示变量关于其稳态值的偏离率。首先，利率对债券价格的正向冲击效应在三次政策出台时点下均随着推移不断增强，说明日本在利率下行时，宽松政策对债券价格起到了一定推升作用。其次，在对股价的冲击方面，第二次量化宽松和 QQE 政策出台时对股价的负面冲击都大幅减弱，但在负利率推出时对股价的正向冲击大幅减弱，且长期来看，在三个时点下均为负向冲击。这可能因为，短期内市场上的不确定因素骤增，导致股市波动性加大，短期内的利好效应受限，无法对冲外部国际市场的负向冲击。在长期，负利率对股票市场的提振作用难以得到经济基本面和国内外资本流动的有力支撑。另外，利率对房地产价格的冲击作用在第二次量化宽松和 QQE 政策时点下，短期内正向冲击增强，随后冲击效果开始缓慢下降，而负利率对房价的冲击为负，长期来看负向冲击作用增强，可能受制于日本实施负利率的时间较短。最后，大宗商品价格在第二次量化宽松政策和第三次 QQE 政策时点下，短期内受到利率政策的负向冲击且不断增强。但是，负利率实施节点对大宗商品的价格形成的正向冲击作用仅限于短期内，这可能因为负利率政策不同于从前的量化宽松政策，短期内，在资金的驱动下可推动黄金、白银等具有避险性质大宗商

品价格的上行，同时带动其他商品价格的上升。

4.2.6　研究结论与政策建议

1. 研究结论

本节围绕负利率与资产价格两个要素，主要研究负利率对资产价格的影响渠道及对各类资产的作用机制，实证部分以欧元区和日本为例，探究负利率的政策目标实现情况，一级负利率对股票、债券、房地产、大宗商品四类资产价格及其波动性的影响状况，得出以下结论。

（1）负利率可能通过中央银行渠道端、商业银行渠道端和市场渠道端，在市场避险情绪的带动下同时推升无风险资产和风险资产的价格。政策负利率不仅会导致货币基金、国债等收益稳健资产的收益率持续下跌，甚至进入负区间，还会在市场避险情绪的作用下带动风险资产的需求上涨。大宗商品价格可能因国际资金的避险需求而短期被推高，但动力不足。各负利率实施经济体的股价呈现高位维稳态势，短期内利率下行有利于资金面宽裕，利好股市，但也会加剧市场波动。利率下行推动债券收益率下降和债券价格的抬升。货币市场利率紧随中央银行政策利率变动，但市场未出现囤积现金的清晰信号。负利率对汇率作用不明确，负利率会通过提供转移资产到更高收益率投资标的激励来降低汇率，同时负利率对总需求的累计影响及对资产价格的提升作用可能抵消负利率对汇率的向下压力。负利率政策带动住房贷款利率下降，通过降低使用成本、提高价格预期并增加房地产商的供应，配合银行信贷渠道和资产负债表渠道提高房地产需求和消费，可推动房价上行。

（2）负利率实施后，欧元区和日本的负利率对汇率、通货膨胀两个政策目标，以及四类资产价格的脉冲响应均具有明显的时变特征，且短期内作用较强。以欧元区和日本为例，加入资产价格波动的泰勒模型与 TVP-SV-VAR 模型证明负利率会在短期明显推升价格波动。对欧元区来说，负利率的实施在短期和中期有助于缓解货币升值和通货紧缩压力，但效用随时间推移减弱，中长期效果不明确。负利率推出后刺激短期股市与债市的繁荣，带动房贷成本下跌引发一轮房地产价格的震荡上涨行情，同时并未明显推升商品价格。对于日本来说，负利率政策短期内无法对冲其他因素的负向冲击，政策效果没有明显显现，汇率和通货膨胀继续承压。负利率政策有助于增加推升债券价格的力度，对股价的负面冲击有所减弱，同时在短期，资金的驱动能推动黄金、白银等具有避险性质的大宗商品价格上行，对房地产价格负向冲击增速放缓，可能从消费端刺激房价上涨。

2. 政策建议

基于本节对负利率政策相关背景、传导机制、政策效果及影响的分析，结合实证分析得出的结论，提出以下三点政策建议。

（1）以"经济与金融稳定性"为控制目标，出台负利率修正及配套政策措施，避免过度冲击金融市场与实体经济。负利率政策应作为一种"非常规"的过渡性政策，缓解在经济衰退下的通货膨胀和汇率问题，中央银行作为政策调控的主体，应注重并在政策的实施过程中积极寻找负利率下金融市场及实体经济的潜在风险隐患。此外，还应综合国情对政策有效修正或出台补充性配套措施，以尽可能地降低政策工具对市场预期的冲击，避免金融市场波动性加剧通过感染链条引发全球范围金融风险的爆发。

（2）提高银行业风险把控标准，合理收缩信贷规模，优化信贷结构，配合财政政策手段提振需求。银行业是金融体系的命脉，但持续的低利率会在长期大幅削减银行业的盈利，从而刺激银行在经营过程中承担更多的风险。同时，国内的房地产和抵押贷款市场的失衡问题可能加剧，这样的发展态势将使银行体系和实体经济更加脆弱。因此，中央银行作为监管者，应对本国商业银行出台保护性措施及更强的风险监控措施，缓解银行业因负利率受到的冲击。例如，保障银行在评估借款人信誉时预留充足的资本盈余，保持更为保守的信贷作风，尽可能地减少银行业经营情况及实体经济的波动性。

（3）实施供给侧结构性改革，合理降低政策干预力度，激发市场活力。在量化宽松货币政策边际效果递减，持续压力不断增大的背景下，2016 年底至 2017年初全球金融市场不可避免地迎来了流动性拐点，利率下行推升资产价格的市场逻辑逐渐弱化，国际政策也将重心转移至结构和效益。"负利率"本是以需求刺激为驱动力的货币政策边际效率递减之下的无奈产物，目前，市场上对中央银行的政策效应和宽松货币政策对经济增长带来的效用的怀疑越来越大。在新的背景下，解决"负利率"的根源——中长期供给侧的种种问题，如技术进步的放缓、人口老龄化的加速、教育边际产出的下降、资本回报率水平下移等，解决经济复苏承压的问题可能需要从供给侧出发，解决经济体系中的结构性问题。

4.3　货币政策对资产价格的非线性传导效应

4.3.1　引言及文献综述

自 20 世纪 90 年代以来，中国期货市场得到迅猛发展，其国际影响力也与日俱增。尤其是 2010 年 4 月 16 日中国金融期货交易所正式推出沪深 300 股指期货合约,作为第一个标准化金融衍生品,标志着我国正式实现从商品期货向金融期货的成功跨越,是我国金融市场一项重大的制度创新。然而,期货市场的发展必然会给投资者和监管者带来全新的挑战。2013 年的"8·16"事件、2015 年 6 月的"股灾"事件等使中国证券监督管理委员会、中央银行等多个部门联合出台多项措施(包括暂停 IPO、限制股指期货户开仓数量和大幅提高保证金等),2015 年中央银行曾 5 次降准和降息,不断强化对期货市场的监管,尤其是股指期货市场面临着巨大的困境和挑战。众所周知,当市场失去流动性时,期货的价格发现和套期保值等功能也将难以发挥。可见,期货市场流动性中蕴藏着丰富的市场信息,包括期货价格形成的内在机理、信息传递方式和市场运行效率等。正如 Amihud 和 Mendelson(1988)所言:"流动性是市场的一切。"O'Hara(1997)也指出流动性为期货市场中各种投资者提供了快速买卖期货合约和转移风险的机会。事实上,货币政策为期货市场的流动供给提供源泉,Scrimgeour(2015)通过分析期货价格对货币政策异常的反应,发现利率 10 个基点的异常变动会使商品期货价格下降约 0.5%。因此,科学地测度期货市场流动性的总体水平,深入分析货币政策对期货市场流动性的传导渠道及其影响效应,对进一步完善期货市场的交易制度改革、充分发挥股指期货的市场功能,进而维护期货市场的稳定发展具有重要的理论和现实意义。

　　市场流动性是证券交易和资源优化配置的基础性因素,反映了金融市场的变现能力和运行效率,一般的测度方法主要有两类:一类是从宽度、紧度、深度和弹性等方面分析市场流动性(Kyle,1985;Sarr and Lybek,2002);另一类是从交易成本、委托量、均衡价格和市场冲击等角度测度市场流动性(Amihud,2002;Chung and Chuwonganant,2014;刘晓星等,2014)。期货市场流动性对期货品种能否迅速及时达成交易至关重要,适度的流动性为期货市场投资者提供了快速、低成本买卖期货合约的机会。国内外学者针对期货市场从不同角度建立了市场流动性指标,如 Hasbrouck(2004)通过对带有期货交易发起方向的指令流的估计来衡量期货市场流动性;Lesmond(2005)则以 1987~2005 年 31 个新兴国家的期货市场为样本,用 5 种基于买卖差价的方法测度期货市场流动性。然而,与欧美等国期货市场的交易制度和方式存在较大区别,中国期货市场主要是指令驱动市场,没有做市商制度。赵伟雄等(2010)基于价格波动、交易量和持仓量构造了期铜市场的流动性指标,并分析了其与 M2 之间的关系;卢斌和华仁海(2010)基于期货市场高频交易数据,利用广义序贯交易模型测算了期货市场流动性;范玉良(2014)选择一种价量结合的价格冲击模型作为期货市场流动性的度量方法。但是,这些研究过分强调价格冲击对流动性的影响,而忽略了成交量的作用,也没有考虑因成交额变化改变投资者的交易倾向等因素。因此，本节基于"时间尺度"和"价格尺度"双重属性，并充分兼顾交易倾向因素，构建了一个期货市场流动性的新指标，从而为后续研究货币政策与期货市场流动性之间关系奠定基础。

目前国内外文献关于股指期货市场的研究主要集中在以下几个方面：第一，分析股指期货交易与市场波动性、流动性之间的关系，如 Xiang 和 Zhu（2014）基于2001~2004 年 FTSE-100 股指期货日内报价和交易数据，分析了在极端买卖背景下非对称流动性与非对称波动性之间的内在联系；郦金梁等（2012）认为沪深 300 股指期货推出提升了股市流动性和价格发现能力，降低了价格波动性；周强龙等（2015）基于股指交易高频数据，采用非参数估计的 VPIN（volume-synchronized probability of informed trading）方法考察了市场知情交易概率与未来流动性水平和波动状况之间的关系。第二，探讨期货市场与现货市场之间的关联性，如 Sari 等（2012）分析了能源期货与农产品期货之间的内在关系；Hou 和 Li（2014）结合 AR-GJR-GARCH-M（autoregress-GJR-generalized autoregressive conditional heteroskedasticity-in-mean）模型和 VECM-GARCH-M（vector error correction model-generalized autoregressive conditional heteroskedasticity（GARCH）-in-mean）模型研究了沪深 300 股指期货市场对现货市场的影响，结果表明沪深 300 股指期货会增强现货交易的正反馈效应，但会通过股指套利行为减弱现货价格的稳定性；Bohl 等（2015）利用 GARCH 模型检验了引入股指期货可以减小中国现货市场的波动性的判断。第三，研究股指期货的信息效率和风险问题，如魏振祥等（2012）研究了沪深 300 股指期货与恒生指数期货、S 和 P500 指数期货市场间的信息传递效应；陈海强和张传海（2015）基于 5 分钟高频交易数据分析了沪深 300 股指期货交易对股市跳跃风险的影响；刘向丽和常云博（2015）采用经流动性调整的收益率结合 GARCH-VaR 方法度量了沪深 300 股指期货风险。

然而，当前研究过于关注期货市场本身或与现货市场之间的影响机制，较少从宏观经济，尤其是从流动性视角分析货币政策变化对期货市场的传导效应。如果能够厘清货币政策调整对期货市场流动性的作用机制，疏通货币政策对期货市场的传导渠道，将会极大提高期货市场的监控效率，有效引导期货市场的稳定发展。目前已有文献分析了货币政策对股市流动性（Chordia et al.，2005；Goyenko and Ukhov，2009；方舟等，2011；王明涛和何浔丽，2011）、债市流动性（Chordia et al.，2005；Goyenko and Ukhov，2009）的影响，而 Chen 等（2014）认为商品期货价格中包含预测通货膨胀信息，且商品期货指数比综合指数有更好的预测效果；危慧惠（2015）基于商品期货市场的价格交易探讨了货币政策传导的微观机理。这些研究都为深入分析货币政策对期货市场流动性的传导效应提供重要参考。

本节主要以 M2 和利率为货币政策的代理变量，基于非线性视角从引导关系和状态影响两个方面研究货币政策对期货市场流动性的传导效应。首先，分析引导关系最常用的方法就是 Granger 因果检验，但是传统 Granger 因果检验无法捕捉时间序列变量间实际可能存在的非线性结构而产生显著偏误等问题。为了克服这个不足，Toda 和 Yamamoto（1995）提出了修正的 Granger 因果检验方法，它能够很好地适应存在高阶协整关系的时间序列，但该方法对小样本容易失效；Shukur 和 Mantalos（2004）运用了残差 Bootstrap 方法对样本进行重塑，提高了修正 Granger 检验的稳健性；Pesaran 和 Timmermann（2005）给出了选择滚动宽窗 Granger 因果检验中窗口宽度选择的适度区间；Hacker 和 Hatemi（2006）认为基于残差 Bootstrap 方法的修正 Wald 统计量依然存在微弱的失真问题；Balcilar 等（2010，2014）提出了基于 Bootsrap-F 统计量的滚动宽窗 Granger 因果检验方法，该方法不仅能够有效克服参数结构不稳定的问题，还能够较好地刻画不同子区间的动态结构特征。国内学者如张兵等（2008）、金雪军和周建锋（2014）、徐胜和朱晓华（2015）也做了类似研究。因此，本节利用 Bootsrap-F 统计量对由货币政策代理变量和期货市场流动性所构成的 VAR 系统参数的短期和长期稳定性进行检验，结合滚动宽窗 Granger 因果检验方法分别深入研究 M2、利率对期货市场流动性的非线性引导关系，包括不同时间段的 Bootstrap-P 值和影响方向及程度等。其次，货币政策对期货市场流动性的影响作用常常具有非线性特征，仅仅利用线性模型很难刻画两者之间的动态关系，尤其是无法区分期货市场流动性不同状态，从而描述货币政策的影响作用。因此，本节选择 MS-VAR 模型对货币政策代理变量和期货市场流动性组成系统的区制效应进行识别，并利用累积脉冲响应分析 M2、利率在不同区制下对期货市场流动性的作用机制。基于上述两方面的研究将为促进期货市场，尤其是股指期货市场的稳定发展提供理论基础和实证依据。

4.3.2　实证模型及方法

1. 期货市场流动性

期货市场流动性主要是指在既定的期货市场结构下，期货合约能够以合理价格迅速交易且不引起其他相关资产发生明显波动的难易程度，体现了期货交易的"时间尺度"（即交易时间短）和"价格尺度"（即交易成本低）双重属性，是衡量期货市场资源配置和运行状态的重要依据。鉴于当前文献在构造期货市场流动性指标中存在诸多不足和沪深 300 股指期货推出的历史意义，本节基于价格波动、成交量、持仓量和成交额等因素，构造一类新的期货市场流动性指标如下：

$$\text{MarL}_t = \sum_{i=1}^{T_t} \omega_{t,i} \frac{V_{t,i}/N_{t,i}}{\exp\left[\left(P_{t,i}-P_{t,i-1}\right)/P_{t,i-1}\right]} \tag{4.32}$$

其中，$V_{t,i}$、$N_{t,i}$ 和 $P_{t,i}$ 分别是沪深 300 指数期货（主力合约）在 t 月第 i 个交易日的成交量、持仓量和收盘价；T_t 是 t 月的交易日数；分子 $V_{t,i}/N_{t,i}$ 反映的是对应交易日期货合约的换手率，分母则是对应交易日价格相对波动率的指数。在期货市场中，期货合约的交易状态容易受到投资者的交易倾向影响，而交易倾向对成交额变化尤为敏感，当成交额越大时越容易刺激投资者进行交易。因此，可利用期货合约的成交额构造权重对期货市场日度流动性进行加权平滑调整，权重为

$\omega_{t,i} = e_{t,i} \Big/ \sum_{j=1}^{T_t} e_{t,j}$，这里 $e_{t,i}$ 为 t 月第 i 个交易日的成交额。

从式（4.32）可知，MarL_t 反映了单位期货合约价格波动下可能需要多大的换手率来吸收，即当价格波动越小，换手率越高，则 MarL_t 值越大，此时期货市场的流动性越强，反之则 MarL_t 值越小。可见，该指标的优点主要体现在以下四个方面：①价格波动率取指数可以避免在连续交易日始终出现涨停或跌停导致 MarL_t 出现无穷大的极端情况，而此极端情形的流动性大小就是其换手率，与市场流动性的含义相符。②指数函数与原函数保持同样的单调性，且反应会更加灵敏。在期货交易中，价格波动率过大会带来诸多不确定性，从而使期货市场流动性更加显著地反映出来。③该指标用交易额反映期货交易情绪因素，从而构建权重进行平滑调整，而不是简单地进行算术平均。④MarL_t 是正向指标，便于理解和分析。

2. 滚动宽窗 Granger 因果检验

由于传统的 Granger 因果检验的内在缺陷，本节将利用 Bootstrap-F 统计量结合滚动宽窗 Granger 因果检验方法来分析货币政策对期货市场流动性的非线性引导关系。

考虑一个经典的二元 VAR（p）模型，其矩阵形式如下：

$$\begin{bmatrix} y_{1t} \\ y_{2t} \end{bmatrix} = \begin{bmatrix} \varphi_1 \\ \varphi_2 \end{bmatrix} + \begin{bmatrix} \varphi_{11}(L) & \varphi_{12}(L) \\ \varphi_{21}(L) & \varphi_{22}(L) \end{bmatrix} \begin{bmatrix} y_{1t} \\ y_{2t} \end{bmatrix} + \begin{bmatrix} \varepsilon_{1t} \\ \varepsilon_{2t} \end{bmatrix} \tag{4.33}$$

其中，y_{1t} 和 y_{2t} 分别表示货币政策代理变量和期货市场流动性；$\varphi_{ij}(L) = \sum_{k=1}^{p} \varphi_{ij,k} L^k, i,j = 1,2$，$L$ 为滞后算子，即 $L^k x_t = x_{t-k}$，k 为滞后阶数；ε_{1t} 和 ε_{2t} 是白噪声序列。基于以上假设条件可知：若 y_{2t} 不是 y_{1t} 的 Granger 因果关系的原假设是 $\varphi_{12,k} = 0, k = 1,2,\cdots,p$；类似地，若 y_{1t} 不是 y_{2t} 的 Granger 因果关系的原假设是 $\varphi_{21,k} = 0, k = 1,2,\cdots,p$。

滚动宽窗 Granger 因果检验其实就是将经典 Granger 因果检验的区间不断地进行滚动估计，从而得到变量间的动态因果关系。具体方法为：假设整个样本长度为 T，选定滚动宽窗为 n（$2p+1 < n < T$），整个样本区间就转化为 $T-n$ 个子样本

序列，任意子样本的样本期为 $t=\tau-n+1,\tau-n,\cdots,\tau$ ，$\tau=n,n+1,\cdots,T$ 。对每个子样本再运用 Bootstrap-F 方法检验货币政策代理变量和期货市场流动性之间的 Granger 因果关系，此时，检验统计量为

$$F_{t,n}=\frac{\left(\mathrm{RSS}_{0,t}-\mathrm{RSS}_{1,t}\right)\big/p}{\mathrm{RSS}_{1,t}\big/\left(t-2p-1\right)}\sim F\left(p,n-2p-1\right) \tag{4.34}$$

其中，$\mathrm{RSS}_{1,t}=\sum\limits_{i=t-n+1}^{t}\hat{\mu}_i^2$，$\mathrm{RSS}_{0,t}=\sum\limits_{i=t-n+1}^{t}\hat{e}_i^2$ 。

3. MS-VAR 模型

MS-VAR 模型能够很好地捕捉样本期内影响关系随时间和状态变化的特征，且参数估计相对简单。因此，本节主要选择该模型来深入分析在不同状态下货币政策对期货市场流动性的影响机制。假设回归参数依赖于一个不可观测的时变区制变量 s_t，并服从一个严平稳的马尔科夫过程。下面给出 m 个区制滞后 q 阶的 MS（m）-VAR（q）模型表达式：

$$y_t=v(s_t)+\sum_{j=1}^{q}A_j(s_t)y_{t-j}+\varepsilon_t,\quad \varepsilon_t\sim\mathrm{NID}\big(0,\varSigma(s_t)\big) \tag{4.35}$$

其中，$s_t=\{1,2,\cdots,m\}$，相应的转移概率矩阵为

$$\boldsymbol{P}=\begin{bmatrix} p_{11} & p_{12} & \cdots & p_{1m} \\ p_{21} & p_{21} & \cdots & p_{2m} \\ \vdots & \vdots & & \vdots \\ p_{m1} & p_{m2} & \cdots & p_{mm} \end{bmatrix}$$

且满足 $p_{ij}=\mathrm{Pr}\left(s_{t+1}=j\,|\,s_t=i\right)$，$\sum\limits_{j=1}^{m}p_{ij}=1,\forall i,j\in\{1,2,\cdots,m\}$ 。

根据式（4.35）中的均值、截距、回归系数和方差等参数是否随 s_t 而变化的情况，可得到不同的 MS-VAR 模型，分别为 MSM-VAR、MSI-VAR、MSA-VAR 和 MSH-VAR 模型等，当均值或截距和方差同时随 s_t 变化时，则有 MSMH-VAR 模型或 MSIH-VAR 模型等。需要注意的是 MSMH-VAR 模型和 MSIH-VAR 模型并不相同，前者均值在进行区制转换时将导致可观测序列立即跳跃到新水平，而后者截距的一次永久性区制转换的动态效应与对白噪声序列以此同等冲击的动态响应一样（方舟等，2011）。这里给出 MSMH（m）-VAR（q）的表达式：

$$y_t-\mu(s_t)=\sum_{j=1}^{q}A_j\big(y_{t-j}-\mu(s_{t-j})\big)+\varepsilon_t,\quad \varepsilon_t\sim\mathrm{NID}\big(0,\varSigma(s_t)\big) \tag{4.36}$$

4.3.3　实证检验及结果分析

1. 变量选择与统计分析

本节采用货币供应量和利率作为货币政策的代理变量，其中货币供应量取 M2，利率采用银行间同业拆借 7 天加权平均利率 r，它能灵敏地反映金融市场上货币资金的供求状况，可作为基准利率（方舟等，2011）。M2 和 r 选择 2010 年 5 月至 2015 年 11 月的月度数据，沪深 300 指数期货（主力合约）为日度数据，所有数据均来源于同花顺金融数据库，其中 M2 采用 Census X12 方法进行季节调整，并取月对数增长率，期货市场流动性 MarL 数据根据式（4.32）计算得到。表 4.13 给出了三个变量的描述性统计和它们之间的相关系数。

表 4.13　各变量的描述性统计

变量	M2	r	MarL
均值	0.011 3	3.588 2	7.083 3
标准差	0.007 3	0.959 7	3.467 4
最大值	0.045 9	6.981 9	20.49 9
最小值	−0.003 1	1.923 5	0.425 9
偏度	1.820 2	0.698 1	1.959 9
峰度	9.668 6	4.265 5	8.349 9
J-B 统计量	161.138 3[***]	9.912 9[***]	122.799 9[***]
M2	1		
r	−0.201 7[*]	1	
MarL	0.199 1[*]	−0.246 4[**]	1

[***]、[**]和[*]分别表示在1%、5%和10%的显著性水平上显著

从表 4.13 可以看出，MarL 的均值最大且波动最强，而 M2 的均值最小且波动也最弱，三个变量均是正偏且峰度较大，呈现金融时间序列常见的"尖峰厚尾"特征，JB 统计量显示在 1%的显著性水平下均拒绝服从正态分布的原假设；从相关系数来看，M2、r 和 MarL 之间的相关程度相差不大，其中 r 与 M2、MarL 均呈负相关，而 M2 与 MarL 呈正相关，这也与我们的直观感受基本吻合。

为了避免出现伪回归问题，采用 ADF 检验法对这三种指标的平稳性进行检验，如表 4.14 所示。通过 ADF 法检验发现 M2、r 和 MarL 均在 1%的显著性水平下拒绝存在单位根的原假设，说明它们都是平稳序列。

表 4.14　各变量的平稳性检验

	ADF 检验	1%临界值	P 值	结论
M2	−9.028 3***	−3.533 2	0.000 0	平稳
r	−4.219 8***	−3.533 2	0.001 3	平稳
MarL	−5.079 5***	−3.534 9	0.000 1	平稳

***表示在1%的显著性水平上显著

2. 货币政策对期货市场流动性的非线性引导关系

为了研究货币政策对期货市场流动性的非线性引导关系，本节基于滚动宽窗 Granger 因果检验方法分别检验在不同时间段内 M2、r 是否为 MarL 的 Granger 因果原因。一般步骤为：第一，利用全样本数据建立二元 VAR 模型，根据 AIC 选择最优滞后阶数；第二，基于 Bootstrap-F 统计量分别分析 M2、r 与 MarL 之间 VAR 模型参数短期和长期的稳定性；第三，运用滚动宽窗 Granger 因果检验方法分别研究 M2、r 与 MarL 之间在不同时间段内的引导关系。

1）参数稳健性检验

根据全样本 VAR 模型中的 AIC 选择最优滞后阶数都为 2。全样本 Granger 因果检验结果的稳健性取决于 VAR 模型参数的稳定性，若参数不稳定则可能会影响检验结果的效果（徐胜和朱晓华，2015）。然而货币政策对期货市场流动性的影响可能存在结构性变化从而导致 VAR 模型参数的内在不稳定，即这种相互影响关系可能具有一定的时变性。因此，需要对参数短期和长期的稳定性进行检验，这里设定 Bootstrap 循环次数为 1 000 次，由 M2 和 r 分别与 MarL 所构建的 VAR 模型的短期参数稳定性检验结果如表 4.15 所示。

表 4.15　货币政策代理变量及期货市场流动性的短期参数稳健性检验

检验方法			SupF	AveF	ExpF	Nyblom-Hansen
M2 和 MarL	M2 方程	统计量	23.305 0***	10.947 2**	8.929 5***	1.266 4
		P 值	0.007 4	0.013 0	0.003 9	0.103 9
	MarL 方程	统计量	25.506 8***	20.490 4***	10.846 5***	3.595 6***
		P 值	0.000 3	0.000 0	0.000 1	0.005 0
r 和 MarL	r 方程	统计量	47.032 3***	16.378 8***	19.649 4***	1.582 5**
		P 值	0.000 0	0.000 3	0.000 0	0.031 7
	MarL 方程	统计量	57.471 4***	25.244 3***	24.864 8***	3.887 7***
		P 值	0.000 0	0.000 0	0.000 0	0.005 0

***、**分别表示在1%、5%的显著性水平上显著

从表 4.15 可以看出,首先,对于由 M2 和 MarL 所构建的 VAR 模型来说,SupF、AveF 和 ExpF 检验结果均显示 M2 方程和 MarL 方程的参数在 5%的显著性水平下都拒绝原假设,即认为两个方程参数在短期内不稳定,但 Nyblom-Hansen 检验表明 M2 方程参数在 10%显著性水平下不能拒绝原假设,而 MarL 方程参数在 1%显著性水平下拒绝原假设,即 M2 方程参数在短期内稳定但 MarL 方程参数在短期内不稳定。总体而言,M2 与 MarL 的模型参数在短期内具有较强的不稳定性。其次,对于由 r 和 MarL 所构建的 VAR 模型来说,SupF、AveF、ExpF 和 Nyblom-Hansen 四种检验结果均表明 r 方程和 MarL 方程的参数在 5%的显著性水平下都拒绝原假设,即 r 与 MarL 的模型参数在短期内也具有很强的不稳定性。

紧接着,进一步检验模型参数的长期不稳定性,检验结果如表 4.16 所示。

表 4.16　货币政策代理变量及期货市场流动性的长期参数稳健性检验

检验方法		SupF	AveF	ExpF	Nyblom-Hansen	Moving L2
M2 和 MarL	统计量	38.124 6***	17.611 7**	16.073 2***	4.861 8***	0.883 9
	P 值	0.001 0	0.018 9	0.000 6	0.005 0	1
r 和 MarL	统计量	37.719 1***	19.839 5***	15.229 5***	5.470 2***	0.976 4
	P 值	0.001 2	0.005 9	0.001 2	0.005 0	1

***、**分别表示在1%、5%的显著性水平上显著

由表 4.16 可知,对于 M2 和 MarL 的模型,SupF、ExpF 和 Nyblom-Hansen 三种统计量均表明在 1%的显著性水平下拒绝原假设,AveF 统计量表明参数在 5%的显著性水平下拒绝原假设,这说明模型参数具有长期稳定性,仅 Moving L2 检验无法拒绝原假设。因此,M2 和 MarL 的模型参数在长期内具有较强的稳定性;类似地,对于 r 和 MarL 的模型来说,SupF、AveF、ExpF 和 Nyblom-Hansen 四种统计量均在 1%的显著性水平下拒绝原假设,说明参数具有长期稳定性,但 Moving L2 检验也无法拒绝原假设,可见 r 和 MarL 的模型参数在长期内也具有较强的稳定性。

综合表 4.15 和表 4.16 的检验结果可知,由以 M2 和 r 为代理变量的货币政策和期货市场流动性 MarL 所构建的 VAR 模型在短期内表现出较强的参数不稳定性,而参数的长期稳定性程度较高。这些结果显然违背了经典 Granger 因果检验的前提假设,全样本的 Granger 因果检验已经无法真实反映货币政策对期货市场流动性可能存在的引导关系,这正为利用滚动宽窗 Granger 因果检验进行分析提供了必要性。

　2）滚动宽窗 Granger 因果检验

上述的参数稳健性检验显示,货币供应量和利率与期货市场流动性之间的影响关系确实存在结构性变化,为了克服这种结构性变化带来的影响,这里使用滚

动宽窗技术研究 M2、r 分别对 MarL 可能存在的 Granger 因果关系。选择合理的窗口宽度是该方法的关键所在，Pesaran 和 Timmermann（2005）研究认为窗口宽度设定在 10~20 比较合适。本节综合考虑估计的自由度需求和结构性变化特性，将窗口宽度设定为 15（相当于样本总数的 22%）。

a. M2 对 MarL 的滚动宽窗 Granger 因果检验

图 4.19 显示了 M2 对 MarL 的滚动宽窗 Granger 因果检验结果，原假设为 M2 不是 MarL 的 Granger 因果原因。其中图 4.19（a）给出的是滚动宽窗 Granger 因果检验的 Bootstrap-P 值，可以发现在 10%的显著性水平下，2011 年 11 月至 2012 年 4 月、2013 年 7 月至 2013 年 11 月、2015 年 6 月至 2015 年 9 月三个时间段内拒绝原假设，即 M2 是 MarL 的 Granger 因果原因（阴影部分），货币供应量冲击能够有效地解释期货市场流动性变化。为了更加清晰地测度 M2 对 MarL 的影响方向及其程度，图 4.19（b）给出了 Granger 因果检验方程中估计系数的均值及其 95%置信水平的上下界，阴影部分为对应图 4.19（a）中存在显著 Granger 因果关系的时期。从图 4.19（b）可以看出，虽然 2011 年 11 月至 2012 年 4 月 M2 对 MarL 的影响较为显著，但是其实际影响的程度并不大，基本上在 0 附近波动；而 2013 年 7 月至 2013 年 11 月、2015 年 6 月至 2015 年 9 月 M2 对 MarL 的影响程度较高，其中 2013 年 7 月至 2013 年 11 月 M2 对 MarL 存在显著的负效应，最低达到−282.000 8，2015 年 6 月至 2015 年 9 月 M2 对 MarL 存在显著的正效应，最高可达 425.682 3。M2 对 MarL 的影响程度有所增强主要受到 2015 年 6 月份"股灾"事件的影响，中国证券监督管理委员会加强对股指期货市场的监管，此时减弱货币供应量增长率对于期货市场而言无异于雪上加霜，导致股指期货自 2010 年上市以来遭遇前所未有的冰点。通过比较 M2 和 MarL 的变化趋势发现，这三个显著时间段皆是货币供应量的增长率与期货市场流动性都处于下降时期，可见当两者同时处于减弱阶段，尤其是两者相关性较强时期要比其他时期更容易导致 M2 是 MarL 的 Granger 因果原因，且金融事件和政策调整容易引发 M2 对 MarL 的影响方向及其程度的变化。

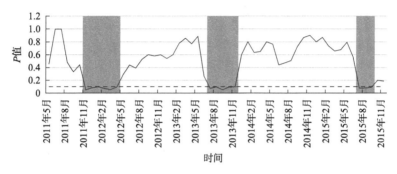

（a）M2 非 MarL 的 Granger 原因的滚动宽窗检验 P 值

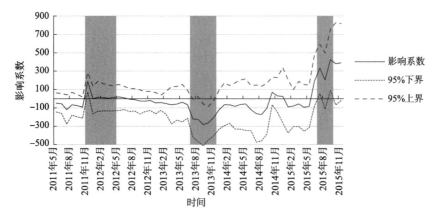

（b）M2 对 MarL 滚动宽窗 Granger 因果检验的影响系数估计

图 4.19   M2 对 MarL 的滚动宽窗 Granger 因果检验

b. r 对 MarL 的滚动宽窗 Granger 因果检验

图 4.20 显示了 r 对 MarL 滚动宽窗 Granger 因果检验的结果，原假设为 r 不是 MarL 的 Granger 因果原因。与上面类似，图 4.20（a）是滚动宽窗 Granger 因果检验的 Bootstrap-P 值，可以看出在 10% 的显著性水平下，2013 年 7 月至 2013 年 11 月、2014 年 6 月至 2014 年 9 月、2015 年 6 月至 2015 年 7 月三个时间段内拒绝原假设，即 r 是 MarL 的 Granger 因果原因，利率冲击能够有效解释期货市场流动性的变化。图 4.20（b）衡量了 r 对 MarL 的影响方向及其程度，包括估计系数的均值及其 95% 置信水平的上下界，可以发现 2014 年 6 月至 2014 年 9 月虽然 r 对 MarL 的影响较为显著，但影响程度并不高，而 2013 年 7 月至 2013 年 11 月、2015 年 6 月至 2015 年 7 月影响程度较高，其中在前一时期内 r 对 MarL 存在正效应，最高可达 2.183 2，在后一时期内 r 对 MarL 的影响主要表现为负效应，最低达到 -2.717 8。与图 4.19 中影响显著的时间段进行对比发现，在 2013 年 7 月至 2013 年 11 月、2015 年 6 月至 2015 年 7 月两个时期 M2 和 r 对 MarL 的影响程度都较高，但影响方向相反，这与传统的货币理论一致，并且在"股灾"事件的影响下，r 对 MarL 的影响程度也有增强趋势。通过比较 r 和 MarL 的变化趋势可知利率增加且市场流动性减弱会导致 r 对 MarL 存在正效应（即 2013 年 7 月至 2013 年 11 月），而利率减小且市场流动性减弱则会引发 r 对 MarL 产生负效应（即 2015 年 6 月至 2015 年 7 月），金融事件和政策调整也会导致 r 对 MarL 的影响方向及其程度发生变化。

3. 货币政策对期货市场流动性的状态影响分析

为了分析不同区制下货币政策对期货市场流动性状态的影响作用，这里选择包含 M2、r 和 MarL 三个变量的 MS-VAR 模型进行分析。基本步骤主要如下：首

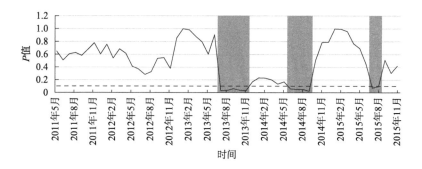

（a）r 非 MarL 的 Granger 原因的滚动宽窗检验 P 值

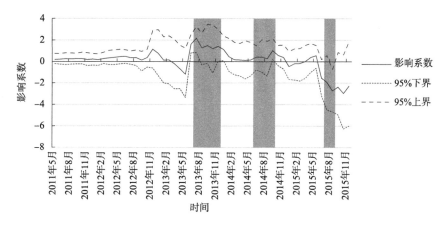

（b）r 对 MarL 滚动宽窗 Granger 因果检验的影响系数估计

图 4.20　r 对 MarL 的滚动宽窗 Granger 因果检验

先，确定 MS-VAR 模型的滞后阶数和区制个数；其次，对 MS-VAR 模型的参数进行估计，并通过概率转移图进行状态划分；最后，利用累积脉冲响应分析不同区制下 M2 和 r 对 MarL 的动态影响。

1）MS-VAR 模型的选择

为了确定 M2、r 和 MarL 的均值、截距和方差是否具有区制效应和 VAR 模型的最优阶数，这里利用 LL、AIC 和 SC 三种准则进行模型比较，从而确定最优的 MS-VAR 模型，如表 4.17 所示。

表 4.17　MS-VAR 模型的选择

模型	VAR（2）	MSM（2）-VAR（2）	MSI（2）-VAR（2）	MSMH（2）-VAR（2）	MSIH（2）-VAR（2）
LL	26.46	39.05	37.74	58.21	57.13
AIC	−0.17	−0.22	−0.18	−0.62	−0.59
SC	0.73	0.85	0.89	0.65	0.68

续表

模型	VAR（3）	MSM（2）-VAR（3）	MSI（2）-VAR（3）	**MSMH（2）-VAR（3）**	MSIH（2）-VAR（3）
LL	31.97	35.63	36.86	59.45	65.85
AIC	−0.06	0.18	0.13	−0.69	−0.59
SC	0.95	1.55	1.51	0.62	0.99

注：加粗列为所选的最优模型

由表 4.17 可知，根据 LL、AIC 和 SC 准则发现 MSMH（2）-VAR（3）模型的拟合效果最好，即存在两个区制，滞后 3 阶且均值和方差均具有区制效应。MSMH（2）-VAR（3）模型的 LR 线性检验值为 54.946 6，卡方统计量的 P 值小于 1%，显著地拒绝线性系统的原假设。因此，选择 MSMH（2）-VAR（3）是相对合适的。

2）MS-VAR 模型的参数估计

表 4.18 和图 4.21 给出了 MSMH（2）-VAR（3）模型参数的估计结果和区制转移概率图。

表 4.18　MSMH（2）-VAR（3）模型参数估计结果

参数	M2 方程		r 方程		MarL 方程	
	系数	T 值	系数	T 值	系数	T 值
μ_1	0.01[*]	1.32	3.41[***]	2.74	5.89[**]	1.98
μ_2	0.01	1.47	3.89[***]	3.06	8.35[***]	2.74
M2（−1）	−0.02	−0.18	3.93	0.47	33.81[***]	7.10
M2（−2）	−0.00	−0.01	0.91	0.11	0.40	0.02
M2（−3）	0.00	0.00	−0.26	−0.08	0.64	0.05
r（−1）	−0.00	−0.13	0.55[***]	5.13	0.07	0.24
r（−2）	0.00	0.47	−0.19	−1.51	−0.21	−0.69
r（−3）	−0.00	−0.28	0.12	1.04	−0.43[*]	−1.26
MarL（−1）	0.00	1.22	−0.07	−1.50	0.87[***]	8.25
MarL（−2）	−0.00	−1.05	0.05	0.99	−0.62[***]	−4.99
MarL（−3）	0.00	1.46	−0.07[**]	−1.97	0.05	0.52
标准差（区制 1）	0.004 4		0.341 9		1.021 1	
标准差（区制 2）	0.010 5		1.024 7		2.471 5	

*、**和***分别表示在10%、5%和1%的显著性水平上显著

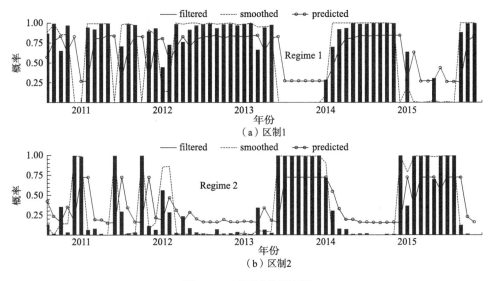

图 4.21 区制转移概率图

从表 4.18 可以看出，三个方程的均值都有 $\mu_1 < \mu_2$ 且 $\Sigma_1 < \Sigma_2$ 成立，说明区制 1 是货币供应量较小、利率较低和期货市场流动性下降且市场波动较小的状态，而区制 2 则是货币供应量较大、利率较高和期货市场流动上升且市场波动较大的状态。从滞后项系数来看，三个变量都具有较显著的自相关性，尤其是 MarL 方程中，M2 的滞后一阶对 MarL 具有较强影响，这也符合在样本期内我国主要采取数量型货币政策的实际。由图 4.21 可知，系统具有较明显的区制效应。根据区制划分的标准可知，2010 年 8 月至 2011 年 10 月系统在两个状态间转换得比较频繁，但大多数时间主要处于区制 1，这可能是由于沪深 300 指数期货刚推出不久，货币政策调控对其影响还不稳定，从期货市场流动性的走势可知，这段时间总体上处于下降趋势，但在这过程中仍有小幅上涨。此后，系统处于区制 1 的时间段主要有：2011 年 11 月至 2013 年 5 月、2014 年 2 月至 2014 年 11 月、2015 年 9 月至 2015 年 11 月，此段时间内 M2 和 r 水平较低，波动较小且期货市场流动性基本处于下降趋势；系统处于区制 2 的时间段主要有：2013 年 6 月至 2014 年 1 月、2014 年 12 月至 2015 年 8 月，此段时间内 M2 和 r 水平较高，波动较大且期货市场流动性基本处于上升趋势。

表 4.19 给出了不同区制之间的转移概率及其区制特性，可以发现系统维持区制 1 和区制 2 的概率都比较高，均大于 0.7，说明系统维持状态内运动的稳定性较高；转移概率满足 $p_{12} < p_{21}$ 表明系统在两种状态之间进行转换时具有一定的非对称性。比较两种状态下的区制特性可知，系统在 63.73% 的时间里处于区制 1，平均可持续 6.64 个月 [即 $1/(1-p_{11})$]，约有 40.6 个样本；而在 36.27% 的时间里处于区

制 2，平均可持续约 3.78 个月［即 $1/(1-p_{22})$］，约有 23.4 个样本。可见，系统在样本期内处于区制 1 的持续时间更长，几乎是区制 2 的两倍。

表 4.19　转移概率和区制特性

区制	转移概率		区制特性		
	区制 1	区制 2	样本数	概率	持续期
区制 1	0.849 4	0.150 6	40.6	0.637 3	6.64
区制 2	0.264 6	0.735 4	23.4	0.362 7	3.78

3）不同区制下的累积脉冲响应分析

脉冲响应函数主要用于分析系统中单个内生变量受到一单位标准差冲击时，对系统中其他内生变量的动态影响。为了进一步研究货币政策冲击（包括 M2 冲击和利率冲击）对期货市场流动性的动态影响及其差异，下面采用累积脉冲响应进行分析。

图 4.22 为两种区制下货币政策冲击期货市场流动性的脉冲响应图，其中图 4.22（a）给出了当系统受到一单位标准差的 M2 冲击时两种区制下的脉冲响应图。可以发现，在区制 1（期货市场流动性减弱状态），期货市场流动性立即上升，在第 2 期达到最大响应 0.69 左右，随后慢慢减弱并在第 3 期后响应变为负值，直到第 12 期才恢复到稳定水平；在区制 2（期货市场流动性增强状态），期货市场流动性在短时间内便达到最大响应 0.75，随后响应慢慢减弱直到第 10 期就已恢复到稳定水平，但在此区制下脉冲响应并未出现负值。总体来说，增加货币供给量，向期货市场注入流动性可以在短时间内增强其市场流动性水平，但在不同区制下的影响稍有不同，期货市场流动性增强时期吸收货币的能力要强于其减弱时期。图 4.22（b）给出了当系统受到一单位标准差的利率冲击时两种区制下的脉冲响应图。可以发现，在区制 1（期货市场流动性减弱状态），期货市场流动性短期内稍有提高，但从第 3 期后其脉冲响应就开始变为负值，并在第 6 期达到负的最大值 -0.3，直到第 15 期才恢复到稳定水平；在区制 2（期货市场流动性增强状态），期货市场流动性立即下降并瞬间达到负的最大值 -0.8 左右，随后这种负的脉冲响应慢慢减弱，直到第 12 期后才恢复到稳定水平。总体来说，提高利率，企业融资成本提高，市场预期走弱，部分资金开始逃离期货市场，将导致期货市场流动性降低，但这种影响的短期区制效应较显著，利率冲击在区制 2 内对期货市场流动性的影响要显著大于区制 1。比较图 4.21 和图 4.22 可知，期货市场流动性在区制 1 内受 M2 冲击的影响要高于利率冲击，而在区制 2 内利率冲击的作用要大于 M2 冲击。

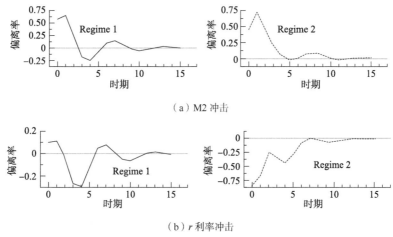

（a）M2 冲击

（b）r 利率冲击

图 4.22　货币政策冲击期货市场流动性的脉冲响应

4.3.4　结论与政策建议

调整货币政策是管控金融市场的重要工具，期货市场作为金融市场的重要组成部分，必然会受到货币政策的重要影响。从流动性视角厘清货币政策对期货市场的非线性传导机制，将为监管部门有效引导期货市场稳定发展提供重要依据。期货市场流动性是衡量期货市场资源配置和投资效率高低的重要指标，本节基于 2010 年 5 月至 2015 年 11 月的沪深 300 股指期货（主力合约）数据，利用成交额构建权重反映投资者交易倾向，兼顾"时间尺度"和"价格尺度"双重属性构造了一种测度市场流动性的新方法。然后，用 M2 和银行间同业拆借 7 天利率作为货币政策的代理指标，利用参数稳健性检验发现 M2、r 和 MarL 之间的短期稳定性较弱，长期稳定性较强；基于 Bootstrap-F 的滚动宽窗 Granger 因果检验表明在 10% 的显著性水平下，M2 在 2011 年 11 月至 2012 年 4 月、2013 年 7 月至 2013 年 11 月、2015 年 6 月至 2015 年 9 月三个时间段内是 MarL 的 Granger 因果原因，其影响程度分别表现为无效应、负效应和正效应；r 在 2013 年 7 月至 2013 年 11 月、2014 年 6 月至 2014 年 9 月、2015 年 6 月至 2015 年 7 月三个时间段内是 MarL 的 Granger 因果原因，其影响程度分别表现为正效应、无效应和负效应。受"股灾"事件等因素影响，M2 和 r 对 MarL 的影响方向及其程度都发生了结构性变化。通过引入 MS-VAR 模型，分析了在不同状态下货币政策冲击对期货市场流动性的动态影响，结果表明 MSMH（2）-VAR（3）模型能够较好地识别系统的区制效应，区制 1 主要呈现货币供应量较小、利率较低、期货市场流动性减弱且市场波动较小等特征，而区制 2 则呈现货币供应量较大、利率较高、期货市场流动性增强且市场波动较大等特征。通过脉冲响应分析可知，扩张性货币政策（即 M2 提高）

可以在较短时间内增强期货市场流动性水平，但期货市场流动性在区制 2 内吸收货币的能力要强于区制 1；紧缩性货币政策（即提高利率）会降低期货市场流动性，但利率冲击在区制 2 内对期货市场流动性的影响要大于区制 1；总体上，期货市场流动性在区制 1 内受到 M2 冲击的影响更高，而在区制 2 内利率冲击的作用更强。

鉴于上述货币政策对期货市场流动性的研究结论和具体实践，为了提高货币政策的有效性和维护期货市场的稳定性，我们提出以下几点政策建议：第一，货币政策制定者应厘清货币政策对期货市场影响的传导渠道，提高货币政策调控的前瞻性和有效性，及时关注股指期货等金融市场流动性的状态变化及其与货币供应量、利率之间的内在联系，适时调整货币供应量与利率水平，增强期货市场的交易效率。第二，金融监管部门应不断完善股市期货交易制度，强化股指期货价格发现、规避风险的功能，鼓励期货等金融衍生工具的创新，允许设计更多的期货品种，完善期货市场的运行规则，进行期货市场流动性监控，并与其他市场情况及时协调，来保持整个金融市场的稳定发展。第三，注重投资者的自我教育，让更多期货投资者了解货币政策对期货流动性的传导效应，形成合理的货币政策调整预期，避免政策冲击的羊群效应和踩踏效应。第四，进一步完善利率市场化改革，加强对期货市场的风险管理，促进我国期货市场的改革和发展。

第5章 资产价格波动与实体经济的主体行为研究

　　资产价格波动作为国民经济信息的"显示器",往往基于国民经济和国家政策两个宏观层面影响实体经济。从国民经济层面上来说,资产价格大幅波动直接或间接引起经济收入水平、社会总资产、居民消费倾向、社会融资规模和经济产业结构变化,通过企业托宾 Q 值、资产负债表和投资偏好等的调整直接影响实体经济稳定发展的直接驱动力(如消费、投资和出口),导致社会总供给和总需求变化。从国家政策层面上来说,长期的资产价格波动可能会引起一国货币政策、财税政策、产业政策和外汇政策的调整,从而影响该国的利率、信贷、财税、汇率和产业结构等,改变一国宏观经济结构和环境,进而影响实体经济。不完全信息下的预期突变、博弈过程中的放大效应、预期的正反馈机制和不同市场层次间的波动溢出效应、联动效应会增加资产价格波动影响实体经济的可能性。资产价格波动不但会影响消费者和投资者对未来收入产出的预期,改变当期消费和投资水平,而且经济主体因市场信息不完全和个体的认知偏差等因素会导致其对价格信息和市场环境的非理性思考,在群体行为的"大数定律"作用下,市场整体的行为选择常常会加剧资产价格波动程度。出于对未来资产价格非正常波动的担忧和实体经济结构失衡导致重大损失的担忧,加上信息不对称所产生的逆向选择和道德风险,在过度自信和"羊群效应"等心理因素作用下,资产价格波动往往会引发实体经济各方的预期逆转,并迅速扩散到参与市场的各个领域。

5.1　中央银行的时变偏好行为与经济政策不确定性

5.1.1　引言及文献综述

　　在现代经济系统中,货币政策是主要的宏观经济调控手段之一,与其相关的问题也一直是研究的热点。由于货币在短期具有非中性属性，有效的货币政策在短期可以达到稳定物价、"熨平"经济波动的目的。已有的与货币政策相关的研究大都集中于估计货币规则参数或是运用动态随机一般均衡分析方法研究经济和金融系统的内在机制，而对中央银行偏好行为的相关研究并不多，更鲜有文献涉及中央银行的时变偏好行为。从理论角度来看，中央银行的偏好行为与货币政策具有内在联系，可以说，中央银行的偏好行为是货币政策的理论根基，而货币政策规则是中央银行偏好行为的外在体现。没有中央银行偏好行为的更深入研究，货币政策规则的研究也就缺少了理论基础。

伴随着经济改革的深入，中国的金融体制改革也在稳步推进中。中国的利率市场化改革开始于 20 世纪 80 年代，在采取了一系列改革举措之后，目前已经基本实现了由中国人民银行基准利率引导、市场资金供给与需求决定的利率形成机制。同时，中国的资本市场和货币市场也经历了从无到有、从不健全到逐渐成熟的过程。随着旧人口红利的消失，中国的经济发展步入新常态，与之形成呼应，中国的货币政策调控也逐渐步入新的阶段，货币发行增速平稳下降、"微加息"等新现象随之出现。在这种不断变化的金融环境中，我们不禁产生疑问：中央银行的偏好行为是否也发生变化？如果是，其影响因素又是什么？是否对货币政策的实施产生影响？然而，根据已有的文献并不能得到令人满意的答案。鉴于此，本节尝试从时变视角探究中央银行的损失偏好特征，以期抛砖引玉，为理解货币政策提供更深层次的理论依据。

利率和货币供应量是两个最主要的货币政策中介目标。由于货币的存在形式和层次的界定越来越困难，20 世纪 90 年代，各国普遍将中介目标转向利率，这一时期诞生了极富思想性贡献的泰勒规则（Taylor，1993）。随后，Svensson（1997，1999）、Woodford（2001）等从中央银行期望损失最小化出发给出了泰勒规则的理论解释。然而，这些研究均假设中央银行对通货膨胀或产出的损失偏好函数为二次方形式，这意味着中央银行对通货膨胀或者产出的上升或下降具有同等程度的风险厌恶。这种二次方形式的损失偏好被称为对称偏好或线性偏好，之后的一些关于泰勒规则的研究大都隐含着这一假定（如 Kontonikas and Montagnoli，2006；Bhar and Malliaris，2016；Alba and Wang，2017；张成思和党超，2017）。

近年来，一些学者开始关注中央银行可能具有的非对称偏好。例如，Ruge-Murcia（2003）首次将 Varian（1975）提出的线性指数损失函数（linear exponention loss function，LINEX）引入中央银行的偏好行为研究，并证实中央银行对通货膨胀具有非线性损失偏好。Surico（2007，2008）运用 LINEX 损失函数研究了美联储的偏好特征，发现美联储对通货膨胀具有非对称偏好，而不具有产出缺口非对称性。王晋斌和刘婧蓉（2015）将 LINEX 函数应用到开放经济中，发现中国人民银行在汇率上存在非对称损失偏好，而对通货膨胀和产出的非对称偏好并不显著。Caglayan 等（2016）探究了英国和加拿大中央银行的偏好行为，发现两国中央银行均具有非对称损失偏好。综合来看，这些相关的研究大都支持中央银行偏好具有非对称性这一观点，然而，这些研究在分析的过程中并没有考虑中央银行可能存在的偏好"惰性"[①]。

随着研究的深入，"惰性"参数开始被用于刻画中央银行的非对称偏好，这使得损失函数更加接近真实的偏好形态。实际上，Orphanides 和 Wieland（2000）最早意识到可能存在"惰性区域"，但其理论框架依然是基于对称损失函数。Boinet 和 Martin（2008）首次在 LINEX 函数的多项式中引入指数项以刻画中央银行的"惰性"偏好，其实证结果表明英国中央银行的通货膨胀损失偏好具有"惰性"特征，而产出偏好不具有"惰性"特征。虽然这种形式的损失函数考虑到了中央银行偏好的非对称和"惰性"行为，但仍然存在着两点不足：①这种损失函数没有考虑惰性参数为分数的可能性，较大的指数项会改变数据转换过程中的量级，从而导致基于泰勒展开式的模型估计产生较大误差，不能准确地刻画中央银行的偏好行为；②这种函数形式对"惰性"行为的刻画不够直接明了，其幂函数形式更加复杂，使得模型推导过程变得复杂。

估计参数的不稳定性是货币经济学相关实证研究面临的重要挑战之一，而从参数时变的视角则可以有效地解决这一问题。Surico（2008）通过子样本回归发现在美联储主席沃尔克任职前后美联储的非对称偏好行为具有显著差异，这暗示美联储主席的主政特点对中央银行偏好产生重要影响。Kim 和 Nelson（2006）提出一种两阶段极大似然估计方法并研究了基于对称偏好的前瞻型货币政策规则，该方法可以克服内生性问题，但其并没有考虑中央银行偏好的非对称性和"惰性"。Ikeda（2010）采用 Kim 和 Nelson 的估计策略研究了欧洲中央银行偏好的时变非对称性，发现其对产出的非对称参数显著为正，然而这一实证发现缺乏理论依据和现实基础，并且其研究并没有考虑"惰性"偏好。使用卡尔曼滤波与极大似然估计方法可以用于估计时变参数，但该估计策略的缺点在于对时变参数的统计推断是基于极大似然估计方法对模型超参数估计结果（Kim and Nelson，1999；刘金全和张小宇，2012），这意味着时变参数估计的准确性依赖于对状态空间模型超参数估计的准确性，同时，使用极大似然估计可能出现局部最优解问题。

近年来，经济学者开始注意到 GDP 核算的修正问题及其影响（如 Orphanides and van Norden，2002；郑挺国和王霞，2010）。由于数据的来源、统计方法、统计时效、度量误差等因素影响，GDP 数据往往经历多次修正，这将对中央银行

---

① 与"惰性"对照的英文名词为"zone"，最早出现在 Orphanides 和 Wieland（2000）一文中，其含义表示当实际的通货膨胀水平与中央银行意愿的目标值比较接近时，中央银行不会主动地通过调整总需求来影响物价，这意味着当中央银行关注的通货膨胀缺口较小时，中央银行不会采取措施或者采取弱于规则确定的调整力度。

的偏好行为研究带来影响。中国季度 GDP 数据的修正主要包括三个层次：①根据季度初步核实数对季度初步核算数进行修正；②根据年度最终核实数对季度初步核实数进行修正；③根据全国经济普查数据对季度最终核实数进行修正[①]。这种修正数据与实时数据往往具有时间和空间两个维度的差异，因此 GDP 数据类型的选取也将对货币政策研究产生影响（郑挺国和王霞，2011；Neri and Ropele，2012）。

基于以上分析，我们认为，中央银行的偏好行为研究仍然具有提升的空间，主要体现在三个方面：①中央银行损失偏好的形态仍然有进一步完善的地方；②现有的两阶段极大似然估计策略存在改进空间；③目前对中央银行偏好行为的影响因素研究仍然是一个空白。鉴于此，本节尝试从时变视角探究中央银行的损失偏好行为及其影响因素。本节的主要贡献在于：第一，本节首先针对现有刻画中央银行偏好函数的不足，提出一种能够同时刻画偏好"惰性"和非对称性的线性指数–幂函数损失函数，实证结果表明这种损失函数具有较强的适用性，1~2 的"惰性"参数取值已经能够很好地刻画中央银行"惰性"偏好。第二，本节在 Kim 和Nelson（2006）基础上提出了一种两阶段时变参数贝叶斯估计策略，该策略可以被广泛地应用于具有内生性问题的时变参数模型估计。第三，本节通过构建实时季度 GDP 数据集，获取了实时产出缺口估计值，并将其用于估计中央银行对实时产出缺口的"惰性"—非对称性偏好。第四，本节的实证结果表明我国中央银行具有通货膨胀缺口偏好"惰性"，但不具有实时产出缺口偏好"惰性"，中央银行的损失偏好具有显著的时变性、趋势性和非对称性，这些发现有助于理解中央银行对风险损失的厌恶特点，构建更符合实际的货币政策反应规则。第五，本节首次检验中央银行时变偏好的影响因素，这些因素主要包括经济波动、货币政策周期、偏好替代效应及经济政策不确定性。

本节的结构安排如下：5.1.2 节构建了一个简单的中央银行"惰性"—非对称偏好分析框架；5.1.3 节构建一种两阶段贝叶斯参数估计策略；5.1.4 节估计中央银行的时变偏好；5.1.5 节拓展分析中央银行时变偏好的影响因素；5.1.6 节总结并给出政策含义。

5.1.2 中央银行"惰性"—非对称损失偏好：一个理论框架

本部分首先构建一种新的考虑中央银行非对称、"惰性"损失偏好的损失函数，在此基础上，推导最优货币政策反应函数并给出实证框架。

---

① 根据国家统计局 2017 年 1 月 9 日公告，季度 GDP 核算改为初步核算和最终核实两个步骤，初步核算数于季后 15 日左右在季度国民经济运行情况新闻发布会上和国家统计数据库中发布，最终核实数于隔年 1 月份在国家统计数据库中发布。

1. 一种线性指数–幂函数损失偏好

尽管国内外学者已经开始关注中央银行的非对称偏好和"惰性"偏好（如 Ruge-Murcia，2003；Surico，2007；Scott，2016），但这些研究大都基于 Varian（1975）提出的线性指数函数或 Boinet 和 Martin（2008）提出的线性指数与幂函数混合函数，前者仅考虑了中央银行的非对称偏好，后者虽然注意到中央银行偏好的非对称性和"惰性"，但其损失函数仍然存在着一些不足。这种损失函数设定形式复杂，对"惰性"偏好的刻画不够直接明了，同时也没有考虑"惰性"参数为分数的可能性，降低了该损失函数的灵活性，极大地缩小可供选择的最优模型组合范围，基于这种形式设定的模型可能会导致参数估计无效，这是因为，根据本节的估计，1~2 的"惰性"参数就能很好地刻画中央银行"惰性"行为。

鉴于此，本节提出一种改进的损失函数形式–线性指数–幂函数（linear exponential-power，LINEX-POW）损失偏好，用以刻画中央银行的"惰性"—非对称损失偏好行为。具体来说，本节提出的 LINEX-POW 损失函数表示为

$$f(x) = \left[\frac{e^{\gamma x} - \gamma x - 1}{\gamma^2} \right]^{\frac{m}{n}} \tag{5.1}$$

其中，x 表示中央银行关注的目标变量，如通货膨胀、产出缺口、资产价格波动等；m、n 是满足一定条件的正整数[①]。参数 γ 为损失函数的非对称尺度参数，其反映了中央银行对其目标变量变化的非对称反应程度。参数 γ 的符号决定了非对称性的方向，当 $\gamma > 0$ 时，$f(+x, \gamma) > f(-x, \gamma)$，这说明着中央银行对其目标变量增加所赋予的权重大于减小所赋予的权重，这意味着相比于经济收缩，中央银行更加厌恶经济扩张，而当 $\gamma < 0$ 时，$f(+x, \gamma) < f(-x, \gamma)$，这意味着中央银行更加厌恶经济收缩（图 5.1）。

参数 m、n 主要用来衡量中央银行对经济变量变化的"惰性"反应。当 $m = n$ 时，LINEX-POW 函数转变为 LINEX 函数，因此，LINEX 函数是 LINEX-POW 函数的一种特例，此时，如果非对称参数 $\gamma \to 0$，根据洛必达法则可以得到标准的二次方损失函数。当 $m > n$ 时，损失函数的幂便可以刻画中央银行的"惰性"偏好，这是因为通过引入幂函数可以改变损失函数对其目标变量不同量级变化反应的相对大小，从而刻画中央银行对目标变量不同程度变化的反应差异。如图 5.1 所示，在这"惰性"偏好下，中央银行更加重视目标变量的大幅波动，而对小幅波动并不是十分在意，并且，m/n 越大，中央银行的"惰性"行为越显著。当 $m < n$ 时，

[①] 引入"惰性"参数 m/n 增加了损失偏好形态的可选择范围，可以更加灵活地刻画中央银行的"惰性"偏好。

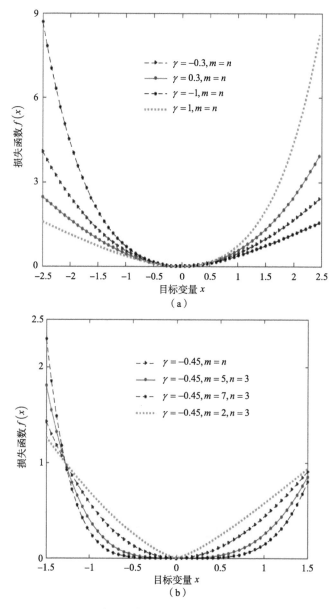

图 5.1 损失函数的形态特征

函数还可以描述中央银行另外一种偏好行为，在这种情况下，中央银行更加重视其目标变量的小幅波动，而对其大幅波动的重视程度相对减弱。可以看出，本节提出的线性指数-幂函数损失偏好的优势在于通过小幅地调整 m、n 的相对大小，便可以得到多种偏好形态。

2. 经济系统设定

为了探讨中央银行在非对称—"惰性"损失偏好假设下，名义利率对宏观经济状况变化的反应，本节根据货币规则研究的典型范式，并参照 Surico（2007）、Boinet 和 Martin（2008）设定一种对数线性化的新凯恩斯总需求-总供给经济结构[①]。这种经济系统表示为

$$\pi_t = \theta E_t \pi_{t+1} + k y_t + \varepsilon_t^s \tag{5.2}$$

$$y_t = E_t y_{t+1} - \varphi(i_t - E_t \pi_{t+1}) + \varepsilon_t^d \tag{5.3}$$

其中，$0 < \theta < 1$，$\varphi > 0$，$k > 0$。式（5.2）表示总供给方程，π_t、y_t 分别代表 t 时期的通货膨胀水平和产出缺口，ε_t^s 表示总供给冲击，式（5.2）可以简写为 $\pi_t = k y_t + f_t$，$f_t = \theta E_t \pi_{t+1} + \varepsilon_t^s$。式（5.3）表示总需求方程，可以简写为 $y_t = -\varphi i_t + g_t$，$g_t = E_t y_{t+1} + \varphi E_t \pi_{t+1} + \varepsilon_t^d$，$\varepsilon_t^d$ 表示总需求冲击。ε_t^s 和 ε_t^d 是均值为 0、方差分别为 $\sigma_{\varepsilon^s}^2$、$\sigma_{\varepsilon^d}^2$ 的独立随机冲击。

制定货币政策是中央银行的一项重要职能。中央银行根据已掌握的关于宏观经济状况的信息调整其所能控制的政策工具。本节假定货币政策制定者在每一期的期初确定利率，最小化其每一期损失贴现值的总和，即

$$\underset{\{i_t\}}{\text{Min}} E_{t-1} \sum_{\tau=0}^{\infty} o^\tau L_{t+\tau} \tag{5.4}$$

其中，o 是折现因子；L_t 是 t 时期中央银行的损失函数。本节使用线性指数-幂函数设定中央银行的损失函数，这种损失函数 L_t 表示为

$$L_t = \lambda_\pi \left[\frac{e^{\alpha(\pi_t - \pi^*)} - \alpha(\pi_t - \pi^*) - 1}{\alpha^2} \right]^{\frac{m_\pi}{n_\pi}} + \lambda_y \left[\frac{e^{\gamma y_t} - \gamma y_t - 1}{\gamma^2} \right]^{\frac{m_y}{n_y}} + \frac{\mu}{2}(i_t - i^*)^2 \tag{5.5}$$

其中，i_t 是 t 时期由中央银行调控的利率水平；i^* 是长期均衡利率；π^* 是通货膨胀目标值。参数 $\lambda_\pi > 0$、$\lambda_y > 0$、$\mu > 0$ 分别为中央银行赋予其目标损失函数中通货膨胀缺口、产出缺口和利率缺口的重要性或权重，参数值越大说明中央银行越重视目标变量的变化。参数 α、γ 分别代表中央银行在稳定物价和产出水平方面表现出来的非对称性程度，参数的绝对值决定了中央银行偏好的非对称程度，绝对值越大，非对称程度越大。参数 m_π / n_π、m_y / n_y 的大小决定了中央银行对目标变量变动的"惰性"程度。参数 α、γ、m_π / n_π、m_y / n_y 共同决定了中央银行"惰性"—非对称偏好形态。

[①] 该模型考虑了 Calvo（1983）价格黏性问题。

3. 最优货币政策规则

本节将式（5.2）、式（5.3）和式（5.5）代入式（5.4）求解最优货币政策规则。由于没有内生状态变量进入模型，此跨期最优问题可以简化为一个静态最优化问题，通过选择每一期的利率来确定这个最优问题，即

$$E_{t-1}\left[\lambda_\pi \frac{e^{\alpha(\pi_t-\pi^*)}-\alpha(\pi_t-\pi^*)-1}{\alpha^2}\right]^{\frac{m_\pi}{n_\pi}}+E_{t-1}\left[\lambda_y \frac{e^{\gamma y_t}-\gamma y_t-1}{\gamma^2}\right]^{\frac{m_y}{n_y}}+\frac{\mu}{2}(i_t-i^*)^2+F_t \quad (5.6)$$

其中，$F_t \equiv E_{t-1}\sum_{\tau=1}^{\infty}\delta^\tau L_{t+\tau}$。因此，该最优化问题的一阶条件为

$$-q_\pi E_{t-1}\left[\frac{e^{\alpha(\pi_t-\pi^*)}-\alpha(\pi_t-\pi^*)-1}{\alpha^2}\right]^{\frac{m_\pi}{n_\pi}-1}\frac{e^{\alpha(\pi_t-\pi^*)}-1}{\alpha}-q_y E_{t-1}\left[\frac{e^{\gamma y_t}-\gamma y_t-1}{\gamma^2}\right]^{\frac{m_y}{n_y}-1}\frac{e^{\gamma y_t}-1}{\gamma}+\mu(i_t-i^*)=0$$

$$(5.7)$$

其中，$q_\pi=\lambda_\pi k\varphi m_\pi/n_\pi$，$q_y=\lambda_y\varphi m_y/n_y$。

为了得到模型的计量形式，需要将上述非线性形式转化为线性形式，本节采用二阶泰勒展开对式（5.7）进行线性化。在 $\alpha=\gamma=0$ 处二阶泰勒展开得到：

$$-q_\pi 2^{1-\frac{m_\pi}{n_\pi}}E_{t-1}\left[(\pi_t-\pi^*)^{\frac{2m_\pi}{n_\pi}-1}+\frac{\alpha}{2}(\pi_t-\pi^*)^{\frac{2m_\pi}{n_\pi}}\right]-q_y 2^{1-\frac{m_y}{n_y}}E_{t-1}\left[y_t^{\frac{2m_y}{n_y}-1}+\frac{\gamma}{2}y_t^{\frac{2m_y}{n_y}}\right]+\mu(i_t-i^*)=0$$

$$(5.8)$$

进一步整理得到：

$$i_t=i^*+\frac{q_\pi}{\mu}2^{1-\frac{m_\pi}{n_\pi}}(\pi_t-\pi^*)^{\frac{2m_\pi}{n_\pi}-1}+\frac{\alpha q_\pi}{\mu}2^{-\frac{m_\pi}{n_\pi}}(\pi_t-\pi^*)^{\frac{2m_\pi}{n_\pi}}+\frac{q_y}{\mu}2^{1-\frac{m_y}{n_y}}y_t^{\frac{2m_y}{n_y}-1}+\frac{\gamma q_y}{\mu}2^{-\frac{m_y}{n_y}}y_t^{\frac{2m_y}{n_y}}+\varepsilon_t$$

$$(5.9)$$

其中，

$$\varepsilon_t=\frac{q_\pi}{\mu}2^{1-\frac{m_\pi}{n_\pi}}\left[E_{t-1}(\pi_t-\pi^*)^{\frac{2m_\pi}{n_\pi}-1}-(\pi_t-\pi^*)^{\frac{2m_\pi}{n_\pi}-1}\right]+\frac{\alpha q_\pi}{\mu}2^{-\frac{m_\pi}{n_\pi}}\left[E_{t-1}(\pi_t-\pi^*)^{\frac{2m_\pi}{n_\pi}}-(\pi_t-\pi^*)^{\frac{2m_\pi}{n_\pi}}\right]$$

$$+\frac{q_y}{\mu}2^{1-\frac{m_y}{n_y}}\left[E_{t-1}y_t^{\frac{2m_y}{n_y}-1}-y_t^{\frac{2m_y}{n_y}-1}\right]+\frac{\gamma q_y}{\mu}2^{-\frac{m_y}{n_y}}\left[E_{t-1}y_t^{\frac{2m_y}{n_y}}-y_t^{\frac{2m_y}{n_y}}\right]$$

$$(5.10)$$

然而，式（5.9）忽视了中央银行在实际操作中对利率调控的平滑意愿，本节按照通常的做法在利率反应函数中增加利率平滑参数（如 Clarida et al.，1999；刘金全和张小宇，2015），即

$$\hat{i}_t = \rho \hat{i}_{t-1} + (1-\rho) i_t + v_t \tag{5.11}$$

其中，$\hat{i}_t$ 是 t 时期中央银行直接调控的名义利率；i_t 是 t 时期由泰勒规则建议的利率值；v_t 表示随机扰动项；ρ 是利率平滑参数，该值越大表明中央银行对利率的调整越平滑，名义利率向泰勒规则利率调整的速度越慢。

将式（5.9）和式（5.10）代入式（5.11）得到带有利率平滑的货币政策反应模型：

$$\hat{i}_t = \beta_0 + \beta_1 \hat{i}_{t-1} + \beta_2 \left(\pi_t - \pi^*\right)^{\frac{2m_\pi}{n_\pi}-1} + \beta_3 \left(\pi_t - \pi^*\right)^{\frac{2m_\pi}{n_\pi}} + \beta_4 y_t^{\frac{2m_y}{n_y}-1} + \beta_5 y_t^{\frac{2m_y}{n_y}} + e_t \tag{5.12}$$

其中，扰动项 $e_t = v_t + (1-\rho)\varepsilon_t$，参数 $\beta_0 = (1-\rho)i^*$，$\beta_1 = \rho$，

$$\beta_2 = \frac{(1-\rho)\lambda_\pi k\varphi m_\pi}{\mu n_\pi} 2^{1-\frac{m_\pi}{n_\pi}}, \quad \beta_3 = \frac{(1-\rho)\alpha\lambda_\pi k\varphi m_\pi}{\mu n_\pi} 2^{-\frac{m_\pi}{n_\pi}}, \quad \beta_4 = \frac{(1-\rho)\lambda_y k\varphi m_y}{\mu n_y} 2^{1-\frac{m_y}{n_y}},$$

$$\beta_5 = \frac{(1-\rho)\alpha\lambda_y k\varphi m_y}{\mu n_y} 2^{-\frac{m_y}{n_y}}。$$

可以使用常参数估计方法对式（5.12）进行参数估计，进而研究在非时变视角下的中央银行偏好行为[①]。然而，由于经济系统的内在机制存在着不确定性，这种常参数假定并不能准确地捕捉结构性变化。正如 Granger（1996）指出的，结构突变是参数估计面临的巨大挑战。从中国的国情来看，2000 年至今是中国金融改革、金融深化最为重要的时期，在这一时期，中国基本完成利率市场化改革，金融市场从无到有，金融发展水平不断提升，金融结构不断优化。在这种情况下，使用时变参数估计方法探究中央银行偏好的结构性变化是十分有必要的。本节估计的时变参数货币政策反应函数表示为

$$\hat{i}_t = \beta_{0t} + \beta_{1t} \hat{i}_{t-1} + \beta_{2t} \left(\pi_t - \pi^*\right)^{\frac{2m_\pi}{n_\pi}-1} + \beta_{3t} \left(\pi_t - \pi^*\right)^{\frac{2m_\pi}{n_\pi}} + \beta_{4t} y_t^{\frac{2m_y}{n_y}-1} + \beta_{5t} y_t^{\frac{2m_y}{n_y}} + e_t \tag{5.13}$$

使用时变参数估计方法可以得到模型的时变参数，通过进一步的计算便可获得中央银行的时变偏好估计。具体来说，中央银行对通货膨胀缺口的时变非对称偏好计算公式为 $\alpha_t = 2\beta_{3t}/\beta_{2t}$，对产出缺口的时变非对称偏好计算公式为 $\gamma_t = 2\beta_{5t}/\beta_{4t}$。

5.1.3　模型估计策略

5.1.2 节通过求解中央银行损失最小化问题得到了非线性货币政策反应函数。然而式（5.13）并不能直接进行参数估计，这是因为，模型中的扰动项与解释变量高度相关，从而导致内生性问题（Kim and Nelson，2006；郑挺国和王霞，2011）。

---

① 对于这种由二阶泰勒展开得到的货币政策反应函数，在进行参数估计时需要对参数 n 进行限定。具体来说，此处 n 需为奇整数，这是因为只有当 n 为奇整数时，数据的转化才能在实数域内有意义。

为了处理模型天然存在的内生性问题，本节借鉴 Kim 和 Nelson（2006）两阶段工具变量估计方法，使用贝叶斯推断理论对模型参数进行估计。

1. 时变参数两阶段估计策略

为了说明 Kim 和 Nelson（2006）两阶段极大似然估计策略[①]，本节将模型简写成向量形式。考虑如下包含内生解释变量的时变参数模型：

$$\hat{i}_t = \boldsymbol{x}_t' \boldsymbol{\beta}_t + e_t, \quad e_t \sim \text{i.i.d.N}\left(0, \sigma_e^2\right) \tag{5.14}$$

$$\boldsymbol{\beta}_t = \boldsymbol{\beta}_{t-1} + \omega_t, \quad \omega_t \sim \text{i.i.d.N}\left(0, \Sigma_\omega\right) \tag{5.15}$$

$$z_t = \mathbf{IV}_t' \delta_t + \varpi_t, \quad \varpi_t \sim \text{i.i.d.N}\left(0, \Sigma_\varpi\right) \tag{5.16}$$

$$\delta_t = \delta_{t-1} + u_t, \quad u_t \sim \text{i.i.d.N}\left(0, \Sigma_u\right) \tag{5.17}$$

其中，$\boldsymbol{x}_t$ 是 $k \times 1$ 解释变量向量；$\boldsymbol{\beta}_t$ 是参数向量；z_t 是导致内生性问题的解释变量，在本节中，$z_t = \left[\left(\pi_t - \pi^*\right)^{\frac{2m_\pi}{n_\pi}-1}, \left(\pi_t - \pi^*\right)^{\frac{2m_\pi}{n_\pi}}, y_t^{\frac{2m_y}{n_y}-1}, y_t^{\frac{2m_y}{n_y}}\right]'$ [②]。工具变量矩阵 $\mathbf{IV}_t = \left(I_k \otimes \mathbf{iv}_t\right)$，$\mathbf{iv}_t$ 是一个 $L \times 1 (L \geqslant k)$ 的工具变量向量。扰动项 u_t 和 ω_t 可能存在相关关系，但它们均不与 e_t 和 ϖ_t 相关。实际上，内生性问题是由于 e_t 和 ϖ_t 之间存在的相关性造成的。

进一步将 z_t 分解为两个部分：预测部分 $\text{E}\left(z_t | \psi_{t-1}\right)$ 和预测误差部分 $\varpi_{t|t-1}$，即

$$z_t = E\left(z_t | \psi_{t-1}\right) + \varpi_{t|t-1}, \quad \varpi_{t|t-1} = \sum_{\varpi, t|t-1}^{1/2} \varpi_t^*, \quad \varpi_t^* \sim \text{i.i.d.N}\left(0, I_k\right) \tag{5.18}$$

其中，ψ_{t-1} 表示 $t-1$ 时刻所能获得的信息集合，$\varpi_{t|t-1} = \mathbf{IV}_t'\left(\delta_t - \delta_{t|t-1}\right) + \varpi_t$，$\delta_{t|t-1} = E\left(\delta_t | \psi_{t-1}\right)$，$\sum_{\varpi, t|t-1} = \mathbf{IV}_t' \text{Var}\left(\delta_t | \psi_{t-1}\right)' \mathbf{IV}_t' + \sum_\varpi$。$\varpi_t^*$ 代表"标准化"的预测误差，由 $\varpi_t^* = \sum_{\varpi, t|t-1}^{-1/2}\left(z_t - \mathbf{IV}_t' \delta_{t|t-1}\right)$ 计算得到。

根据式（5.14）~式（5.17），本节设定一个 4×1 的标准化预测误差 $\varpi_t^* = \left[\varpi_{1,t}^*, \varpi_{2,t}^*, \varpi_{3,t}^*, \varpi_{4,t}^*\right]'$。不失一般性，我们将 ϖ_t^* 和 e_t 之间的协方差结构设定为如下形式：

$$\begin{bmatrix} \varpi_t^* \\ e_t \end{bmatrix} \sim \text{i.i.d.N}\left(\begin{bmatrix} \mathbf{0}_4 \\ 0 \end{bmatrix}, \begin{bmatrix} I_4 & \boldsymbol{\vartheta}\sigma_e \\ \boldsymbol{\vartheta}'\sigma_e & \sigma_e^2 \end{bmatrix}\right) \tag{5.19}$$

---

① 实际上，Kim 和 Nelson（2006）两阶段极大似然估计方法是基于 Heckman（1976）两阶段估计策略提出的。

② 与 Kim 和 Nelson（2006）一致，本节并没有将式（5.12）中的常数项和名义利率滞后一期项放入工具变量回归方程（5.16）中。

其中，$\mathbf{0}_4$ 是一个 4×1 的零向量；$\boldsymbol{\vartheta}=\left[\vartheta_1\ \vartheta_2\ \vartheta_3\ \vartheta_4\right]'$ 是一个 4×1 的常相关系数矩阵，上述协方差矩阵的 Cholesky 分解具有以下形式：

$$\begin{bmatrix}\varpi_t^*\\ e_t\end{bmatrix}=\begin{bmatrix}I_4 & \mathbf{0}_4\\ \boldsymbol{\vartheta}'\sigma_e & \sqrt{(1-\boldsymbol{\vartheta}'\boldsymbol{\vartheta})}\sigma_e\end{bmatrix}\begin{bmatrix}\zeta_t\\ \xi_t\end{bmatrix},\quad \begin{bmatrix}\zeta_t\\ \xi_t\end{bmatrix}\sim \text{i.i.d.N}\left(\begin{bmatrix}\mathbf{0}_4\\ 0\end{bmatrix},\begin{bmatrix}I_4 & \mathbf{0}_4\\ \mathbf{0}_4' & 1\end{bmatrix}\right)\quad(5.20)$$

因此，本节可以将 e_t 重新表示为

$$e_t=\vartheta_1\sigma_e\varpi_{1t}^*+\vartheta_2\sigma_e\varpi_{2t}^*+\vartheta_3\sigma_e\varpi_{3t}^*+\vartheta_4\sigma_e\varpi_{4t}^*+\upsilon_t^*,\quad \upsilon_t^*\sim \text{i.i.d.N}\left(0,\sigma_\upsilon^2\right)\quad(5.21)$$

其中，$\sigma_\upsilon^2=\left(1-\boldsymbol{\vartheta}'\boldsymbol{\vartheta}\right)\sigma_e^2$。因此，本节估计的时变参数模型式（5.13）可以表示为

$$\begin{aligned}\hat{i}_t&=\beta_{0t}+\beta_{1t}\hat{i}_{t-1}+\beta_{2t}\left(\pi_t-\pi^*\right)^{\frac{2m_\pi}{n_\pi}-1}+\beta_{3t}\left(\pi_t-\pi^*\right)^{\frac{2m_\pi}{n_\pi}}+\beta_{4t}y_t^{\frac{2m_y}{n_y}-1}\\ &+\beta_{5t}y_t^{\frac{2m_y}{n_y}}+\phi_1\varpi_{1t}^*+\phi_2\varpi_{2t}^*+\phi_3\varpi_{3t}^*+\phi_4\varpi_{4t}^*+\upsilon_t^*\end{aligned}\quad(5.22)$$

其中，常系数 $\phi_i=\vartheta_i\sigma_e$，$i=1,2,3,4$。

由于扰动项 υ_t^* 与解释变量 z_t 和预测误差 ϖ_t^* 不再相关，修正后的式（5.22）不再具有内生性问题。因此，时变参数两阶段贝叶斯估计步骤如下：

步骤 1：使用贝叶斯推断和卡尔曼滤波方法估计模型式（5.16）~式（5.17）[①]，并获取标准化的预测误差 ϖ_t^*。

步骤 2：使用贝叶斯推断和卡尔曼滤波方法估计模型式（5.22）[②]。

2. 贝叶斯估计过程

根据上节的描述，模型的贝叶斯估计包含两个过程。对于步骤 1，需要使用工具变量对解释变量进行时变参数回归。对于状态空间模型式（5.16）~式（5.17），在卡尔曼滤波过程和 Carter 和 Kohn（1994）算法的基础上使用 Gibbs 抽样便可得到模型参数和超参数的条件后验分布，从而可以进行参数的统计推断。对于步骤 1，本节的参数抽样次序如下：①抽取状态变量 $\delta_t|\Sigma_\varpi,\Sigma_u$；②抽取协方差 $\Sigma_u|\Sigma_\varpi,\delta_t$；③抽取协方差 $\Sigma_\varpi|\Sigma_u,\delta_t$。其中，$\Sigma_u$ 的先验分布服从逆 Wishart 分布，即 $p\left(\Sigma_u\right)\sim \text{IW}\left(\Sigma_{u,0},T_{u,0}\right)$，$\Sigma_\varpi$ 的先验分布服从逆 Wishart 分布，即 $p\left(\Sigma_\varpi\right)\sim \text{IW}\left(\Sigma_{\varpi,0},T_{\varpi,0}\right)$，状态变量的先验分布设定为正态分布。

对步骤 1 进行估计之后便可计算标准化预测误差的估计值 $\hat{\varpi}_t^*=\sum\hat{\Sigma}_{\varpi,t|t-1}^{-1/2}\left(z_t-\mathbf{IV}_t'\delta_{t|t-1}\right)$，$t=1,2,\cdots,T$，利用得到的标准化预测误差进行步骤 2 贝叶斯估计。本节进一步将模型表示为状态空间的形式，即

[①] 这里估计模型式（5.16）的被解释变量是向量形式。

[②] 这里估计模型式（5.22）的被解释变量是单变量形式，模型中包含了时变参数和常参数。

$$\hat{i}_t = x_t'\beta_t + \phi\varpi_t^* + v_t^*, \quad v_t^* \sim \text{i.i.d.N}\left(0, \sigma_{v^*}^2\right) \tag{5.23}$$

$$\beta_t = \beta_{t-1} + \omega_t, \quad \omega_t \sim \text{i.i.d.N}(0, \Sigma_\omega) \tag{5.24}$$

对于步骤 2，本节的参数抽样次序如下：①抽取常参数 $\phi\big|\sigma_{v^*}^2, \Sigma_\omega, \beta_t$；②抽取状态变量 $\beta_t\big|\sigma_{v^*}^2, \Sigma_\omega, \phi$；③抽取协方差 $\Sigma_\omega\big|\sigma_{v^*}^2, \beta_t, \phi$；④抽取方差 $\sigma_{v^*}^2\big|\beta_t, \Sigma_\omega, \phi$。其中，$\Sigma_\omega$ 的先验分布服从逆 Wishart 分布，即 $p(\Sigma_\omega) \sim \text{IW}(\Sigma_{\omega,0}, T_{\omega,0})$，$\sigma_{v^*}^2$ 的先验分布服从逆 Gamma 分布，即 $p(\sigma_{v^*}^2) \sim \text{IG}\left(\sigma_{v^*,0}^2, T_{\sigma_{v^*}^2,0}\right)$，状态变量和标准化残差系数的先验分布设定为正态分布。

需要指出的是，基于状态变量条件方差的统计推断是无效的，因为这些推断是基于 ϖ_t^* 的（Kim and Nelson，2006）。参考 Kim 和 Nelson（2006）的做法，本节在 Harvey 等（1992）卡尔曼滤波的基础上增加修正条件方差的滤波过程，修正后的卡尔曼滤波过程为

$$\beta_{t|t-1} = \text{E}\left(\beta_t\big|\tilde{\hat{\varpi}}_{t-1}^*, \psi_{t-1}\right) = \beta_{t-1|t-1} \tag{5.25}$$

$$\boldsymbol{P}_{t|t-1} = \text{Var}\left(\beta_t\big|\tilde{\hat{\varpi}}_{t-1}^*, \psi_{t-1}\right) = \boldsymbol{P}_{t-1|t-1} + \Sigma_\omega \tag{5.26}$$

$$\boldsymbol{P}_{t+1|t}^* = \text{Var}\left(\beta_{t+1}\big|\tilde{\hat{\varpi}}_{t-1}^*, \psi_t\right) = P_{t|t}^* + \Sigma_\omega \tag{5.27}$$

$$\eta_{t|t-1} = \hat{i}_t - \text{E}\left(\hat{i}_t\big|x_t, \hat{\varpi}_t^*, \tilde{\hat{\varpi}}_{t-1}^*, \psi_{t-1}\right) = \hat{i}_t - x_t'\beta_{t|t-1} - \hat{\varpi}_t^{*\prime}\phi \tag{5.28}$$

$$H_{t|t-1} = \text{Var}\left(\hat{i}_t\big|x_t, \hat{\varpi}_t^*, \tilde{\hat{\varpi}}_{t-1}^*, \psi_{t-1}\right) = x_t'\boldsymbol{P}_{t|t-1}x_t + \sigma_{v^*}^2 \tag{5.29}$$

$$H_{t|t-1}^* = \text{Var}\left(\hat{i}_t\big|x_t, \tilde{\hat{\varpi}}_{t-1}^*, \psi_{t-1}\right) = x_t'\boldsymbol{P}_{t|t-1}x_t + \phi'\phi\sigma_{v^*}^2 \tag{5.30}$$

$$\beta_{t|t} = \text{E}\left(\beta_t\big|\hat{\varpi}_t^*, \tilde{\hat{\varpi}}_{t-1}^*, \psi_t\right) = \beta_{t|t-1} + \boldsymbol{P}_{t|t-1}x_t H_{t|t-1}^{-1}\eta_{t|t-1} \tag{5.31}$$

$$\boldsymbol{P}_{t|t} = \text{Var}\left(\beta_t\big|\hat{\varpi}_t^*, \tilde{\hat{\varpi}}_{t-1}^*, \psi_t\right) = \boldsymbol{P}_{t|t-1} - \boldsymbol{P}_{t|t-1}x_t H_{t|t-1}^{-1}x_t'\boldsymbol{P}_{t|t-1} \tag{5.32}$$

$$\boldsymbol{P}_{t|t}^* = \text{Var}\left(\beta_t\big|\tilde{\hat{\varpi}}_{t-1}^*, \psi_t\right) = \boldsymbol{P}_{t|t-1} - \boldsymbol{P}_{t|t-1}x_t H_{t|t-1}^{*-1}x_t'\boldsymbol{P}_{t|t-1} \tag{5.33}$$

其中，$\hat{\varpi}_t^*$ 是标准化残差的预测值，$\tilde{\hat{\varpi}}_{t-1}^* = \left[\hat{\varpi}_1^* \ \hat{\varpi}_2^* \cdots, \hat{\varpi}_t^*\right]'$；$\eta_{t|t-1}$ 表示预测误差；$\boldsymbol{P}_{t|t-1}$ 是估计的状态变量协方差矩阵；$H_{t|t-1}$ 是预测误差的方差；$H_{t|t-1}^*$ 是修正后的预测误差方差；$\boldsymbol{P}_{t+1|t}^*$ 是修正后的状态变量协方差矩阵。方程式（5.31）、式（5.32）和式（5.33）为更新方程。

5.1.4　实证分析

本节首先介绍实证使用的数据，然后对中央银行偏好的非对称性和参数的稳

定性进行检验，并根据上节模型设定和参数估计策略进行参数估计、提取中央银行的时变非对称偏好，最后进行稳健性检验。

1. 数据描述

1）实时产出缺口测算

由于我国的 GDP 核算存在三种频率层面的修正过程，中央银行在制定货币政策时无法获取 GDP 的最终修正值，其政策的制定往往基于对现有信息的搜集，因此使用 GDP 的最终修正值进行实证分析可能无法准确地描述中央银行对宏观经济状况变化的真实反映。鉴于此，本节通过搜集和整理实时数据对模型进行估计。

根据已有的核算统计资料，本节搜集了我国自 1992 年 1 季度至 2017 年 2 季度的实时数据资料。统计资料来源于《中国经济景气月报》各期（2000 年至今）、《中国统计年鉴》各期（1985 年至今）、《中国人民银行统计季报》各期（1996 年 1 季度至今）、《中国季度国内生产总值核算历史资料 1992—2001》《中国季度国内生产总值核算历史资料 1992—2005》《中国季度国内生产总值核算历史资料 1992—2011》。实时数据集根据资料的发行时间，以当季度所能获得的最权威数据为准则进行构建，实时数据集共计 102 组[①]。为了更为准确地获得 1992 年的产出缺口值，需要对样本进行扩充，为此，本节将 1979~1991 年的年度实际 GDP 数据进行季度分解［参阅 Abeysinghe 和 Rajaguru（2004）文献］。

实时数据为实际 GDP 同比增长率，因此需要构建实际 GDP 序列。本节以 1992 年为基期计算实际 GDP，并对实时数据集进行季节调整，使用的是 X-12 方法。在此基础上，利用 H-P 滤波方法测算潜在产出 Y_t^*，然后对实际产出和潜在产出取自然对数后取差值得到产出缺口[②]。实时产出缺口为每一组实时数据 H-P 滤波分解得到的缺口值的最后一期值。图 5.2 给出了实时产出缺口的时间序列图。可以看出，基于最终数据估计的产出缺口和基于实时数据估计的产出缺口在大部分时间保持相同的变化趋势，但也存在着两个显著差异的阶段，即 1992~1994 年、2005~2007 年。主要原因是实时数据和最终数据存在显著差异，这也是受限于当时的统计水平和统计数据质量，特别是在样本初期。在第二个存在差异的时期，全球资产价格处于"牛市"阶段，经济扩张显著。根据最终数据产出缺口，当时的经济活动出现了急速扩张的局面，通过对比利率图可以看出，中央银行当时并没有采用更为严厉的紧缩性货币政策，这也间接佐证了中央银行主要是通过实时数据进行政策调控，这意味着使用实时数据研究中央银行的偏好行为更加合理。

---

① 由于《中国人民银行统计季报》和《中国经济景气月报》均未在 1992 年 1 季度至 1995 年 4 季度出版发行，为此，此期间的实时数据来自于中国知网检索的《经济学动态》《数量经济技术经济研究》《统计研究》等期刊在当季度对上一季度经济核算的报道。

② 本节进行 H-P 滤波时设定的平滑参数为 1 600，产出缺口的计算公式为 $y_t = 100 \times \ln\left(Y_t / Y_t^*\right)$。

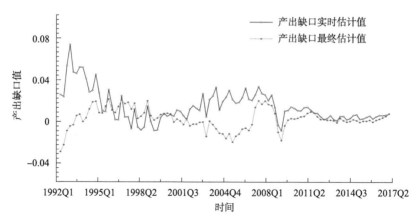

图 5.2　产出缺口估计值

Q 表示季度，余同

2）名义利率代理变量选取

关于泰勒规则的实证研究大都支持使用 7 天期限的同业拆借利率作为货币政策工具的代理变量（如郑挺国和王霞，2011；刘金全和张小宇，2015），因此本节使用 7 天全国银行间同业拆借利率作为货币政策代理变量，数据来源于《中国人民银行统计季报》和中国人民银行网站[①]。由于 1992~1995 年，上海融资中心的各期限利率差别不大（谢平和罗雄，2002），本节使用该时期上海融资中心同业拆借利率作为该时间段的货币政策利率代理变量用以扩充样本量。图 5.3 给出了名义利率的时间序列图。

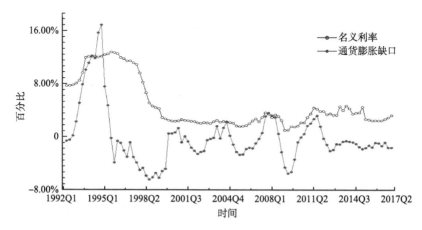

图 5.3　名义利率和通货膨胀缺口

———————————

① 货币政策季度利率由月度成交量加权得到，计算公式为 $\bar{i} = i_1 \times (\text{vol}_1 / \Sigma \text{vol}) + i_2 \times (\text{vol}_2 / \Sigma \text{vol}) + i_3 \times (\text{vol}_3 / \Sigma \text{vol})$，其中 i_j、vol_j 分别为每个季度第 j 月份的平均利率和成交量。

3）通货膨胀缺口测算

对于通货膨胀缺口的计算，本节参照刘金全和张小宇（2012）的做法，通过计算月度 CPI 同比增长率的三项移动平均值得到季度通货膨胀率，通货膨胀率的计算公式为 $\pi_t = (CPI - 1) \times 100\%$。通货膨胀目标则为每年两会期间公布的《关于××××年国民经济和社会发展计划执行情况与下一年年国民经济和社会发展计划草案的报告》中给出的 CPI 或 PPI（producer price index，生产价格指数）控制目标[①]。将实际的通货膨胀率减去通货膨胀目标便可以得到通货膨胀缺口值，图 5.3 给出了本节计算的结果。

2. 考虑"惰性"特征的中央银行偏好非对称性检验

传统的中央银行偏好非对称检验并没有考虑其潜在的"惰性"行为，如果不能控制这种影响因素可能导致不准确的检验结果，为此，本节首次在考虑"惰性"行为的情况下检验偏好的非对称性，并与传统的检验结果对比分析。

本节进行检验的方程为式（5.22）的常参数形式。本节使用 Wald 检验方法对模型施加约束来检验中央银行偏好的非对称性。此处，本节考虑三种情况：①在中央银行对产出缺口为非对称偏好的情况下检验其对通货膨胀缺口偏好的非对称性（$H_0 : \beta_3 = 0$）；②在中央银行对通货膨胀缺口为非对称偏好的情况下检验其对产出缺口偏好的非对称性（$H_0 : \beta_5 = 0$）；③中央银行对产出缺口和通货膨胀缺口偏好同时为对称的情况（$H_0 : \beta_3 = \beta_5 = 0$）。

"惰性"参数的设定根据下述最优模型选择的结果确定[②]。表 5.1 给出了中央银行偏好非对称性的检验结果。可以看出，两种情形存在着显著的差异，具体来说，原假设 $H_0 : \beta_5 = 0$ 在两种情况下均没有通过显著性检验，说明在通货膨胀缺口偏好为非对称情况下，中央银行对实时产出的偏好不能拒绝非对称的假设，而对于原假设 $H_0 : \beta_3 = 0$，在不考虑"惰性"行为的情况下，在 10%的显著性水平上拒绝原假设，而在考虑"惰性"行为的情况下，在 1%的显著性水平上拒绝原假设，这说明在"惰性"假设下中央银行偏好的非对称性更为显著。根据刘金全和张小宇（2015）的研究，本节主要考察对原假设 $H_0 : \beta_3 = \beta_5 = 0$ 的检验，可以看出，在不考虑"惰性"行为的情况下，不能拒绝原假设，而在考虑"惰性"行为的情况下，在 5%的显著性水平上拒绝原假设，这意味着在使用实时数据的情况下，只有考虑了偏好"惰性"才能得到中央银行偏好为非对称的结论。

---

① 其中，1992~1996 年的报告未给出 CPI 控制目标，本节使用 PPI 目标代替。

② 在不考虑偏好"惰性"的情况下，本节设定 $m_\pi = 23$、$m_y = 23$、$n_\pi = n_y = 23$，而在考虑偏好"惰性"的情况下，根据本节选择最优模型，设定 $m_\pi = 30$、$m_y = 23$、$n_\pi = n_y = 23$。

表 5.1   中央银行偏好的非对称性检验结果

假设	不考虑偏好 "惰性"		考虑偏好 "惰性"	
	χ^2 分布类型的 LM 检验	F 分布类型的 LM 检验	χ^2 分布类型的 LM 检验	F 分布类型的 LM 检验
$H_0 : \beta_3 = 0$	3.373 2*	3.373 2*	8.845 5***	8.845 5***
$H_0 : \beta_5 = 0$	0.000 8	0.000 8	0.010 0	0.010 0
$H_0 : \beta_3 = \beta_5 = 0$	3.505 1	1.752 5	8.845 5**	4.422 7**

*、**、***分别表示在10%、5%和1%的显著性水平上显著

3. 中央银行偏好行为的非线性检验

为了保证时变参数估计方法的合理性，本节在进行时变参数估计之前对模型的非线性进行检验。本节使用 BDS 检验（Brock et al., 1996）、Chow 检验（Chow, 1960）、Quandt-Andrews 检验（Quandt, 1960；Andrews, 1993）及 Bai-Perron 检验（Bai and Perron, 2003）进行模型的稳定性检验。其中，Chow 检验为已知突变点检验，Quandt-Andrews 检验为未知突变点检验，Bai-Perron 检验为未知情况下的多突变点检验。

变点检测模型均为本节选择的最优模型（ $m_\pi = 30$ 、 $m_y = 23$ 、 $n_\pi = n_y = 23$ ）。表 5.2 给出了模型参数稳定性检验结果。可以看出，对于 BDS 检验，除嵌套维度为 2 的情况外，其余情况均显著拒绝独立同分布的原假设，说明变量之间存在非线性关系。进一步的突变点检验表明模型的参数具有突变特征，这意味着如果使用常参数估计方法会导致有偏的模型估计结果。

表 5.2   中央银行偏好的非线性检验结果

BDS 检验		Chow 检验		Quandt-Andrews 检验		Bai-Perron 检验	
嵌套维度	Z 统计量	时间断点	Wald 统计量	检验类别	F 统计量	断点个数	加权 F 统计量
2	1.457	1997Q4	22.030**	Max LR	3.488***	1	34.883**
3	1.999**	2001Q3	18.508**	Max Wald	34.883***	2	39.256**
4	1.904*	2005Q2	20.295**	Exp LR	1.066**	3	38.909**
5	1.953*	2008Q1	24.878***	Exp Wald	14.105***	4	36.619**
6	2.155**	2010Q1	23.844***	Ave LR	2.056**	5	28.097**
7	2.194**	2013Q2	34.806***	Ave Wald	20.566***		

*、**、***分别表示在10%、5%和1%的显著性水平上显著

注：（1）BDS检验是基于式（5.22）常参数形式的回归残差进行的，其统计量的计算方法为Eviews 8.0默认方法；（2）Chow检验、Quandt-Andrews检验、Bai-Perron检验选择的突变点变量均为式（5.22）中出现的所有解释变量，在进行Quandt-Andrews检验和Bai-Perron检验时剔除15%的异常值；（3）Bai-Perron检验时设定的最大断点个数为5，检验方法为"全局 L 断点vs.无断点"

4. 中央银行的时变"惰性"——非对称偏好估计结果分析

1）最优模型选择

根据式（5.22）的形式，我们需要对"惰性"参数（m_π、m_y、n_π、n_y）进行组合来确定最优的估计模型。具体来说，对于参数 n_π 和 n_y，其取值必须为奇整数，否则在数据转换的过程中数值的符号会发生改变，并且其取值越大越能涵盖更多的可选择模型，因此，本节将 n_π 和 n_y 设定为 23。在参数 n_π 和 n_y 确定之后，m_π、m_y 就能反映中央银行的"惰性"行为。为了尽可能纳入更多的可选择模型，本节将 m_π 和 m_y 的取值分别设定为 23~46，因此可供选择的模型数量为 $24 \times 24 = 576$。这也就是说本节从 576 个模型中选择 1 个最能拟合数据的模型，从而确定中央银行的"惰性"参数。本节使用的选择指标包括残差平方和（sum squared for error，SSE）、均方根误差（root mean square error，RMSE）和平均绝对误差（mean absolute difference，MAD）[①]。

为了避免由于单次抽样结果造成的最优模型不稳定性，本节采用取平均值的方法。具体来说，本节将计算的 SSE、RMSE 和 MAD 分别放置于 24×24 的矩阵中，其中矩阵的行代表 m_π、列代表 m_y，通过对行和列分别取平均便可以选择出最优的模型。图 5.4 给出了统计指标的行均值和列均值，可以看出，对于行均值，最小的统计量均在第 8 列（$m_\pi = 30$）出现，而对于列均值，最小的统计量均在第 1 列（$m_y = 23$）出现，因此本节确定的最优模型为 $m_\pi = 30$、$m_y = 23$、$n_\pi = n_y = 23$。此外，还可以看出，无论是行均值还是列均值都存在着震荡上升的趋势，因此没有必要选择更大的 n_π 和 n_y 值进行检验。最优模型的选择结果意味着中央银行对通货膨胀缺口具有"惰性"偏好，"惰性"参数为 $30/23$，而对实时产出缺口并不存在"惰性"偏好，而这种模型选择结果是无法根据 Boinet 和 Martin（2008）模型形式实现的，这也是本节模型的优势之一。实际上，当 $m_y/n_y > 2$ 或者 $m_\pi/n_\pi > 2$ 时，数据的量级将会发生显著变化，估计的结果也将不准确。本节的选择结果意味着模型的"惰性"参数在 1~2 就能够很好地刻画中央银行的"惰性"偏好。

2）模型常参数估计结果

在进行估计之前需要选取工具变量，本节选择内生解释变量的滞后一期变量

①其中，$\text{SSE} = \sum_{j=1}^{T}\left(\hat{i}_j - \hat{\hat{i}}_j\right)^2$、$\text{RMSE} = \sqrt{\dfrac{1}{T}\sum_{j=1}^{T}\left(\hat{i}_j - \hat{\hat{i}}_j\right)^2}$、$\text{MAD} = \dfrac{1}{T}\sum_{j=1}^{T}\left|\hat{i}_j - \hat{\hat{i}}_j\right|$。

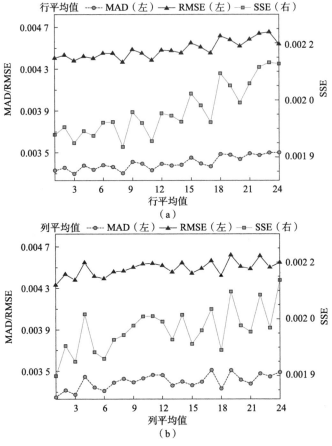

图 5.4　最优模型选择结果

和 滞 后 二 期 变 量 ， 即 $\mathrm{IV}=\left[\left(\pi_{t-1}-\pi^*\right)^{\frac{2m_\pi}{n_\pi}-1},\left(\pi_{t-1}-\pi^*\right)^{\frac{2m_\pi}{n_\pi}},y_{t-1}^{\frac{2m_\pi}{n_\pi}-1},y_{t-1}^{\frac{2m_\pi}{n_\pi}},\right.$

$\left.\left(\pi_{t-2}-\pi^*\right)^{\frac{2m_\pi}{n_\pi}-1},\left(\pi_{t-2}-\pi^*\right)^{\frac{2m_\pi}{n_\pi}},y_{t-2}^{\frac{2m_\pi}{n_\pi}-1},y_{t-2}^{\frac{2m_\pi}{n_\pi}}\right]'$。本节在估计参数时使用前 20 期作

为训练样本，并通过最小二乘估计得到先验分布参数和初始值。根据上述的估计
步骤，本节对每一个参数或状态变量进行 3 000 次 Gibbs 抽样，舍弃前 500 次抽样，
使用后 2 500 次抽样结果计算参数的后验均值。表 5.3 给出了式（5.22）中常参数
的估计结果。可以看出，Geweke（1991）收敛性检验统计量数值标准差（RNE）
均较小，说明两段抽样并无显著差异[①]，而相对数值效率（RNE）均接近于 1，说
明抽样方差与考虑自相关的方差一致，这意味着 Gibbs 抽样是收敛的。Raftery 和

---

① 此处，本节选择的收敛性截点为 0.1 和 0.5，用于对比后验均值抽样前 10% 和后 50% 是否存在显著差异。

Lewis（1992）检验统计量 IRL 显著小于 5 也说明抽样不存在自相关性。综合来看，模型的常参数均是收敛的。常参数的最高后验密度区间 HPDI （5%~95%）均包含 0，说明参数估计结果可能不显著。

表 5.3　模型常参数估计结果

常参数	估计值	HPDI （5%）	HPDI （95%）	NSE	RNE	IRL
$\hat{\phi}_1$	−5.35E−05	−7.85E−04	6.95E−04	8.98E−06	1.000 0	1.289 2
$\hat{\phi}_2$	5.21E−04	−3.15E−04	1.32E−03	1.01E−05	1.000 0	1.289 2
$\hat{\phi}_3$	−5.69E−04	−1.82E−03	6.90E−04	1.51E−05	1.000 0	1.289 2
$\hat{\phi}_4$	7.40E−04	−6.50E−04	2.15E−03	1.70E−05	1.000 0	1.289 2
$\hat{\sigma}_v^2$	1.79E−05	1.33E−05	2.35E−05	6.03E−08	1.000 0	1.226 3

3）时变非对称偏好估计结果

表 5.4 给出了式（5.22）中时变参数的估计结果。可以看出，数值标准差（RNE）均较小，说明两段状态变量的抽样结果并没有显著差异，而相对数值效率（RNE）均接近于 1，这也意味着抽样方差与考虑自相关性的方差一致，说明 Gibbs 抽样是收敛的。统计量 IRL 显著小于 5 也说明参数抽样不存在自相关性。综合来看，模型的时变参数是收敛的。由于状态变量的取值较多，限于篇幅，本节仅给出了每个状态变量中最高后验密度区间的最大值和最小值，以此来初步检验状态变量估计结果的显著性。可以看出，$\hat{\beta}_{1t}$ 的最高后验密度区间的最大值和最小值均为正，这说明估计结果是显著的，而其他参数的最高后验密度区间均包含正值和负值，这说明状态变量中部分参数的估计结果存在不显著的情况。

表 5.4　模型状态变量估计结果

时变参数	HPDI （5%）		HPDI （95%）		NSE	RNE	IRL
	最小值	最大值	最小值	最大值			
$\hat{\beta}_{0t}$	−0.014 5	0.001 3	−0.000 8	0.026 4	0.000 2	1.000 0	1.247 5
$\hat{\beta}_{1t}$	0.764 4	0.933 3	0.952 6	1.060 3	0.001 5	1.000 0	1.247 5
$\hat{\beta}_{2t}$	−0.674 8	0.215 6	0.617 6	0.902 4	0.009 4	1.000 0	1.247 5
$\hat{\beta}_{3t}$	−5.866 8	−4.070 8	−1.410 5	4.449 7	0.062 3	1.000 0	1.247 5
$\hat{\beta}_{4t}$	−0.113 8	0.190 2	0.499 4	1.163 0	0.006 9	1.000 0	1.247 5
$\hat{\beta}_{5t}$	−16.277 3	−7.132 1	0.046 7	3.043 5	0.111 9	1.000 0	1.247 5

图 5.5 给出了式（5.22）的时变参数时序图。由于工具变量回归损失了 2 个样本，本节最终估计的状态变量长度为 100（1993 年 3 季度~2017 年 2 季度）。从状态变量 β_{0t} 的估计结果可以看出，时变参数在样本期内经历了先下降后上升的过程，其中，2008 年之前的下降趋势与刘金全和张小宇（2012）估计的趋势一致。在 2008 年金融危机后，截距项从下降趋势转为上升趋势，参数的波动性也随之增加，这种参数突变间接佐证了金融危机对金融系统的巨大冲击。同时，长期均衡利率在此期间呈现出下降趋势 $\left[\beta_{0t}=(1-\rho_t)i_t^*\right]$，这种现象的根源在于边际效率递减规律，边际效率递减规律的存在使得中国的资本边际收益从长期来看呈现下降趋势，因此市场的均衡利率也随之降低。

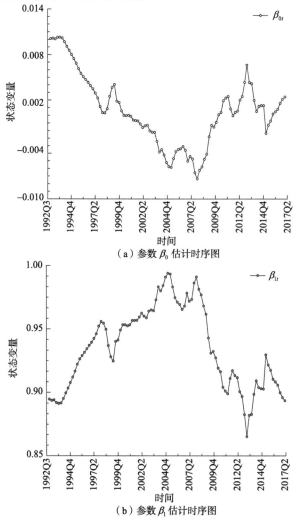

（a）参数 β_0 估计时序图

（b）参数 β_1 估计时序图

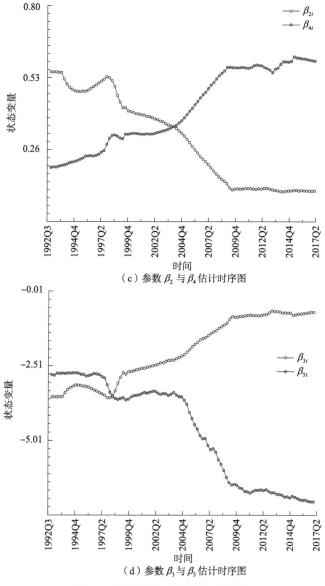

（c）参数 β_2 与 β_4 估计时序图

（d）参数 β_3 与 β_5 估计时序图

图 5.5　模型时变参数估计时序图

从状态变量 β_{1t} 的估计序列图可以看出，利率的平滑项在样本期内呈现出先上升后下降的过程，其分界点出现在 2008 年。在 2008 年之前，中央银行对利率调控的平滑程度逐年提高，说明在此期间其十分在意利率的平滑性，而在 2008 年之后，中央银行对利率平滑性的意愿逐渐降低，当然，这也可能与这一时期由利率市场化水平提高导致的利率波动性增加有关。

从图 5.5 还可以看出，状态变量 β_{2t} 和 β_{4t} 的估计值均为正值，这符合我们的理论预期。同时，这两种状态变量还表现出显著的上升或下降趋势。通货膨胀缺口系数 β_{2t} 在 2009 年之前呈现出明显的下降趋势，这说明在考虑"惰性"的情况下，中央银行为抑制相同大小的通货膨胀缺口变化所需要做出的利率调整幅度变小，暗示出货币政策调节通货膨胀的效率在提高。实际上，其中也隐含着中央银行对通货膨胀治理的边际效用递减规律。与此形成鲜明对比，中央银行对实时产出缺口的反应系数不断上升，这说明中央银行为抑制相同大小的产出缺口变化所需要做出的利率调整幅度增加，暗示出货币政策调节产出的效率在降低。这种现象显然与我国经济增长的动力和潜力有关，当经济增长潜力较大时，货币政策十分有效，而随着经济增长潜力下降，货币政策调节产出的能力也随之下降。我们进一步引申出另一问题：产出和通货膨胀均是衡量经济状况的指标，中央银行对两者的反应力度为何呈现出相反趋势？我们认为，产出更多体现的是经济活动，其背后与经济增长规律密切相关，而通货膨胀更多的是一种货币现象，当货币超发时，不论此时经济增长潜力如何都将引起不同程度的通货膨胀，而正是由于隐含的经济意义和经济背景不同，中央银行对其反应呈现显著差异。这一发现更进一步证明了本节使用时变参数估计的合理性。

图 5.5 还给出了状态变量 β_{3t} 和 β_{5t} 的估计结果，可以看出，两个状态变量的估计值均为负值，这符合我们的理论预期，暗示中央银行更加厌恶经济波动。此外，两个状态变量还呈现出明显的上升或下降趋势。上升的 β_{3t} 意味着中央银行对物价波动的厌恶程度逐渐减弱，下降的 β_{5t} 则说明中央银行对产出波动的厌恶程度逐渐增加。

实际上，状态变量 β_{2t} 和 β_{4t}、β_{3t} 和 β_{5t} 均隐含着深层次的经济含义。β_{2t} 和 β_{4t} 代表了中央银行对经济逆风向操作的有效性，反映的是客观事实，是中央银行的"被动"行为，而 β_{3t} 和 β_{5t} 则反映中央银行对经济波动的态度，反映的是主观意愿，是中央银行的"主动"行为。这种解释对于理解中央银行的偏好行为更具有实际意义。

根据前述分析，中央银行对通货膨胀缺口的时变非对称偏好参数可根据 $\alpha_t = 2\beta_{3t}/\beta_{2t}$ 计算得到，而对产出缺口的时变非对称偏好参数可根据 $\gamma_t = 2\beta_{5t}/\beta_{4t}$ 计算得到。图 5.6 给出了估计的时变非对称偏好参数。可以看出，中央银行对通货膨胀缺口和产出缺口的非对称偏好参数均为负，说明相比于经济扩张带来的损失，中央银行更加厌恶经济衰退带来的损失。两种非对称偏好参数还呈现不同的变化趋势。不同的变化趋势具有不同的经济含义，α_t 上升意味着中央银行对通货紧缩的厌恶程度减弱，下降则意味着中央银行对通货紧缩的厌恶程度增加，γ_t 下降说明中央银行对经济衰退的厌恶程度增加，上升则说明中央银行对经济衰退的厌恶程度下降。可以看出，在 2008 年之前，中央银行对通货膨胀缺口的非对称偏好参数逐年下降，而对产出的非对称偏好参数逐年上升，而在 2008 年之后，两种非对称偏好参数呈现出与之前相反的变化轨迹，这说明中央银行对两者的非对称偏好可能存在着相互替代效应，这需要进一步验证。

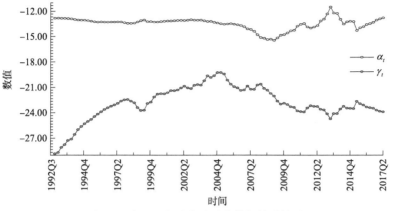

图 5.6　中央银行时变非对称偏好估计结果

为了进一步探究中央银行的损失偏好行为，本节根据估计的时变参数和实证数据重构中央银行的损失值，结果如图 5.7（a）所示。可以看出，中央银行对产出缺口和通货膨胀缺口的损失值既存在相同的变化区间又存在不同的变化阶段。例如，在 1992 年，产出波动带来的损失较大，在 1994 年，通货膨胀带来的损失超过产出，1998~1999 年，通货膨胀带来的损失值较大，而 2003~2009 年，两种目标损失值呈现出交替增加的情况。这实际上反映出中央银行在特定时期对两种目标的不同态度。本节进一步将样本期内的损失函数取平均得到平均的损失函数，结果如图 5.7（b）所示。可以看出，两种损失函数均具有显著的非对称特征，通货膨胀缺口损失函数表现出更为明显的"惰性"特征。

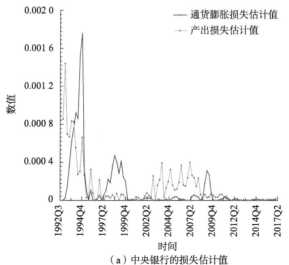

（a）中央银行的损失估计值

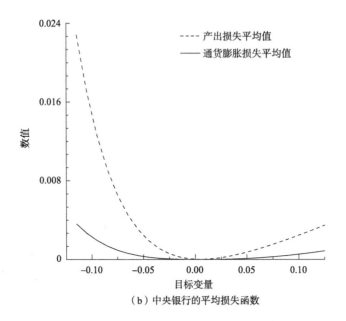

（b）中央银行的平均损失函数

图 5.7 中央银行的损失估计值和平均损失函数

图 5.8 给出了重构的中央银行时变损失函数。可以看出，中央银行实时产出缺口的损失函数具有更大波动性，而通货膨胀缺口的损失函数仅在 2008 年之后呈现出较大的波动性，这种变化趋势与图 5.6 中的结论基本一致。

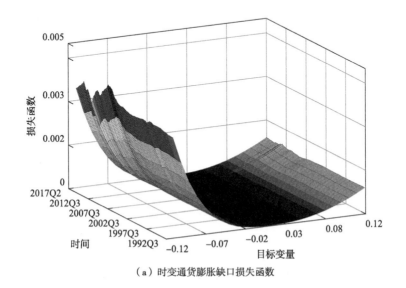

（a）时变通货膨胀缺口损失函数

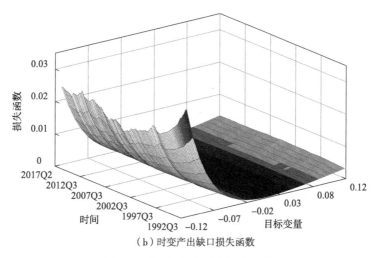

（b）时变产出缺口损失函数

图 5.8　中央银行的时变损失函数

5. 稳健性检验

本节主要从以下三个方面进行稳健性检验。

其一，使用两阶段最小二乘估计（two-stage least squares，2SLS）对本节选择的工具变量进行有效性检验。本节选择的工具变量为内生解释变量的滞后一期变量和滞后二期变量，工具变量有效性检验的对象为本节选择的最优模型，检验结果如表 5.5 所示[①]。可以看出，Sargan 检验和 Basmann 检验均不能拒绝过度识别的原假设，而冗余检验拒绝了工具变量冗余的原假设，识别不足检验拒绝了工具变量识别不足的原假设。本节在第一阶段回归的基础上对工具变量与内生变量的相关性进行检验，偏 R^2、Shea 偏 R^2、和 F 统计量均表明模型工具变量与内生变量具有较高的相关性。综合来看，本节选择的工具变量较为合理。

表 5.5　工具变量有效性检验结果

检验	统计量	P 值	第一阶段内生变量	偏 R^2	Shea 偏 R^2	F 统计量
Sargan 检验	5.267 6	0.260 9	内生变量 1	0.840 5	0.402 8	59.961 2
Basmann 检验	5.060 1	0.281 2	内生变量 2	0.647 4	0.424 4	20.886 4
LM 冗余检验	76.434 0	0.000 0	内生变量 3	0.635 8	0.158 6	19.858 4
Kleibergen - Paap 识别不足检验	18.866 0	0.002 0	内生变量 4	0.557 8	0.166 8	14.351 0

① 在进行两阶段最小二乘估计之前本节将名义利率的滞后一期因素剔除，将回归残差作为被解释变量，这样能够保证检验的工具变量与本节使用的工具变量一致。

其二，通过设定不同的"惰性"参数取值对模型进行重新估计。由于 Gibbs 抽样具有随机性，每次抽样的结果可能存在微小差异，为此，本节分别选取与最优模型较为接近的"惰性"参数组合检验模型的估计结果是否稳健。本节选取的"惰性"参数组合分别如下：① $m_\pi = 29$、$m_y = 23$、$n_\pi = n_y = 23$；② $m_\pi = 31$、$m_y = 23$、$n_\pi = n_y = 23$；③ $m_\pi = 29$、$m_y = 24$、$n_\pi = n_y = 23$；④ $m_\pi = 30$、$m_y = 24$、$n_\pi = n_y = 23$；⑤ $m_\pi = 31$、$m_y = 24$、$n_\pi = n_y = 23$。检验的结果如附录 A 所示。可以看出，在不同的参数组合下，除由数据转换导致的数值大小发生变化外，状态变量的符号及其变化趋势均没有产生显著变化，这说明本节对最优模型的估计参数不具有明显的随机性。

其三，采用不同的参数估计方法进行稳健性检验。本节进一步采用极大似然估计方法对式（5.22）进行参数估计。估计过程仍然是在状态空间模型和卡尔曼滤波的基础上进行。附录 B 给出了极大似然估计的结果。可以看出，极大似然估计的状态变量在样本期初具有十分显著的波动性，这意味着期初的状态变量估计值并不可靠，这也间接佐证本节提出的两阶段贝叶斯估计结果更加稳健。剔除期初状态变量估计值，对比发现，除 β_{0t} 外，其他状态变量的数值大小均较为接近，符号也一致，结构变化的时间点也基本一致[①]。综合来看，本节的参数估计结果是稳健的。

5.1.5 拓展性研究：影响因素分析

从本节估计的中央银行非对称偏好可以看出，中央银行对通货膨胀缺口和实时产出缺口的偏好具有显著的时变性和趋势性特征，那么下一个深层次的问题自然出现：是什么因素影响了中央银行对损失的态度？这种关系是否存在区制转换特征？本节进一步对这一问题展开探究。

本节首先从理论层面对中央银行偏好行为的影响因素展开分析，然后构建模型并进行实证检验。从图 5.6 可以看出，中央银行对通货膨胀缺口和产出缺口的非对称偏好具有此消彼长的变化趋势，这意味着中央银行的偏好可能存在替代效应，因此在实证检验时需考虑两者之间的相互影响。在金融危机期间（1997 年和 2008 年），中央银行的两种非对称偏好均出现下降，这意味着中央银行在经济不确定性增大时对经济衰退的厌恶程度会增加。在受到外部冲击时，中央银行更加关注其对经济的影响，此时对经济衰退的厌恶程度会增加，在构建模型时需要考虑经济不确定性因素。由于非对称偏好是中央银行货币政策的特征参数，其政策周期也

---

① 其中，极大似然估计的状态变量 β_{4t} 数值大小和变化趋势与贝叶斯估计结果几乎一致。

自然会对这种风险态度产生影响。此外，经济政策不确定性也是中央银行偏好的重要影响因素。经济政策不确定性与企业投资、对外贸易及经济状况紧密相关（Gulen and Ion，2015；Caggiano et al.，2017；Handley and Limão，2017），其反映的是整体的经济政策不确定程度，中央银行在制定货币政策时自然受其影响。我们还可以从图 5.6 看出，本节估计的两种偏好参数具有显著的趋势特征，因此在构建模型时，本节考虑加入偏好参数的滞后项，这既能提高模型的拟合度，也可以起到控制部分影响因素的目的。

为检验中央银行偏好的区制性，本节构建如下检验模型：

$$\text{apref}_{i,t} = c_{1,i,S_t} + c_{2,i,S_t}\,\text{apref}_{i,t-1} + c_{3,i,S_t}\,\text{rapref}_{i,t} + c_{4,i,S_t}\,\text{mc}_t + c_{5,i,S_t}\,\text{eu}_t + c_{6,i,S_t}\,\text{epu}_t + \tau_{i,t}$$

$$(5.34)$$

其中，$i=1$ 或 2，1 表示通货膨胀缺口偏好方程，2 表示产出缺口偏好方程；$\text{apref}_{i,t}$ 表示 t 时期的通货膨胀缺口偏好或产出缺口偏好；$\text{rapref}_{i,t}$ 表示替代偏好，如当 $i=1$ 时，$\text{rapref}_{1,t}$ 代表产出缺口偏好，当 $i=2$，$\text{rapref}_{2,t}$ 代表通货膨胀缺口偏好；mc_t 表示货币政策周期，基于 M1 同比增长率使用 H-P 滤波得到；eu_t 表示经济波动，使用实时产出缺口的平方项作为其代理变量；epu_t 表示经济政策不确定性，使用的数据来源于 Baker 等（2016）；$S_t = 1,2,\cdots,k$ 表示区制变量。在本节中，我们假设一个具有两区制、一阶马尔科夫过程的状态变量，即 $k=2$，转移概率 $p_{pq} = \Pr\left(S_t = q \mid S_{t-1} = p\right)$。此外，本节假定扰动项 $\tau_{i,t}$ 服从一个依附于状态变量的正态分布，即 $\tau_{i,t} \sim \text{N}\left(0, \sigma_{i,\tau,S_t}^2\right)$。本节定义区制 q 的概率密度函数为 $f\left(\text{apref}_{i,t} \mid S_t = q, \psi_t\right)$，因此，区制转换模型的对数似然函数方程可以表示为 $\ln L = \sum_{t=1}^{T} \ln\left(\sum_{q=1}^{2} f\left(\text{apref}_{i,t} \mid S_t = q, \psi_t\right) \Pr\left(S_t = q \mid \psi_t\right)\right)$。其中，$\psi_t$ 表示 t 时刻的信息。概率的更新过程根据迭代滤波方程 $\Pr\left(S_t = q \mid \psi_t\right) = \dfrac{f\left(\text{apref}_{i,t} \mid S_t = q, \psi_{t-1}\right) \Pr\left(S_t = q \mid \psi_{t-1}\right)}{\sum\limits_{q=1}^{2} f\left(\text{apref}_{i,t} \mid S_t = q, \psi_{t-1}\right) \Pr\left(S_t = q \mid \psi_{t-1}\right)}$ 得到。

根据 Baker 等（2016）的研究，中国的经济政策不确定性指数只能追溯到 1995 年，为此，本节将拓展性研究的样本缩减为 1995 年 1 季度至 2017 年 2 季度。图 5.9 给出了区制转换回归的滤波转移概率。可以看出，中央银行的两种偏好方程在样本期内呈现出显著的区制转换特征。对比图 5.6 可以发现，对于通货膨胀缺口偏好，区制 1 对应着偏好低波动阶段，区制 2 对应着偏好高波动阶段，而对于产出缺口偏好，区制 1 对应着偏好下降阶段，区制 2 对应着偏好上升阶段。表 5.6 给出了区制转换的参数估计结果。从波动率的估计值来看，对于通货膨胀缺口偏好方程，将区制 1 和区制 2 分别定义为低波动阶段和高波动阶段是十分合理的，而对于产出缺口偏好方程，两个区制的波动率差异并不十分显著，而定义为上升阶段和下降阶段更为合理。

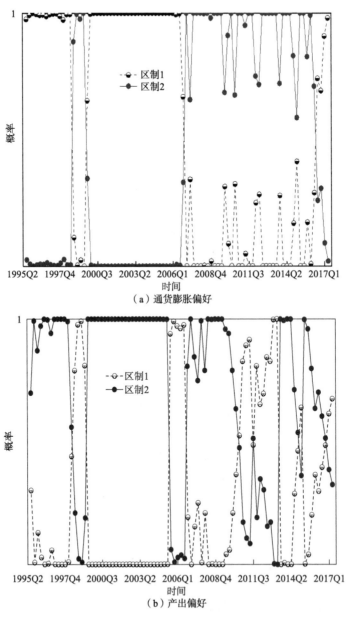

（a）通货膨胀偏好

（b）产出偏好

图 5.9　状态转移滤波概率估计结果

表 5.6　中央银行非对称偏好影响因素区制回归结果

变量	通货膨胀缺口偏好方程		实时产出缺口偏好方程	
	区制 1	区制 2	区制 1	区制 2
c_{1,i,S_t}	−0.671 4	−14.173 5***	−7.612 8***	0.650 3
c_{2,i,S_t}	0.951 1***	0.710 8***	0.840 9***	0.934 8***
c_{3,i,S_t}	0.000 4	−0.432 0***	−0.268 3***	0.138 7***
c_{4,i,S_t}	0.136 0	0.022 3	−1.604 4**	−0.404 3
c_{5,i,S_t}	−102.879 0***	1 002.393 0***	442.713 0*	253.652 0
c_{6,i,S_t}	0.000 4***	0.001 0	0.000 6**	−0.001 3**
σ^2_{i,τ,S_t}	0.041 7***	0.247 6***	0.139 3***	0.243 4***
P	0.960 8	0.939 9	0.841 7	0.926 5
期望持续期	25.519 8	16.645 8	6.318 9	13.622 4

*、**、***分别表示在10%、5%和1%的显著性水平上显著

注：转移概率矩阵仅给出对角线元素数值，非对角线概率值可以通过1减对角线概率得到

从表 5.6 可以看出，大部分参数估计值通过 10%的显著性检验。转移概率的估计值表明每一个区制维持在其自身区制的概率均接近于 1，期望持续期也较长，这说明每一个区制都具有很强的惯性，这意味着区制转换是由巨大的外部冲击造成的，因此可以把区制转换看作是中央银行偏好发生结构性变化。截距项 c_{1,i,S_t} 估计值在不同的方程和不同的区制内均具有显著差异。从滞后项系数 c_{2,i,S_t} 的估计结果可以看出，对于通货膨胀缺口偏好方程，系数在低波动阶段更大，这说明在此期间通货膨胀缺口偏好更容易受到之前偏好的影响；而对于实时产出缺口偏好方程，系数在偏好水平上升阶段更大，这意味着此时产出偏好更容易受到之前偏好的影响。这是因为，通货膨胀缺口偏好方程的低波动阶段和实时产出缺口偏好方程的上升阶段往往处于经济平稳期，此时中央银行的偏好惯性程度相对较高。从替代变量系数 c_{3,i,S_t} 的估计值可以看出，中央银行的两种非对称偏好具有显著的替代效应，而这种效应又因区制的不同而发生变化。具体来说，对于通货膨胀缺口偏好方程，替代效应在低波动阶段并不显著，在高波动阶段显著；而对于实时产出缺口偏好方程，在偏好水平下降阶段，替代效应为负，在上升阶段，替代效应消失。从货币政策周期的估计系数 c_{4,i,S_t} 可以看出，除实时产出缺口偏好方程在区制 1 中的系数显著外，其他情况下均不显著。在中央银行对产出的非对称偏好下降的区制 1，货币政策周期因素对其偏好产生负向影响，这是因为，中央银行往往在经济衰退时实行扩张的货币政策，而此时恰恰反映了中央银行对风险的厌恶程度上升。

从系数 c_{5,i,S_t} 的估计结果可以看出，经济不确定性对中央银行的通货膨胀偏好具有显著的区制影响效应，在低波动阶段呈现负向影响，而在高波动阶段产生正向影响，这与上述理论分析相悖，究其原因本节认为，收集的实时产出缺口平方项更多体现的是经济扩张带来的不确定性，显然中央银行并没有把这种不确定性完全地看成风险。此外，在区制 2，经济政策不确定性对产出缺口偏好的影响显著为负，这是因为，经济政策不确定性提高导致中央银行风险厌恶加剧。但在区制 1，经济政策不确定性对产出偏好产生正向影响，这是因为，低波动阶段意味中央银行的偏好相对较高，此时经济政策不确定性往往较低，中央银行的偏好主要受到其他因素影响，这一点也可通过对比区制 1 和区制 2 系数绝对值判断。综合来看，中央银行对通货膨胀缺口和产出缺口的偏好不仅受到自身惯性影响，还受经济波动、货币政策周期、经济政策不确定性及偏好替代效应影响，同时还表现出十分明显的区制转换特点。

5.1.6　主要结论及政策含义

本节尝试从时变参数视角探究中央银行的损失偏好行为及其影响因素。首先，针对现有刻画中央银行损失偏好函数的不足，提出一种能够同时刻画偏好"惰性"和非对称性特征的线性指数—幂函数损失偏好。其次，在 Kim 和 Nelson（2006）基础上提出了一种两阶段时变参数贝叶斯估计方法以克服内生性问题。最后，进一步采用这一估计策略估计中央银行的实时时变偏好，并对其影响因素进行实证检验。本节所得结论可以总结为以下三个方面。

第一，本节提出的损失函数能够很好地刻画中央银行偏好行为的"惰性"特征。本节研究发现，1~2 的"惰性"参数取值已经能够很好地刻画中央银行的偏好"惰性"，此外，我国中央银行对通货膨胀缺口的偏好具有显著的"惰性"特征，但对实时产出缺口的偏好并不呈现"惰性"反应。

第二，常参数模型稳定性检验结果表明中央银行的偏好行为具有突变性，这意味着使用时变参数估计方法更为合理。考虑"惰性"行为的中央银行偏好非对称性检验结果表明中央银行具有非对称偏好。

第三，两阶段贝叶斯估计结果表明中央银行的损失偏好具有明显的时变性、趋势性和非对称性。相比于物价上升和产出扩张带来的风险损失，中央银行更加厌恶物价下降和产出收缩带来的风险损失。中央银行的时变偏好不仅受到其自身惯性影响，还受到经济波动、货币政策周期、经济政策不确定性及偏好替代效应影响，同时表现出显著的区制转换特征。

本节的研究结论对理解我国中央银行的偏好行为、提升我国货币政策的有效性具有明确的政策启示。其一，中央银行对通货膨胀缺口具有显著的"惰性"特征，这意味着中央银行对于小幅的物价波动并不十分在意，其更加重视物价的大幅波动，这暗示在估计货币政策规则时不考虑"惰性"偏好可能会导致有偏的估计，因此在进行货币政策制定和实施的过程中需要将"惰性"因素带来的影响考虑进来。其二，常参数模型检验表明中央银行的偏好行为具有突变性，这意味着对中国这样一个金融环境和金融发展水平在过去 30 多年快速提升的经济体而言，使用时变参数估计方法研究货币政策相关问题更具现实意义。其三，本节的时变参数估计结果表明中央银行对通货膨胀缺口的反应系数逐年下降，而对实时产出缺口的反应系数逐年上升，这意味着中央银行对通货膨胀的调控效率不断提高，而对实时产出的调控效率不断下降。实际上，这两种实证现象背后的因素各不相同。一方面，通货膨胀更多地表现为货币现象，当物价水平较高时货币政策的调控效率必然降低，这隐含着边际效应递减规律；另一方面，随着中国经济增长动力和潜力下降，货币政策对产出的调控效率也随之降低。此外，中央银行对实时产出缺口和通货膨胀缺口平方项的系数也具有截然相反的变化趋势，而这隐含着中央银行对产出波动和物价波动的偏好有替代效应。可见本节估计的模型参数具有不同的经济意义和政策含义。其四，本节的研究是一个初步尝试，对中央银行时变偏好行为的后续研究可考虑将"惰性"参数设定为时变参数，也可将资产价格、金融稳定等因素纳入中央银行的反应目标。

5.2　投资者情绪与金融市场稳定：基于时变分析视角

5.2.1　引言

近年来，频繁爆发的金融和经济危机事件日益突出了维护金融稳定的重要性，它既关系到世界各国的经济发展，也影响了国家政权的稳定安全。金融市场作为无数投资者和投机者共同博弈的重要场所，是金融资产正常交易和价格形成的客观基础。因此，分析金融市场的稳定性已经成为研究金融稳定的重要内容。2014年7 月至 2015 年 6 月，上证综指在不到一年的时间里从两千点飙升至五千多点，涨幅达 150%，在随后短短的半个月，上证综指又暴跌至三千五百多点，跌幅超过30%，市值蒸发超过 25.6 万亿元，中国股市的剧烈震荡严重冲击了金融市场的稳定性。舆论普遍将此次"股灾"事件归咎于中国证券监督管理委员会清查场外配资，而理论上通常从行为金融学和分形市场理论两个角度来解释金融市场的异常波动现象，前者强调投资者的行为和情绪因素，后者则突出市场流动性的重要影响。可见，在股市"暴涨暴跌"的背后投资者情绪和市场流动性的变化甚至突变往往起到了推波助澜的作用，成为冲击金融市场稳定的重要因素。所以，对投资者情绪和市场流动性的合理度量及监测，构建反映金融市场稳定的有效指标，从时变角度分析投资者情绪和市场流动性对金融市场稳定的影响机制，对促进我国金融市场的改革和发展，提高货币政策调控的有效性，维护金融稳定和促进经济发展，具有重要的理论价值和实践意义。

行为金融学摈弃了投资者理性的假设，认为投资情绪对金融市场有着不可忽视的作用。de Long 等（1990）首次将投资者情绪引入股票价格决定模型中，并指出投资者情绪会成为影响金融资产均衡价格的系统性风险；国内学者如王美今和孙建军（2004）、伍燕然和韩立岩（2007）也认为投资者情绪是资产定价的系统因子和重要因素。关于投资者情绪的指标构建问题，Baker 和 Wurgler（2006）基于美国市场的不同情绪指数构造了一个综合投资者情绪指数，并研究了其横截面效应。事实上，投资者情绪指标可分为直接指标和间接指标，其中直接指标包括美国个人投资者协会指数、友好指数、央视看盘 BSI（bullish sentiment index，牛市情绪指数）、好淡指数等，但这些指标的数据存在局限，很多指数都未完全公布，时间连续性不强，无法进行广泛深入研究；间接指标主要有封闭式基金折价率、IPO数量、IPO首日收益率、换手率、新增开户数、消费者信心指数、交易量等。宋泽芳和李元（2012）、文凤华等（2014）和高大良等（2015）基于这些间接指标利用主成分分析法构建了投资者情绪指标，并研究了其与股票特征、股票价格行为和股市收益之间的关系。考虑到数据的可获得性和宏观经济基本面因素对投资者情绪的影响，本节选取换手率、消费者信心指数、IPO数量、宏观经济景气指数为间接代理指标，利用主成分分析法建立一类新的投资者情绪指标。

市场流动性的强弱反映了金融市场的变现能力和运行效率，其测度方法主要分为两类：一类是从宽度、紧度、深度和弹性等方面分析市场流动性，如 Kyle（1985）、Sarr 和 Lybek（2002）；另一类是从交易成本、委托量、均衡价格和市场冲击等角度测度市场流动性，如 Amihud（2002）、刘晓星等（2014）、Chung 和 Chuwonganant（2014）等。本节兼顾市场流动性的"时间尺度"和"价格尺度"，并参考许睿等（2004）"价量结合"的思想，基于股市对数收益率和换手率构建市场流动性指标。

国内外学者对金融稳定的内涵界定尚未统一，从而产生了各种测度金融稳定的"综合指数"，如金融压力指数（Illing and Liu，2003）、金融脆弱性指数（Nelson and Perli，2007）、金融稳定状况指数（van den End，2006；郭红兵和杜金岷，2014；周德才等，2015）和金融稳定指数（何德旭和娄峰，2011）等。指数构建的方法包括加权平均法、层次分析法（analytic hierarchy process，AHP）、主成分分析法和分位数回归等。Creel 等（2015）利用机构指标、微观经济指标和主成分分析的统计指标测度金融不稳定性，并发现它对经济增长具有负影响。然而 Baur 和 Schulze（2009）、史金凤等（2014）、V. Chirilă 和 C. Chirilă（2015）等认为金融稳定与否的界限难以区分，提出从更狭义的金融市场稳定的角度进行分析要更便于检验。本节参照何德旭和娄峰（2011）从利率、股票市场、房地产市场和金融深度等角度来刻画金融市场，同时兼顾数据可得性和方法简便性等因素，选取银行间同业拆借利率、股票市盈率、国房景气指数和 M2/GDP 等指标，结合主成分分析法构建了一种反映金融市场稳定的新指标。

关于投资者情绪和市场流动性如何影响金融市场的稳定性，一方面，投资者情绪可以通过改变投资者交易行为引起股市收益率的突变和资产价格的暴涨暴跌，进而导致金融市场不稳定，如 Zouaoui 等（2011）、Yang 和 Zhou（2015）；另一方面，市场流动性是金融危机传染的推动力，会对非对称信息和股市波动率产生重要影响，如 Rösch 和 Kaserer（2014）、Koulakiotis 等（2015）。O'Hara（2004）、de Souza（2016）分析了流动性与金融市场稳定、资本约束之间的关系。事实上，投资者情绪和市场流动性两者之间同样存在内在联系，Baker 和 Stein（2004）甚至将市场流动性作为投资者情绪的代理指标，而王丹枫和梁丹（2012）利用 B 股向境内居民开放数据从投资者情绪的角度分析我国股票市场流动性情况。然而，当前文献很少将投资者情绪和市场流动性统一在一个分析框架下研究它们对金融市场稳定的影响，尤其是鲜有从时变角度对它们的影响机制进行深入研究。TVP-SV-SVAR 模型既能够通过时变系数估计获得变量间不稳定的关系，又可以通过时变波动性解决模型异方差问题，进而提高模型估计的准确性（Primiceri，2005；Nakajima，2011），因此，近年来该类模型被国内学者广泛应用于刻画汇率与股价波动的关系（何诚颖等，2013；吴丽华和傅广敏，2014）、货币政策透明化（王少林等，2014）和金融周期波动（邓创和徐曼，2014）等问题。鉴于该模型能够有效检验变量间的时变特征，灵活捕捉金融系统的基本结构，本节利用 TVP-SV-SVAR 模型深入分析投资者情绪和市场流动性影响金融市场稳定的内在机制和时变关系，同时进一步讨论投资者情绪和市场流动性之间的互动影响，以期为我国金融体制改革和宏观经济调控提供有益的经验依据和政策启示。

5.2.2 研究指标设计

1. 投资者情绪指标构建

基于国内市场的实际数据的可获得性和指标的代表性，同时考虑宏观经济因素对投资者情绪的影响，本节选取换手率（Turn）、消费者信心指数（CCI）、IPO 数量（IPON）、宏观经济景气指数（MCI）为投资者情绪的间接代理指标，参考 Baker 和 Wurgler（2006）、宋泽芳和李元（2012）的方法，构造投资者情绪指标。

研究样本选择 2006 年 10 月至 2015 年 11 月的月度数据（其中少量缺失值用简单的线性插值予以补全，CCI 和 MCI 均调整为以 2006 年 10 月为基期），共计 110 个数据，数据来源于同花顺金融数据库和国家统计局网站。表 5.7 给出了各情绪代理变量的描述性统计。

表 5.7 情绪代理指标之间的描述性统计

指标	Turn	CCI	IPON	MCI
均值	20.869 8	19.338 5	13.090 9	98.316 1
标准差	22.731 9	21.773 9	12.158 4	3.265 2
Turn	1			
CCI	0.952 5***	1		
IPON	−0.089 4	−0.098 4	1	
MCI	0.145 3*	0.151 1*	0.342 4***	1

***、*分别表示在1%和10%的显著性水平上显著

从表 5.7 可以看出，宏观经济景气指数均值最大，但波动性最小，换手率和消费者信心指数的均值和波动性表现较为接近，IPO 数量的均值最小且波动也较小。从相关系数来看，四个变量之间都存在一定的相关性，尤其是换手率与消费者信心指数之间的相关性已超过 0.95，说明这些指标能够相互影响且存在一定的重叠信息。

各情绪代理变量的统计特征非常符合主成分分析法的处理优势，通过对四个代理变量进行线性变换和降维处理，消除它们之间的相关影响同时保留其所包含的主要信息，该方法既没有施加任何的理论约束，又可以摆脱对模型结构和样本分布先验假设的依赖性。因此，本节主要采用主成分分析法构造投资者情绪指标。

首先，确定代理变量的"领滞"关系。对所有变量的即期和滞后一期所组成的 8 个变量进行主成分分析，得到第一、二、三主成分（累积贡献率达 91.574%），按照各自的贡献率进行加权平均，从而计算第一次的情绪综合值：

$$\text{Sent}_t^* = 0.514\,9F_{1t} + 0.339\,7F_{2t} + 0.145\,4F_{3t}$$

其中

$$F_{1t} = 0.252\text{Turn}_t + 0.252\text{CCI}_t - 0.020\text{IPON}_t + 0.079\text{MCI}_t$$
$$+ 0.250\text{Turn}_{t-1} + 0.251\text{CCI}_{t-1} - 0.017\text{IPON}_{t-1} + 0.078\text{MCI}_{t-1}$$
$$F_{2t} = -0.041\text{Turn}_t - 0.041\text{CCI}_t + 0.293\text{IPON}_t + 0.336\text{MCI}_t$$
$$- 0.042\text{Turn}_{t-1} - 0.041\text{CCI}_{t-1} + 0.292\text{IPON}_{t-1} + 0.333\text{MCI}_{t-1}$$

$$F_{3t} = 0.109\text{Turn}_t + 0.097\text{CCI}_t + 0.514\text{IPON}_t - 0.424\text{MCI}_t$$
$$+ 0.076\text{Turn}_{t-1} + 0.063\text{CCI}_{t-1} + 0.520\text{IPON}_{t-1} - 0.439\text{MCI}_{t-1}$$

对得到的情绪综合值 Sent_t^* 与 8 个代理变量进行相关性分析，如表 5.8 所示。

表 5.8　情绪综合值与 8 个代理变量之间的相关性

变量	Turn_t	CCI_t	IPON_t	MCI_t	Turn_{t-1}	CCI_{t-1}	IPON_{t-1}	MCI_{t-1}
Sent_t^*	0.736 6	0.738 7	0.337 7	0.708 5	0.727 6	0.732 7	0.347 4	0.701 2

由表 5.8 可知，相关系数显著较高的变量有 Turn_t、CCI_t、IPON_{t-1} 和 MCI_t，则选择这 4 个变量进行主成分分析（累积贡献率达 83.095%），并按照各自的贡献率进行加权平均，从而构造真实的投资者情绪指标（Sent）：

$$\text{Sent}_t = 0.599\,2F_{1t} + 0.400\,8F_{2t} \tag{5.35}$$

其中

$$F_{1t} = 0.490\text{Turn}_t + 0.491\text{CCI}_t - 0.023\text{IPON}_{t-1} + 0.138\text{MCI}_t$$
$$F_{2t} = -0.068\text{Turn}_t - 0.068\text{CCI}_t + 0.587\text{IPON}_{t-1} + 0.632\text{MCI}_t$$

2. 市场流动性

市场流动性是指在既定的市场结构下，资产能够以合理的价格迅速变现且不会引起其他资产价格明显波动的能力，体现了"时间尺度"和"价格尺度"的双重属性。本节选取 2006 年 10 月至 2015 年 11 月沪深 300 指数的月度数据，数据来源于同花顺金融数据库，结合许睿等（2004）"价量结合"的思想，构建市场流动性（MarL）的测度指标：

$$\text{MarL}_t = \frac{|\ln P_t - \ln P_{t-1}|}{\text{Turn}_t} \times 10^2 \tag{5.36}$$

其中，P_t 和 Turn_t 分别是 t 月的收盘价和换手率。当 MarL_t 越大时，这说明单位换手率引起了更大的价格波动，则此时市场流动性越差。

3. 金融市场稳定指标

如上所述，这里选取构建金融市场稳定指标的代理变量有上海银行间 7 天同业拆借利率（Shibor）、沪深 300 指数的市盈率（PE）、国房景气指数（REI）和 M2/GDP（FDI），样本区间为 2006 年 10 月至 2015 年 11 月的月度数据，其中国房景气指数调整为以 2006 年 10 月为基期，由于 GDP 只公布季度数据，此处用工业增加值代替，M2 和 GDP 均用 Census X12 方法进行季节调整，数据均来源于同花顺金融数据库。这四个代理变量均是逆向指标且具有不同量纲，为了构造正向的金融市场稳定指标，这里先对它们进行标准化处理。假设 x_t、y_t 分别为原始时间序列和标准化后的时间序列，则满足：

$$y_t = \frac{\max\limits_t x_t - x_t}{\max\limits_t x_t - \min\limits_t x_t}, \quad x_t = \text{Shibor}_t, \text{PE}_t, \text{REI}_t, \text{FDI}_t \tag{5.37}$$

为表述方便，标准化后的序列保持原来的变量名不变。表 5.9 给出了四个代理变量的描述性统计。

表 5.9　金融市场稳定代理指标之间的描述性统计

指标	Shibor	PE	REI	FDI
均值	0.646 1	0.802 2	0.517 9	0.756 8
标准差	0.189 8	0.217 8	0.297 9	0.212 4
Shibor	1			
PE	−0.332 2***	1		
REI	−0.142 2*	0.595 6***	1	
FDI	−0.446 0***	−0.191 8**	−0.539 2***	1

***、*分别表示在1%、10%的显著性水平上显著

如表 5.9 所示，PE 的均值最大，而 Shibor 的波动性最小，其他变量居于中间；从相关系数来说，四个变量之间均具有较高的相关性，尤其 REI 与 PE、FDI 之间的相关性均超过了 0.5，可见房地产市场与股市和货币供应均关系密切。类似地，这里也采用主成分分析法来构造金融市场稳定指标，但无须考虑它们的"领滞"关系，因为这些变量均是金融市场稳定的即期表现形式，只要考虑它们对金融市场的当期影响即可。通过主成分分析计算第一、二两个主成分（累积贡献率达 84.588%），并按照各自的贡献率加权平均，从而得到金融市场稳定指标（FMS）为

$$\text{FMS}_t = 0.564\,0F_{1t} + 0.436\,0F_{2t} \tag{5.38}$$

其中

$$F_{1t} = -0.056\text{Shobor}_t + 0.410\text{PE}_t + 0.483\text{REI}_t - 0.346\text{FDI}_t$$
$$F_{2t} = -0.627\text{Shobor}_t + 0.277\text{PE}_t + 0.018\text{REI}_t - 0.456\text{FDI}_t$$

5.2.3　理论模型

1. 影响机理分析

我国金融市场发展和监管的不完善导致了其呈现出较明显的"新兴+转轨"的

特征，市场中散户或个人投资者众多，而机构投资者较少进一步加剧了信息不对称的程度，"追涨杀跌"和"政策市"等现象时有发生，以认知偏差、过度自信和羊群效应为特征的投资者情绪已经成为影响金融市场稳定的重要驱动因素。投资者情绪主要通过以下两个方面影响金融市场稳定：第一，投资者情绪对市场波动和资产收益具有显著的正反馈效应，这正是资产泡沫形成的内在基础，尤其是对以散户主导的金融市场来说，投资者情绪能够推动投机泡沫的产生、膨胀和破灭。当投资者情绪高涨时，激进的市场参与行为和市场正反馈效应会推动资产价格走高，投机泡沫不断扩大直至破裂，严重冲击金融市场和实体经济；当投资者情绪低迷时，降低投资者参与市场交易的能力和意愿，资产价格下跌，流动性减弱甚至消失，企业融资困难。第二，投资者情绪加剧金融风险在不同行为主体和市场间的传染效应。互联网的普及和发展使得单一主体或市场的金融风险不仅可以通过传统的金融网络扩散，还可以通过在线社交网络进行情绪表达和传播，投资者情绪突破时间和空间的限制形成更加广泛的羊群效应和从众心理，旺市时越炒越高，贪婪以至于疯狂，淡市低迷时又过于恐惧，增加了引发系统性风险的概率，强化了金融风险的传染速度和规模，加剧了金融市场的不稳定性。

　　市场流动性是保证金融市场正常运行的基础性因素，其状态变化会直接影响金融市场的稳定性。一方面，市场流动性的外部性效应会影响金融市场稳定。市场流动性与其他层面流动性之间的关联性是其外部性效应产生的基础，当市场流动性的强弱发生较大变化时，会引发融资流动性和货币流动性产生相应变化，甚至会导致整个社会总体流动性在短期内发生逆转，造成金融市场的不稳定。另一方面，由市场流动性状态失衡所形成的流动性螺旋（liquidity spirals）容易引发系统性金融风险。所谓流动性螺旋是指流动性螺旋式膨胀或收缩过程（Brunnermeier and Pedersen，2009），流动性螺旋会加剧资产价格泡沫，引发金融市场的结构失衡和情绪失控问题，进一步造成流动性总量失度。当市场流动性不足时，原本流动性较高的资产只能折价销售甚至无法正常交易，削弱了金融机构到期偿债能力和融资能力，而金融机构去杠杆行为又会加剧市场恐慌气氛。市场流动性变化加剧金融资产价格波动，改变投资者的行为决策，在羊群效应的作用下，引发系统性金融风险，严重时甚至会爆发金融危机。

　　投资者情绪与市场流动性关系密切，Baker 和 Stein（2004）甚至将市场流动性作为投资者情绪的一个代理指标。一方面，在我国指令驱动机制和卖空限制条件下，投资者情绪主要通过影响投资者参与市场交易的能力和意愿，进而对市场流动性产生影响。当提交限价指令的人越多，提交的报单量越大，市场深度就越好，市场流动性相应提高，反之亦反。另一方面，市场流动性也反过来通过改变投资者的心理预期来影响投资者情绪。市场流动性的强弱会间接表现在金融资产价格波动和交易频率的变化上，当市场流动性较强时，资产交易量较大，资产价格较高，投资者的心理预期较高，在信息不对称的情况下，参与市场交易的情绪提高；当市场流动性较低时，大量资产被折价销售，资产价格大幅下跌，投资者的心理预期减弱，参与市场交易的意愿低迷。

2. TVP-SV-SVAR 模型及其参数估计

基于投资者情绪、市场流动性影响金融市场稳定的内在机理，同时考虑其影响机制具有结构性、非线性和时变性等特征，而 TVP-SV-SVAR 是传统 VAR 模型在结构性和非线性方向扩展相结合的代表模型，能够对模型参数全局的时变性进行有效检验，尤其能够灵活捕捉宏观经济系统中基本结构的时变特征和变量间的不稳定关系。因此，本节通过构建三变量的 TVP-SV-SVAR 模型来分析投资者情绪、市场流动性与金融市场稳定的动态关系。

1）TVP-SV-SVAR 模型

将 SVAR（structural vector auto regression，结构向量自回归）模型中所有参数拓展为时变的，即

$$y_t = X_t\beta_t + A_t^{-1}\Sigma_t\varepsilon_t, \varepsilon_t \sim \mathrm{N}(0, I_3), t = s+1, s+2, \cdots, n \quad (5.39)$$

其中，$y_t = (\mathrm{Sent}_t, \mathrm{MarL}_t, \mathrm{FMS}_t)^\mathrm{T}$ 是 3 维可观测向量；$X_t = I_3 \otimes (y_{t-1}^\mathrm{T}, \cdots, y_{t-s}^\mathrm{T})$，符号 $\otimes$ 为克罗内克积；s 是滞后期；I_3 是三阶单位阵，$\Sigma_t = \mathrm{diag}(\sigma_{1t}, \sigma_{2t}, \sigma_{3t})$，同期关系系数矩阵 A_t 为下三角矩阵，即

$$A_t = \begin{pmatrix} 1 & 0 & 0 \\ a_{21t} & 1 & 0 \\ a_{31t} & a_{32t} & 1 \end{pmatrix}$$

这样式（5.39）就构成了 TVP-SV-SVAR 模型。根据 Primiceri（2005）的思路，令 $a_t = (a_{21t}, a_{31t}, a_{32t})^\mathrm{T}$ 为 A_t 中下三角元素的堆积向量，有数随机波动率矩阵 $h_t = (h_{1t}, h_{2t}, h_{3t})^\mathrm{T}$，且令 $h_{jt} = \ln(\sigma_{jt}^2)$，$j = 1, 2, 3, t \geq s+1$。Primiceri（2005）和 Nakajima（2011）指出当所有参数服从一阶随机游走过程时可以允许参数暂时或永久地变动，能够充分捕捉潜在经济结构的渐变和突变。因此，假设 TVP-SV-SVAR 模型中所有待估参数均服从随机游走过程，即

$$\beta_{t+1} = \beta_t + u_{\beta t}, \quad \alpha_{t+1} = \alpha_t + u_{\alpha t}, \quad h_{t+1} = h_t + u_{ht}$$

$$\begin{pmatrix} \varepsilon_t \\ u_{\beta t} \\ u_{\alpha t} \\ u_{ht} \end{pmatrix} \sim \mathrm{N}\left(0, \begin{pmatrix} 1 & 0 & 0 & 0 \\ 0 & \Sigma_\beta & 0 & 0 \\ 0 & 0 & \Sigma_\alpha & 0 \\ 0 & 0 & 0 & \Sigma_h \end{pmatrix} \right)$$

其中，$\beta_{s+1} \sim \mathrm{N}(\mu_{\beta_0}, \Sigma_{\beta_0})$，$\alpha_{s+1} \sim \mathrm{N}(\mu_{\alpha_0}, \Sigma_{\alpha_0})$，$h_{s+1} \sim \mathrm{N}(\mu_{h_0}, \Sigma_{h_0})$。$\Sigma_\beta$、$\Sigma_\alpha$ 和 Σ_h

决定了时变参数的方差和协方差结构，其中 $\boldsymbol{\Sigma}_\alpha$ 和 $\boldsymbol{\Sigma}_h$ 为正定对角矩阵，且不同方程的同期关系间相互独立。

2）基于 MCMC 算法的参数估计

当采用传统的极大似然方法来估计 TVP-SV-SVAR 模型的参数时，需要通过卡尔曼滤波进行大量重复计算来估计每个参数集的似然函数，计算非常繁重，不易操作，也容易导致过度识别问题。Nakajima（2011）认为采用 MCMC 算法对该模型参数进行估计更为精确和有效。下面给出具体的基于 MCMC 算法的贝叶斯参数估计过程。

首先，设定各参数的先验概率分布。参照 Primiceri（2005）选取学习样本，将常系数 VAR 模型估计结果作为贝叶斯估计的先验值。假设 $\boldsymbol{\Sigma}_\beta$ 和 $\boldsymbol{\Sigma}_\alpha$ 服从逆威沙特（inverse Wishart，IW）分布，矩阵 $\boldsymbol{\Sigma}_h$ 服从逆伽马（inverse Gamma，IG）分布，参数的先验信息如下：

$$\beta_0 \sim \mathrm{N}\left(\beta_{\mathrm{OLS}}, 4V\left(\beta_{\mathrm{OLS}}\right)\right)$$
$$\alpha_0 \sim \mathrm{N}\left(\alpha_{\mathrm{OLS}}, 4V\left(\alpha_{\mathrm{OLS}}\right)\right)$$
$$h_0 \sim \mathrm{N}\left(h_{\mathrm{OLS}}, 4V\left(h_{\mathrm{OLS}}\right)\right)$$
$$\boldsymbol{\Sigma}_\beta \sim \mathrm{IW}\left(k_{\Sigma_\beta}^2 \tau V\left(\beta_{\mathrm{OLS}}\right), \tau\right)$$
$$\boldsymbol{\Sigma}_\alpha \sim \mathrm{IW}\left(k_{\Sigma_\alpha}^2 \left(1+n_\alpha\right)V\left(\alpha_{\mathrm{OLS}}\right), \left(1+n_\alpha\right)\right)$$
$$\boldsymbol{\Sigma}_h \sim \mathrm{IG}\left(k_{\Sigma_h}^2 \left(1+n_h\right)I_k, \left(1+n_h\right)\right)$$

其中，τ 是学习样本的时期数；n_α 和 n_h 分别是 $\boldsymbol{\Sigma}_\alpha$ 和 $\boldsymbol{\Sigma}_h$ 的维度。类似于 Primiceri（2005），这里引入超参数 $k_{\Sigma_\beta}=0.05$、$k_{\Sigma_\alpha}=0.01$ 和 $k_{\Sigma_h}=0.1$ 使得模型后验分布的概率接近于 1 以提高参数估计的准确性。

其次，利用 MCMC 算法依次对各参数的条件后验概率进行 Gibbs 抽样，形成参数的条件后验分布。令 $y=\left\{y_t\right\}_{t=1}^n$ 和 $\Theta=\left(\boldsymbol{\Sigma}_\beta, \boldsymbol{\Sigma}_\alpha, \boldsymbol{\Sigma}_h\right)$，根据上一步事先给定的参数 Θ 的先验分布和给定的观测数据集 y，对后验分布 $\pi\left(\beta, \alpha, h, \Theta|y\right)$ 进行抽样，具体步骤如图 5.10 所示。

最后，构造合适的冲击矩阵对简约形式的冲击进行重组，验证相关约束形成脉冲响应。在 TVP-SV-SVAR 模型中，各时期所对应的向量移动平均（vector moving average，VMA）表达式为 $y_t=\sum_{i=0}^{\infty}\theta_{t,i}u_{t-i}$，$t$ 时刻以后 h 期的脉冲响应也是时变的，用 $\theta_{t,h}$ 表示。因此，通过各个时期和不同滞后期的三维脉冲响应图能够更加清晰和全面地刻画所有变量之间的动态响应关系。

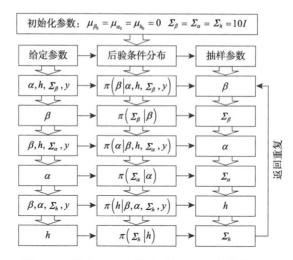

图 5.10　利用 MCMC 算法进行 Gibbs 抽样的过程

5.2.4　实证分析

1. 指标统计分析

本节所有样本均选择 2006 年 10 月至 2015 年 11 月的月度数据，样本容量为 110 个，数据来源主要有同花顺金融数据库和国家统计局网站（http://data.stats.gov.cn）。

根据第 5.2.3 节所建立的投资者情绪、市场流动性和金融市场稳定的指标，分别利用式（5.35）、式（5.36）和式（5.38）计算得到三种指标的数值，如图 5.11 所示。从图 5.11 可以看出，本节所构建的投资者情绪指标与沪深 300 指数在趋势上是基本一致的，与我们对投资者情绪的直观感受也是基本吻合的。在样本期内，投资者情绪主要经历了"高潮→低谷→高潮→低谷→高潮"的波动过程，而市场流动性也大致经历了"强→弱→强→弱→强"的状态转换过程，两者变化趋势表现出较强的一致性，即市场流动性较弱时往往此时的投资者情绪处于低谷，市场流动性较强时投资者情绪也较高，可见 Baker 和 Stein（2004）将市场流动性作为投资者情绪的间接指标并非没有道理。投资者情绪所处的低谷期主要是 2007 年美国次贷危机、2010 年欧洲主权债务危机和 2015 年 6 月中下旬的我国 A 股市场的"股灾"期间，市场流动性在这三个时期也有较明显的变弱趋势。金融市场稳定指标总体上呈现上升趋势，可见随着我国金融改革的日益深化，金融市场的稳定性在不断提高。在样本期内，金融市场稳定指标经历了两次较大幅度的下跌，金融市场处于较明显的金融不稳定时期，即 2007~2008 年和 2009~2011 年，这正是两次全球性金融危机的爆发期。但随着我国政府针对金融危机及时采取了有效措施以及世界各国对金融危机的联合救助，投资者情绪的逐步恢复和市场流动性的慢慢变强使得金融市场的稳定性在金融危机后都有较显著提高。但可能受到"股灾"事件的影响，从 2015 年年中开始，金融市场的稳定性有所下滑，因此，需要进一步通过定量方法分析投资者情绪、市场流动性对金融市场稳定的影响机制。为了避免出现伪回归问题，这里采用 ADF 检验对三种指标的平稳性进行检验，并利用 Granger 因果检验分析三种指标间可能存在的因果联系，如表 5.10 和表 5.11 所示。

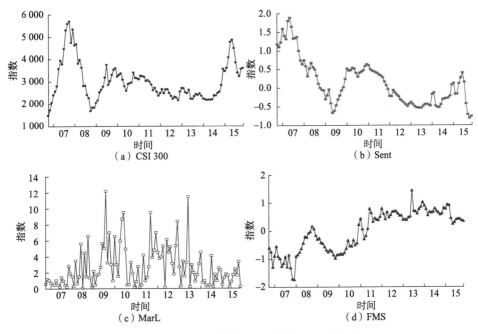

图 5.11　沪深 300 指数和三种指标的变化趋势

表 5.10　三种指标的平稳性检验

变量	检验形式（C, T, L）	ADF 检验	1%临界值	5%临界值	P 值	结论
$Sent_t$	（0, 0, 0）	-2.4386^{**}	-2.5864	-1.9438	0.0149	平稳
$MarL_t$	（C, 0, 0）	-7.8171^{***}	-3.4913	-2.8882	0.0000	平稳
FMS_t	（0, 0, 0）	-1.8968^{**}	-2.5864	-1.8438	0.0455	平稳

***、**分别表示在1%、5%的显著性水平上显著

注：检验类型C、T、L分别表示ADF检验模型中的常数项、趋势和滞后阶数

表 5.11　三种指标之间的 Granger 因果关系检验

原假设	F 统计量	P 值	结论
Sent 不是 FMS 的 Granger 因果关系	4.9204^{**}	0.0299	拒绝原假设

续表

原假设	F 统计量	P 值	结论
FMS 不是 Sent 的 Granger 因果关系	0.104 9	0.219 3	接受原假设
MarL 不是 FMS 的 Granger 因果关系	5.199 4**	0.019 5	拒绝原假设
FMS 不是 MarL 的 Granger 因果关系	0.516 3	0.598 2	接受原假设
Sent 不是 MarL 的 Granger 因果关系	7.227 2***	0.007 4	拒绝原假设
MarL 不是 Sent 的 Granger 因果关系	4.825 9*	0.064 5	拒绝原假设

*、**和***分别表示在10%、5%和1%的显著性水平上显著

由表 5.10 可知，通过 ADF 检验发现 $Sent_t$ 和 FMS_t 在 5%的置信水平下拒绝存在单位根的原假设，说明它们是平稳的，$MarL_t$ 在 1%的置信水平下拒绝存在单位根的原假设，说明它也是平稳的。由表 5.11 可知，在 5%的置信水平下，$Sent_t$ 和 $MarL_t$ 都是 FMS_t 的单向 Granger 因果关系，$Sent_t$ 和 $MarL_t$ 具有双向的 Granger 因果关系，这说明 $Sent_t$ 和 $MarL_t$ 对 FMS_t 存在较显著的单向传导效应，而 $Sent_t$ 和 $MarL_t$ 之间存在较显著的双向传导效应。

2. 基于 MCMC 算法的参数估计

参考何诚颖等（2013）、刘永余和王博（2015）的做法，利用常系数 VAR 模型中的 AIC 准则选择 SV-TVP-SVAR 模型的最优滞后阶数为 2。利用 MCMC 算法进行 Gibbs 抽样 10 000 次，前 1 000 次作为预烧值，后 9 000 次用于计算后验均值与方差。表 5.12 给出了部分参数估计的结果，从收敛性来看，所有参数的 Geweke 收敛诊断值均未超过 5%的置信水平临界值 1.96，不能拒绝趋于后验分布的原假设，说明预烧期已经能使马尔科夫链趋于集中。非有效因子表示为得到不相关样本所需要抽样的次数，非有效因子越低说明样本越有效，表 5.12 中无效因子都比较低，最大值仅为 44.88，说明可以获得至少 $9\,000/44.88 \approx 200$ 个不相关的有效样本。因此，通过 MCMC 算法对 TVP-SV-SVAR 模型参数进行模拟估计是有效的。

表 5.12　基于 MCMC 算法参数估计的结果及检验

参数	均值	标准差	95%的置信区间	Geweke 检验	非有效性
$(\Sigma_\beta)_1$	0.002 4	0.000 3	[0.001 8，0.002 9]	0.507	6.83
$(\Sigma_\beta)_2$	0.002 3	0.000 3	[0.001 8，0.002 8]	0.539	4.87
$(\Sigma_\alpha)_1$	0.005 7	0.001 8	[0.003 4，0.010 3]	0.437	35.15

续表

参数	均值	标准差	95%的置信区间	Geweke 检验	非有效性
$(\Sigma_\alpha)_2$	0.005 4	0.001 4	[0.003 4, 0.008 8]	0.323	26.37
$(\Sigma_h)_1$	0.265 4	0.079 5	[0.143 6, 0.452 9]	0.880	44.88
$(\Sigma_h)_2$	0.005 7	0.001 6	[0.003 4, 0.009 6]	0.744	33.57

注：表中只列出矩阵 Σ_β、Σ_α 和 Σ_h 中前两个对角线元素的估计结果，其他元素同样符合实证检验要求；Geweke 检验在5%置信水平的临界值为1.96，1%置信水平的临界值为2.56

3. 脉冲响应分析

与常系数 VAR 模型下的脉冲响应不同，由于 TVP-SV-SVAR 模型所有参数都是时变的，脉冲响应函数是根据估计得到的每个时点上的时变参数计算获得，由不同时点上一单位正向冲击形成的脉冲响应和不同滞后期上一单位正向冲击形成的脉冲响应两部分组成。为了更加清晰地刻画投资者情绪和市场流动性对金融市场稳定的全局动态关系，下面基于兼顾时间和响应滞后期的脉冲响应三维图，分别从以下三个方面分析投资者情绪、市场流动性与金融市场稳定的影响机制。

1）投资者情绪对金融市场稳定的时变影响

图 5.12 描述了在不同时点和滞后期下一个标准差的正向投资者情绪冲击对金融市场稳定的时变影响，其中图 5.12（a）给出的是投资者情绪影响金融市场稳定的脉冲响应，图 5.12（b）给出的是每个时点下的最大响应及其对应的滞后期。

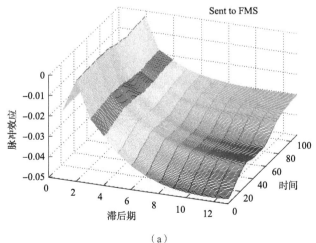

（a）

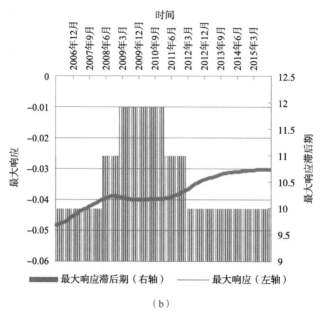

（b）

图 5.12　投资者情绪冲击对金融市场稳定的脉冲响应

从图 5.12（a）的脉冲响应图来看，当金融市场受到正向投资者情绪冲击时，金融市场稳定在短期内影响会减弱（平均约为 2 个月），随后则会慢慢增强，呈现拖尾"倒 U"形变化。这可能是由于投资者情绪具有较强的时滞效应，正向的投资者情绪冲击容易导致金融市场的稳定性瞬间减弱，但大多数投资者在短时期内尚未做出反应，导致金融市场的稳定性有所恢复；随着市场情绪的不断扩散，在羊群效应作用下容易形成群体意识，从而形成更大规模的市场波动，导致金融市场的稳定性进一步减弱。比较不同时点的脉冲响应发现，投资者情绪对金融市场稳定的冲击效应在逐年减弱，这主要是由于国内金融改革不断深化，金融市场基础设施和制度保障更加健全，日益增多的机构投资者提高了投资者情绪中的理性成分，使得金融市场的稳定性从总体上对投资者情绪冲击的反应不断减弱。值得注意的是，在 2008 年和 2011 年脉冲响应尾端出现比较明显的下滑，这正值全球经济受到美国次贷危机和欧洲主权债务危机的影响，可见金融危机期间投资者情绪对金融市场稳定的影响有增强趋势。从实际经济来看，两次金融危机给中国各行各业，尤其是金融市场，带来了不同程度的影响，市场期盼中央银行出台救市政策以维护金融稳定。随着我国政府及时采取救助措施、调整货币政策取向和积极引导市场预期，这种冲击效应在危机后逐渐减小。

为了进一步分析整个样本期内投资者情绪对金融市场稳定冲击影响的时变特征，图 5.12（b）给出了金融市场稳定对投资者情绪正向冲击的时变情况。从图5.12（b）可以看出，所有样本期内，金融市场稳定对正向的投资者情绪冲击均在一开始便做出了反向的响应，达到最大响应的滞后期在 10~12 个月不等，绝大多数滞后期稳定在 10 个月左右。从最大响应的变化趋势上来看，脉冲响应函数总体上呈现逐年递减趋势（即最大响应的负值在变小），在两次金融危机期间（2008~2011 年），投资者情绪对金融市场稳定的冲击效应呈现短暂的加剧趋势，并且最大响应的滞后期延长至 11~12 个月，这进一步验证了前面关于投资者情绪对金融市场稳定的冲击效应在逐年减弱的判断。

2）市场流动性对金融市场稳定的时变影响

图 5.13 给出了在不同时点和滞后期下一个标准差的正向非市场流动性冲击（即负向市场流动性冲击）对金融市场稳定的时变影响，其中图 5.13（a）给出的是市场流动性影响金融市场稳定的脉冲响应，图 5.13（b）给出的是每个时点下的最大响应及其对应的滞后期。

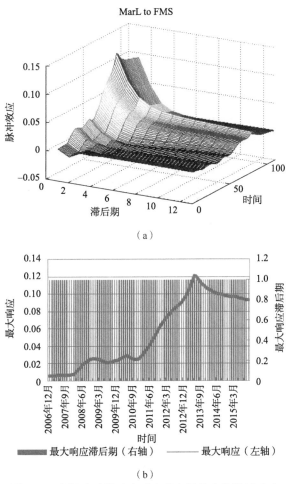

（a）

（b）

图 5.13　市场流动性冲击对金融市场稳定的脉冲响应

　　从图 5.13（a）的脉冲响应图来看，当金融市场受到负向市场流动性冲击时，金融市场稳定在短时间内便有了较大的正向反应，且不存在明显的时滞效应，但随着滞后期的增大，脉冲响应逐渐恢复到稳定水平。可见，总体上市场流动性对金融市场稳定的短期冲击效应非常明显，但长期冲击效应逐渐变弱，且衰减速度也有逐渐变慢的趋势。比较不同时点的脉冲响应发现，市场流动性对金融市场稳定的影响存在较为明显的时变特征，整体上金融市场对市场流动性的冲击响应呈现逐年增加的趋势，说明金融市场对市场流动性的依赖度会随着金融市场的完善程度而增强，这进一步体现了市场流动性是金融市场平稳运行的基础性因素。特别是 2011 年底以后，市场流动性的冲击效应明显提高且长期保持在比较高的水平，此时我国结束了自 2008 年 7 月以来长期实行的适度宽松的货币政策，转而开始实行稳健的货币政策，国内金融体系的流动性逐渐收缩，市场流动性对金融市场稳定的影响较大，尤其是在 2013 年年中脉冲响应达到最大。

　　从图 5.13（b）可以看出，对于所有样本来说，金融市场稳定对负向市场流动性冲击在一开始均做出了正向的响应，且都在滞后 1 个月便达到了最大响应。从最大响应的变化趋势上来看，脉冲响应函数的时变性非常明显，总体上呈现先增后减的趋势。与投资者情绪不同，市场流动性在两次金融危机期间对金融市场的影响较小，而在金融危机后市场流动性的冲击效应有明显提高，但大多是短期效应，长期仍然趋于稳定水平。对比图 5.11 中金融市场稳定指标的变化趋势发现，当金融市场处于"稳定"时期（如 2012~2014 年），市场流动性对金融市场的最大冲击效应较高；当金融市场处于"不稳定"时期（如 2007~2010 年和 2015 年年中），市场流动性对金融市场的最大冲击效应较低，这也说明金融市场在"稳定"时期对市场流动性的依赖度比"不稳定"时期要高。

　　3）投资者情绪与市场流动性之间的时变互动效应

　　图 5.14 描述了在不同时点和滞后期下投资者情绪与市场流动性之间的时变互动作用，其中图 5.14（a）和图 5.14（b）分别给出了一个标准差单位的正向投资者情绪冲击对市场流动性的脉冲响应及其最大响应和对应滞后期，图 5.14（c）和图 5.14（d）分别给出了一个标准差单位的负向市场流动性冲击对投资者情绪的脉冲响应及其最大响应和对应滞后期。

　　从图 5.14（a）的脉冲响应可以看出，当受到正向投资者情绪冲击时，非市场流动性呈现先增后减的态势，也就是市场流动性表现出先减后增的趋势，可见投资者情绪对市场流动性的影响也存在时滞效应。比较不同时点的脉冲响应发现，投资者情绪对市场流动性的影响的时变特征不太显著，整体上投资者情绪的冲击效应仍然有先增后减的趋势，尤其是在 2008 年底至 2010 年底，这种冲击效应有一次比较明显的提高。从图 5.14（b）可知，市场流动性对正向投资者情绪冲击的最大响应变化幅度约为 0.005，且都在滞后 2 个月达到最大响应。从最大响应的变

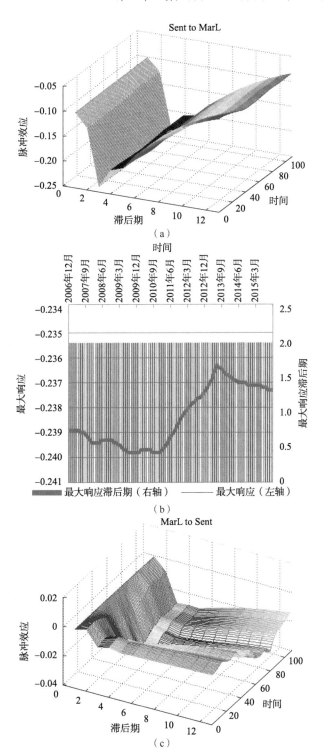

（a）

（b）

（c）

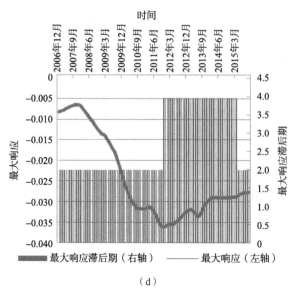

（d）

图 5.14 投资者情绪与市场流动性的互动影响

化趋势上来看，投资者情绪对市场流动性的影响总体上呈现逐年递减的趋势，在两次金融危机期间冲击效应较强，而金融危机后冲击效应有减弱趋势。对比图 5.11 中投资者情绪的变化趋势发现，从 2013 年开始投资者情绪有较大提高，而此段时间它对市场流动性的响应也有所增强。从图 5.14（c）的脉冲响应可以看出，当受到负向市场流动性冲击时，投资者情绪的脉冲响应程度先负向增强，然后又随滞后期的增加而不断缩小，最后恢复到稳定水平，整体上呈现"勺子"形变化形态。通过比较不同时点的脉冲响应可知，市场流动性对投资者情绪的影响具有较显著的时变特征，市场流动性对投资者情绪的冲击效应随时间表现出增强趋势，特别是 2008 年次贷危机以后，这种负向的冲击效应显著增加，直到 2012 年初才有所减少。从图 5.14（d）可以看出，在样本期内，投资者情绪对负向市场流动性冲击主要做出了反向的响应，达到最大响应的滞后期在 2~4 个月不等，但大多数滞后期稳定在 2 个月，可见市场流动性的降低能够在较短时间内引起投资者情绪的衰减。从最大响应的变化趋势来看，脉冲响应总体上呈现增强趋势（负值越来越大），自 2008 年次贷危机后，这种增强趋势越发明显，而最大响应的滞后期也由 2 个月延长至 4 个月，进一步验证了市场流动性对投资者情绪影响确实存在时变性。

综上所述，投资者情绪和市场流动性对金融市场稳定的影响确实存在时变性，其中投资者情绪对金融市场稳定的冲击效应逐年递减，且具有一定的时滞效应，而金融市场稳定对市场流动性的依赖程度逐年增加，但不存在时滞效应。投资者情绪与市场流动性的互动影响具有一定的非对称性，即投资者情绪对市场流动性的影响时变性较弱，且存在时滞效应，而市场流动性对投资者情绪的影响时变性显著。通过与实际经济表现对比发现，大多数冲击效应在金融危机期间（如 2008 年次贷危机和 2010 年欧洲主权债务危机）和平稳时期存在较明显的差异。鉴于投资者情绪和市场流动性对金融市场的稳定性的重要影响，相关部门应该加强对它们的实时监控，完善经济金融政策的传导机制，提高货币政策调控的前瞻性，在金融市场出现不稳定因素时，及时补充和抽离流动性，引导市场预期。因此，一方面要警惕宽松金融形势下，投资者情绪对金融市场所产生的加速效应和时滞效应，以及金融市场对市场流动性的依赖程度，防止经济过热；另一方面，货币政策调整和金融改革措施的制定上应更为谨慎，避免过度调控。

5.2.5　结论

本节选取换手率、消费者信心指数、IPO 数量和宏观经济景气指数作为基础指标，同时考虑它们的"领滞"关系，采用主成分分析法构建投资者情绪指标，基于"价量结合"的思想构造了市场流动性指标，选择反映利率、股票市场、房地产市场和金融深度的 7 天同业拆借利率、沪深 300 指数的市盈率、国房景气指数和 M2/GDP 等指标，结合主成分分析法给出一类测度金融市场稳定的新指标。分析结果表明，本节所构建的投资者情绪、市场流动性与沪深 300 指数的走势基本一致，而金融市场稳定指标在两次金融危机期间有所下滑，但总体上呈上升趋势，这些也与我们的直观感受相吻合。通过 Granger 因果关系检验发现，投资者情绪和市场流动性都是金融市场稳定的单向 Granger 因果关系，投资者情绪和市场流动性之间存在双向的 Granger 因果关系。

从理论上分析了投资者情绪和市场流动性对金融市场稳定的影响机理，结合三变量的 TVP-SV-SVAR 模型进一步研究了投资者情绪和市场流动性对金融市场稳定的动态关系。结果表明：第一，投资者情绪对金融市场稳定的影响呈现拖尾"倒 U"形变化，具有较明显的"时滞"效应，投资者情绪在不同时点对金融市场稳定的冲击效应有逐年递减趋势。第二，市场流动性对金融市场稳定的短期冲击效应非常明显，但长期冲击效应慢慢减弱且不存在"时滞"效应，金融市场对市场流动性的依赖度会随着金融市场的完善程度而增强，且在"稳定"时期的依赖度比"不稳定"时期要更高。第三，投资者情绪与市场流动性的互动影响存在不对称性，投资者情绪对市场流动性的冲击效应先增后减且有一定的时滞性，但这种时变特征并不显著。反过来，市场流动性对投资者情绪的冲击效应呈现"勺子"形态，其时变特征也较显著，不同时点的冲击效应有增强趋势。总体而言，三种时变影响在金融危机期间和平稳时期都存在较大差异。

鉴于投资者情绪和市场流动性会对金融市场的稳定性产生重要影响，本节提出以下几点政策建议：首先，监管部门应积极培育机构投资者，合理引导投资者行为，并关注投资者情绪对金融市场稳定的积极影响，特别是注意投资者情绪的"时滞"效应；其次，深入理解金融市场对市场流动性的依赖性和时变性，在金融危机期间及时注资和放宽货币政策以增强市场流动性，平稳时期通过适当抽离流动性和调杠杆来调整市场流动性，避免经济过热；最后，关注投资者情绪和市场流动性的互动影响，从全局视角兼顾两者关系的不对称性，增强货币政策调控的前瞻性和传导机制，维护金融市场稳定。

5.3　投资者风格与股票价格波动：基于中国股票市场的研究

5.3.1　引言

2015 年中国发生的股灾在全球范围内引起了轰动，股灾期间的股价频繁巨震现象所带来的潜在风险警示着每个金融市场的参与者和监管者。投资者交易行为是市场价格形成的内在逻辑，投资者的交易基础由其自身因素和外在环境因素共同决定，构成特定的投资风格体系。投资风格并非静态，而是随内在和外在因素的改变而调整。投资者情绪是主导投资者行为的重要因素，更是形成投资风格的内在逻辑。在不同的市场环境下，机构投资者的行为相对个人投资者更加理性。机构投资者通过分析宏观基本面及自身微观因素等来制定投资决策，随着赚钱效应的累积，在羊群效应的作用下，吸引越来越多的投资者采取一致的策略进行投资，导致市场中的投资风格在同一市场周期和宏观大背景下趋同，因而研究机构投资者在不同市场周期下的投资风格对于解释投资者行为具有重要意义。此外，市场中杠杆水平的限制也是影响投资者风格的重要因素，中国资本市场的融资融券机制开启之后，市场风险和收益均由于杠杆作用而放大，在 2015 年的股灾中，场外配资缺乏监管使融资盘过度投机造成巨大的泡沫，去杠杆成为恢复市场的重心，研究市场的融资融券水平对投资者风格及市场波动的影响具有政策意义。

在中国资本市场逐渐开放的背景下，维稳市场运行，配合实体经济发展，需要从研究投资者行为入手来引导投资者的理性投资，更需要建立更加完善的风险控制体系，避免如 2015 年股灾等市场异常的再次发生。因此，研究投资者风格与股价波动的相关性具有理论价值，对于监管方根据股价波动程度来约束市场上投资者交易行为以便控制市场风险具有金融实践意义。

5.3.2 文献综述

关于投资者的主动或被动投资策略的研究集中于利用实证检验的方式测试不同策略的风险及收益率，以及与相关变量的相关关系。积极的股票投资者的交易目标是战胜市场或任何基准收益，通常由阿尔法收益，即超额收益表示。其中，价值投资和动量投资是积极管理的两个最重要的投资风格（Citak et al.，2016；Asness et al.，2013；Yeh and Hsu，2014）。近年来的文献着重于分析积极管理的投资风格对绩效表现的影响，如 Cremers 和 Petajisto（2009）、Amihud 和 Goyenko（2013）研究发现较高的主动管理水平与未来更好的表现相关，背后的原因可能是过多的积极性是新投资想法的信号，因此可能为投资能力的代理变量，同时，战胜基准的方法或许是偏离它。积极管理的方式有以下三种：首先，选股能力可以通过使用的积极管理份额（Cremers and Petajisto，2009）和可决系数（R^2）（Amihud and Goyenko，2013）来衡量；其次，市场、部门和因素选择时能力可以被行业集中度指数（Kacperczyk et al.，2005）或追踪误差（Idzorek and Bertsch，2004；Jacobs et al.，2014；Roll，1992；Wermers，2011）衡量；最后，在广义上综合所有衡量积极管理的指标可以综合反应积极管理的有效程度（Petajisto，2013）。另外，对风格转换的研究目前较少，较多集中于对基金业绩的影响上。例如，Herrmann 等（2016）利用共同基金的数据实证研究了投资风格转换对资产组合绩效的预测作用，同时发现风格转换会带来基于收益率的指标不能带来的信息。

散户和机构的交易策略都受到融资融券的约束，即杠杆交易的约束。首先，大量理论表明，卖空交易和保证金交易（即融券和融资）会提高资产定价效率，如 Duffie 等（2002）研究认为搜寻成本和相关交易费用的提高会对卖空行为形成内生性约束，从而对价格效率产生冲击；Saffi 和 Sigurdsson（2011）使用面板数据检验得到卖空交易和保证金交易提高了定价效率；Boehmer 和 Wu（2013）研究发现美国在 2008 年 9 月为了稳定混乱的资本市场而设定了卖空限制，却减弱了价格发现功能。其次，研究发现卖空交易在很多方面影响了市场流动性，其中，卖空交易可能改变证券持有者的结构并因此影响流动性，卖空交易者倾向于基于基本面因素交易获得超额收益（Dechow et al.，2001；Desai et al.，2006；Cohen and Einav，2007；Boehmer et al.，2008）。另外，Beber 和 Pagano（2013）研究了 2008~2009年全球金融危机相关的 30 个国家，发现卖空约束有害于流动性，特别对小市值和没有隐含期权的股票来说。最后，也有学者研究卖空约束对回报的影响，如 Diether 等（2009）使用相关的交易层面的 SHO 数据研究卖空机制和回报的短期相关性，发现更高的卖空交易量跟随正回报，卖空机制正向地预测了未来 5 天投资期限的回报。Yan Gao 和 Yao Gao（2015）检验了融资融券交易量与回报及股价波动性的关系，发现两个杠杆交易行为都与个股波动正向相关，且当卖空交易者很可能是信息交易者，即依据特殊公司的私人信息来交易时，保证金交易者表现出趋势交易性质。

　　大量研究表明，投资者的情绪与交易行为都通过一定途径对股价波动产生影响。Kumari 和 Mahakud（2015）使用 VAR-GARCH（vector autoregressive-generalized autoregressive conditional heteroskedasticity）模型研究发现投资者情绪对股票市场波动性的显著影响，且历史回报和过去的投资者情绪会正向和负向地影响波动性。另外投资者的注意力在投资组合中的分配引发了不频繁的组合决策，进而对股票市场波动产生影响（Andrei and Hasler，2015）。Bohl 等（2008）通过马尔科夫转换 GARCH 模型研究得到机构投资者份额的增加会暂时改变总股票回报的波动性结构。邢治斌和仲伟周（2014）研究发现，机构持股会增大股票价格波动，股票价格波动与机构持股比例呈倒 U 形关系，而股价波动的异常一般由小型低收益成长性股票驱动（Novy-Marx，2014；Fama and French，2015）。

　　综合已有研究来看，对我国机构投资者的风格及风格转换的研究较少，且还没有研究投资者风格对股票价格波动的影响的相关文献，这是本节的创新之处。本节的研究框架如下：5.3.3 节对投资者风格与股票价格波动的关系进行理论分析，5.3.4 节构建投资者风格转换影响股价波动的理论模型，5.3.5 节进行实证分析，5.3.6 节实证结果分析，5.3.7 节总结并给出政策建议。

5.3.3　投资者风格与股票价格波动的理论分析

　　本节主要分析了政策和市场经济的背景原因，我国资本市场在处于不同阶段时，投资者基于宏观基本面和微观投资者情绪等因素的影响形成对市场的预期，进而形成了特定的投资风格，其投资行为（或策略）会随外部和内在因素的变动而变化，因此对股价造成冲击，引起股价波动，同时考虑融资融券约束对投资者行为与股价波动关系的影响。该思路的路径图，如图 5.15 所示。

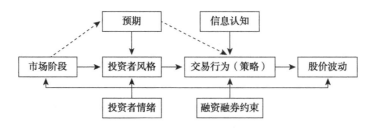

图 5.15　投资者风格影响股票价格波动路径图

投资者结构是影响股票市场波动性的重要因素,考虑到我国投资者结构的特殊性,机构投资者占比远小于个人投资者,故市场中的交易由大资金主导,散户的跟风操作往往增加了市场的系统性风险,但也导致了市场上相同时期大多数投资者的投资风格趋同。本节选机构投资者作为主要研究对象。

1. 宏观经济、市场周期与投资风格

中国宏观经济状况和政策主导了中国资本市场的变革,从 1998 年起至今,依据其发展模式、交易逻辑和投资者的投资风格来看,股市经历了三个阶段。

(1)1998~2004 年:亚洲金融危机后,1997~1999 年资本市场大幅下跌,中国经济陷入通货紧缩阶段,上市公司的普遍业绩惨淡,导致了资本市场的资本稀缺。市场的惨淡只有在并购重组的消息下才会被打破,市场中的主导者——庄家借机在股市中大行其道,弱势中的超预期是机构和股民最需要的。因此,跟庄操作是此阶段的交易逻辑和主题偏好,表现为炒庄、跟庄和听庄的现象,而庄的强弱取决于其所能调动的资金的规模。最终,于 2004 年两个“死亡”标志被记入历史:一个是,南方、汉唐、闽发、大鹏等靠“坐庄”为生的券商,资金链断裂后难以为继,或被接管或被清盘;另一个是,多年来威风八面擎“庄股”大旗的德隆系轰然倒下。同时,也意味着以庄股为核心的时代终结。

(2)2005~2010 年:中国加入 WTO(World Trade Organization,世界贸易组织)五年以来,经济逐步向好,低通货膨胀和高增长的状态伴随着对外贸易顺差逐年增加,加之国际资本注入,上市公司的业绩迅速增长,资产价格日益攀升,至 2005 年 2 月,上证指数绝地翻身,一度重返 1 300 点之上。2005 年 4 月 29 日上市公司股权分置改革启动解决股权分置,被誉为中国股市的“辽沈战役”。在该阶段,中国经济基本面发挥迅速,同时股权分置改革带来了激励红利,上市公司业绩惊人,出于对增长的自信和对业绩回报的高预期,机构和散户投资者形成了价值投资者的公式理念。换句话说,寻找高增长、低估值的公司成为该阶段主要的交易逻辑和风格偏好。

(3)2011~2015 年:2008 年的“四万亿”热潮稳定了经济与资本市场的运行,但后遗症却是主要行业产能过剩,金融市场货币泛滥。股市中,中小盘和创业板的股票和规模占据舞台中央,成为炒作要点。“互联网+”的概念掀起了一番热潮,炒作概念也是该阶段的一个主要交易手段。实体经济出现下滑,大盘股和蓝筹股的业绩没有较大上涨空间,成为机构投资者的主要底仓构成。在该阶段,上市成为实体经济中中小企业抢夺的产业资本周期性退出通道,此外,资产重组和借壳上市也是更加快捷而有效的途径。资本市场中“ST”的股票反而成为炒作核心,因拥有壳资源而变得更加宝贵。同时,有了壳资源,概念的炒作可以创造更多的奇迹。市盈率不再作为选股核心,中国股市迎来了市梦率时代。在 2015 年发生的股灾中，创业板和中小板的过度炒作是重要原因。因此，在该阶段，中国资本市场的机构与散户将中小盘股和创业板股作为主要的投资题材和交易逻辑，切合壳资源与概念股的炒作。

随着 2016 年注册制的到来，将终结这一轮的交易逻辑和风格偏好。注册制将迎来市场定价时代，个股上涨的基本前提在于注意力的聚焦和共识的上涨预期。此阶段中，行业龙头、明星企业等真正有效率的企业才会表现出更强的竞争力，以中国为核心的技术标准、技术路线、知识产权，以及在国际市场上形成了快速上升的竞争力和影响力的高科技与新兴技术行业更可能占据投资热点。

2. 融资融券约束、流动性与投资风格转换

考虑融资融券约束（融资的保证金交易约束和融券的卖空约束）通过流动性对交易策略的影响，我国自 2010 年 3 月 31 日正式试点融资融券业务，且 2013 年 1 月 31 日起两市融资融券标的股票范围的进一步扩大显示出我国股票市场的融资融券业务的规模不断扩大，解决了资本市场单边市的态势。融资融券交易过程存在保证金制度，可以成倍放大交易量，因而增加了市场流动性。融资交易通过融入资金买入股票的方式增加市场需求和资金的流动性，而融券从增加股票供给的角度增加了市场流动性。当市场处于牛市初期，流动性的回暖反映市场刚刚恢复信心，因而随着牛市的确定，市场上的融资需求增长的速度越来越快，越来越多的投资者参与市场交易，进而为市场提供更多的流动性。在牛市末期，市场投资氛围浓厚，处于疯狂状态，巨大的融资盘存量形成了一定的市场泡沫，融资总量呈饱和状态，融资需求的增长处于边际递减状态，而融资交易带来的金融杠杆进一步加强了市场的系统性风险，随着股价泡沫急剧破裂，融资盘面临无法兑付的风险，市场开始看空后市，转而开始融券交易。随着熊市的到来，越来越多的投资者跟随做空，融券需求逐渐增加，直到市场出现探底和反弹的信号，融券需求才开始减少。因此，融资与融券交易增加了市场流动性的深度，提高市场交易的活跃程度。

在融资融券约束下，基于市场及股票标的流动性的变化，投资者风格会发生转变。一般而言，融资融券标的股票有更多的流动性，风险较低，但收益率也相对较低。对非融资融券标的的投资包含更多投机成分，如 2015 年股灾中杠杆资金对非融资融券标的的过度投资引发了流动性危机爆发。对于主动型投资风格来说，理论上更加偏好流动性较强的股票标的，可以及时买卖股票头寸，减少滑价的风险。因此，融资融券约束的变动和流动性的变动是投资者发生风格转换的重要因素。

3. 一致性预期、信息与股价波动

预期引导市场交易行为，不同交易策略的制定基于投资者的预期。达成一致
预期的价格在股票市场上才有效，所以没有成交的交易预期不是价格，价格的本
质从交易的角度来看就是交易者的价格预期的成交，价格是所有交易行为的总和。
因此，价格变动的直接原因是交易者的预期，但同时，股价及其波动是投资者形
成预期的基本依据之一，市场始终贯穿了自然的循环作用。

考虑市场交易中信息的作用，投资者依据信息形成预期，价格信息包含其
中。首先，信息的传播和确认是有先后顺序的，被投资者接受的速度也不一样，
这是形成交易的一个重要原因，因此交易者根据获得信息的时间前后分为知情
交易者和不知情交易者，知情交易者在其他交易者获取信息前先形成预期并交
易获利，赚取信息租，因此不同类型交易者的交易行为对股价波动的影响在时
间上不一致。其次，不同类型投资者由于风险偏好不一致，对信息的反应速度
也不一样，即使预期相同，其交易策略也有差别，形成对股价的冲击。最后，
在不同的市场环境下，市场对预期的反映不一致，牛市对信息比较敏感，而熊
市对信息比较麻木，因此对于依据相同信息形成的市场预期在熊市中相比牛市
对股价的影响较弱。

5.3.4　投资者风格转换影响股价波动的理论模型推导

本节从 Sharpe（1990）提出的基于回报的 OLS 风格分析模型出发，探讨不同
主动管理程度的投资风格对股价波动的影响。

假设证券市场上存在 m 种证券，其在 t 时刻的价值为 $S_j(t)$。同时存在 l 种完
全互斥的方法追踪指数，指数由 m 种证券简单组合而成。指数 i 在时刻 t 的价值为

$$I_i(t) = \sum_{j=1}^{m} n_{ij}(t) S_j(t) \tag{5.40}$$

互斥和完全表示 $n_{ij}(t) \neq 0$ 对每一组 i, j 只有一个值。另外，定义被动投资策略
采用盯住指数的方式投资，且证券比例在投资期保持不变，即 $n_{ij}(t) = n_{ij}$。

每个基金的投资组合 H_t 由主动投资和被动投资策略两部分组成，表示为
$H_t = P_t + A_t$。被动管理部分由指数组成，其价值为

$$P_t = \sum_{i=1}^{l} n_i(t) I_i(t) \tag{5.41}$$

主动管理部分为总投资组合中除追踪指数的被动管理之外的部分，可以反映主动
管理的程度，即投资风格，主动管理部分采取主动策略，如市场中性策略、相对

价值策略和宏观策略等进行交易。在 t 时刻的净值为

$$A_t = \sum_{j=1}^{m} m_j(t) S_j(t) \tag{5.42}$$

其中， $m_j(t)$ 可能为负，为主动管理部分股票 $S_j(t)$ 的份额，故 $m_j(t)$ 是时变的，随策略进行调整。一般来说，若股价 $S_j(t)$ 被高估则卖出，即 $m_j(t) < 0$ ；反之，被低估则买入，即 $m_j(t) > 0$ 。在存在卖空约束的条件下，设定 p 为允许卖空的程度， $0 \leqslant p \leqslant 1$ 。对指数 i 和股票 j 来说，卖空股票的比例需满足：

$$\frac{\left| m_j(t) \right| - n_{ij}}{n_{ij}} \leqslant p，\quad p = 0 \text{ 表示不允许卖空；} \quad p = 1 \text{ 表示完全卖空}$$

每个指数占被动投资部分的相对权重为 $\pi_i(t) = \dfrac{n_i(t) I_i(t)}{P(t)}$ 。

定义股票 j 的收益率为 $R_j(t) = S_j(t) / S_j(t-1)$ 。那么投资组合的收益率为

$$R_H(t) = \sum_{i=1}^{l} w_i(t-1) R_{I_i}(t) + \sum_{j=1}^{m} v_i(t-1) R_{S_j}(t) \tag{5.43}$$

其中， $w_i(t-1) = \dfrac{n_i(t-1) I_i(t-1)}{\sum\limits_{i=1}^{l} n_i(t-1) I_i(t-1) + \sum\limits_{j=1}^{m} m_j(t-1) S_j(t-1)}$ ， $v_i(t-1) = $

$\dfrac{m_j(t-1) S_j(t-1)}{\sum\limits_{i=1}^{l} n_i(t-1) I_i(t-1) + \sum\limits_{j=1}^{m} m_j(t-1) S_j(t-1)}$ 。若 w_i 的权重之和等于 1，则证明

$\sum\limits_{j=1}^{m} m_j(t) S_j(t) = 0$ ，该投资组合为被动投资风格。

接下来，我们定义一个状态空间，由观测方程和状态方程组成，表示为

$$H_t(t) = \sum_{i=1}^{l} n_i(t) I_i(t) + \sum_{j=1}^{m} m_j(t) S_j(t) \tag{5.44}$$

$$m_j(t) = g(X(t)) + u(t) \tag{5.45}$$

其中， $g(\ )$ 函数是影响股票资产配置的函数；自变量 $X(t)$ 是可能影响投资决策的可观察经济变量，且 $g(\ )$ 为 $X(t)$ 的增函数； $u(t)$ 是与 $m_j(t)$ 不相关的零均值方差不变随机变量。

其次，我们估计股价的波动率。假设股价 $S_j(t)$ 服从先验分布，即条件正态分布， $S_j(t) \big| \mu \sim \mathrm{N}(\mu, \sigma^2)$ ，其中 μ 未知，而 σ^2 已知。假设股价受到两部分信息的影响，基本面信息 δ_t 和噪声信息 ζ_t ，分别服从分布 $\delta_t \sim \mathrm{N}(\mu_\delta, \sigma_\delta^2)$ 和

$\zeta_t \sim \mathrm{N}\left(0, \sigma_\zeta^2\right)$，且 δ_t 与 ζ_t 相互独立，基本面信息更加可靠，对投资决策的作用更大。市场上的投资者依据所获得的信息调整投资组合，但由于对信息的认知程度不同，采取的决策也具有差异。令 λ 为对信息的认知效率，从而得到了先验分布 $\mu \sim \mathrm{N}\left(\mu_0, \sigma_0^2\right)$：

$$\mu_0 = \lambda\mu_\delta, \quad \sigma_0^2 = \lambda^2\sigma_\delta^2 + (1-\lambda)^2\sigma_\zeta^2$$

假设投资者采用贝叶斯学习法估计股票的未来价格，即具有贝叶斯理性，利用历史价格序列和两种外部信息形成价格的预期。在历史价格序列中抽取 n 个时点价格进行抽样，以获得后验分布 $\mu_t | p_0, p_1, p_2, \cdots, p_n \sim \mathrm{N}\left(E(P_{t+1}), \sigma_{t+1}^2\right)$。经过推导后可以得到：

$$E\left(P_{t+1}\right) = \frac{\sigma_0^2}{n\sigma_0^2 + \sigma^2}\mu_0 + \frac{n\sigma_0^2}{n\sigma_0^2 + \sigma^2}\widetilde{P} \tag{5.46}$$

其中，$\widetilde{P}$ 是历史价格均值，对于 $t = 1, 2, \cdots, T$，$\widetilde{P} = \sum_{t=1}^{T} S(t)/T$。

那么股价波动率则为

$$\sigma_{t+1}^2 = \frac{\sigma_0^2\sigma^2}{n\sigma_0^2 + \sigma^2} = \frac{\left[\lambda^2\sigma_\delta^2 + \left(1-\lambda^2\right)\sigma_\zeta^2\right]\sigma^2}{n\lambda^2\sigma_\delta^2 + n\left(1-\lambda^2\right)\sigma_\zeta^2 + \sigma^2} \tag{5.47}$$

由于主动管理部分占总价值的份额代表投资组合主动管理的程度，我们定义投资组合的风格变动程度为

$$\Delta = \sum_{j=1}^{m}\left[m_j(t+1) - m_j(t)\right] \cdot \left[E\left(S_j(t+1) - S_j(t)\right)\right] \tag{5.48}$$

利用风格变动程度对股价波动率进行求导：$\frac{\partial\Delta}{\partial\sigma_{t+1}^2}$。先将式（5.47）转化为

$\sigma^2 = \frac{n\sigma_{t+1}^2\sigma_0^2}{\sigma_0^2 - \sigma_{t+1}^2}$，那么 $\frac{\partial\Delta}{\partial\sigma_{t+1}^2} = \frac{\partial\Delta}{\partial\sigma^2} \cdot \frac{\partial\sigma^2}{\partial\sigma_{t+1}^2}$。依据上式化简得到：

$$\frac{\partial\Delta}{\partial\sigma_{t+1}^2} = \sum_{j=1}^{m}\left[g\left(X(t+1)\right) - g\left(X(t)\right)\right] \cdot \left[\frac{n(\mu+n)\sigma_0^6}{\left(n\sigma_0^2 + \sigma^2\right)^2 \cdot \left(\sigma_0^2 - \sigma_{t+1}^2\right)^2} + S_j(t)\right] \tag{5.49}$$

根据式（5.49）的形式，我们可以看出，投资风格通过影响投资决策的宏观因子、投资者认知程度、初始股价波动率、股价历史信息等因素作用于股价波动率。因此，基于以上推导，结合中国资本市场的实际，我们提出以下五个判断。

判断 5.1：信息认知度提高有助于稳定投资者情绪，对股价波动的影响变小。

投资者的信息认知程度提高，能够应用信息形成更准确的预期，有助于提高市场效率，稳定投资者情绪。投资者情绪稳定导致交易行为较为稳定，对股价冲

击小，故对股价波动的影响较小。

判断 5.2：机构投资者积极管理的程度越高，对股价波动的影响越大。

随着机构投资者的主动管理程度提高，越来越多的潜在投资机会被挖掘，被高估和低估的股票在市场交易的作用下回归正常价值区间，但同时，也对股价造成了更大的冲击，即股价波动程度较大。此外，主动管理程度提高一定反映了市场的一致预期，引发了羊群效应，使得部分投机者跟随机构投资者交易，进而放大对股价的冲击程度。

判断 5.3：杠杆约束减少时，即市场中融资融券增加，会增加积极管理水平。

杠杆约束是导致资本市场有效性较低的重要因素，我国在开启融资融券之后，部分标的股票可被卖空，卖空限制的放开有利于增加价格的市场有效性。可作为融资标的的股票在场内融资融券的合理机制下，投资者受到的卖空约束减小，可以通过融券卖空高估的股票加大积极投资管理的水平，实现更大的收益。

判断 5.4：投资风格转换次数越多，对股价的冲击越大；投资风格维持越久，对股价波动的影响越小。

风格转换次数越多代表投资者对市场研判的频率越高，更希望准确跟踪市场的趋势，把握价格的走势，因此结合最新的信息进行交易决策能够提高市场效率，但伴随着交易量的增加对股价的冲击加大，导致股价波动程度提高。反之，投资风格的维持伴随着较小的交易量，对股价波动的影响较小。

判断 5.5：股价波动的程度越高，对机构投资者风格取向的影响越大。

股价波动程度提高，代表市场的不稳定性，多空双方的博弈激烈，预期的不一致性导致未来价格走势不明确，机构投资者投资风格的取向变动程度变高。

5.3.5　投资者风格影响市场价格波动的实证分析

为了研究在三个阶段中机构投资者风格对股价波动的影响，考虑到基金数据具有代表性且具有可获得性，同时考虑到我国基金行业起步较晚，以及数据库中的基金数据从 2001 年末开始，故我们选取各指标的 2002~2015 年的半年数据，共 28 个期间。将原始数据统一处理为半年数据，使量纲统一便于建模分析。其中，基金数据只包含股票型基金，包含 2002~2004 年、2005~2010 年、2011~2015 年三个样本期间，一般取算数平均数。本节数据来源于同花顺 iFind、恒生聚源和 Wind 资讯。实证部分使用 STATA12.0 进行计算。

1. 指标设计

（1）波动性指标：①指数波动率，为上证指数的月度标准差，记作 Vol。

②基金的波动率，用年化的标准差计量，记作 υ 。

（2）融资融券约束指标：融资交易量（TA）和融券交易量（TE），均取月算数平均数据，时间区间为 2011 年 1 月至 2015 年 11 月。特别地，描述融资融券标的股票的异常流动性（AMI）与异常交易量（TNV），参照 Bai 和 Qin（2014）的做法，定义为（0，60）当期时间窗口的观察变量，以及变量在（-90，-31）当期之前的时间窗口的均值的差值，换算为月均值。

$$\mathrm{AMI}_{i,t}^{m} = \mathrm{AMI}_{i,t} - \mathrm{AMT}_{i}, \ \mathrm{TNV}_{i,t}^{m} = \mathrm{TNV}_{i,t} - \mathrm{TNV}_{t}, t = 0,1,2,\cdots,60$$

其中，$\mathrm{AMT}_{i} = \dfrac{1}{60}\displaystyle\sum_{t=-31}^{-90}\mathrm{AMT}_{i,t}$ ，$\mathrm{TNV}_{t} = \dfrac{1}{60}\displaystyle\sum_{t=-31}^{-90}\mathrm{TNV}_{i,t}$ 。$t = 0$ 为事件的时点。

（3）交易风格指标：①考虑 Fama 和 French（1993）的因子模型中提出的规模因素和价值因素，规模因素用基金净值（FNV）表示，价值因素用平均收益率（AR）及超额收益率（alpha）表示。②考虑 Carhart（1997）提出的动量因素，定义为过去六个月的平均回报（记作 MoM）。③风险指标：本节采用夏普利率（记作 Sharp）或贝塔值（记作 β）衡量。④依据 Amihud 和 Goyenko（2013），采纳追踪误差（TRE）和经过调整的可决系数（TR^{2}）衡量积极管理投资者的风格表现。$\mathrm{TRE}_{i,t}$ 为 Carhart（1997）提出的因子模型中的误差项的标准差，其值越高，说明主动管理的程度越高。调整后的可决系数计算方法如下：

$$\mathrm{TR}_{i,t}^{2} = \log\left[\left(\sqrt{R_{i,t}^{2}} + 0.5/D\right) \Big/ \left(1 - \sqrt{R_{i,t}^{2}} + 0.5/D\right)\right]$$

其中，D 为每个月月度交易日天数。TR^{2} 越高，主动管理的程度越低。⑤风格转换指标：依据 Herrmann 和 Scholz（2013）对风格转换的定义，首先使用以下多因素回归：

$$r_{i,d,t} = \alpha_{i,t} + \sum_{K=1}^{N} b_{i,t}^{k} f_{d,t}^{k} + e_{i,d,t}$$

其中，$r_{i,d,t}$ 表示基金 i 在 t 时期中的第 d 日的额外回报；$\alpha_{i,t}$ 是基金 i 在 t 时期中的表现；$b_{i,t}^{k}$ 是回报因子 $f_{d,t}^{k}$ 在 q 月的系数；$e_{i,d,t}$ 是误差项。那么基金 i 在 t 时期的准换因子定义为风格因子的贝塔在 $t-1$ 期和 t 期的绝对变化量之和，表达式为

$$\mathrm{SSA}_{i,t} = \sum_{K=1}^{N} \left| b_{i,t}^{k} - b_{i,t-1}^{k} \right|$$

本节定义因子 $f_{d,t}^{k}$ 包含规模、价值和动量因素的指标。

（4）宏观经济指标：①流动性指标：非流动性 ILR 指标：由 Amihud（2002）提出的非流动性比率 ILR 是绝对股票回报与交易量的日比率。ILR 捕捉了价格对交易量变化的敏感性，故为弹性维度流动性的测量方式。指标表达式为

$$\text{ILR}_{i,t} = \frac{1}{N_t} \sum_{t=1}^{T} \frac{|R_{i,t}|}{\text{VOL}_{i,t}}$$

其中，N_t 是 t 时期观测值的个数；$|R_{i,t}|$ 是基金 i 在 t 时期的绝对收益；$\text{VOL}_{i,t}$ 是基金 i 在 t 时期的成交额。②利率：选取 1 年期贷款基础利率（LPR），表示投资的机会成本，计算为月平均数据。③国内生产总值（GDP），代表宏观经济状况。

（5）情绪指标：①市场换手率：表示股市交易的频繁程度，是场内投资者情绪代理变量，由上证市场整体交易量和流动市值比来衡量，记作 MR。②封闭式基金折价率：基本逻辑是封闭式基金折价率之谜可以通过投资者情绪解释。计算方法为封闭式基金各月末折价率的加权平均值，即

$$\text{DCF} = \sum_{i=1}^{n} w_i \frac{\text{Nav}_{i,t} - P_{i,t}}{\text{Nav}_{i,t}}$$

其中，$\text{Nav}_{i,t}$ 是基金 i 在 t 期末的资产净值；w_i 是基金 i 占总资产的份额；$P_{i,t}$ 是基金 i 在 t 期末的交易价格。③投资者新增开户数：表示场外人士的入市情绪，开户数越多市场情绪越高，以 AD 表示。

2. 实证方程

对不同分位下的数据进行回归分析，故方程中不加入。基本方程为

$$\text{Vol}_t = A_0 + b_1 \text{TE}_t + b_2 \text{SSA}_t + b_3 \upsilon_t$$

考察基金相关变量的影响，回归方程如下：

$$\text{Vol}_t = A_1 + b_1 \text{TRE}_t + b_2 \text{SSA}_t + b_3 \upsilon_t + c_1 \text{FNV}_t + c_2 \text{AR}_t + c_3 \text{alpha}_t + c_4 \text{MoM}_t + c_5 \text{Sharp}_t$$

考察融资融券的影响，回归方程如下：

$$\text{Vol}_t = A_2 + b_1 \text{TRE}_t + b_2 \text{SSA}_t + b_3 \upsilon_t + d_1 \text{TA}_t + d_2 \text{TE}_t + d_3 \text{AMI}_t + d_4 \text{TNV}_t$$

考察宏观经济变量的影响，回归方程如下：

$$\text{Vol}_t = A_3 + b_1 \text{TRE}_t + b_2 \text{SSA}_t + b_3 \upsilon_t + e_1 \text{ILR}_t + e_2 \text{LPR}_t + e_3 \text{GDP}_t$$

考察投资者情绪的影响，回归方程如下：

$$\text{Vol}_t = A_4 + b_1 \text{TRE}_t + b_2 \text{SSA}_t + b_3 \upsilon_t + g_1 \text{MR}_t + g_2 \text{DCF}_t + g_3 \text{AD}_t$$

5.3.6　实证结果分析

1. 变量的描述性统计

根据基金的分布，我们按不同的积极管理程度分组。考虑到样本的大小，首选依据 TR^2 的大小对基金进行无条件的 4 分位的筛选过程，对每两个双变量分布在第一样本期（2011~2015 年）下每半年期的基金相关变量取平均。各自的风格变

量，被分为高（低）分位的基金是积极管理程度最低（最高），统计结果如表 5.13 所示。

表 5.13　第一样本期（2011~2015 年）两变量四分位的时间序列平均的分布

TR^2 分位数		1	2	3	4	总
SSA	4	−0.705 5	−1.751 4	−2.137 8	−3.555 9	−2.037 7
	3	−0.183 9	−0.595 9	−0.723 4	−0.907 5	−0.602 7
	2	0.131 3	0.743 6	0.620 1	0.577 8	0.518 2
	1	1.284 0	2.309 0	2.033 2	1.715 3	1.835 4
	总	0.180 9	0.237 4	−0.023 4	−0.544 2	−0.037 3
AR	4	0.185 9%	−0.838 0%	−0.920 0%	−0.486 7%	−0.514 7%
	3	1.533 7%	1.259 3%	0.628 2%	1.782 2%	1.300 9%
	2	1.982 6%	2.845 0%	2.580 4%	3.795 2%	2.800 8%
	1	3.056 0%	4.367 1%	4.714 4%	6.121 6%	4.564 8%
	总	1.698 7%	1.944 7%	1.813 6%	2.873 5%	2.082 6%
FNV	4	1 833 077 495	2 519 821 215	4 471 702 364	9 547 213 150	4 592 953 556
	3	7 478 044 423	4 297 624 176	5 419 906 775	4 819 854 182	5 503 857 389
	2	26 227 629 914	9 215 671 013	10 360 976 395	10 182 734 120	13 996 752 861
	1	1.903 98E+11	43 309 359 459	51 874 564 470	26 582 223 073	78 041 113 280
	总	60 292 727 943	15 201 362 027	19 662 485 191	13 976 305 675	27 283 220 209
MoM	4	1.341 3%	0.136 8%	−0.449 5%	0.524 7%	0.388 3%
	3	2.397 6%	1.984 8%	0.888 4%	2.998 4%	2.067 3%
	2	2.772 0%	3.344 8%	2.712 3%	4.835 6%	3.416 2%
	1	3.763 5%	4.585 0%	5.138 5%	6.941 6%	5.107 2%
	总	2.566 9%	2.545 0%	2.215 7%	3.813 7%	2.785 3%
alpha	4	−0.015 5%	−0.023 1%	0.028 9%	−0.005 8%	−0.003 9%
	3	−0.002 3%	−0.007 7%	0.075 5%	0.018 0%	0.020 8%
	2	0.003 0%	0.008 0%	0.186 6%	0.035 1%	0.058 2%
	1	0.013 2%	0.025 1%	33.874 1%	0.058 1%	8.492 6%
	总	−0.000 3%	0.000 8%	10.232 3%	0.027 1%	2.565 0%

续表

TR² 分位数		1	2	3	4	总
Sharp	4	−0.211 8	−0.480 8	−0.414 4	−0.297 3	−0.351 1
	3	0.138 8	0.037 6	−0.037 1	0.309 6	0.112 2
	2	0.274 1	0.398 7	0.532 1	0.903 6	0.527 1
	1	0.540 9	0.861 0	1.139 5	1.609 3	1.037 7
	总	0.189 7	0.211 6	0.321 2	0.658 5	0.345 3
υ	4	204.187 1	203.464 7	202.261 6	191.371 1	200.321 1
	3	214.082 9	220.747 8	218.891 2	222.688 7	219.102 6
	2	222.250 0	238.070 7	242.674 5	238.380 9	235.344 0
	1	237.352 3	260.755 7	270.070 4	265.631 3	258.452 4
	总	219.661 0	231.470 3	233.930 5	229.810 7	228.718 1

注：1、2、3、4表示值由高到低的四分位数，下同。表5.13仅列示了部分变量的分位数

在 2002~2004 年和 2005~2010 年两个样本期下，由于股票型基金数量较少，故只采用单变量（TR^2）对基金进行分类，考虑不同积极管理程度下，基金相关变量的数量关系。同样取时间序列的平均数，如表 5.14 所示。

表 5.14　基金相关变量的单变量（TR^2）四分位分布

第二样本期：2005~2010 年

TR^2	1	2	3	4	总
SSA	0.050 0	0.025 3	0.031 3	−0.003 0	0.027 7
AR	0.496 4%	0.446 7%	0.477 9%	0.471 9%	0.473 1%
FNV	6 457 788 576	5 782 702 709	6 407 127 323	4 407 704 280	5 763 459 277
MoM	0.410 3%	0.359 7%	0.404 0%	0.364 4%	0.386 2%
alpha	0.001 8%	0.001 5%	0.001 6%	0.002 8%	0.002 0%
β	0.968 1	0.945 2	0.938 3	0.729 9	0.893 2
Sharp	0.173 5	0.163 7	0.157 6	0.185 2	0.170 1
υ	27.976 5	27.562 8	27.982 0	23.710 6	26.750 5
TRE	0.956 1	1.078 8	1.461 0	2.198 3	1.436 7

续表

TR²	1	2	3	4	总
	第三样本期: 2002~2004 年				
SSA	0.084 2	0.054 5	0.093 1	0.065 8	0.069 0
AR	0.029 3%	0.076 4%	0.103 7%	0.060 6%	0.066 8%
FNV	2 445 921 634	2 754 059 832	2 372 018 255	2 088 150 602	2 345 900 387
MoM	0.069 5%	0.099 3%	0.089 0%	0.038 5%	0.073 1%
alpha	0.000 9%	0.001 3%	0.001 8%	0.001 9%	0.001 3%
β	0.569 4	0.507 1	0.536 6	0.462 3	0.520 0
υ	11.524 5	10.634 9	11.618 8	10.410 1	11.112 0
TRE	1.383 6	1.606 5	1.659 2	1.860 5	1.626 9

从表 5.13 看出，2011~2015 年，随着投资的积极管理程度的增加，风格转换的程度或频率加大，且在 TR² 最小的分位，风格转换的值的变动较大。对每半年的平均收益来说，随积极管理程度减弱，平均收益率基本处于下降趋势，说明 2011~2015 年，主动管理策略平均来看带来了较多回报，另外收益的大小还决定于投资经理的管理能力。从基金规模因素即基金净值来看，积极管理程度最小的分位基金净值显著提高，且就基金净值的分布来看，在较高三个分位的净值均值呈稳步下降的趋势下，净值最大的分位相较于其他三个分位的均值也有显著的提升，说明拥有主动管理策略的基金规模基本较小。考虑动量因素，即前半年的平均收益率，从分布中可以看出与平均收益变量的趋势基本相同，主动管理程度最高的分位拥有最高的动量平均收益。从超额收益 alpha 的分布可以看出，同样随着主动管理程度的增加，基金策略所获得的超额收益越多。接下来考虑风险因素 Sharp，发现各分位的平均数均大于 0，说明该样本阶段的基金报酬率普遍高过波动风险，但同时可以看出，投资的主动管理程度越高，夏普比率越高，从平均来看，主动管理策略带来了更多的风险报酬。

表 5.14 的单变量分布可以反映如下结果：在第二样本期内，随着主动管理程度的增加，风格转换因子的绝对值基本减小，价值因素中，平均收益率略微减小，同时动量因素减小，可能受到该阶段中 2008 年金融危机的影响，使得平均收益普遍较低。基金的主动管理的重要因素可能是对冲当期金融市场上较大的市场风险，故随着主动管理程度增加，基金的波动率反而减小，同时风险报酬率增加，带来了额外的风险回报。在第三样本期内，随着投资的积极管理程度的增加，风格转换的程度或频率没有明显变换趋势，说明该阶段下的风格变换并非由主动管理导致，而是跟庄操作。另外，平均收益和超额收益的增加代表主动管理策略带来了

有效的资本回报。

2. 回归结果分析

基本方程在三个样本期内的回归结果如表 5.15 所示。在样本期 2011~2015 年，随着 TR^2 的减小，回归方程的可决系数和 F 统计量均显著增加，说明主动管理程度的增加使风格转换因子、风格代理变量与基金的波动率更好地解释了股票价格的波动，且主动管理程度的提高总体来看增加了股价的波动性，支持了判断5.2 的结论。从系数来看，随调整的可决系数的增加，常数项基本不变，风格转换因子的系数的绝对值减少，追踪误差的系数减小，基金波动率的系数增加，从系数显著性来看，说明主动管理程度的增加导致了如下结果：①风格转换因子的分位 1 和分位 2 中系数分别为 1.078 3 和 1.218 8，表示风格转换的频率或程度增加放大了股价波动，而分位 3 和分位 4 中的系数分别为-0.763 3 和-0.773 3，说明风格转换的程度减少使股价波动降低，该结论证明了判断 5.4。另外，在 3 分位和 4 分位的系数分别在 10%和 5%的显著水平下显著，说明主动管理程度越高，风格转换因子对股价波动的影响越显著。②基金的波动率的回归系数统计不显著，说明其并非股价波动的重要因素。在样本期 2005~2010 年，可决系数与 F 统计量均比 2011~2015年的大，可以解释为，随资本市场的发展，越来越多的因素影响了股价波动，故稀释了部分变量对股价波动的作用，再看 2002~2004 年的两个指标的值可以强调该结论。从 2005~2010 年的系数显著性来看，风格转换因子和基金波动率都随着主动管理程度的增加而更加显著，表示该时期在价值投资占据主流的大背景下，主动投资程度高代表对高估值低价格股票的更多的发掘，因此更频繁的交易会给股价带来更多冲击。从 2002~2004 年的回归系数及其显著性来看，三个因变量平均来看均不显著，可能与在跟庄操作的时代下机构投资者市场力量薄弱，其投资风格不能左右市场波动性有关。

表 5.15　投资者风格与股价波动关系的基本实证方程结果

Vol	TR^2	1	2	3	4	总
2011~2015 年样本期	常数项	8.851 3***	8.924 4***	8.904 5***	8.970 7***	8.913 6***
		（19.55）	（17.34）	（29.61）	（31.47）	（29.83）
	SSA	1.078 3	1.218 8	-0.763 3*	-0.773 3**	-1.856 1*
		（0.67）	（1.16）	（-1.72）	（-2.34）	（-1.79）
	TRE	0.543 5	0.225 1	0.243 3	-0.131 8	-0.025 9
		（0.50）	（0.29）	（0.58）	（-0.49）	（-0.06）
	v	-0.022 2	-0.017 9	-0.019 9	0.002 7	-0.003 5
		（-0.49）	（-0.31）	（-0.61）	（0.14）	（-0.12）

续表

Vol	TR^2	1	2	3	4	总
2011~2015 年样本期	R-Squared	0.092 9	0.145 4	0.345 1	0.470 4	0.376 5
	F-statistic	0.41	0.61	5.02	9.77	4.23
2005~2010 年样本期	常数项	8.297 6***	8.267 8***	8.367 5***	8.228 3***	8.295 8***
		（20.11）	（19.60）	（22.39）	（24.06）	（20.81）
	SSA	−1.863 2*	−1.362 5	−1.426 1***	−1.778 4***	−1.784 4**
		（−1.89）	（−1.27）	（−2.90）	（−5.21）	（−2.48）
	TRE	0.264 5	0.160 2	−0.108 2	−0.015 2	0.078 6
		（0.79）	（0.52）	（−0.56）	（−0.07）	（0.28）
	υ	0.011 4	0.013 4	0.021 8***	0.024 2*	0.015 6*
		（1.62）	（1.47）	（3.33）	（1.77）	（1.74）
	R-Squared	0.316 5	0.229 6	0.337 4	0.530 3	0.372 2
	F-statistic	1.46	1.15	5.33	10.81	2.67
2002~2004 年样本期	常数项	8.616 0***	8.613 7***	8.915 0***	9.126 4***	8.804 2***
		（16.28）	（18.80）	（9.69）	（16.26）	（12.35）
	SSA	−1.341 8**	−1.289 1	−1.124 0	−0.538 6	−1.224 7
		（−1.97）	（−1.02）	（−1.07）	（−1.12）	（−1.40）
	TRE	0.063 1	0.129 5**	0.091 5	0.125 9	0.122 0*
		（0.52）	（2.20）	（1.42）	（1.00）	（1.69）
	υ	0.029 5	0.016 9	−0.002 7	−0.037 8	0.001 1
		（0.47）	（0.31）	（−0.03）	（−0.70）	（0.01）
	R-Squared	0.491 2	0.413 2	0.427 4	0.579 8	0.425 2
	F-statistic	26.76	16.62	13.11	3.32	7.48

***、**和*分别表示在1%、5%和10%的显著性水平上显著

接下来，考察基金相关因素、融资融券因素、投资者情绪和宏观经济背景对投资者风格与股价波动关系的影响。第一个样本期（2011~2015 年）的结果如表5.16所示[①]。

---

① 2002~2004 年及 2005~2010 年两个样本期的回归结果于附录 C 注明。

表5.16　考虑不同因素下的投资者风格与股价波动关系的实证结果（第一样本期）

Vol	宏观因素		融资融券		投资者情绪		基金相关变量	
	（1）	（2）	（1）	（2）	（1）	（2）	（1）	（2）
SSA	1.572 0 （1.07）	−0.560 6 （−1.09）	3.237 3*** （3.57）	−1.816 3* （−1.63）	3.256 9 （0.52）	−1.652 7* （−1.79）	−0.930 3 （−0.22）	−3.207 0*** （−6.14）
TRE	−0.676 4 （−0.60）	−0.163 1 （−0.42）	2.564 4*** （5.11）	−1.177 0 （−1.34）	1.301 1 （0.74）	0.112 6 （0.16）	2.091 5 （0.54）	0.112 9 （0.51）
υ	0.041 1 （0.90）	0.010 1 （0.27）	−0.102 3*** （−5.44）	0.013 7 （0.24）	−0.081 5 （−0.81）	0.012 1 （0.32）	−0.076 8 （−0.37）	−0.052 7*** （−2.75）
FNV							0.118 0 （0.62）	−0.008 3 （−0.14）
AR							−0.459 9% （−0.10）	3.900 9%*** （4.53）
alpha							3.659 4% （0.62）	−1.031 1%*** （−2.84）
MoM							0.206 4% （0.16）	0.118 6% （1.08）
Sharp							2.367 7 （0.15）	−13.492 7*** （−4.60）
TA			−0.018 1 （−0.60）	0.131 9* （1.68）				
TE			0.179 1*** （6.62）	0.023 3 （0.28）				
AMI			−0.119 3** （−1.97）	0.116 3 （0.61）				
TNV			0.118 8*** （2.63）	0.084 7 （0.63）				
MR					0.366 3 （0.32）	−1.688 8 （−0.87）		
AD					6.410 0 （0.10）	6.370 0 （1.08）		
DCF					−1.439 3 （−0.73）	1.389 6 （0.88）		
LPR	0.451 3 （1.46）	0.168 7 （0.56）						
ILR	0.006 6 （0.74）	0.007 1 （1.14）						
GDP	5.160 0* （1.71）	4.350 0 （0.98）						
_cons	5.488 1*** （4.70）	7.037 0*** （4.11）	8.154 2*** （39.50）	9.940 2*** （12.90）	9.639 5*** （7.43）	8.526 9*** （9.62）	8.155 2*** （3.12）	9.615 4*** （37.09）
R-Squared	0.802 8	0.782 4	0.978 9	0.819 2	0.266 4	0.661 1	0.651 4	0.989 1
F-statistic	2.04	1.80	13.28	1.29	0.18	0.98	0.23	11.38

***、**和*分别表示在1%、5%和10%的显著性水平上显著

注：（1）和（2）分别代表TR^{2}最高和最低的两个分位数，即代表主动管理程度最低和最高的两个分位

首先，探讨宏观因素对投资者风格与股价波动关系的影响，在考虑了经济增长、利率和市场流动性的情况下，第一个样本期的回归结果总体来看并不显著，但在第二和第三样本期内利率因素在主动管理程度比较低时，其回归系数在 5%的显著水平下显著，说明利率因素在被动投资中占据更重要的地位，同时加入宏观因素导致风格因素的系数增加，说明增强了投资者风格对股价波动的影响。另外，在 2005~2010 年中，市场流动性因素的回归系数在低分位和高分位分别在 10%和 1%显著水平下显著，说明在中国经济向好的背景及价值投资理念的推动下，随着主动管理程度的增加，通过市场流动性的作用显著影响了股价的波动，即对高增长、低估值股票的挖掘增加了市场交易量，进而带来了股价波动的增加。

其次，考虑融资融券，即杠杆的影响。融资融券制度于 2011 年开启，故只在 2011~2015 时期考察该因素的影响。从统计结果来看，对主动管理程度最低的分位来说，考虑融资融券加强了风格转换因子、基金波动因子和风格因子对股价波动的影响，其系数均在 1%的显著水平下显著，也说明了在考虑市场杠杆约束的状况下，融资、融券、异常流动性和异常交易量均为影响股价波动性的重要因素。但随着主动管理程度的增强，该显著性消失，其中一个重要原因在于，主动策略伴随更多融资和融券交易，减弱了其对市场波动性的影响，而根据已有文献的实证结果，融资融券制度的推出总体上有效地降低了融资融券标的个股的波动率和市场的波动率，故本节结论与该结果相一致。

再次，探讨投资者情绪因素的影响。在第一样本期，从回归系数及其显著性来看，投资者情绪因素未对股价波动产生显著的影响，但随着主动管理程度的提高，投资者情绪对股价波动的影响程度增加，且使得风格转换因子对股价波动的影响在 10%的显著水平下显著。第二样本期中主动管理程度低的分位数的回归结果显示，投资者情绪因子均显著影响股价波动，其中市场换手率的回归系数在 1%的显著水平下显著，封闭式基金折价率和新增股票开户数的回归系数在 5%的显著水平下显著，而主动管理程度高的回归结果中三个情绪因子失去显著性。该结果可以解释为，在股权分置改革后，被动策略投资者的情绪因素占据主要地位，而主动策略通过分析挖掘低估值公司而更加理性，故主动管理程度越高时投资者情绪对股价波动的影响越小。在第三样本期中，结果显示市场换手率并未对股价波动产生显著影响，另外随着主动管理程度增加，封闭式基金折价率和新增股票开户数的回归系数的显著性降低，对股价波动影响减弱。

最后，考虑基金相关变量的影响。第一样本期中，随着主动管理程度的增加，规模因素和动量因素未显示出显著性，而价值因素的回归系数在 1%的显著水平下显著，另外风险因素也显著影响股价波动，且加入基金相关变量后，主动管理程度的增加显著增强了风格转换因子和基金波动率对股价波动的影响。说明在

2011~2015 年的资本市场上,壳资源与概念股的炒作同时带来了价值和风险的显著增加,主动管理策略加剧了投资者风格的转换与基金的波动,更加频繁的交易对股价产生了更多的冲击。在第二样本期中,主动管理程度的增加带来了风格因子、基金波动率和基金规模因子的显著性增加,但价值因子和风险因子的显著性降低。同时,未改变风格转换因子对股价波动在 1%显著水平下显著,说明在该阶段考虑了基金相关变量后,不管在主动策略还是被动策略中,投资者风格转换都对股价波动产生显著的影响,在主动管理策略中基金规模的大小影响了交易量,导致对股价波动的显著影响,且基金的风格对主动管理更加重要,但同时风险和收益对股价波动的影响减少。在第三样本期中,主动与被动策略中基金相关因子并未对股价波动产生较大影响。

5.3.7　结论及政策建议

1. 结论

本节主要分析了由于政策和市场经济,我国资本市场在处于不同阶段时,投资者受到宏观因素和微观投资者情绪的影响所形成的投资者风格,并考察开启融资融券机制后,投资者交易行为的变化,进而对股价波动产生的影响。通过理论与模型分析,经过实证对三个股票市场周期下投资者风格与股价波动的影响,得出以下结论。

（1）在 2011~2015 年样本期下,实体经济出现下滑,中国资本市场的机构与散户将中小盘股和创业板股作为了主要的投资题材和交易逻辑,切合壳资源与概念股的炒作。随着投资的主动管理程度的增加,基金规模基本减小,投资者风格转换的程度或频率加大,平均收益率基本处于上升趋势,且主动管理策略带来了更多的风险报酬。主动管理程度的增加使风格转换因子、风格代理变量与基金的波动率更好地解释了股价的波动,且主动管理程度的提高总体来看增加了股价的波动性。在该时期下,宏观经济因素增强了投资者风格对股价波动的影响,说明宏观经济运行与政策状况是影响投资者风格的重要因素。在融资融券的约束下,主动管理程度的增加,减弱了投资者风格对市场波动性的影响。投资者情绪随着主动管理程度的提高对股价波动的影响程度增加。壳资源与概念股的炒作同时带来了价值和风险的显著增加,主动管理策略对该投资机会的发现导致了风格的转换与基金的波动,更加频繁的交易对股价产生了更多的冲击。

（2）在 2005~2010 样本期下,中国经济基本面发挥迅速,同时股权分置改革带来了激励红利,机构和散户投资者形成了价值投资者的公式理念。实证结果显示,主动管理程度的增加,可能受到该阶段中 2008 年金融危机的影响,使得平均收益普遍较低，但同时风险报酬率增加。风格转换因子和基金波动率都随着主动管理程度的增加而更加显著，表示在该时期价值投资占据主流的大背景下，主动投资程度高代表对高估值低价格股票的更多的发掘，因此更频繁的交易会给股价带来更多冲击。该现象说明在中国经济向好的背景及价值投资理念的推动下，随着主动管理程度的增加，交易量的增加反映到市场流动性上，显著影响了股价的波动。在股权分置改革后，被动策略投资者更多受到情绪因素影响，而主动策略通过分析挖掘投资机会而更加理性，故主动管理程度越高时投资者情绪对股价波动的影响越小。

（3）在 2002~2004 年样本期下，资本市场具有资本稀缺性，只有在并购重组的消息下才会打破市场的惨淡，跟庄操作是此阶段的交易逻辑和主题偏好。实证结果显示，随着投资的积极管理程度的增加，风格转换的程度或频率没有明显变换趋势，说明该阶段下的风格变换并非由主动管理导致，而是跟庄操作。平均收益和超额收益的增加代表主动管理策略带来了有效的资本回报。投资者情绪随主动管理程度增加对股价波动影响减弱，而主动管理程度的增加使基金相关变量对股价波动的影响增加。

2. 政策建议

基于本节的结论，提出以下三点政策建议。

（1）金融市场波动性上升会引发资产价格超调，价格信号失真，不利于国民经济结构性改革。为了给实体经济营造中性适度的货币金融环境，需要在预期引导、制度建设、危机应对等方面做出调整，降低风险爆发的概率。在预期引导上，要破除文宣统一口径，提高政策透明度，防止信息不畅导致的负面猜测。在制度建设上，中央银行要加大货币环境流动性监测力度，做好市场超调引发的流动性问题，及时投放短期流动性，平稳市场波动。在危机应对方面，完善针对股票市场异常情况出现所采取的应对性措施，设立除涨跌停之外降低股价波动幅度的风险控制管理的自治性规则，如移植一套适合我国国情和制度的熔断机制，加强对股市风险的调控能力，如引入指数分段熔断制度、完善个股涨跌幅制度、控制溢出关联市场，可考虑先对上海证券交易所进行试点，再根据试点经验，设计形成一套既能够维护股民利益，又能够最大程度激发市场活力的股票价格熔断机制。

（2）从融资融券制度发展的现状来看，首先从监管方的角度，融券交易可能在市场下跌阶段扩大恐慌效应，融资可能在市场上涨阶段助长过度投机，因此市场应建立合理的动态杠杆交易制度，适时调整杠杆交易水平，将市场波动控制在合理范围内；其次以投资者的角度，融资融券可以提高投资者的资金利用率，但高门槛开户限制和高融资成本大大降低了投资者对融资融券业务的参与程度，未来更好的发展融资融券机制有赖于成本的进一步降低。

　　（3）加强投资者教育，积极引导投资者预期，树立健康投资理念。设立中小投资者维权机构，向中小投资者提供救济援助。疏通内幕交易举报渠道，营造资本市场诚信交易的市场氛围。

第6章 资产价格波动与实体经济的国际传导机制研究

如何从瞬息万变的实体经济运行过程中发现资产价格波动影响实体经济的程度规模，资产价格波动通过改变经济主体的资产财富、有效需求和市场预期，引发消费投资需求效应；不同类型层次的资产价格波动通过杠杆率、周期性和羊群效应等对实体经济产生乘数效应；不同市场的资产价格彼此关联，相互影响，局部单一市场的资产价格波动蔓延至其他相关市场，演变成系统联动效应；不同国家之间千丝万缕的贸易和金融联系，资产价格大幅波动加剧了国家间的国别溢出效应；而不同经济主体、不同市场和资产相互影响，交织成一个复杂网络，形成资产价格网络效应；等等。这些需要进一步研究系列不同传导的影响效应机制。

6.1 中美主要股指间的动态相依特征及其突变因素

6.1.1 引言

随着经济一体化、金融全球化的进一步深入，国际资本在世界范围主要金融市场间的流入、流出更为频繁，国际金融市场间的联动效应和风险溢出效应日益加强。无论是 2011 年爆发的欧债危机，还是 2013 年开始的东南亚资本出逃，无一不给国际金融市场造成巨大冲击。由科技进步、需求刺激、供给推动、金融管制回避等因素催生的金融创新，如金融市场创新、金融产品创新、金融制度创新等，以及全球政治、经济形势的不断变化导致金融领域的不确定性因素大大加强，极易引发金融市场动荡。对金融市场间的相依结构及其风险传染效应进行有效测度有助于阻断、规避金融动荡在全球范围的传播。美国拥有最为完善、成熟的金融市场，其往往也是全球金融动荡的发源地。深入研究中美主要金融市场之间的动态相依特性及其影响因素能够为我国监管当局、金融机构、投资者应对全球金融冲击提供重要参考依据。

我国金融市场起步较晚，目前金融市场仍存在着诸如市场不成熟、过度投机、政策市等问题，这些问题往往导致不同于发达资本市场的情形产生。如图 6.1 所示，在后金融危机时代，我国上证指数经历了长达 6 年的熊市，反观中小板，其指数在金融危机之后的表现远远强于上证指数，而创业板的表现更为强劲，指数在近两年上涨了近 3 倍[①]。这说明中小企业的股价走势与大型企业股价的走势出现了背离现象，不同的市场走势存在结构性的行情，这种走势在发达资本市场极少出现，需要引起足够的重视。因此，在分析中美主要股指的动态相依关系时应选取不同的指数分别进行考察。

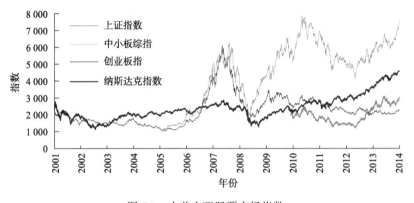

图 6.1　中美主要股票市场指数

Copula 函数具有良好的性质，可以在不考虑多个随机变量联合分布的情况下，根据边缘分布研究它们之间的相关关系，因此，被广泛应用于金融风险传染、风险度量、相关性分析等研究领域。股指收益率之间的相关性往往具有时变特征，本节采用时变 Copula 方法动态地研究中美主要股指间的相依结构，并通过查找历史事件，对引起相关结构突变的因素进行分析和归类。

6.1.2　文献综述

近些年，由于政治、经济、科技创新等因素的影响，全球范围内的金融动荡或金融危机发生的频率及影响力呈现出愈演愈烈之势，而随着全球贸易快速增长、金融资产及人力资本向更为自由地区转移，全球金融市场间的相依关系越来越强

----

① 为了减轻量纲影响，在绘图时将创业板指数乘以 2。

（Gerrits and Yuce，1999），因此，股市间的相依关系日益成为国内外学者关注的重点课题。学者们从不同的视角或运用不同的分析工具开展了许多研究工作，取得了一些颇具影响力的研究成果。这些研究按照研究方法大致可以分为三类：基于 Granger 因果检验的股市联动分析、基于多元 GARCH 模型的股市相关分析、基于 Copula 方法的股市相关与风险溢出分析。

　　Granger 因果检验作为极具创新性的计量分析工具，被许多学者进一步完善，并广泛应用于股市间的联动关系研究。Tian（2007）、张兵等（2010）运用线性 Granger 因果方法检验了我国股市与东南亚、美国股市间的联动关系。股票市场间往往表现出非线性关系，用线性因果关系检验的方法具有很大的局限性，因此，许多学者开始运用非线性因果检验方法研究股市间的联动关系。潘越（2008）运用非线性 Granger 因果方法检验了我国 A 股与香港股市间的因果关系，研究发现两个市间存在一定的非线性因果关系，非线性检验结果与两个市场的实际发展状况更为符合。范奎等（2010）、李红权等（2011）利用信息溢出检验体系（Hong，1996，2001；Hong et al.，2009）对 A 股与世界主要股指间的均值及波动溢出效应进行实证分析，其研究表明股市间的均值、波动率、极端风险溢出具有非线性 Granger 因果特征。周璞和李自然（2012）采用线性及非线性 Granger 因果检验方法研究发现中国市场和世界其他主要股票市场之间存在非线性信息溢出效应。Choudhry 和 Osoble（2015）运用非线性 M-G 因果检验方法检验了美国工业部门指数和巴西、马来西亚和南非三国指数间的短期和长期动态相依关系，结果表明它们之间存在着较弱的因果关系。

　　虽然 Granger 因果方法可以检验股指间统计意义上的因果关系，但却无法度量其相关程度，因此，许多学者开始采用多元 GARCH 模型研究股指间的相关性。谷耀和陆丽娜（2006）、鲁旭和赵迎迎（2012）分别构建 DCC-EGARCH-VAR、VAR-GJR-GARCH-DCC 模型，采用 Engle（2002）提出的两阶段估计方法研究了沪深港股市的联动性。袁超等（2008）使用非对称动态条件相关系数（asymmetric dynamic conditional correlation，ADCC）模型研究了债券市场与股票市场的相关性，发现由于经济运行情况和宏观政策等外部的不确定因素的影响，两个市场的相关关系存在结构性变化。游家兴和郑挺国（2009）、Lucey 和 Voronkova（2008）运用 DCC-MGARCH 模型分别研究了中国、俄罗斯与世界其他主要资本市场的动态相关性。Kazi 等（2013）采用 DCC-MGARCH 模型研究了十六个 OECD（organisation for economic co-operation and development，经济合作发展组织）国家股票市场之间的协同关系。Lean 和 Teng（2013）构建多元 GARCH 模型研究了美国、日本、中国、印度股票市场与马来西亚股票市场的相关性，研究表明，中国和马来西亚股指的协同性逐渐加强。Long 等（2014）构建二元 VC-MGARCH 模型研究了中国股市的异方差性和杠杆效应及中国与美国股市间的动态相关性，实证结果表明中美股票市场间的相关性较低。

Copula 函数又称连接函数，是一个非常有用的分析工具，它可以在不考虑多个随机变量间联合分布的情况下，基于变量的边缘分析它们之间的相关关系。史道济和关静（2003）运用 logistic 条件分布刻画上海和深圳股票市场收益率的边缘分布，并采用 Copula 函数研究两者的相关结构，研究发现两者具有较强的相关性。Jondeau 和 Rockinger（2006）运用 t-Copula 对四个主要发达证券市场进行相依性分析，发现欧洲证券市场间的相依性较强。Rodriguez（2007）利用 Copula 方法研究了亚洲金融危机和墨西哥比索危机时金融市场间的传染效应，发现金融危机时期东亚五国股市间存在风险传染，而拉丁美洲四国间尾部相依性基本独立，它们之间未出现风险传染。刘晓星等（2011）构建 EVT-Copula-CoVaR 模型研究了美国股票市场对其他股票市场的风险溢出效应，结果表明美国股票市场对英国、法国、日本、中国香港及中国股票市场均存在显著的风险溢出效应，对中国上证指数的风险溢出强度最弱。黄在鑫和覃正（2012）运用 Copula 函数进行相关结构建模，通过秩相关系数、尾部相关系数确定两国金融市场之间风险传导路径，认为中国香港金融市场是美国金融市场波及中国内地股的重要传导中介。此外，还有学者构建非线性 Copula 函数研究了股票市场收益率间的相关性（Chollete et al.，2009；吴吉林和张二华，2012）。

然而，股市收益率之间往往表现出非线性时变特征，使用静态的 Copula 模型并不能真实地反映这些特征，因此许多学者开始使用动态 Copula 函数研究股市收益率之间的相依关系。王永巧和刘诗文（2011）利用时变 Copula 模型研究了开放进程下中国内地股市与国际主要股市间的风险传染问题，研究表明中国内地股市与美国、英国及日本股市一直保持微弱的下尾相依关系，而与中国香港股市间的下尾相依性随开放程度增加呈显著上升趋势。Aloui 等（2013）使用时变 Copula 模型研究了原油价格和欧洲股票市场的相依关系，发现它们之间存在显著的正向相依关系。Boubaker 和 Sghaier（2015）研究发现美国和日本、英国、德国、法国股票市场在金融危机期间的动态相依关系呈现出非对称性。

纵观国内外学者的相关研究发现，股票市场的相依特征问题仍然有研究空间。首先是在研究对象上，国内外学者主要关注世界主要股指间的相依关系，忽略了国内重要股指间及其与世界主要股指间的相依关系及其影响因素。例如，我国学者主要关注我国 A 股与中国港股、美国股市间的相依结构，以及中国上海和深圳市场间的相依关系，但对于国内重要股指（中小板、创业板）与世界主要股指间的相依关系及其影响因素并未涉及。其次是在研究方法上，传统基于 Granger 因果检验的研究只能够检验变量间的统计因果关系，并不能测量其相关程度，而基于多元 GARCH 模型存在着假设过多、模型复杂、估计参数多等缺点，同时静态 Copula 又不能刻画相依关系的非线性时变特征。基于此，本节选取主板、中小板和创业板的代表性指数，在使用 ARMA-NAGARCH 模型估计边缘分布的基础上，通过构建时变 t-Copula 模型实证比较三种指数与中国香港、美国主要股指间的动态相依关系，以及我国主要股指间的动态相依关系，并区分了引起相关结构动态变化的国内因素和国外因素。

6.1.3 模型构建

1. 边际分布估计模型设定

金融收益率序列往往具有条件异方差性和"杠杆效应"，为了克服这些缺陷对研究结果造成的偏差，本节采用非线性非对称的 NAGARCH（nonliner assymetric generalized auto regressive conditional heteroskedasticity）模型对其修正。该模型由 Engle 和 Ng（1993）提出，相比于 GJR-GARCH 模型，能够更灵活地确定波动率的非对称节点。此外，许多研究表明金融收益率序列具有不同程度的自相关性（Chang et al.，2013；Lanne et al.，2013），为了对这种特征进行准确刻画，本节在 NAGARCH 模型的基础上引入 ARMA 模型（auto-regressive and moving average model，自回归滑动平均模型）。为了进一步刻画金融收益率序列的尖峰厚尾特性，假定模型中的误差项服从 t 分布，本节构建 ARMA-NAGARCH 模型刻画中美主要股指对数收益率的边缘分布，该模型表示为

$$r_{k,t} = \varphi_0 + \sum_{i=1}^{p} \varphi_{k,i} r_{t-i} + \sum_{j=1}^{q} \phi_{k,j} \varepsilon_{t-j} + \varepsilon_{k,t} \tag{6.1}$$

$$\varepsilon_{k,t} = h_{k,t}^{1/2} \xi_{k,t}, \quad \sqrt{\frac{\upsilon_k}{h_{k,t}(\upsilon_k - 2)}} \varepsilon_{k,t} \sim \text{i.i.d.t}(\upsilon_k) \tag{6.2}$$

$$h_{k,t} = \omega + \sum_{i=1}^{m} \alpha_{k,i} \left(\varepsilon_{k,t-i} + \lambda \sqrt{h_{k,t-1}} \right)^2 + \sum_{j=1}^{n} \beta_{k,j} h_{k,t-j} \tag{6.3}$$

其中，式（6.1）~式（6.3）分布表示均值方程、分布方程、方差方程。在均值方程中，$r_{k,t}$ 是中美主要股指的收益率；φ_0 是均值方程的截距项；$\varphi_{k,i}$ 是收益率 $r_{k,t}$ 的自回归系数；$\phi_{k,j}$ 是移动平均模型的回归系数。在分布方程中，$\xi_{k,t}$ 服从均值为 0、方差为 1 的正规化 t 分布，υ_k 为正规化 t 分布的自由度。在方差方程中，$\omega > 0$，$\alpha_{k,i} \geq 0$，$\beta_{k,j} \geq 0$，$\sum_{i=1}^{m} \alpha_{k,i} + \sum_{j=1}^{n} \beta_{k,j} < 1$，$\lambda$ 是非对称参数。这种模型将波动率设定为过去冲击和波动率的非线性非对称形式，$\lambda \neq 0$ 意味着波动率存在着非线性非对称性，当 $\lambda < 0$ 时，意味着负向冲击对波动率产生的影响要大于正向冲击所导致的影响，一般 $\lambda < 0$ 能够较好地描述金融收益率序列的"杠杆效应"。

2. 时变 Copula 模型构建

得到单个股指对数收益率的边际分布后，就可以选择合适的 Copula 模型进行相依性建模研究。假设 $F(x), G(y)$ 是一元连续分布函数，$H(x,y)$ 为它们的联合分布函数，若令概率积分变换 $u = F(x)$，$v = G(y)$，则 $C(u,v) = C\big(F(x), G(y)\big) = H(x,y)$。因此，Copula 函数可以用来刻画多元联合分布函数中各边际分布间的相关结构。

在实际应用中，使用较多的是边际分布服从正态分布的 Copula 模型，其分布函数为

$$C_n(u,v,\rho) = \int_{-\infty}^{\Phi^{-1}(u)} \int_{-\infty}^{\Phi^{-1}(v)} \frac{1}{2\pi\sqrt{1-\rho^2}} \exp\left[\frac{-(r^2+s^2-2\rho rs)}{2(1-\rho^2)}\right] dr ds \qquad (6.4)$$

其中 $\Phi^{-1}(\bullet)$ 为标准正态分布的逆函数；ρ 是相关系数。对于具有"尖峰厚尾"分布特征的金融时间序列，一般可采用 t 分布来刻画，因此当边际分布服从 t 分布时，则可以构造出如下形式的二元 t-Copula 函数：

$$C_t(u,v,\rho,k) = \int_{-\infty}^{T_k^{-1}(u)} \int_{-\infty}^{T_k^{-1}(v)} \frac{\Gamma\left(\dfrac{k+2}{2}\right)}{\sqrt{(1-\rho^2)k\pi}\,\Gamma(k/2)} \left[1 + \frac{r^2+s^2-2\rho rs}{k(1-\rho^2)}\right]^{-(k+2)/2} dr ds \qquad (6.5)$$

其中，$T_k^{-1}(\bullet)$ 是自由度为 k 的一元 t 分布函数 $T_k(\bullet)$ 的逆函数；ρ 是 x 和 y 的相关系数；$\Gamma(\bullet)$ 为 Gamma 函数。然而，金融危机等因素往往使得股指收益率间的相关结构发生变化，静态形式的 Copula 难以描述股指收益率间的动态相关结构，这就需要将边缘分布间的相关系数从常数推广为时变参数，即式（6.5）中的相关系数 ρ 设定为以下动态演化方程形式：

$$\rho_t = \Lambda\left[\gamma_0 + \gamma_1 \rho_{t-1} + \gamma_2 \times \frac{1}{q} \sum_{i=1}^{q} T_{k_1}^{-1}(u_{t-i}) T_{k_2}^{-1}(v_{t-i})\right] \qquad (6.6)$$

其中，函数 $\Lambda(x) = \dfrac{1-e^{-x}}{1+e^{-x}}$ 是为了保证 ρ_t 始终位于区间 [0，1] 内；k_1, k_2 分别是拟合序列 x, y 的 t 分布自由度。事实上，式（6.5）和式（6.6）就构成了时变二元 t-Copula 函数，式（6.6）中回归变量 ρ_{t-1} 可以捕捉到相关性参数的持续性，而滞后 q 阶的乘积 $T_{k_1}^{-1}(u_{t-i}) T_{k_2}^{-1}(v_{t-i})$ 均值变化可以反映相关性的变化：若 $T_{k_1}^{-1}(u_{t-i}) T_{k_2}^{-1}(v_{t-i}) > 0$ 时，则说明 $T_{k_1}^{-1}(u_{t-i})$ 和 $T_{k_2}^{-1}(v_{t-i})$ 正相关；反之，二者呈负相关关系。因此，式（6.6）刻画了边缘分布间的时变条件相关关系。一般情况下，滞后阶数 $q \leq 10$ 即可。

根据 Copula 相关定理，对随机变量做严格正单调变换，相应的 Copula 函数不变，从而得到：$C_{r_t}(\bullet,\bullet) = C_{\varepsilon_t}(\bullet,\bullet) = C_{\xi_t}(\bullet,\bullet)$。对边缘分布的估计过程是对其做正单调变换，因此考察股指收益率之间的相依结构等价于考察边缘分布标准化残差间的相依结构。

6.1.4　实证分析

1. 变量选择、数据处理与描述性统计分析

为了全面地考察中美主要股指间的动态相依关系及其影响因素，本节分别选择主板、中小板、创业板股票指数作为研究对象，考察其与美国主要股指之间的动态相关结构。本节分别选择上证综合指数（SHCI）、中小板综合指数（SSECI）、创业板指数（CNI）作为主板、中小板和创业板指数的反映变量，同时选取道琼斯工业平均指数（DJIA）、纳斯达克指数（NASDAQ）作为美国股指的代理变量。鉴于中国香港股票市场与 A 股市场的联系日益紧密，本节还选取中国香港恒生指数（HKHSI）作为重要的研究对象。

考虑到 2000 年以前，我国的股票市场处于起步阶段，与世界主要股票市场的相关性不大，因此，本节选择 2001 年 1 月 2 日至 2014 年 9 月 11 日的上证指数作为研究样本，共 2 915 个交易日数据。对于中小板综合指数，本节选择 2005 年 6 月 9 日至 2014 年 9 月 11 日的交易数据，共 1 992 个交易日数据。对于创业板指数，本节选择的时间跨度为 2010 年 6 月 3 日至 2014 年 9 月 11 日，共 915 个交易日数据。美国拥有最为发达、成熟的资本市场，其巨大震荡都会影响到其他地区股票市场，因此，我们认为应将美国股票指数数据提前一天，更有利于研究中美股指间的相关关系，而以往的研究却忽略这一重要因素。样本数据均来自 RESSET 金融数据库。本节使用对数收益率作为收益率指标，计算公式为

$$r_{k,t} = 100 \times \left(\ln P_{k,t} - \ln P_{k,t-1} \right) \tag{6.7}$$

中美主要股指收益率序列的描述性统计结果如表 6.1 所示。可以看出，各股指收益率的平均值均为正，但我国上证指数的收益率明显小于其他股指收益率，且其波动率也明显大于美国主要股指收益率，这也是我国 A 股市场近十几年的真实写照。在偏度上，各股指收益率序列均表现出不同程度的左偏，而在峰度上，除我国的中小板综合指数小于 3，其余收益率的峰度均大于 3，序列表现出"尖峰厚尾"特征，JB 检验结果表明在 1%的显著性下收益率序列拒绝服从正态分布的假定。ARCH 效应检验结果表明各收益率序列均存在条件异方差性，因此适合应用 GARCH 模型进行修正。Ljung-Box 检验结果表明，股指收益率序列均存在自相关性，需要应用 ARMA 模型对其建模。

表 6.1　中美主要股指收益率的描述性统计

统计值	SHCI	SSECI	CNI	HKSHI	DJIA	NASDAQ
平均值	0.001 6	0.042 0	0.019 7	0.007 3	0.006 7	0.008 7
标准差	0.751 3	0.926 6	0.866 2	0.724 3	0.552 0	0.721 7
偏度	−0.098 6	−0.472 9	−0.143 7	−0.386 5	−0.134 5	−0.127 4
峰度	5.582 9	2.946 5	4.559 1	11.834 8	9.107 2	7.322 9
Jarque-Bera	3 798.56[***]	797.92[***]	95.83[***]	17 113.79[***]	10 101.30[***]	6 533.76[***]
ARCH-LM	20.67[**]	31.10[***]	23.87[***]	80.84[***]	142.87[***]	159.83[***]
Ljung-Box	8.12[***]	1.63	8.91[**]	10.07[**]	12.33[***]	12.81[***]
ADF	−47.46[***]	−31.53[***]	−22.84[***]	−49.86[***]	−52.67[***]	−51.77[***]
PP	−68.26[***]	−43.52[***]	−28.85[***]	−71.33[***]	−71.74[***]	−69.26[***]

、*分别表示在5%、1%的显著性水平上显著

注：Ljung-Box检验的原假设为变量不存在自相关性，ARCH-LM检验的原假设是不存在条件异方差性

为了对中美主要股指间的相关性进行初步认识，本节分别计算了 Pearson 相关系数和 Spearman 相关系数，结果如表 6.2 所示。可以看出，中美股指收益率间的相关系数值较小，上证指数与道琼斯工业平均指数、纳斯达克指数收益率的相关系数分别为 0.052/0.060、0.054/0.066，而与中国香港恒生指数收益率的相关性相对较高（0.148/0.208）。在我国 A 股市场内部，中小板综合指数与上证指数收益率的相关性高于其与创业板指的相关性。还可以看出，中小板综合指数与中国香港恒生指数、美国股指收益率的相关性要显著高于上证指数。此外，我国创业板与美国创业板（纳斯达克市场）的相关性要强于其与道琼斯指数的相关性，也强于上证指数与纳斯达克指数收益率的相关性。通过以上初步认识，我们发现，中国的主要板块指数走出结构行情的部分原因在于其与国外主要股指相关程度存在差异，为了进一步探究其相依结构特征，需要从动态的角度深入分析。

表 6.2　中美股指收益率间的相关系数

主要股指	SHCI	SSECI	CNI	HKHSI	DJIA	NASDAQ
SHCI	1	0.838/0.785	0.648/0.651	0.148/0.208	0.052/0.060	0.054/0.066
SSECI	0.838/0.785	1	0.882/0.877	0.372/0.318	0.097/0.075	0.110/0.096
CNI	0.648/0.651	0.882/0.877	1	0.276/0.275	0.061/0.047	0.070/0.067
HKHSI	0.148/0.208	0.372/0.318	0.276/0.275	1	0.342/0.327	0.332/0.326

续表

主要股指	SHCI	SSECI	CNI	HKHSI	DJIA	NASDAQ
DJIA	0.052/0.060	0.097/0.075	0.061/0.047	0.342/0.327	1	0.761/0.737
NASDAQ	0.054/0.066	0.110/0.096	0.070/0.067	0.332/0.326	0.761/0.737	1

注："/"左侧为Pearson相关系数，右侧为Spearman相关系数；在计算样本长度不同的相关系数时以短样本容量为标准

2. 边际分布估计结果

描述性统计分析的结果表明应用 ARMA-NAGARCH-t 模型估计股指收益率的边缘分布是合适的。在估计边缘分布时，根据 LL、AIC 准则、BIC 准则（Bayesian information criterion，贝叶斯信息准则）选取最优的 ARMA 模型。一般情况下，NAGARCH（1，1）就可以很好地描述序列的条件异方差性，各收益率边际分布的估计结果如表 6.3 所示。从 Ljung-Box 和 ARCH-LM 的检验结果可以看出，经过模型过滤的收益率序列在 5%的显著性水平下均不存在自相关性和条件异方差性。α_1、β_1 的估计结果均显著大于 0，说明原序列存在波动集聚。从 λ 的估计结果来看，除 CNI 外，其余序列的估计值在 10%的显著性水平上是显著的。其中，估计的 λ 值均小于 0，这说明负向"杠杆效应"明显，股价下跌对股指收益率波动的影响大于股价上升，这符合金融市场的一般规律。自由度参数 υ 的估计值均集中于 5~15，并且均通过了 5%的显著性检验，这表明各收益率具有明显的厚尾特征。

表 6.3　ARMA-NAGARCH 模型的估计结果

变量	SHCI	SSECI	CNI	HKSHI	DJIA	NASDAQ
φ_0	−0.006 1 [−0.430 7]	0.005 9 [0.265 6]	0.030 6 [1.061 0]	0.008 7 [0.595 1]	0.020 5** [2.105 8]	0.040 8*** [3.961 5]
φ_1	−1.826 8*** [−138.132 0]	−0.881 2*** [−6.790 3]	−0.495 1** [−2.102 1]	−0.903 5*** [−11.240 8]	0.101 5*** [18.497 9]	1.722 1*** [3 324.650 0]
φ_2	−0.893 9*** [−67.506 2]				−0.980 7*** [−283.978 0]	−1.001 4*** [−2 412.860 0]
ϕ_1	1.811 6*** [525.299 0]	0.918 0*** [8.469 7]	0.576 0*** [2.609 7]	0.927 9*** [16.685 0]	−0.124 4*** [−211.982 0]	−1.721 9*** [−6 631.960 0]
ϕ_2	0.869 4*** [539.935 0]			0.004 7 [0.657 8]	1.003 4*** [4 597.790 0]	1.000 2*** [1 069.550 0]
ω	0.001 2 [1.079 1]	0.072 4 [1.598 1]	0.171 0 [1.082 3]	0.004 0*** [3.019 8]	0.004 5*** [3.296 1]	0.007 5** [2.001 8]
α_1	0.017 1*** [3.582 8]	0.048 5** [2.234 4]	0.054 5** [2.163 4]	0.027 3*** [3.630 4]	0.077 8*** [3.641 4]	0.055 5*** [15.888 7]
β_1	0.973 0*** [3 255.940 0]	0.673 1*** [3.448 9]	0.653 3** [2.105 0]	0.889 8*** [208.627 0]	0.714 2*** [17.764 3]	0.665 5*** [3.386 5]

续表

变量	SHCI	SSECI	CNI	HKSHI	DJIA	NASDAQ
λ	−0.539 4*** [−6.312 3]	−1.595 9* [−1.668 1]	−1.047 2 [−0.975 5]	−1.588 3*** [−6.572 6]	−1.580 6*** [−5.510 1]	−2.137 4** [−2.203 8]
υ	5.533 1*** [5.206 1]	14.212 8** [2.420 1]	8.745 1*** [3.606 0]	7.298 3*** [3.914 9]	5.554 0*** [5.281 6]	6.116 9*** [5.263 6]
LL	−670.64	−927.91	−1 139.67	−638.92	−338.09	−537.81
ARCH-LM	3.612（0.06）	0.114（0.73）	1.117（0.29）	2.026（0.15）	0.017（0.89）	0.710（0.39）
AIC	1.487 7	2.045 7	2.508 6	1.416 2	0.760 8	1.197 4
Ljung-Box	0.459（0.49）	0.322（0.57）	0.439（0.51）	0.126（0.72）	0.032（0.85）	0.087（0.76）

***、**和*分别表示在1%、5%和10%的显著性水平上显著

注：方括号中的数值为t值；ARMA(p,q)模型的阶数由极大对数似然函数值（LL）和AIC准则确定

3. 中美主要股指间的动态相依性估计结果及分析

1）t-Copula 的参数估计结果

在得到边缘分布的参数估计结果后，根据概率积分变换①可将标准化残差分布转化为[0, 1]上的均匀分布，然后就可以选择合适的时变 Copula 函数进行相关性建模分析。对标准化残差序列进行描述性统计分析，结果如表 6.4 所示。可以看出，JB 检验拒绝了正态分布的假定，峰度值表明残差序列仍然具有尖峰厚尾特征，因此，本节选择 t-Copula 模型构建时变相依特征，表 6.5 为时变 t-Copula 的参数估计结果。

表 6.4 标准化残差的描述性统计

变量	SHCI	SSECI	CNI	HKSHI	DJIA	NASDAQ
均值	0.002 6	−0.011 3	−0.014 4	−0.001 1	−0.019 5	−0.032 6
标准差	0.992 2	1.000 7	1.009 7	0.999 9	0.998 1	1.002 2
偏度	−0.101 2	−0.303 4	−0.107 1	−0.034 3	−0.323 9	−0.573 0
峰度	4.743 7	3.661 5	4.223 4	3.863 4	5.123 8	5.110 6
Jarque-Bera	117.484***	30.731***	58.815***	28.600***	187.972***	219.933***
ADF	−20.963***	−21.380***	−22.762***	−20.305***	−22.045***	−22.169***
pp	−30.219***	−29.631***	−30.716***	−29.661***	−30.979***	−30.435***

***表示在1%的显著性水平上显著

① 设随机变量 $X \sim F(x)$，则概率积分变换 $Y \triangleq F(X) \sim U(0,1)$。

表 6.5　时变 *t*-Copula 的参数估计结果

主要股指	γ_0	γ_1	γ_2	AIC	LL
SHCI-DJIA	0.453 6***	0.637 4***	−1.323 0***	−37.872 2	18.937 1
SHCI-NASDAQ	0.469 1***	0.624 3***	−1.115 0**	−47.697 1	47.691 0
SHCI-HKSHI	0.050 4	0.271 1***	1.971 0***	−540.940 0	270.471 0
SSECI-DJIA	0.037 2*	0.120 8*	1.541 5***	−13.232 8	6.617 9
SSECI-NASDAQ	0.285 6*	0.297 4	−0.843 6	−14.613 6	7.308 3
SSECI-HKSHI	1.060 5***	0.586 8***	−0.610 7	−293.714 4	146.858 7
CNI-DJIA	0.090 0	−0.123 6	−0.432 9	−1.042 1	0.524 4
CNI-NASDAQ	0.208 7***	−0.445 2	−1.655 0***	−3.226 5	1.616 5
CNI-HKSHI	1.017 1*	−0.214 6*	−1.122 6	−71.184 5	35.595 5
CNI-SHCI	0.755 5	0.207 9	1.153 8	−482.354 0	241.180 3
CNI-SSECI	5.000 0	−0.266 8*	−2.321 7	−1 310.5	655.233 4
SSECI-SHCI	5.000 0***	0.690 0***	−3.431 7*	−2 134.5	1 067.3

***、**和*分别表示在1%、5%和10%的显著性水平上显著

2）中国主要股指与道琼斯工业股指间的动态相依特征分析

利用式（6.6）就可以计算出股指收益率之间的动态相关系数，图 6.2 为中国主要股指与道琼斯工业指数收益率间的时变相关系数。可以看出，上证综合指数、中小板综合指数、创业板指数与道琼斯工业平均指数收益率间存在显著的动态相依结构，且与前述计算的 Pearson 相关系数和 Spearman 相关系数存在较大差异。从整体上看，上证综合指数与道琼斯工业平均指数的相关性大于中小板和创业板，这说明中美股票市场的主板市场联动性更强。为进一步区分哪些事件能够影响股指间相关结构，我们通过追溯历史事件进行比较分析。上证综合指数与道琼斯工业平均指数的时变相关系数在 2003 年 4 月至 6 月显著变小，甚至出现负值。在这期间，SARS 在我国出现了集中爆发的趋势，生产、生活受到了严重影响，人力流动、企业的外贸出口明显减少，中美间的经济、金融联系显著减弱，从而导致股价的联动性减弱。在 2006 年 4 月至 6 月，其相关系数明显减小，这期间中央银行为缓解流动性过剩问题，多次运用货币政策工具收紧流动性：4 月 28 日，中央银行提高了各期限贷款基准利率 0.27 个百分点，而在 6 月 16 日，又提高法定存款准备金比率 0.5 个百分点。2007 年 8 月美国次贷危机愈演愈烈，给全球金融市场带来巨大冲击，导致中美股指间的相关性急剧加强，上证综合指数、中小板综合指数与道琼斯工业平均指数的相关性分别达到 0.223、0.173。在随后爆发的金融危机期间，上证综合指数与道琼斯工业平均指数的相关性达到了两次峰值（0.235、

0.266），中小板综合指数与道琼斯工业平均指数的相关性也达到了两次峰值（0.225、0.249）。相比而言，欧债危机对股指间相关结构的影响较小。2013 年 9 月 29 日，中国（上海）自由贸易试验区正式挂牌成立，这对中美两国的主要股指产生较大冲击，导致上证综合指数与道琼斯工业平均指数的相关性显著降低，相比而言，中小板综合指数、创业板指数与道琼斯指数相关性受到的冲击较小。还可以看出，自 2012 年以来，上证综合指数、中小板综合指数与道琼斯工业平均指数相关性呈现出下降趋势，而创业板指数则没有出现下降趋势，这是我国主要股指间出现结构性走势的一种体现。

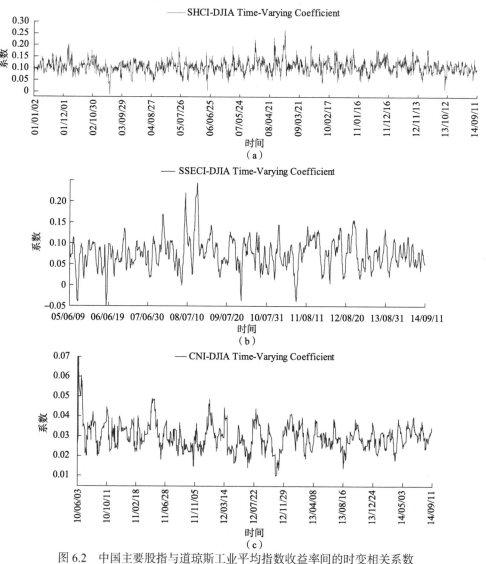

图 6.2　中国主要股指与道琼斯工业平均指数收益率间的时变相关系数

3）中国主要股指与纳斯达克指数的动态相依特征分析

图 6.3 描述了上证综合指数指数与纳斯达克指数收益率间的相依结构。可以看出，在 2003 年 4 月至 6 月，SARS 事件对上证综合指数与纳斯达克指数收益率相关性的影响大于其与道琼斯工业平均指数收益率相关性的影响。从整体相关程度来看，上证综合指数与纳斯达克指数、道琼斯工业平均指数收益率相关性的区别不大，中小板综合指数也有类似特征，但创业板指数与纳斯达克指数收益率的整体相关性显著大于其与道琼斯工业平均指数收益率的相关性，这说明中美两国的

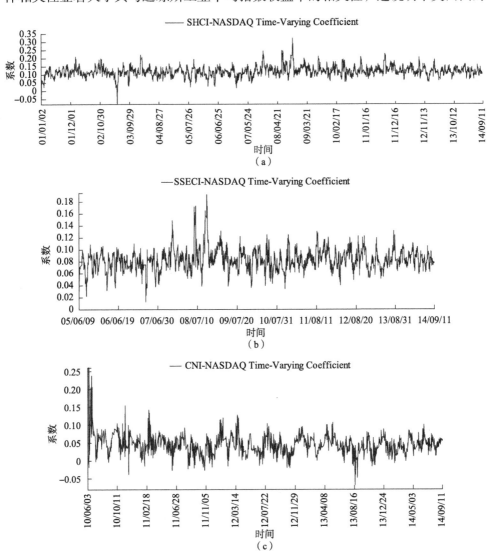

图 6.3　中国主要股指与纳斯达克指数收益率间的时变相关系数

创业板之间存在着较强的联动性。在次贷危机和金融危机期间,上证综合指数、中小板综合指数与纳斯达克指数之间的相关性显著加强,这符合我们的预期。从近几年的趋势来看,上证综合指数、中小板综合指数与纳斯达克指数的相关性呈现一定的下降趋势,而创业板指数并没有出现下降趋势,这说明美国科技股引领的纳斯达克牛市行情对我国创业板走出与主板不同的结构性行情起到了一定的带动作用。此外,从创业板指数与纳斯达克指数相关结构可以看出,上海自由贸易试验区的推出给两者相关性带来了较大冲击,甚至出现了负相关关系,这进一步说明创业板指数与纳斯达克指数具有较强的联动性。

　　4)中国主要股指间的动态相依特征分析

　　为了进一步分析中国主要股指间的动态相依结构,本节分别考察 A 股市场主要股指与中国香港股指间及 A 股市场主要股指间的动态相依性。从 A 股主要股指与香港恒生指数收益率的动态相关系数图(图6.4)可以看出,上证综合指数、中小板综合指数、创业板指数与恒生指数收益率之间存在显著的动态相依关系,从整体的相关程度来看,该相关性明显大于上述分析的中美股指间的相关性,而且,该动态相关系数的波动性更大,这可能是重要历史事件或事实冲击所造成的。可以看出,在 2002 年 6 月上证综合指数与恒生指数收益率的相关性出现了较大幅度的下降,甚至出现负相关的情况。2002 年 6 月 24 日,国务院停止执行《减持国有股筹集社会保障资金管理暂行办法》中关于利用证券市场减持国有股的规定给市场造成了巨大影响,沪深股指分别上涨 9.25%和 9.34%,而香港股指却没有出现爆发式的上涨,从而大大降低了股指间的相关性。在次贷危机和金融危机期间,上证综合指数、中小板综合指数与恒生指数收益率的相关性显著加强,这与前述的实证结果类似。从整体的相关程度来看,上证综合指数与恒生指数的相关性大于中小板综合指数、创业板指数与恒生指数的相关性。创业板指数与恒生指数收益率的相依关系在 2013 年 5 月、6 月发生了较大幅度的下降,我们认为这是银行“钱荒”危机冲击造成的:自 2013 年 5 月底开始,Shibor 开始出现收益曲线倒挂现象,银行业流动性紧张端倪初现,之后银行间流动性压力日益加大,6 月 20 日隔夜利率飙升 600 多基点,创下 13.44%的历史天价,给资本市场造成了巨大动荡,从而导致股指间的相关性降低。

　　图 6.5 反映了我国 A 股市场主要股指收益之间的时变相关结构,可以看出,中小板综合指数、创业板指数与上证综合指数收益率之间的相关性均大于 0.5,但上证综合指数与中小板综合指数收益率的整体相关性更大。在近几年,中小板综合指数、创业板指数与上证综合指数的相关性呈现下降趋势,这也是中小板综合指数、创业板指数走势强于上证综合指数的一种具体体现。为进一步分析我国主要股指间相依关系的影响因素,本节根据相关系数的峰值、谷值出现的日期采用

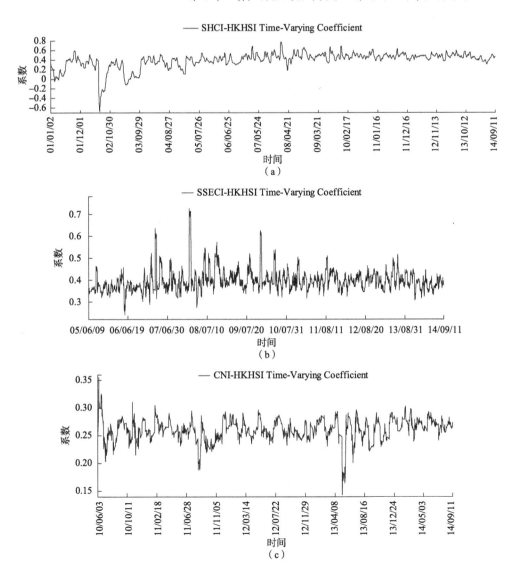

图 6.4 我国 A 股与香港恒生指数收益率间的时变相关系数

事件追溯方法对影响相依关系的因素进行归类,结果如表 6.6 所示。通过事件归类,我们发现,伴随相依关系突变的市场表现不仅包括市场暴跌情况,还包括市场暴涨的情况,此外,次贷危机、金融危机、欧债危机等因素并未对 A 股主要股指间的相依关系产生显著影响,只有国内的重大突发事件通过对股指产生强烈冲击引起相依关系突变。

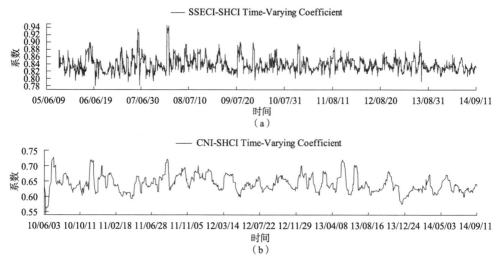

图 6.5   我国 A 股市场主要股指收益率间的时变相关系数

表 6.6   我国 A 股主要股指相依关系突变的事件汇总

主要股指	2006/5/8	2007/5/30	2008/1/22	2009/7/29	2009/11/24	2010/11/12	2011/8/18	2013/6/24	2013/12/2
SSECI/SHCI	0.88	0.91	0.95	0.89	0.86	0.90	0.88	0.90	0.81
CNI/SHCI						0.67	0.72	0.70	0.58
CNI 涨跌幅						−4.46%	−2.19%	−5.27%	−8.29%
SSECI 涨跌幅	+1.56%	−7.65%	−7.44%	−5.67%	−4.93%	−6.05%	−1.88%	−6.04%	−5.39%
SHCI 涨跌幅	+3.95%	−6.50%	−7.22%	−5.00%	−3.45%	−5.16%	−1.61%	−5.30%	−0.59%
重要事件	《上市公司证券发行管理办法》	（股票）交易印花税税率由1‰调整为3‰	中国平安创纪录再融资	中国建筑IPO上市	中国银行再融资千亿传闻	高盛报告传闻	欧美股市大跌	银行"钱荒"	《关于进一步推进新股发行体制改革的意见》

6.1.5   结论与政策建议

国际金融市场的剧烈动荡会通过传染机制对其他金融市场产生巨大冲击，因此，对中美主要股指间的动态相依特征及其影响因素进行深入研究有助于防范、应对金融风险传染。本节通过构建时变 Copula-ARMA-NAGARCH 模型对中美主要股指间、中国主要股指间的动态相依特征进行深入分析，并对相依结构的影响因素进行描述与区分。

动态相依结果表明, 我国主板、中小板综合指数、创业板指数与美国道琼斯工业平均指数和纳斯达克指数间的相关程度较弱, 而与香港恒生指数的相关程度较强, 创业板指数与纳斯达克指数的相关性强于其与道琼斯工业平均指数的相关性, 主板、中小板综合指数、创业板指数间的相关性较强, 主板与中小板综合指数相关性强于主板与创业板指数相关性。动态相依结构的影响因素可以分为两大类: 国内因素和国际因素。国际因素, 如次贷危机、金融危机会对中美间的股指相关性产生正向冲击, 对国内主要股指间的相关性没有显著影响; 国内因素, 如印花税上调、重大 IPO 发行等对国内主要股指相关性产生正向冲击, 但对中美间的股指相关性没有显著影响。这进一步暗示我国股票市场相对封闭, 对国际金融市场的影响力不强, 但容易受到国际金融市场冲击, 呈现不对称的特征。

当前, 中国正处在一个重要关口——支撑过去 30 多年高速增长的投入驱动型增长方式已越来越难以维系, 但新的可持续的增长方式尚未成功确立。为了维持经济可持续增长, 金融市场应发挥越来越重要的作用, 但我金融市场存在的诸多缺陷, 常被冠以"政策市""投机市", 并不能有效地发挥投融资功能, 如何引导、维护金融市场稳定、健康发展及发挥其资源配置功能显得尤为重要。然而, 近年来, 金融危机爆发的频率及影响力呈现出愈演愈烈之势, 基于本节研究, 提出以下加强金融市场联动及风险防范的建议: 第一, 进一步扩大 QFII(qualified foreign institutional investors, 合格的境外机构投资者)、QDII (qualified domestic institutional investors, 合格的境内机构投资者) 的数量和规模, 加强我国资本市场的开放力度, 提升我国金融市场与国际金融市场的联动关系, 从而达到完善我国的资本市场体系的目的, 这样才能有效地发挥金融市场的价值发现、资源配置功能, 吸引社会闲散资金, 将资本市场发展成重要的资本积累工具, 推动经济可持续增长; 第二, 进一步放开资本账户, 推动人民币国际化进程, 促进资本在国家间流动, 从而增加市场的广度和深度; 第三, 在强化国际金融市场联动的同时, 应进一步加强风险防范, 建立完善的风险预警机制和风险隔离机制, 制定出危机期间的风险处置、应急机制和措施。

6.2 美元加息、人民币汇率与短期跨国资本流动

6.2.1 引言

2015 年 11 月, 美国政府宣布其经济好转, 政策重心转为抑制本国通货膨胀势

头。此后市场对美元加息的预期不断加强，美元已经步入"加息周期"。在美元走强的背景下，国际汇率出现波动，进而可能引起跨国资本，特别是投资在新兴市场经济国家的短期跨国资本回流美国市场。以中国市场为例，随着美元加息预期的增强，人民币对美元汇率持续波动（图 6.6、图 6.7）。

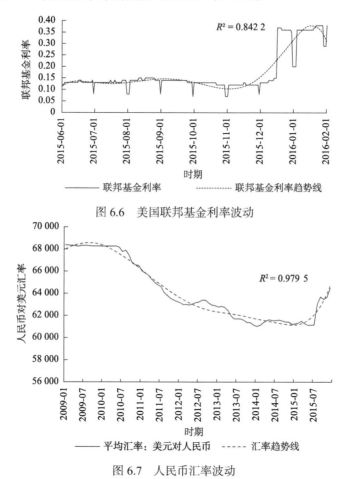

图 6.6　美国联邦基金利率波动

图 6.7　人民币汇率波动

　　2015 年 12 月后美国联邦基金利率呈现出明显的加息趋势，人民币随之承受持续的贬值压力，进而影响短期跨国资本的流动。回顾 1980 年以来，美元的 5 次加息周期情况，如表 6.7 所示。

表 6.7　美元历次加息周期情况汇总表

时期	持续时间	目标
1982~1984 年	22 个月	应对刺激经济复苏而造成的高通货膨胀
1987~1989 年	26 个月	应对救助 1987 年股灾而造成的高通货膨胀

续表

时期	持续时间	目标
1994~1995 年	12 个月	应对市场对通货膨胀的担忧，是导致 1997 年亚洲金融危机的因素之一
1999~2000 年	12 个月	应对互联网热潮和 IT 投资增长使经济出现的过热现象，最终导致美国互联网泡沫破裂，驱使美国经济增长点转向房市
2004~2006 年	27 个月	以应对房市泡沫和需求快速上升拉动的通货膨胀，此轮加息后美国房地产泡沫被刺破，成为 2008 年全球金融危机的导火索

美元加息具有明显的周期性，间隔为 4 年左右，持续时间 1~2 年。历次美元加息伴随着强烈的市场预期，给新兴经济体带来猛烈的冲击。例如，20 世纪 70 年代的拉丁美洲债务危机，20 世纪 90 年代的日本金融危机及东南亚金融危机等，其基本过程如下：以美元加息周期为金融危机爆发的导火索，新兴经济体经历"经济发展势头良好，跨国资本流入——高债务率和杠杆率——经济发展减速，美元加息，跨国资本外逃——汇率贬值，金融危机，资产跌价被廉价收购"的经济发展陷阱。

下列是关于 2015 年美元加息影响的相关研究。Ungerman（2016）研究了高利率对美国经济和股市的影响。Eijffinger 和 Karatas（2012）研究了在加息背景下，银行的流动性管理。周睿（2016）采用全球向量自回归模型（global vector auto regression，GVAR）评估了美联储加息对包括中国在内的世界经济的冲击效应，认为 2015 年开始的美元加息可能会诱发巴西、南非等国爆发经济危机。直接研究美元加息对中国跨境资本流动影响的相关文献较少，其中肖卫国和兰晓梅（2017）构建 VAR 模型，实证分析了新一轮美联储加息对中国跨境资本流动的溢出效应，认为中国货币当局应增强人民币对美元汇率的双向浮动弹性，以缓解汇率波动对跨境资本流动的冲击。

传统关于跨国资本流动的研究主要集中于探究其与利率、汇率波动之间的相互影响。F.E. Warnock 和 V.C. Warnock（2009）认为跨国资本流入美国会降低美元的长期利率。Cheung 和 Qian（2010）认为中国跨国资本流动主要受本身的滞后项和轧平利差的影响。Gouider 和 Nouira（2014）认为实际汇率的低估阻碍资本外逃，而高估可以刺激资本外逃。Cheung 等（2015）研究认为 2007 年前后的中国资本流动受到了金融危机的影响，并且其根本驱动力难以确定。Plantin 和 Shin（2016）基于动态博弈模型，认为在跨国资本流动影响下，浮动汇率无法保证金融自主权。王琦（2006）认为利率、汇率、通货膨胀率、开放度及政策变量等因素都对中国国际资本的流动产生了影响。刘立达（2007）研究认为中国的资本流动对短期利率变化不敏感。陈浪南和陈云（2009）研究认为长期和短期内影响中国跨境资本流动的因素各不相同。赵文胜等（2011）分析了短期跨国资本流动对我国经济的冲击，结果差异明显。王叙果等（2012）分析认为加总资本流动对人民币实际有效汇率升值产生微弱的负影响。杨震（2014）认为套汇动因、避险动因、套价动因（中美房地产价格收益率变化）是影响我国短期跨国资本流动的主要动因。曾绍龙（2015）研究认为突发事件对短期跨国资本流入的影响最为显著，中国的资本管制在短期内有效，但是长期来看其有效性明显减弱。

总结当前的相关研究，结论如下：①美元加息影响流动性并对全球经济产生冲击；②短期跨国资本流动与利率和汇率之间相互影响，但不同时期各要素的影响结果并不一致，外部经济环境对我国短期跨国资本流动的驱动力影响较大；③资本管制、汇率制度等政策因素影响我国短期跨国资本的流动。另外，直接研究 2015 年美元新一轮加息对我国短期跨国资本流动影响的相关文献较少。

2015 年美元新一轮加息周期代表美国与其他主要主权货币国家货币政策的分化，其根本原因是国别差异导致的经济周期和信用周期不一致。以中国为例，首先，中国处于以传统产业为支柱的投资驱动阶段，当前为经济下行周期。美国以工业革命和创新驱动支撑经济复苏，当前正处于上行周期。其次，美国是金融市场主导型的金融体系，而中国是银行主导型的金融体系，这造成两国之间的信用周期不同。由此，基于经济周期的货币政策选择表现出时机上的差异，而信用周期的不同扩大了这一差异在经济体间的影响效果。

在这一系列影响中，美元加息是起因，人民币对美元汇率波动是市场信号，而短期跨国资本流动是结果并作为货币量信号进一步影响美元利率变动（美元加息）。在周期差异的大背景下，通过冲击来源和传导途径预测汇率和利率波动，将在这轮美元加息影响评估中发挥巨大作用。有鉴于此，本节将美元加息引入分析模型中，基于适应性预期理论分析利率、汇率波动的调节机制，探究美元加息、人民币汇率波动与我国短期跨国资本流动的相互影响。

6.2.2　影响机制及其相关变量

美元加息预期往往引起跨国资本流动加剧，导致我国外汇储备规模的大幅波动，只有通过深入解构美元加息、人民币汇率波动与短期跨国资本流动间的影响机制，才能有效管控美元加息对我国短期跨国资本流动的影响。

1. 中国短期跨国资本规模测算

国际资本流动的组成具有复杂性，大部分研究都是基于研究目的进行成分划分。本节结合美元加息冲击的背景，定义短期跨国资本为主要基于投机或避险动机的投资于易变现（流动性较强）产品的各类跨国资本。同时，随着国际金融市场上衍生产品的不断推出，短期跨国资本流动的渠道增多，出现了一些不易测算的隐性渠道。有鉴于此，本节选用间接测算法以提高估计的准确性。参考张明（2011）针对中国面临的短期跨国资本流动规模的高频（月度）数据的间接估算法，其计算公式为短期跨国资本规模=外汇占款变动量−货物贸易顺差−实际利用 FDI。

当前这一估算公式主要有三个问题：①从 2012 年 5 月起国家不再实行强制结售汇，选用外汇占款计算跨国资本流动规模不再精确；②1996 年我国经常账户全面开放，很大一部分跨国资本通过隐藏方式流动（主要是隐藏在国际贸易和 FDI 项中）；③需要考虑到一些国际资本流动的非法渠道，如"进出口伪报"、"货币走私"和"地下钱庄"等。

针对这一现实，参考刘莉亚等（2011）和陈鹤（2012）的研究，认为新增外汇储备中除去正常的贸易差额和正常的 FDI，剩下的即是包含热钱的短期跨国资本流动规模。本节将短期跨国资本的规模测算公式修正为外汇储备的变动量与正常的贸易差额、FDI 的差值。其中，定义正常的贸易差额和正常的 FDI 数据为各自的前四年同月数据移动平均。那么，修正后的短期跨国资本规模测算公式如下：

短期跨国资本规模=外汇储备变动量−当期正常的贸易差−当期正常的 FDI

在本节模型中，国际资本流入中国为正值，流出为负值。

2. 短期跨国资本流动的影响因素分析

传统的关于发达国家与发展中国家之间资本流动的基本假设是：发展中国家普遍面临着资本稀缺的问题，从而发展中国家的资本边际生产率高于发达国家，因此吸引发达国家的资本流向发展中国家。基于传统理论的假设，影响一国资本流动的主要因素如下：①国内生产总值增长率；②通货膨胀率；③资本市场收益率（利率）。随着金融全球化的发展，跨国资本的投资周期缩短，侧重于套汇套利行为和投资于高速增值的泡沫行业，因此影响一国跨国资本流动情况的新因素有汇率水平、投资者对金融市场的信心和预期、跨国资本的避险需求及当前美元加息预期等外部金融环境因素。综上所述，当前中国面临的短期跨国资本流动主要受到传统因素与新因素的混合影响。其中，预期因素主要增强了短期跨国资本的套汇套利动机。

结合当前美元加息的背景，影响短期跨国资本流动的具体因素分析如下：①经济发展。一国经济发展水平影响国际市场的投资信心。股市是实体经济的"晴雨表"，选用股市指数相关指标反映经济发展水平。②美元利率变动预期。美元利率变动预期反映美国经济发展趋势，直接影响市场对美元走势和利差水平的预测，进而影响短期跨国资本的流动。③人民币对美元汇率变动预期。套汇套利是国际资本流动的主要原因之一，由平价理论、美元加息影响人民币对美元汇率从而影响短期跨国资本流动。④人民币与美元的利率差。利差是短期跨国资本套利的主要动机。⑤大宗原材料商品价格。大宗原材料商品价格指数一定程度上反映通货膨胀压力，很可能成为触动美元加息的阈值。另外，中国是重要的生产加工国，大宗原材料商品的价格波动可能对中国经济运行产生一定的影响，进而影响短期跨国资本流动。⑥避险动机。避险动机主要是针对国际金融市场的动荡程度而存在的。2008 年全球金融危机后，跨国资本流动开始重视避险需求。一般使用美国标准普尔 500 指数波动率的数值反映国际金融市场的动荡程度与全球投资者的避险情绪。该指数越高，代表动荡程度和避险情绪越高。

3. 中国短期跨国资本流动的影响机制

丁志国等（2011）运用多元 GARCH 模型分析得出结论：国际资本市场风险通过国际资本流动途径冲击中国市场。美元加息引起的跨国资本流动对中国市场的冲击亦是如此。在货币政策分化的背景下，美元加息除了控制本国通货膨胀外，还有以下三大国际影响：①维护美元国际化地位；②提高美元信用，降低美债成本；③冲击高杠杆国家经济，掠夺他国经济成果。当然，美元加息也存在着一系列的制约因素，首当其冲的是美联储的加息举措不能压制美国经济的复苏势头，甚至触发潜在的金融危机。美元加息、汇率波动和跨国资本流动的传导影响如图6.8 所示。

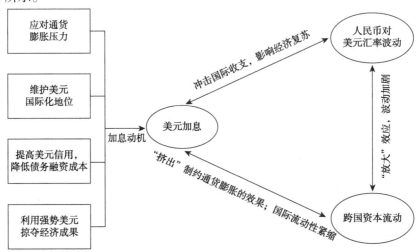

图 6.8 美元加息、汇率波动与跨国资本之间的相互影响示意图

6.2.3 理论模型分析

实际经济运行中，考虑到美元加息等外部因素的冲击，利率和汇率的波动受

到外部因素和自我调整两部分的影响。

1. 利率、汇率决定模型

命题 6.1：开放经济的利率决定方程。在实际利率合理预期的基础上，将国外利率作为外生变量，一国利率变动主要受到国外利率及其变化预期、货币数量变动和货币当局管制程度的（即带有管制的利率平价）影响。考虑开放经济下的利率决定，首先需要将其分为完全封闭经济和完全开放经济两种极端情况。

在完全封闭经济的情况下，货币当局的目标是期望制定一个预期合理的名义利率水平：

$$i_t^d = r_t^d + \pi_t^e \tag{6.8}$$

即预期的名义利率等于合理的预期实际利率加预期的通货膨胀率。其中，合理的预期实际利率受实际经济因素的影响。同时，考虑到实际经济运行中，货币当局的反应机制、交易成本和信息障碍等引起的摩擦，导致国内利率对市场变化反应迟缓。将这种延迟调整体现在模型框架中有

$$\Delta i_t^d = \delta \left[\left(r_t^d + \pi_t^e \right) - i_{t-1}^d \right] \tag{6.9}$$

其中，δ 是调整参数，有 $0 \leqslant \delta \leqslant 1$。金融市场调整迅速则 δ 趋向于 1，金融市场摩擦较大则 δ 趋向于 0。国内利率在考虑经济摩擦的情况下，其决定式为

$$i_t^d = \delta \sum_{n=0}^{t} \left(1-\delta\right)^n \left(r_t^d + \pi_t^e \right) + \left(1-\delta\right)^t i_0^d \tag{6.10}$$

货币当局期望制定的预期合理的名义利率水平 i_t^d 是预期实际利率和预期通货膨胀率的加权调整。基于预期合理的名义利率 i_t^d 的实际名义利率 i_t 的调节机制受到市场摩擦以及当期的实际货币供给与货币需求的影响。如果货币供给大于货币需求，则货币当局可能降低名义利率，反之亦反。政策调节的反应方程为

$$i_t - i_{t-1} = \omega_1 \left(i_t^d - i_{t-1} \right) - \omega_3 \left(\frac{M_s}{P} - \frac{M_D}{P} \right)_t \tag{6.11}$$

其中，i_{t-1} 是前一期的实际名义利率；M_s、M_D 分别是当期的实际货币供给和货币需求；ω_1、ω_3 是待估计系数。通过模型转换可以得到：

$$i_t = \omega_1 i_t^d + \omega_2 i_{t-1} - \omega_3 \left(\frac{M_s}{P} - \frac{M_D}{P} \right)_t \tag{6.12}$$

其中，$\omega_2 = 1 - \omega_1$，在 t 值足够大的长期有近似值：

$$i_t = \omega_1 \sum_{n=0}^{t} \omega_2^n i_{t-n}^d - \omega_3 \sum_{n=0}^{t} \omega_2^n \left(\frac{M_s}{P} - \frac{M_D}{P} \right)_t \tag{6.13}$$

当期的实际名义利率受以往各期预期合理的名义利率和实际货币数量的影响，并且 $0 < \omega_2 < 1$，越是接近 t 期的相关经济指标对 i_t 的影响越大。

货币供给量作为外生变量，基础货币 $M_s = \theta M_B$ ，θ 是货币乘数。定义基础货币 $M_B = \mathrm{DC} + \mathrm{CF}$ ，其中 CF 为跨国资本流动，DC 为除去跨国资本流动后投入国内市场的货币流动性，则有

$$M_s = \theta M_B = \theta(\mathrm{DC} + \mathrm{CF}) \qquad (6.14)$$

将货币供给方程代入式（6.13），有关于利率的反应方程为

$$i_t = \omega_1 i_t^d + \omega_2 i_{t-1} - \omega_3 \left[\frac{\theta(\mathrm{DC} + \mathrm{CF})}{P} - \frac{M_D}{P} \right]_t \qquad (6.15)$$

求导有 $\dfrac{\partial i}{\partial \mathrm{CF}} = -\omega_3 \theta$ ，则有结论：跨国资本的流入降低国内名义利率，跨国资本的流出提高国内名义利率，符合经济学经典理论。

在经济完全开放的情况下，讨论实际名义利率的影响因素，并引入利率变动预期变量，提出适应美元加息预期的利率汇率无套补套利模型，有利率决定式如下：

$$i_t = i_{t-1}^* + \tilde{e}_t + \tilde{i}_t^* \qquad (6.16)$$

其中，i 是名义利率；i^* 是国外利率；$\tilde{e}$ 是汇率的预期变化；$\tilde{i}^*$ 是国外利率的预期变化。在经济完全开放状态下的利差计算式为

$$i_t - i_t^* = i_{t-1}^* + \tilde{e}_t + \tilde{i}_t^* - i_t^* = \tilde{e}_t + \tilde{i}_t^* - \left(i_t^* - i_{t-1}^* \right) \qquad (6.17)$$

将国外利率视为外生变量，则利差与汇率和国外利率的预期变动有关。这一修正模型考虑了实际国外利率波动超过预期国外利率波动时，汇率预期波动对利差的影响。

实际经济运行中，经济体介于完全封闭和完全开放两种极端情况之间，即国内金融市场不能与全球资本市场完全隔离，但国际资本也不能充分流动，存在一定程度的资本流动管制。因此，实际利率 I 为上述两种极端市场利率的加权组合，如式（6.18）：

$$I = \rho i_{t_1} + (1 - \rho) i_{t_2} \qquad (6.18)$$

其中，i_{t_1}、i_{t_2} 分别是经济完全封闭状态和完全开放状态下的实际名义利率；ρ 是权重指标。在利率决定的外部因素方面，命题 6.1 得证。

命题 6.2：当期的汇率是预期货币供给差和收入水平差的贴现值，汇率变化受预期的影响。

设有两个国家，其货币需求函数分别为卡甘货币需求函数：$M^D / p = L(Y, i) = Y^\phi \exp(-\varphi i)$，记 $m = \ln M$，$p = \ln P$，$y = \ln Y$，其对数形式为

$$m - p = \phi y - \varphi i \qquad (6.19)$$

其中，ϕ 是货币需求的收入弹性；φ 是货币需求的利率半弹性。假定国外货币需求

与国内货币需求形势相同，则货币市场均衡时，有

$$m^* - p^* = \phi y^* - \varphi i^*$$

考虑货币供应量的预期变动和一价定律可推得

$$e = p - p^* = m - m^* - \phi\left(y - y^*\right) + \theta\left[E\left(\dot{m}\right) - E\left(\dot{m}^*\right)\right] + \varphi\left(i - i^*\right) \quad (6.20)$$

从式（6.20）可以看出，如果现在货币供给量的增加产生了将来货币供给量增加的预期，即 $\mathrm{d}E\left(\dot{m}\right) / \mathrm{d}m > 0$，那么汇率波动与货币供给量变动的关系由求导可得

$$\frac{\mathrm{d}e}{\mathrm{d}m} = 1 + \frac{\theta\mathrm{d}E\left(\dot{m}\right)}{\mathrm{d}m} > 1$$

汇率变动的幅度超过货币供给量增加的幅度，呈现出明显的扩大效应。

基于通货膨胀理论，建立国内市场的货币供应量、物价水平和产出的关系方程：

$$\frac{M_t / P_t}{Y^\phi} = \left(\frac{P_{t+1}}{P_t}\right)^\gamma \quad (6.21)$$

对方程取自然对数有

$$m_t - p_t = \phi y_t - \gamma\left(p_{t+1} - p_t\right) \quad (6.22)$$

其中，$m = \ln M$，$p = \ln P$，$y = \ln Y$，系数 γ 是包含利率因素的弹性系数：

$$P_t = \frac{1}{1+\gamma}\sum_{j=0}^{\infty}\left(\frac{\gamma}{1+\gamma}\right)^j m_{t+j} - \frac{\phi}{1+\gamma}\sum_{j=0}^{\infty}\left(\frac{\gamma}{1+\gamma}\right)^j y_{t+j} + \left(\frac{\gamma}{1+\gamma}\right)^j p_{t+j} \quad (6.23)$$

在长期有近似值：

$$P_t = \frac{1}{1+\gamma}\sum_{j=0}^{\infty}\left(\frac{\gamma}{1+\gamma}\right)^j m_{t+j} - \frac{\phi}{1+\gamma}\sum_{j=0}^{\infty}\left(\frac{\gamma}{1+\gamma}\right)^j y_{t+j} \quad (6.24)$$

从而：

$$e_t = P_t - P_t^* = \frac{1}{1+\gamma}\sum_{j=0}^{\infty}\left(\frac{\gamma}{1+\gamma}\right)^j \left(m_{t+j} - m_{t+j}^*\right) - \frac{\phi}{1+\gamma}\sum_{j=0}^{\infty}\left(\frac{\gamma}{1+\gamma}\right)^j \left(y_{t+j} - y_{t+j}^*\right) \quad (6.25)$$

在信息完全对称的理想状态下可进一步得到：

$$e_t = \frac{1}{1+\gamma}\sum_{j=0}^{\infty}\left(\frac{\gamma}{1+\gamma}\right)^j E_t\left(m_{t+j} - m_{t+j}^*\right) - \frac{\phi}{1+\gamma}\sum_{j=0}^{\infty}\left(\frac{\gamma}{1+\gamma}\right)^j E_t\left(y_{t+j} - y_{t+j}^*\right) \quad (6.26)$$

从式（6.25）和式（6.26）可知命题 6.2 得证。即使现在的货币供给和收入水平不变，由于未来预期的变化，当期的汇率也会发生变动。因此，汇率难以保持稳定。

考虑到货币供给方程式（6.14）：$M_s = \theta M_B = \theta(\text{DC} + \text{CF})$，则跨国资本流动对汇率波动产生影响。

2. 考虑适应性预期的自我调整

为了研究利率、汇率和利差的冲击对短期跨国资本流动的影响，需要分析相关变量的预期变动趋势。

命题 6.3：假设利率、汇率、利差的自我调整满足适应性预期，且相应变量的预期升贴水逆向修正：

$$X_t^e = X_{t-1}^e + \beta\left(X_{t-1} - X_{t-1}^e\right) \begin{cases} \beta < 0, & \text{逆向调整预期} \\ \beta > 0, & \text{正向调整预期} \end{cases} \tag{6.27}$$

其中，β 是适应性系数，它决定了预期对过去的误差进行调整的速度和方向。在经济平稳运行时期一般有假设：$|\beta| \leqslant 1$，X_t^e 收敛在一定的波动范围内。

基于适应性预期分析中美利差的调整。考虑到经济完全封闭状态下，货币当局的反应机制、交易成本和信息障碍等引起的摩擦，以及短期跨国资本与利率的负相关和由式（6.17）可知的国外利率实际变动对利差的负向影响，判断中美利差的自我适应性预期调整满足负向调整预期且具有收敛性，即 $-1 < \beta < 0$。在正向冲击时，即 $X_{t-1} > X_{t-1}^e$ 的情况下，中美利差的自我调节存在明显的逆向修正现象并收敛。

对式（6.27）整理得到：

$$X_t^e = \beta\sum_{n=1}^{t}\left(1-\beta\right)^{n-1} X_{t-n} + \left(1-\beta\right)^t X_0^e \tag{6.28}$$

同时，定义预期升贴水为

$$\Delta \hat{X}_t = X_t^e - X_{t-1} \tag{6.29}$$

将式（6.27）代入式（6.29），迭代有

$$\Delta \hat{X}_t = \left(1-\beta\right)^{t-1}\Delta\hat{X}_1 - \sum_{n=1}^{t}\left(1-\beta\right)^n\left(X_{t-1} - X_{t-2}\right) \tag{6.30}$$

其中，$1-\beta > 0$，预期升贴水存在逆向修正。

基于适应性预期和升贴水变动分析美元利率的调整。将预期升贴水计算公式（6.29）与实际升贴水：$\Delta X_t = X_t - X_{t-1}$ 比较，当美元实际利率变动偏离预期时，短期跨国资本流动受到两者差值 $X_t - X_t^e$ 的影响，出现流向和规模的调整。此后，结合资本流动对利率的影响和市场对预期的补偿，美元利率变动预期可能出现逆向的修正并收敛。

汇率波动不如利差对短期跨国资本流动产生的直接影响，其影响一般较为缓和，不会出现逆折。对汇率的调整而言，有 $0 < \beta < 1$，在 t 值足够大的长期，有近

似值：

$$X_t^e = \beta \sum_{n=1}^{t} (1-\beta)^{n-1} X_{t-n} \tag{6.31}$$

$$\Delta \hat{X}_t = -\sum_{n=1}^{t} (1-\beta)^n (X_{t-1} - X_{t-2}) \tag{6.32}$$

由式（6.31）可知距 t 期越接近的实际值对 X_t^e 的影响越大，X_t^e 的波动体现出一定程度的记忆性。由式（6.32）可以看到当期的预期升贴水值为以往实际差值的权重叠加，距 t 期越近的实际差值对 $\Delta \hat{X}_t$ 的影响越大，除了体现波动具有记忆性之外，汇率变动预期影响及其影响的升贴水还体现了一定程度上的逆向偏差修正。

根据模型推导中美利差、美元利率变动预期和汇率变动预期均满足一定程度的适应性预期调整。

命题 6.4： 外部冲击导致汇率持续偏离均衡。

在美元加息冲击下，预期因素还会造成汇率持续偏离均衡。由式（6.25）和式（6.26），即使没有当期货币供给、收入水平等因素的变动，预期也会导致汇率的变化，甚至持续偏离，形成汇率泡沫。在完全预期假设下，经济人能够准确预测汇率的走势。定义 $\alpha = \dfrac{\gamma}{1+\gamma}$，有

$$e_{t+1} - \alpha^{-1} e_t = -\left[\gamma^{-1}(m_t - m_t^*) - \phi \gamma^{-1}(y_t - y_t^*) \right] \tag{6.33}$$

假定汇率从均衡状态开始变动，有 $m_t = \bar{m}$，$m_t^* = \bar{m}^*$，$y_t = \bar{y}$，$y_t^* = \bar{y}^*$，结合均衡汇率的决定式：$\bar{e} = (\bar{m} - \bar{m}^*) - \phi(\bar{y} - \bar{y}^*)$，则方程的一般解为

$$e_t = \bar{e} + A\alpha^{-t} \tag{6.34}$$

$A\alpha^{-t}$ 表示汇率的偏离均衡汇率的幅度，有 $\alpha^{-1} > 1$，汇率偏离随着时期 t 的增加而扩大。在更加符合现实的不完全预见性情况下，为了补偿破灭时市场参与者承受的风险损失，汇率偏差的速率更高，泡沫增长的速度更快。由考虑预期因素的汇率波动决定方程可知，市场预期作用下的汇率极可能脱离基本因素而发生泡沫化。

综上所述，分别提出本节的相关判断。

（1）参照式（6.15）和式（6.26），有判断 6.1：短期跨国资本流动通过影响货币供应量，对美元利率变动预期和汇率波动预期产生影响。

（2）参照式（6.27），有判断 6.2：中美利差的变动满足适应预期，自我逆向调整并收敛。

（3）参照式（6.30），有判断 6.3：美元利率变动预期满足适应性预期假设，自我逆向调整并收敛。

（4）参照式（6.32），有判断 6.4：人民币对美元汇率变动预期满足适应性预期假设，市场对汇率预期变化的估计表现出一定的逆向修正。

（5）参照式（6.34），有判断 6.5：汇率受到冲击后会持续偏离均衡。

6.2.4　实证分析

本节采用 MS-VAR 模型，在此基础上运用广义脉冲响应分析方法，从非线性角度来分析不同经济状态下美元加息、汇率和短期跨国资本流动的相互影响。MS-VAR 模型描述了不同阶段、状态或机制下，经济行为所具有的不同特征和性质及多变量之间可能存在的协整关系，其参数取决于经济所处的状态或区制，一般由经济理论或经济现实等确定。区制转换模型在研究长期经济行为和短期波动行为等方面被广泛地应用。

1. 数据来源

基于前述的理论模型分析，本节选取 2009 年 1 月至 2015 年 12 月的各项数据进行实证分析。其中，人民币对美元汇率变动预期项 HL 为 1 年期 NDF 与名义汇率的差值；美元利率差变动预期项 LV 为 1 个月期 Shibor 与美国联邦基金利率的差值；经济发展和避险动机选择沪深 300 指数对数值的波动值 HS300 和美国标准普尔 500 指数对数值的波动值 BP500；国际大宗原材料商品价格项 CRB 为 CRB 指数波动率，利差指标 LC 项为 Shibor（3 个月）与 Libor（3 个月）的差额波动，最后再加上测算的短期跨国资本规模共 7 个变量构建 MS-VAR 模型。相关数据均来自 Wind 数据库。

2. 模型建立与检验

1）模型检验

数据平稳性检验。首先对各变量进行 ADF 平稳性检验，如表 6.8 所示。

表 6.8　ADF 时间序列数据平稳性检验

序列	检验形式	T 值	1%临界值	5%临界值	10%临界值	P 值
BP500	$(c, 0, 0)$	−9.262 4	−3.511 3	−2.896 8	−2.585 6	0.000 0
CRB	$(c, 0, 0)$	−6.663 3	−3.511 3	−2.896 8	−2.585 6	0.000 0
HL	$(c, t, 0)$	−4.602 2	−4.072 4	−3.464 9	−3.159 0	0.002 0
HS300	$(c, 0, 0)$	−8.069 2	−3.511 3	−2.896 8	−2.585 6	0.000 0
KGZB	$(c, t, 0)$	−6.862 4	−4.072 4	−3.464 9	−3.159 0	0.000 0

续表

序列	检验形式	T值	1%临界值	5%临界值	10%临界值	P值
LV	$(c, 0, 3)$	−6.567 2	−3.514 4	−2.898 1	−2.586 4	0.000 0
LC	$(c, 0, 0)$	−8.489 3	−3.511 3	−2.896 8	−2.585 6	0.000 0

注：检验形式中三个字符分别表示单位根检验中包含截距、时间趋势项，以及包含的滞后阶数，前两项中0表示不含有截距项或时间趋势项

由结果可知，在 5%的显著性水平上各组时间序列数据通过了平稳性检验

模型滞后阶数的选择。依据基准线性 VAR 模型，选定滞后阶数为 1 阶。相关指标信息如表 6.9 所示。

表 6.9　模型滞后阶数选择指标

Lag	LR	AIC	SC	HQ
0	NA	0.368 84	0.578 79	0.452 95
1	239.66	−1.766 15*	−0.086 54*	−1.093 24*
2	68.898 85*	−1.602 18	1.547 08	−0.340 49
3	45.704 87	−1.163 52	3.455 41	0.686 97
4	62.573 52	−1.174 48	4.914 10	1.264 79
5	41.883 24	−0.908 00	6.650 24	2.120 06

注：*为相应规则下的最优选择

Granger 因果检验。各变量相互之间进行 Granger 因果检验，如表 6.10 所示（仅列出拒绝不存在 Granger 因果关系的结果）。

表 6.10　Granger 因果检验

Null Hypothesis	Obs	F-statistic	Probability
HL does not Granger Cause BP500	83	0.212 4	0.646 2
BP500 does not Granger Cause HL		6.250 6	0.014 5
LV does not Granger Cause BP500	83	2.849 0	0.095 3
BP500 does not Granger Cause LV		16.461 2	0.000 1
HL does not Granger Cause CRB	83	4.512 7	0.036 7
CRB does not Granger Cause HL		13.279 3	0.000 5

续表

Null Hypothesis	Obs	*F*-statistic	Probability
LV does not Granger Cause CRB	83	0.609 5	0.437 3
CRB does not Granger Cause LV		6.048 7	0.016 1
KGZB does not Granger Cause HL	83	8.148 4	0.005 5
HL does not Granger Cause KGZB		6.460 0	0.013 0
LC does not Granger Cause HL	83	0.017 4	0.895 4
HL does not Granger Cause LC		6.886 8	0.010 4
LV does not Granger Cause KGZB	83	5.210 9	0.025 1
KGZB does not Granger Cause LV		7.794 8	0.006 6
LC does not Granger Cause KGZB	83	3.386 3	0.069 4
KGZB does not Granger Cause LC		0.403 7	0.527 0

结果表明美元利率变动预期、人民币对美元汇率变动预期、利差、美国标准普尔 500 指数、国际大宗原材料商品价格和短期跨国资本流动规模之间存在统计意义上的 Granger 因果关系,而作为经济发展指标的沪深 300 指数在统计意义上的因果关系并不明显,这可能是因为中国股市受游资投机行为影响较大,对实体经济的反应能力弱。

协整检验。为检验各变量之间是否存在长期稳定关系,还需要对变量进行协整检验,采取的方法为 Johansen 协整检验,结果如表 6.11 所示。

表 6.11　变量协整检验结果

原假设	特征值	迹统计量	5%临界值	*P* 值
$r \leqslant 0$	0.641 9	257.368 3	95.753 7	0.000 0
$r \leqslant 1$	0.527 1	173.153 9	69.818 9	0.000 0
$r \leqslant 2$	0.495 3	111.742 2	47.856 1	0.000 0
$r \leqslant 3$	0.389 0	55.668 1	29.797 1	0.000 0
$r \leqslant 4$	0.159 6	15.276 1	15.494 7	0.053 9

根据协整检验结果可知，相关变量之间存在长期协整关系。

2）模型选择

使用 MS-VAR 模型，需要首先确定区制个数。根据本节 2009 年 1 月至 2015 年 12 的研究周期，参考相应时期的外部金融政策环境，划分外部货币政策变动和平稳两大分析区间，模型 M 值为 2。

假定 MS-VAR 模型的区制个数为 $M\left(s_t \in \{1,2,\cdots,M\}\right)$，$y_t = (y_{1t}, y_{2t}, \cdots, y_{kt})$，对于滞后 p 阶的 MS-VAR（p）模型，其截距形式的表达式为

$$y_t = \upsilon(s_t) + A_1(s_t)(y_{t-1}) + \cdots + A_p(s_t)(y_{t-p}) + \mu_t, \quad \mu_t \sim \mathrm{NID}\left[0, \textstyle\sum(s_t)\right]$$

其中，s_t 是不可观察的区制变量。

滞后 p 阶的 MS-VAR（p）模型的均值形式的表达式为

$$y_t - \mu(s_t) = A_1\left[y_{t-1} - \mu(s_{t-1})\right] + \cdots + A_p\left[y_{t-p} - \mu(s_{t-p})\right] + \mu_t$$

其中，$\mu = \left(I_K - \sum_{j=1}^{p} A_j\right)^{-1}$；$\upsilon$ 是 $(K \times 1)$ 维 y_t 的均值。

从区制 i 到区制 j 的转换概率为

$$p_{ij} = \mathrm{pr}\left(s_{t+1} = j \,\middle|\, s_t = i\right), \quad \sum_{i,j}^{M} p_{ij} = 1, \quad \forall i,j \in \{1,2,\cdots,M\}$$

那么，转换概率矩阵可以写成：

$$\boldsymbol{p} = \begin{bmatrix} p_{11} & \cdots & p_{1M} \\ \vdots & & \vdots \\ P_{M1} & \cdots & P_{MM} \end{bmatrix}$$

其中，$\forall i \in \{1,2,\cdots,M\}$，$p_{i1} + p_{i2} + \cdots + p_{iM} = 1$。

综合本节研究背景和分区要求，结合相关指标结果：LL=25.042 2，AIC=1.107 4，HQ=1.938 7，SC=3.176 5，有 MSI（2）-VAR（1）模型的拟合效果较优，并且其似然比线性检验 LR 值对应的卡方统计量的 P 值为 0.001 6，即认为在 1%的显著性水平下拒绝线性模型的原假设，因此本节选取 MSI（2）-VAR（1）模型进行实证检验分析。

3）MSI（2）-VAR（1）模型的区制状态分析

运用 MSI（2）-VAR（1）模型进行实证分析，结合实际经济运行情况解释模型分区选择。

由图 6.9 可以发现，MSI（2）-VAR（1）模型的分区与短期跨国资本的流向较为契合。区制 1 内，短期跨国资本规模数据为负值，为短期跨国资本的流出时期；区制 2 内，短期跨国资本规模数据为正值，为短期跨国资本流动的流入时期。深层次地探究这一分区选择需要结合美元量化宽松政策变化，其情况如表 6.12 所示。

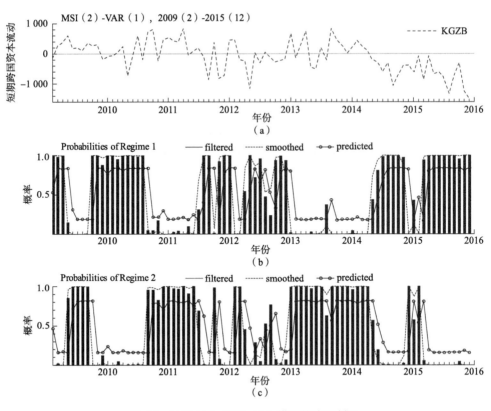

图 6.9　MSI（2）-VAR（1）模型的分区制图

表 6.12　美元量化宽松统计

时间	规模	内容
（1）2008 年 11 月 25 日	总计：17 250 亿美元	购买机构债券和 MBS，量化宽松政策的开始
（2）2010 年 11 月 4 日	总计：6 000 亿美元	仅购买美国国债
（3）2012 年 9 月 14 日	400 亿美元/月	维持 0~0.25% 超低利率，每月采购 400 亿美元的 MBS
（4）2012 年 12 月 13 日	850 亿美元/月	继续保持 0~0.25% 超低利率，每月增加采购 450 亿美元国债
（5）2014 年 1 月	750 亿美元/月	资产采购规模削减至每个月 750 亿美元。量化宽松货币政策开始进入退出过程
（6）2014 年 10 月	结束资产购买计划	美联储结束了为期六年的量化宽松政策，同时明确下一步政策重点将转向加息

资料来源：新浪财经网站

　　结合美元量化宽松政策的各个时间点可以看到，区制 1 处于外部货币政策较为稳定的时期，由于市场的修正预期，跨国资本呈现出一定程度的回流美国，而区制 2 处于外部货币政策变动节点的前后，是货币政策波动的时间段，在流动性泛滥的背景下，容易刺激跨国资本流入中国等新兴经济体。

表 6.13 为分区制变量标准差的估计结果。区制 1 内各变量的标准差相较区制 2 较小，这说明区制 1 内经济运行比较稳定，各变量值波动幅度较小，这也符合区制 1 和区制 2 对应的外部金融环境。两区制下变量的标准差结果验证了上述对于两区制经济状态划分的合理性，较好地拟合了研究样本时期内国际金融环境的状态。

表 6.13　分区制变量标准差统计表

参数	区制	BP500	CRB	HL	KGZB	LV	LC
SE 标准差	Regime 1	0.006 041	0.003 738	0.004 614	0.000 712	0.007 078	0.073 243
	Regime 2	0.006 067	0.004 046	0.005 030	0.001 048	0.007 134	0.076 066

表 6.14 给出了两区制的转换概率和两区制样本持续期及其概率。经济处在区制 1 的概率为 0.535 3，说明经济运行更多地处于外部货币政策的稳定时期。经济状态维持在区制 1 的概率为 0.842 1，且经济位于这个区制的时期较长，平均的持续时期为 6.33。这说明经济位于区制 1 这一状态具有很高的稳定性。同时，经济运行维持在本区制的概率较大，转换到其他区制的概率较小，一方面说明经济运行具有持续的惯性，倾向于维持原本的运行状态；另一方面也说明货币政策环境是一个受货币当局调控的外生变量，经济运行环境本身较难转换。

表 6.14　两区制统计表

区制	Regime 1	Regime 2	样本数	持续概率	样本划期
Regime 1	0.842 1	0.157 9	44.1	0.535 3	6.33
Regime 2	0.182 0	0.818 0	38.9	0.464 7	5.50

3. MSI（2）-VAR（1）模型的正交脉冲分析

基于 MSI（2）-VAR（1）模型，对相关变量进行正交脉冲分析。

短期跨国资本流动的脉冲响应结果如图 6.10 所示。

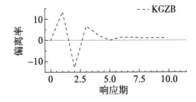

（a）中美利差冲击

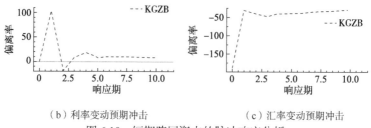

（b）利率变动预期冲击　　　　　　（c）汇率变动预期冲击

图6.10　短期跨国资本的脉冲响应分析

中美利差冲击对短期跨国资本流动有正向影响，即利差扩大会造成短期跨国资本的流入，这与跨国资本流动的传统理论相符合。另外，短期跨国资本流动规模随后出现了一个负向的调整并快速收敛，这符合命题6.2中美利差的自我调节存在逆向修正且收敛的假设。2008年金融危机后，美联储实行低利率政策，中美利差长期为正值，一旦利差扩大超过预期则会吸引短期跨国资本流入，同时在适应性预期的负向调整下，下一期的利差预期会变小，考虑到短期跨国资本投资的一系列成本，会出现短期跨国资本流出的现象。

美元利率变动预期对短期跨国资本流动有正向影响，并随后出现逆向的调整，且快速收敛。美元利率变动预期的扩大，最初使得短期跨国资本流入中国，这主要是因为美元利率变动预期的扩大意味着当期利率水平与远期利率水平的差距变大，即当期美元加息不足或者甚至出现了降息现象，使得当期短期跨国资本未能流向美国市场。在随后的时期，短期跨国资本受到了远小于前期的负向冲击，并快速收敛，主要是因为利率变动预期在适应性预期作用下逆向调整并满足收敛性，符合命题6.3。

汇率变动预期对短期跨国资本流动有负向的冲击，但迅速缩小。汇率贬值预期的扩大使得短期跨国资本流出，这主要是因为汇率变动预期的扩大意味着当期汇率水平与远期汇率水平的差距变大，即当期中美汇率的变动不足。考虑到预期升贴水与实际升贴水的差异，短期跨国资本流动规模出现了调整。在适应性预期修正下，这一冲击迅速缩小，符合命题6.4。同时冲击未能收敛，这与外部冲击下汇率波动持续偏离，无法自主回归均衡的判断6.5一致。

综合而言，由短期跨国资本流动对中美利差、利率变动预期和汇率变动预期冲击的响应可以判断三者的自我调整部分均满足适应性预期的修正调整判断。其中，美元利率变动预期和中美利差对短期跨国资本流动的影响在一定波动范围内收敛。考虑预期的汇率波动会持续偏离，其对短期跨国资本流动的影响更加强烈，长期内并不能收敛趋零。利率和汇率方面，预期值与实际值之间的差距造成了短期跨国资本流动的滞后调整。

利率变动预期和汇率变动预期的脉冲响应结果如图6.11所示。

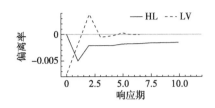

（a）短期跨国资本冲击

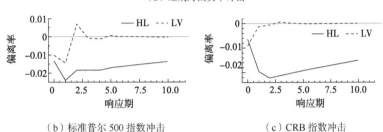

（b）标准普尔 500 指数冲击　　　　　（c）CRB 指数冲击

图 6.11　利率变动预期和汇率变动预期的脉冲响应分析

短期跨国资本的冲击对汇率变动预期有一个负向的冲击。短期跨国资本的流入代表市场对中国经济预期较好，人民币走强，未来的贬值预期收窄。美元利率变动预期方面，一单位短期跨国资本对美元利率变动有一个负向的冲击，随后转为正向。当期短期跨国资本流向中国市场，表明市场对美元预期不够坚挺，未来美元的加息预期降低，但短期跨国资本的流动影响名义利率，使得后期美元的加息预期增强。

综合而言，跨国资本流动不仅影响一国市场的货币供给，还代表市场对一国经济发展势头的预期。考虑到短期跨国资本流动时期短、流向灵活，以及货币当局可能进行的调控，短期跨国资本对货币供给的影响被严重削弱，从而其流向主要代表市场对各国经济发展的预期，以此对利率变动预期和汇率变动预期产生影响，因此未能完全体现出命题 6.1 的假设。

标准普尔 500 指数对数值的波动值 PB500 对美元利率变动预期有一个负向的冲击，随后转为正向，并收敛。这表明美国经济走强和市场避险需求的增强使得当期的美元加息超过预期，则美元利率变动预期的波动收窄，随后美元预期利率逆向修正，同时美国经济走强支撑美元强势，提升了美元的加息预期，因此冲击转为正向。

标准普尔 500 指数对数值的波动值 PB500 对汇率变动预期有负向的影响，并长期内无法收敛。这表明美国经济走强使得实际的美元当期升值或者人民币当期贬值超过预期，因此汇率变动预期收窄。同时，这一波动也体现了考虑预期的汇率波动本身具有泡沫放大效应，无法自主回归均衡汇率的判断 6.5。

从国际大宗原材料商品价格 CRB 指数波动率对利率变动预期和汇率变动预期

的冲击来看，首先，大宗商品价格的上涨带来通货膨胀压力，引起当期的美元利率上涨，变动预期收窄。其次，权衡抑制通货膨胀和避免经济再度陷入紧缩的制约，利率变动空间收窄，且快速收敛于零。

国际大宗原材料商品价格 CRB 指数波动率对汇率变动预期的冲击不收敛，符合汇率波动持续偏离，无法自主回归均衡汇率的判断 6.5。

中美利差的脉冲响应结果如图 6.12 所示。

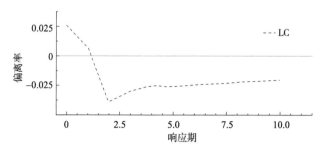

图 6.12　汇率变动预期对利差的正交脉冲分析

汇率变动预期的冲击对利差有正向影响，随后转为负向并收敛。在经济完全开放假设下讨论修正的利差决定模型：$i_t - i_t^* = i_{t-1}^* + \tilde{e}_t + \tilde{i}_t^* - i_t^* = \tilde{e}_t + \tilde{i}_t^* - \left(i_t^* - i_{t-1}^*\right)$，利差受汇率变动预期、利率变动预期和国外利率实际波动的影响。汇率变动预期的扩大使得利差扩大，随后在利差适应性预期自我调整和国外利率波动的影响下，利差出现逆向调整并在一定范围内收敛。在美元加息的背景下，美元的实际利率变动可能会超过美元利率变动预期，即 $i_t^* - i_{t-1}^* > \tilde{i}_t^*$，从而出现利差收窄的现象。在美元加息的巨大压力下，传统的无风险套利模型不再成立，需要引入利率变动预期变量修正为 $i_t = i_{t-1}^* + \tilde{e}_t + \tilde{i}_t^*$。

6.2.5　结论

本节基于 2009 年 1 月至 2015 年 12 月的相关数据构建 MSI（2）-VAR（1）实证模型，分析美元加息、人民币汇率波动与短期跨国资本流动的相互影响。本节将样本时期划分为外部货币政策稳定和波动两个独立的区制后进行回归分析并得到相关变量的正交脉冲响应结果，相关具体结论如下。

（1）美元加息政策动机明确，时点有迹可循。美国自身经济情况是美元加息的决定因素，抑制通货膨胀和调控跨国资本流动是美元利率变动的重要动机，同时需要兼顾避免经济再度陷入紧缩的制约。虽然加息是美联储控制外生货币的政策之一，但是在经济复苏势头良好、抑制本国通货膨胀和满足跨国资本流动及其避险需求等动机的驱使下，美元的加息预期将会增强。反之，美元也可能中止加息。

（2）市场预期是影响传导的主要途径，汇率变动预期对我国短期跨国资本流动的影响较利率因素更加突出。此轮美元加息周期中，中美利差、美元利率变动预期和汇率变动预期成为我国短期跨国资本流动的主要影响因素。利差和利率变动预期对短期跨国资本流动的冲击具有收敛性，只有加息周期内长期持续的美元加息预期才能对短期跨国资本流动产生显著影响。汇率波动容易泡沫化，汇率变动预期对短期跨国资本流动影响持久且不收敛，偶然的汇率波动就能够持续影响短期跨国资本流动。总体而言，美元单方面加息无法自主实现均衡，需要依赖货币当局的积极管理以维护我国短期跨国资本流动的平稳。

（3）美元加息压力下利率因素对汇率水平影响增强，人民币汇率风险暴露。强烈的美元加息压力增强了利率与汇率间的平价联系，美元单方面加息的压力要求引入利率变动预期变量将传统无风险套利模型修正为 $i_t = i_{t-1}^* + \tilde{e}_t + \tilde{i}_t^*$。同时，美元加息对人民币对美元汇率变动预期具有长期影响且不收敛，极可能引起浮动汇率持续失衡，造成我国短期跨国资本的大规模流出甚至诱发金融危机。

（4）影响汇率变动预期与影响利率变动预期的因素不同。短期跨国资本流动引起的货币供给量的变化主要对利率变动预期产生影响，而汇率变动预期的波动主要依据市场对各国经济走势的预期判断。

此轮美元加息对全球金融形势具有较强的外溢性，为了应对加息压力，我国可以采取以下措施：①分析加息共性，关注政策变化时点。虽然美元加息是外生的货币政策影响，但是历次美元加息周期对国际金融环境的影响过程相似。货币当局应当紧密关注此轮美元加息的进展，在政策变化的关键时点采取调节货币供应量等措施，指导市场提前释放美元加息压力。②依照影响特征分类监管，明确管理重点。中美利差和利率变动预期对我国短期跨国资本流动的影响具有收敛性，而汇率变动预期的影响持久且不收敛。从影响大小的角度，要求货币当局重点关注汇率水平的偏离情况，兼顾监测利率的长期变化趋势，以减少我国短期跨国资本流动受到的冲击。③重视预期影响，引导市场形成合理预期，掌握我国短期跨国资本流动管理的主动权。此轮美元加息主要通过市场预期途径迫使我国短期跨国资本流动被动遭受外部冲击。为了重新掌握我国短期跨国资本流动管理的主动权，政府应当重视预期影响，通过政策调控引导市场形成合理预期以缓解美元加息对我国短期跨国资本流动的冲击并发挥逆向修正的调节能力。④积极管理汇率，以经济发展促汇率稳定。市场对经济发展势头的预期是汇率变动预期的主要影响因素，保持汇率稳定依赖本国经济的良好发展。另外，预期的利率变化影响汇率水平，美元加息冲击使得汇率持续偏差，且无法自主实现均衡。这要求货币当局与时俱进，以修正的无风险套利模型：$i_t = i_{t-1}^* + \tilde{e}_t + \tilde{i}_t^*$ 作为在新形势下实施管理的指导和理论依据之一。

6.3 货币、资本循环与金融安全：基于货币政策冲击视角

6.3.1 引言

20世纪70年代以来，热情高涨的金融创新和逐利动机显著提高了外部货币政策的冲击力，借助规模和速度不断提升的跨国资本途径，逐步失控的货币和流动性冲击大大增加了金融危机爆发的概率，威胁世界经济发展。尤其是在全球金融危机和欧洲主权债务危机期间，流动性失衡和资产价格波动给全球经济和金融安全环境造成的冲击时至今日尚未得到有效恢复。此后，以美国为首的发达经济体推出一系列非常规货币政策，凭借国际本位制货币地位，在全球范围内引导跨国资本循环，转移系统性风险，一定程度上加剧了世界经济形势的动荡。在当前微观金融创新和宏观国际金融格局持续变革的背景下，金融体系的影响力已经渗入社会各个部门，全球资本流动的规模、速度及其变化的突然性大大提高，冲击的影响力和范围显著增强，这使得维护金融系统安全成为保障宏观经济稳定的重要环节。

习近平总书记指出，金融安全是国家安全的重要组成部分。当前，在供给侧结构性改革、去杠杆和资产价格去泡沫化进程的稳步推动下，我国金融机构的稳健性不断提升，金融安全总体情况逐步改善。但是在国际金融、贸易环境错综复杂，我国稳步推动"双循环"发展格局之际，来自于内外部的金融冲击仍然使得金融安全管理面临较为严峻的形势，而我国参与全球治理的布局和行动同样需要金融安全保驾护航。因此，金融安全问题近年来已经成为国家安全和国家战略布局的重中之重。

随着货币信用体系、资本循环和资产价格水平的联系越加紧密，一旦外部货币政策通过跨国资本循环途径引发货币和流动性冲击，长期在开放、自由金融环境下运行的货币市场和资产价格体系将极可能发生崩溃，从而引起币值和资产价格的极端变化，最终触发金融安全风险。单就我国而言，2008年金融危机至今，我国金融市场已经持续经历了反复震荡的多重冲击。例如，2006~2007年上证综指大幅上涨400%，一度引发我国股市是否存在泡沫的争论。又如，2014年6月

到 2015 年 6 月中国股市上涨近 160%，随后上证指数从最高点 5 178 一路暴跌，市场流动性的骤变引发"千股跌停"的极端股灾。再如，中国房地产市场于 2016 年暴涨，最终迫使国家出台"史上最严限购令"，以及悬而未决的中美贸易争端和"汇率操纵国"指控，给我国宏观经济发展带来了持续的负面影响。由宏观金融调控的经验可知，稳定的信用货币价值体系和平稳适度的资产价格变化可以调节市场资金流向以保障市场繁荣；而失控的货币价值基础和急促剧烈的资产价格波动则可能引发市场恐慌和流动性危机等极端情况，最终触发系统性金融风险并引起市场崩溃。

有鉴于此，本节将以跨国资本循环为切入点，基于国际美元信用体系的现实背景，研究外部货币政策调整对币值稳定和资产价格波动等金融安全状况的冲击效应，并试图厘清美元本位制下开放经济体的风险传导机制。结构安排如下：6.3.2节为文献综述；6.3.3 节为理论基础；6.3.4 节为研究设计；6.3.5 节为实证结果分析；6.3.6 节是研究结论与建议。

6.3.2　文献综述

1. 金融安全的定义

金融安全的本质目标是维护金融稳定，这一领域的研究起源于早期对"金融体系风险状况"的探讨。Knight（1921）最初从"不确定性"的角度阐述金融风险，这一思路一直延续至今。虽然宏观体系中的系统性风险概念在 20 世纪 70 年代就已经出现在国际清算银行的金融监管文件中，但是当前学术界尚未形成对系统性金融风险的权威定义。已有文献中，具有代表性的定义方法和研究视角大致有四类：一是从危害范围与程度的大小定义，强调对银行及金融体系造成不利影响的程度与可能性；二是从风险传染的角度定义，强调基于微观直接传染角度（以资产负债表关联、经济基本面关联为纽带）及微观间接传染角度（心理因素、信息溢出等）分析系统性风险的传播；三是从金融功能的角度定义，重点突出不利事件造成金融市场信息阻断、融资功能丧失从而影响金融体系整体功能发挥的可能性；四是从对实体经济的影响定义，立足系统性金融风险的负外部性，重点强调风险对实体经济的破坏。

随着宏观经济和金融体系的持续复杂化、脆弱化，系统性风险的演化日益复杂，已经成为国家金融安全中不可回避的重点。2007 年美国次贷危机后，关于系统性金融风险生成机制和影响效应的相关研究不断丰富，已有学者将系统性金融风险从银行系统扩展到整个宏微观金融体系中，认为市场一体化和多元化发展产生的周期性结构是导致金融不稳定的可能原因，金融系统风险的发生将会威胁金融系统的稳定和公众对市场的信心。我国学者结合本国金融发展现状和经济状况，也在不断丰富我国金融安全内涵。在金融市场开放早期，我国金融市场结构相对简单，经济目标单一，金融安全主要是维护金融市场稳定、金融体系正常运转和抵御冲击。此后，随着金融市场的进一步发展和开放，梁勇（1999）立足发展中国家角度，认为金融安全是对"核心金融价值"的维护，其"核心金融价值"包括"金融核心价值""国家核心价值""国际核心价值"三方面。李翀（2000）认为国家金融安全问题产生的客观基础是国际资本流动的自由化和各国金融市场的迅速发展。随着金融市场的开放发展和金融改革的深入，我国金融安全涉及的领域和内涵快速扩展，逐步具备了兼顾防范系统性风险和实现金融功能的特征，国家利益最大化与金融安全概念正在有机结合。

综上，我们界定本节的国家金融安全概念为国家金融体系的安全，主要包括防范金融风险和维护"金融主权"两方面。当前，国际经济形势的变幻莫测、贸易保护主义的兴起等外部因素冲击我国的金融发展，干扰了我国的杠杆结构调整、地方债务延续和房价调控等金融改革历程，并对我国的金融安全问题发起了更多的挑战。为了实现国家金融安全中防范金融风险和维护"金融主权"的两大目标，我们进一步将国家金融安全具体划分为三个部分：①货币安全：币值稳定以支撑人民币国际化；②金融机构安全：金融机构的平稳运营；③金融市场安全：货币市场、债券市场、股票市场、房地产市场和外汇市场等处于安全状态，如图6.13所示。

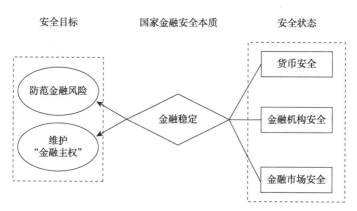

图6.13　国家金融安全内涵图

2. 金融安全的影响因素

随着中国金融业在由传统金融向新金融转型进程中的不断开放，国家金融安全状况与日益复杂的国内外金融、经济和政治环境的联系更加紧密。在系统性金融风险和金融安全的冲击研究方面，李玉龙（2019）认为"金融加速器"机制使得债务风险和金融风险相互强化。杨子晖等（2020）认为股票市场和外汇市场分别是风险的主要输出方和接受者，美国资本市场和经济政策的不确定性是引发全球金融市场震荡的重要因素。戴淑庚和余博（2020）认为风险应依照经济增长阶段进行判断，资本账户开放对系统性金融风险的影响具有时变特征，而短期资本流动则展现出持续的危害性。在金融服务业对外开放、主权货币国际化、金融深化等长期改革和国际贸易争端、金融制裁和金融危机等骤发性冲突事件中，我们可以明显看到外部金融势力对一国宏观金融状况的冲击影响。

当前，我国金融监管体系相对滞后，日益复杂的外部金融环境和较为脆弱的金融基础放大了市场流动性和币值稳定等迫在眉睫的现实冲击，造成市场流动性失衡、资产价格波动和币值不稳等宏观金融顽疾，使得金融风险难以得到有效化解，从而亟须我们针对这一困境厘清金融安全的冲击要素。

6.3.3　理论分析

由金融安全的历史演进与相关国际经验可知，货币及其信用体系始终是金融运行的原动力，其所创造的流动性是金融衍生体系构建的基础，也是国家金融安全的关键所在。有鉴于此，各经济体大都将稳定主权货币币值、提升货币国际地位和获取"货币霸权"作为扩充金融实力和维护国家金融安全的主要内容。从经济角度来看，稳定的货币体系是保障金融机构和金融市场平稳运行，促进国内经济发展和扩大对外经济影响力的基础。从国家层面看，主权货币本身就是国家权力的象征，其强势程度代表着一个国家的国际地位和攫取金融资源的能力。立足金融体系本身，随着金融行业的高速发展，信用货币体系及其流动性的扩张对国家金融安全的冲击与日俱增。

1. 货币冲击：美元本位制、货币循环与币值稳定

强大的主权货币是金融大国的"立国之本"，货币的崛起是经济发达程度和国家地位的重要标志。在石油经济的"软挂钩"下，缺乏约束的美元信用资本循环开始脱离生产、流通和消费构成的实体经济环节，在国家意志和逐利动机的驱动下隐性超发并逐步化身为国际"热钱"以攫取国际金融资产。美元循环问题的理论基础是货币循环理论，国家间的贸易往来和资本流动是实现货币循环的主要途径。最初的货币循环起源于商品的生产交易领域，而现代货币循环理论重点关注货币在经济循环中的作用。简练和陈硕颖（2017）认为通过国际贸易和跨国资本市场建立的货币循环关系极度脆弱，非世界货币发行国需要建立"外汇储备支持下的海外经济循环"，以剥离冲击和干扰。当前，美元凭借其国际本位制货币地位，

通过资本项目渠道在全球范围内实现规模庞大、路径复杂的货币循环，大量的美元循环以跨国资本流动的形式存在，并最终构筑全球范围内的"美元经济"体系。通畅的美元循环有利于世界经济的平稳运行和发展，而美元循环不畅则使资源无法得到有效配置，造成世界经济失衡。

一方面，作为美元循环冲击宏观经济的主要载体，当前美元信用体系下，跨国资本流动与汇率波动、利差和资产价格波动的联系日趋紧密，并承受金融危机等极端事件的突发冲击，而在后金融危机时代的美元主导的非常规货币政策连带加息预期等也成为影响跨国资本流动的新因素，共同冲击他国利率和汇率水平。以考虑预期因素下的利率和汇率变化为例：

$$i_t^d = r_t^d + \pi_t^e \qquad (6.35)$$

预期合理的名义利率 i_t^d 等于合理的预期实际利率 r_t^d 加预期的通货膨胀率 π_t^e。基于预期合理的名义利率 i_t^d 的实际名义利率 i_t 的调节机制受到市场摩擦以及当期的实际货币供给与货币需求的影响，其反应方程为

$$i_t - i_{t-1} = \omega_1\left(i_t^d - i_{t-1}\right) - \omega_3\left(\frac{M_s}{P} - \frac{M_D}{P}\right)_t \qquad (6.36)$$

其中，i_{t-1} 是前一期的实际名义利率；M_s、M_D 分别是当期的实际货币供给和货币需求；ω_1、ω_3 是待估计系数。货币供给量作为外生变量，基础货币 $M_s = \theta M_B$，θ 是货币乘数。定义基础货币 $M_B = \mathrm{DC} + \mathrm{CF}$，其中 CF 为跨国资本流动，DC 为除去跨国资本流动后投入国内市场的货币流动性，则利率的反应方程为

$$i_t = \omega_1 i_t^d + \omega_2 i_{t-1} - \omega_3\left[\frac{\theta(\mathrm{DC} + \mathrm{CF})}{P} - \frac{M_D}{P}\right]_t \qquad (6.37)$$

其中，$\omega_2 = 1 - \omega_1$，$\dfrac{\partial i}{\partial \mathrm{CF}} = -\omega_3\theta$。在汇率的不稳定特征方面，基于通货膨胀理论，建立国内市场的货币供应量、物价水平和产出的关系方程：

$$m_t - p_t = \phi y_t - \gamma\left(p_{t+1} - p_t\right) \qquad (6.38)$$

货币供应量 $m = \ln M$，物价水平变量 $p = \ln P$，产出变量 $y = \ln Y$，其中 ϕ 为货币需求的收入弹性，系数 γ 为包含利率因素的弹性系数。在长期有近似值：

$$P_t = \frac{1}{1+\gamma}\sum_{j=0}^{\infty}\left(\frac{\gamma}{1+\gamma}\right)^j m_{t+j} - \frac{\phi}{1+\gamma}\sum_{j=0}^{\infty}\left(\frac{\gamma}{1+\gamma}\right)^j y_{t+j} \qquad (6.39)$$

假定国内外货币市场需求形势相同，则国外市场为

$$m_t^* - p_t^* = \phi y_t^* - \gamma\left(p_{t+1}^* - p_t^*\right) \qquad (6.40)$$

考虑货币供应量的预期变动和一价定律可推得

$$e_t = P_t - P_t^* = \frac{1}{1+\gamma}\sum_{j=0}^{\infty}\left(\frac{\gamma}{1+\gamma}\right)^j\left(m_{t+j} - m_{t+j}^*\right) - \frac{\phi}{1+\gamma}\sum_{j=0}^{\infty}\left(\frac{\gamma}{1+\gamma}\right)^j\left(y_{t+j} - y_{t+j}^*\right) \quad (6.41)$$

在信息完全对称的理想状态下可进一步得到：

$$e_t = \frac{1}{1+\gamma}\sum_{j=0}^{\infty}\left(\frac{\gamma}{1+\gamma}\right)^j E_t\left(m_{t+j} - m_{t+j}^*\right) - \frac{\phi}{1+\gamma}\sum_{j=0}^{\infty}\left(\frac{\gamma}{1+\gamma}\right)^j E_t\left(y_{t+j} - y_{t+j}^*\right) \quad (6.42)$$

当期的汇率是预期的国内外货币供给差和收入水平差的贴现值，考虑到货币供给方程：$M_s = \theta M_B = \theta(\mathrm{DC}+\mathrm{CF})$，则跨国资本流动通过货币供给途径影响汇率波动。

综上所述，跨国资本循环增加了利率和汇率水平的不稳定性，特别是预期影响下的货币币值持续偏离冲击了购买力稳定，进一步放大了资产价格的波动。

另一方面，通畅的资本循环途径和稳健的货币政策将是资本循环的关键，然而美元国际本位制本身具有不可调和的缺陷。首先，虽然凭借国际本位制货币地位，美国实现了产业链的全球优化配置、金融帝国的全球扩张和世界财富的攫取，但同时也暴露出其在货币机制、汇率安排机制、国际收支调节机制等方面的内在矛盾，缺少布雷顿森林体系约束的美元环流造成全球经济失衡，是金融危机爆发的根源之一。其次，美元地位的不稳定使得多国经济活动因为严重依赖单一美元而陷入金融困局，而"特里芬"悖论和"利率调控目标"的不统一，更是加剧了美元国际本位制的脆弱性。

为了应对 2008 年爆发的金融危机，美联储利用量化宽松措施，刺激本国经济的同时向全球转移系统性风险。国际贸易领域，美国多次通过单方面的关税壁垒、贸易配额和汇率手段调整其认定的失衡贸易；资本市场领域，美国凭借美元的世界货币优势，借助发达的金融市场和庞大的经济规模，通过美元的汇率政策和利率政策操纵全球资金流向。总体而言，美国拥有国际本位制货币的优势，可以通过信用扩张和迁移在全球范围内管控风险与机遇，具有较大的回旋余地，其借助跨国资本循环转移系统性风险的行为常常给世界带来较大的动荡。考虑到美元的国际本位制货币地位，本节将基于中美间汇率和利率变化测度人民币的跨境贬值损失，以刻画人民币币值和货币市场波动，反映人民币的金融主权实力。同时，将在实证分析中引入美联储货币政策调整和跨国资本循环规模变化。

2. 价格冲击：资产价格波动与系统性金融风险

价格机制通常被认为是现代市场中的基本机制，是市场机制中最敏感、最有效的核心调节机制，是在竞争过程中与供求相互联系、相互制约的市场价格的形成和运行机制。美联储的金融稳定监测框架表明市场流动性波动和资产估值误差会冲击资产价格水平，并最终影响市场价格机制。

价格机制功能的发挥依赖价格波动对市场信息高效合理的反应。当前的商品金融化进程使得传统商品的价格形成机制和现代微观金融市场的金融资产定价机制相互贯通，市场均衡价格的形成受到传统商品和金融资产的双重属性影响。供求关系、金融脆弱性、金融自由化、技术革新、流动性冲击和风险溢价等多重因素使得资产价格波动更加复杂，极易出现失衡而破坏市场正常的价格机制。自"债务-通缩"理论首次将资产价格与金融风险直接联系以来，越来越多的研究开始借助模型探讨资产价格对系统性金融风险的长期非线性影响以及引发和放大作用，并得到了来自股票市场的实证验证。总体而言，由于价格机制的失灵，资产价格的过度繁荣会增加系统性金融风险发生的可能性，并破坏金融安全状态。

从资产收益率角度简化投资者行为，假设资产价格的预期上涨将吸引投资者购入资产，而价格预期下跌则会迫使投资者出售资产。当资产价格变化超过合理预期时，则可能会引起价格变化与市场预期之间跨期的"螺旋式"协同变化趋势，从而可能造成系统性金融风险的积聚爆发。为刻画考虑预期因素下的资产价格变化轨迹，我们引入了适应性预期调整模型：

$$X_t^e = X_{t-1}^e + \beta\left(X_{t-1} - X_{t-1}^e\right)\begin{cases} \beta > 1, & X_t^e > X_{t-1}, \text{ 正向调整} \\ \beta = 1, & X_t^e = X_{t-1} \\ \beta < 1, & X_t^e < X_{t-1}, \text{ 逆向调整} \end{cases} \quad (6.43)$$

β 为适应性系数，决定了预期对过去的误差进行调整的速度和方向，有市场预期的扩展式：

$$X_t^e = (1-\beta)^{t-1} X_1^e + \sum_{n=0}^{t-2}(1-\beta)^n \beta X_{t-n-1} \quad (6.44)$$

为了符合信息传递在时间维度上的有效性衰减特征，预期权重 $\sum_{n=0}^{t-2}(1-\beta)^n$ 应当随调整期限 n 的增加而减小，即距 t 期越接近的实际值对 X_t^e 的影响越大，此时需满足条件 $\beta \in (0,2)$。进一步地，我们定义资产价格变化的预期升贴水：

$$\Delta \hat{X}_t = X_t^e - X_{t-1} \quad (6.45)$$

考虑资产价格变化路径，定义实际资产价格的持续的、单向的波动为典型的"螺旋"形价格变化。基于 $X_t^e = X_{t-1}^e + \beta\left(X_{t-1} - X_{t-1}^e\right)$ 预期调整方程，有

$$X_t^e - X_{t-1} = (\beta-1)\left(X_{t-1} - X_{t-1}^e\right) \quad (6.46)$$

有 $\beta-1 = \dfrac{X_t^e - X_{t-1}}{X_{t-1} - X_{t-1}^e}$。当 $\beta > 1$ 时，出现 $X_t > X_t^e > X_{t-1} > X_{t-1}^e$ 或 $X_{t-1}^e > X_{t-1} > X_t^e > X_t$ 的资产价格"螺旋"变化的不稳定状况。进一步在 $\beta \in (0,1)$ 范围内对资产价格的平稳性进行讨论：首先，基于式（6.46）依然可能出现 $X_{t-1} < X_{t-1}^e < X_t < X_t^e$ 或 $X_t^e < X_t < X_{t-1}^e < X_{t-1}$ 的资产价格"螺旋"变化；其次，假设当资产价格超过预

期水平急剧波动时，即 $X_{t-1} \gg X_{t-1}^e$ 或 $X_{t-1} \ll X_{t-1}^e$，预期公式倾向于基于 X_{t-1} 直接调整：

$$\dot{X}_t^e = X_{t-1} + \alpha\left(X_{t-1} - \dot{X}_{t-1}^e\right) \tag{6.47}$$

同理，有展开式：

$$\dot{X}_t^e = (1+\alpha)\sum_{n=0}^{t-1}(-\alpha)^n X_{t-n-1} \tag{6.48}$$

正常状态下，预期调整系数有 $\alpha \in (-1,1)$，定义此时的升贴水有

$$\Delta\hat{\dot{X}}_t = \dot{X}_t^e - X_{t-1} \tag{6.49}$$

当 $\alpha > \beta - 1$ 时，则 $\Delta\hat{\dot{X}}_t > \Delta\hat{X}_t$，资产价格的预期升水扩大。价格剧烈波动下的预期修正的调整系数会变大，即 $\alpha > \beta$，则资产价格的预期升水将会进一步扩大。在剧烈资产价格波动下，调整系数的取值范围为 $\alpha \in (\beta,1)$，且 $\beta \in (0,1)$。此时，在 $X_{t-1} > X_{t-1}^e$ 的价格超预期波动的极端情况下，资产价格变化的预期升贴水已经进一步扩大，形成价格加速增长的预期。

通过对考虑预期的资产价格变化趋势的讨论可知，自稳定调节机制的缺乏是资产价格频繁失控的根本原因之一。具体而言，资产价格极易偏离的脆弱性解释了市场上"哄抢"、"追涨杀跌"、"羊群效应"、抛售、违约、被动清算等恐慌性行为的传染性冲击。资产价格超出市场预期的上涨吸引投资者的追涨行为，继续推动资产价格趋向难以稳定的高位；而资产价格的逆折暴跌则更是会造成市场的"恐慌性"抛售。这些都是资产价格引发系统性金融风险的重要原因和可能途径，本节将以资产价格波动为基础构建金融安全指数，以反映系统性金融风险状况。

随着金融功能的深化，金融体系配置社会资源的功能进一步增强，国家金融安全作为一国宏观层面的核心公共产品，需要依赖国家多部门之间的强力措施和协调监控才能实现长期稳定。立足宏观发展视角，实现国家金融安全需要首先确保以利率、汇率、股价等金融资产价格为核心的货币市场、外汇市场和资本市场稳定，同时在内外机制交互影响的金融活动中加强对金融机构的监测、预警、监管，并在协调金融系统内外部矛盾的基础上，最大化国家整体利益并争取最优的国际金融安全环境。图 6.14 反映了国家金融安全影响途径，基于以上分析，结合金融安全的防范金融风险和维护"金融主权"两大目标，立足当前美元主导的全球货币信用体系现状，本节接下来的实证分析主要分为两个部分：第一，考虑货币冲击和价格冲击影响，测度金融压力指数、人民币跨境贬值损失和金融主权指数以反映系统性金融风险和人民币金融主权；第二，借鉴货币循环理论，分别引入美联储货币政策调整变量和跨国资本循环规模变量，从国内外金融环境交互影响的角度探究外生流动性对一国宏观金融安全状况的冲击效应。

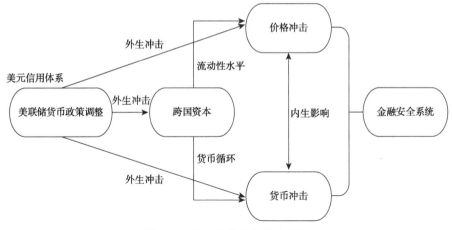

图 6.14 国家金融安全影响途径

6.3.4 研究设计

1. 数据说明与变量测度

1）资本循环规模

跨国资本的组成复杂，规模和流向变化较快，已有研究认为包含"热钱"在内的短期跨国资本循环与汇率、利率和资产价格等因素的联系最为紧密。随着国际金融市场上衍生产品的不断推出，跨国资本流动的渠道增多，出现了一些不易测算的隐性渠道。综合考虑结汇制度改革[①]、隐性渠道和灰色渠道，如"进出口伪报"、"货币走私"和"地下钱庄"等影响，本节选用间接法进行月度高频数据的估算，并将包含"热钱"的短期跨国资本循环规模的测算公式修正为外汇储备的变动量与正常的贸易差额、FDI 的差值，则短期跨国资本循环规模（CAP）测算公式如下：

短期跨国资本循环规模（CAP）=外汇储备变动量−当期贸易差额−当期 FDI

(6.50)

在本节模型中，短期跨国循环资本的流入为正值，流出为负值。

2）美联储货币政策

由上述分析可知，国际本位制和全球流动性是美元循环影响力的根源，而美联储的货币政策宽松程度则是对全球流动性水平的直接影响。自 2008 年金融危机

---

① 1994 年中国外汇管理体制改革，建立了"强制结汇"制度，要求中央银行作为市场上接盘者，卖出人民币买入外汇以积累国家外汇储备。随着外汇市场改革进程的发展，2008 年推出的修订后的《中华人民共和国外汇管理条例》规定，企业经常项目外汇收入可以自行保留或者卖给银行。进一步地，2011 年起，企业出口收入可以存放境外，无须调回境内，强制结售汇制度彻底终结。

之后，美联储的主要货币政策调整如表 6.12 所示。

虽然美联储在 2014 年 10 月宣布退出量化宽松政策并转入加息周期，但是作为国际主要结算货币，为了维持国际化地位和避免陷入"特里芬"难题，美元将不可避免地持续实行流动性规模调整。立足美联储资产负债表调整的角度，本节选取美联储资产负债表规模变动量与当月工业产出之比作为美联储货币政策宽松程度变量（QE），反映美元对全球流动性水平的直接影响。QE 数值为正表示美联储扩张美元流动性规模，为负意味着缩减美元流动性规模。

3）金融压力指数

广义的金融安全内涵广泛，涉及社会的方方面面，其中实现金融安全的基本任务就是维护金融市场的稳定，杜绝系统性金融风险的爆发。亚洲金融危机之后，针对系统性金融风险的集聚性、隐蔽性和外溢性等特征，综合指标法在系统性金融风险测度领域崭露头角，并在 2008 年金融危机之后得到进一步扩展和推广，其中最具代表性的指标为金融压力指数。有鉴于此，本节从系统性金融风险的作用结果入手，立足资产分类和时间区制的分析思路，构建以滚动宽窗内的资产价格信息为基础的、反映市场价格波动、避险动机和流动性状况的金融压力指数，以反映系统性金融风险状况。基于上述界定的国家金融安全的货币安全、金融机构安全和金融市场安全的状态。本节构建的金融压力指数（FSI）的具体指标如表 6.15 所示。

表 6.15　金融压力指数指标

指标维度	指标编号	指标名称	计算方法
货币	X1.1.1	泰德利差	3 月期银行同业拆借利率与国债到期收益率的利差，以当前利差除以一年滚动时间窗口的最小值
	X1.1.2	贷款利率变化	以当前一年期贷款利率除以一年滚动时间窗口最小值
股票	X1.2.1	股票市场负收益	以当前股票指数除以一年滚动窗口最大值的相反数
	X1.2.2	股票市场波动	基于股票指数增长率的 EGARCH（1，1）建模得到时变方差，并以当前值除以一年滚动时间窗口的最小值
债券	X1.3.1	中债综合指数负收益	以当前指数除以一年滚动时间窗口最大值的相反数
	X1.3.2	债市利差	6 个月中债企业债（AAA）与国债到期收益的利差，以当前利差除以一年滚动时间窗口的最小值
房地产	X1.4.1	房价变化	以当前房地产市场单价（季节调整数据）除以一年滚动窗口最大值的相反数
	X1.4.2	房价月收入比	房地产市场单价与城镇居民可支配收入之比，并以当前数值除以一年滚动时间窗口的最小值
	X1.4.3	房价增长率的波动	房地产市场单位价格进行 GARCH（1，1）建模的时变方差，当前方差除以一年滚动时间窗口最小值

续表

指标维度	指标编号	指标名称	计算方法
外汇	X1.5.1	货币贬值变量	直接标价法下，取当前汇率值除以一年滚动时间窗口最小值
	X1.5.2	币值变化率的波动	$100*\ln(Pt/Pt-1)$ 后取 GARCH（1，1）建模，以当前时变方差除以一年滚动时间窗口最小值

参考陶玲和朱迎（2016）的研究，依照指标之间的相关性进行赋权以合成综合指数。若某个指标与其他所有指标的相关性弱，则说明该指标的独立性较强，应赋予该指标较大的权重，反之亦反。进一步地，分别设定一个历史均值浮动 1 倍标准差和 1.5 倍标准差的警戒线和危机线，将系统性金融风险范围划分为"安全"区、"警戒"区和"爆发"区。系统性金融风险趋势图（图 6.15）如下。

图 6.15　系统性金融风险趋势图

由图 6.15 可知，基于资产价格波动和市场流动性水平的压力指数较好地拟合了系统性金融风险状况。2008 年金融危机爆发后，世界经济形势陷入低谷，在较长一段时间内复苏乏力。市场恐慌情绪下，投资者避险动机提升，大量资本从实体经济和房地产市场抽逃入国债市场，引起市场流动性水平动荡和资产价格波动，压力指数分别在 2010 年 6 月和 2011 年 4 月达到危机值域，系统性金融风险累积。美联储于 2014 年 10 月退出量化宽松政策，市场加息预期骤增，实体经济复苏乏力迫使市场寻找投资"热点"，此后 2015 年 1 月至 2015 年 6 月的股票市场行情"火爆"使得价格压力剧增，系统性金融风险达到峰值，并随后陷入"千股跌停"的股灾。2017 年 4 月，房地产市场持续泡沫化，被迫借助全面限购政策缓解房价暴涨引发的系统性金融风险。2020 年开始，受疫情影响，金融系统压力逐步上升，并一度触及警戒线。

综上所述，本节构建的压力指数较好地反映了资产价格波动和流动性水平对金融市场的冲击，并兼顾投资者的避险动机，能够充分反映系统性金融风险状况。

4）人民币贬值损失风险

2008 年金融危机后，随着各国非常规货币政策的陆续推出，外生流动性与利率、汇率水平三者之间的联系更加紧密，冲击影响更加频繁（朱孟楠和刘林，2010）。考虑到开放经济体特征，币值稳定正成为系统性金融风险的主要组成部分之一。借鉴利率和汇率的抛补利率平价理论，本节基于利率比价收益和汇率市场收益构建跨市场的 Copula-GARCH-VaR 模型，以测度人民币潜在的跨境贬值损失风险，反映人民币的币值稳定性。首先，确定边际分布，以一单位人民币为基准计算利率比价和汇率比价的收益率，汇率市场收益 $R_e = -100 \cdot \ln\left(P_t / P_{t-1}\right)$，$P_t$ 为直接标价法下人民币对美元汇率；利率比价收益 $R_r = 100 \cdot \ln\left[\left(1 + \text{Shibor}\right) / \left(1 + \text{Libor}\right)\right]$，Shibor 和 Libor 分别为七天期的上海银行间同业拆放利率和伦敦银行间同业拆借利率。其次，GARCH 模型可以准确模拟时间序列变量的波动性变化，被广泛用于金融市场价格的波动性研究。进一步地，高斯 Copula 函数应用于金融领域可以更好地描述投资组合的相依结构，弥补传统分位数回归只能测度线性溢出关系的缺陷。最后，利用 VaR 方法计算金融产品在一段时间内在一定置信度下可能会产生的最大损失，在给定置信水平 α 下，有 $\Pr\left(\Delta P \leqslant \text{VaR}\right) = \alpha$，其中 ΔP 表示投资组合在这段时间的损失，VaR 为给定置信水平 α 下的在险价值，即可能的损失上限，选取 $\alpha = 0.95$。最终，本节在运用 GARCH（1，1）模型分别拟合利率比价收益波动和汇率市场收益波动的基础上，通过 Copula 函数构建投资组合，并最终运用 VaR 方法计算人民币跨境贬值的极端损失（CRISK）。

5）金融主权指数

除去币值潜力的影响，人民币的金融主权还表现为其境外接受程度和对国家资产负债表结构的调节维护作用。首先，参考彭红枫和谭小玉（2017）的研究，选取人民币境外贷款规模反映货币的国际接受程度；其次，金融主权与国家资产负债表结构联系紧密。货币实力不足的国家往往面临资产负债表错配问题，其债务结构可能在内外部冲击下不断恶化，"国家资本结构陷阱"最终可能导致金融危机的爆发。参考刘锡良和刘晓辉（2010）的研究，从金融稳定的角度分析国家资产负债表，认为资产负债表错配主要包括货币错配、期限错配和资本结构错配等方面。立足金融安全视角，基于国家资产负债表数据，本节构建金融主权指数选取的相关指标如表 6.16 所示，在具体构建上，同样选择相关系数法。

表6.16　金融主权指数指标

指标维度	指标编号	指标名称	计算方法
货币资产负债表结构	X2.1.1	债务结构	国内负债与国外负债的比值
	X2.1.2	境外贷款规模	金融机构境外贷款规模
	X2.1.3	贷款期限结构	金融机构的中长期贷款与短期贷款比值
	X2.1.4	贷款币种结构	金融机构境外贷款与境内贷款比值
宏观经济资本结构	X2.2.1	政府部门杠杆水平	各经济部门债务与GDP比值的季节调整数据
	X2.2.2	金融部门杠杆水平	
	X2.2.3	非金融部门杠杆水平	
	X2.2.4	政府部门杠杆波动	以当期杠杆数值除以一年滚动时间窗口最小值的相反数
	X2.2.5	金融部门杠杆波动	
	X2.2.6	非金融部门杠杆波动	
	X2.2.7	政府部门杠杆压力	当期值与包含本期的前五年同月均值差额的相反数[①]
	X2.2.8	金融部门杠杆压力	
	X2.2.9	非金融部门杠杆压力	

　　金融主权指数主要反映人民币货币实力和资产负债表稳定情况，其趋势图如图6.16所示。

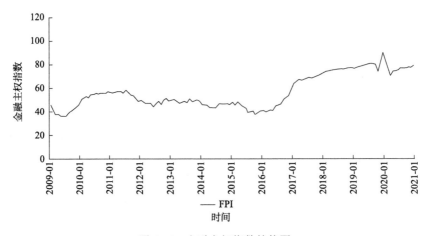

图6.16　金融主权指数趋势图

---

① 参考范小云等（2017）的研究，传统经济短周期长度大约为4.7年。

由趋势图可知，在后金融危机时代，"四万亿"投资计划的实施使得我国金融主权能力得到了显著提升。但随着宏观经济增速的放缓，特别是在股灾期间，金融主权能力持续低迷。此后经历经济结构调整升级，降杠杆、调杠杆等一系列措施，债务压力下降，资本输出能力提高。随着房地产"热潮"得到有效调控，宏观经济金融稳定性提升，在全球经济环境总体依然低迷的局势下，我国金融主权能力稳中有升，国际金融地位逐步提高。受疫情影响，2020 年初，我国金融主权指数明显下降，随后随着国内疫情得到有效控制，金融主权指数也开始企稳，并逐步修复。

6）数据来源

基于前述的变量描述和测度说明，考虑到数据获取的可得性和一致性，本节选定 2009 年 1 月至 2020 年 12 月的月度数据，其反映了后金融危机时代下我国宏观经济的波动、复苏与发展情况，并包括了 2015 年"股灾"和 2016 年房价暴涨等极端事件。其中，各基础指标数据均源于 Wind 数据库、中国人民银行网站和国家统计局网站。房地产市场单价基于房地产销售额和销售面积进行测算，相关数据经过频率转换和季节调整。最终经手工计算得到跨国资本循环（CAP）、美元货币政策（QE）、金融压力指数（FSI）、人民币跨市场贬值损失风险（CRISK）和金融主权指数（FPI）等综合指标。

2. 模型构建

OLS 仅能分析被解释变量均值受到的影响，而针对非高斯分布或具有"厚尾"特征的数据，非线性的非参数估计结果更加稳定。有鉴于此，本节采用 SV-TVP-VAR 模型对跨国资本循环、跨市场风险溢出和系统性金融风险之间的影响做进一步的实证研究。

SV-TVP-VAR 模型的定义如下：

$$y_t = \boldsymbol{B}_{0t} + \boldsymbol{B}_{1t}y_{t-1} + \cdots + \boldsymbol{B}_{st}y_{t-s} + \boldsymbol{A}_t^{-1}\sum\nolimits_t \varepsilon_t, \quad \varepsilon_t \sim \mathrm{N}(0, I_k) \qquad (6.51)$$

其中，y_t 是 k 维列向量；$\boldsymbol{A}_t$ 是 $k \times k$ 时变结构矩阵；$\boldsymbol{B}_{0t}, \boldsymbol{B}_{1t}, \cdots, \boldsymbol{B}_{st}$ 是 $k \times k$ 时变系数矩阵；$\sum_t$ 是以 $[\sigma_{1t}, \sigma_{2t}, \cdots, \sigma_{st}]$ 为对角线的 $k \times k$ 对角矩阵。根据 $\boldsymbol{B}_{it}$ 中的元素定义 $\boldsymbol{\beta}_t$ 为 $(k^2s+k) \cdot 1$ 的列向量，且矩阵 $\boldsymbol{X}_t = I_n \otimes [1, y'_{t-1}, \cdots, y'_{t-s}]$，则模型可简化为

$$y_t = \boldsymbol{X}_t\boldsymbol{\beta}_t + \boldsymbol{A}_t^{-1}\sum\nolimits_t \varepsilon_t, \quad t = s+1, s+2, \cdots, n \qquad (6.52)$$

系数 $\boldsymbol{\beta}_t$，参数 $\boldsymbol{A}_t$ 和 $\sum_t$ 都是随时间变化的。定义 k 维列向量 $\boldsymbol{h}_t = [h_{1t}, h_{2t}, \cdots, h_{kt}]$，其中 $h_{jt} = \log \sigma_{jt}^2$。设定 TVP-SV-VAR 模型中所有的参数服从随机游走过程，即

$$\begin{aligned}\beta_{t+1} &= \beta_t + \mu_{\beta t} \\ \alpha_{t+1} &= \alpha_t + \mu_{\alpha t}, \\ h_{t+1} &= h_t + \mu_{ht}\end{aligned} \quad \begin{pmatrix}\varepsilon_t \\ \mu_{\beta t} \\ \mu_{\alpha t} \\ \mu_{ht}\end{pmatrix} \sim N\left(0, \begin{pmatrix}I & 0 & 0 & 0 \\ 0 & \Sigma_\beta & 0 & 0 \\ 0 & 0 & \Sigma_\alpha & 0 \\ 0 & 0 & 0 & \Sigma_h\end{pmatrix}\right) \quad (6.53)$$

其中，$\beta_{s+1} \sim N(\mu_{\beta_0}, \Sigma_{\beta_0})$，$\alpha_{s+1} \sim N(\mu_{\alpha_0}, \Sigma_{\alpha_0})$，$h_{s+1} \sim N(\mu_{h_0}, \Sigma_{h_0})$，且 Σ_β、Σ_α 和 Σ_h 都是正定对角矩阵，分别保证时变参数的随机扰动不相关，变量间的同期相关系数独立，可以在不影响估计结果的前提下有效提高估计效率。本节基于该模型探究美元货币政策、跨国资本循环、人民币跨市场贬值风险和系统性金融风险之间的相互影响关系。式（6.53）需要估计的参数有 β_t、α_t、h_t、Σ_β、Σ_α 和 Σ_h，波动率的时变性要求大量重复卡尔曼滤波来估计每个参数集的极大似然函数，本节使用 MCMC 算法进行估计，其中前 1 000 次的抽样作为预烧值被舍弃，后 9 000 次的抽样被用来估计参数的后验分布。

6.3.5　实证结果分析

1. 参数估计检验

在利用 SV-TVP-VAR 模型进行非线性脉冲响应之前，我们首先对参数估计的有效性及时变性做出检验。表 6.17 列出了参数后验估计的均值、标准差和 95% 的置信区间等。由该表可知，基于 MCMC 抽样结果得到的收敛诊断概率 CD 统计量小于 5% 临界值 1.96，同时相较于抽样次数，无效因子值较小，表明可以产生足够多的有效样本。同时由图 6.17 的信息可知，经过迭代抽样后的自相关系数迅速衰减，参数序列基本围绕后验均值呈现"白噪声"波动，抽样参数之间是相互独立的，故从整体上看，本节的抽样结果是有效的。

表 6.17　参数估计结果

参数	均值	标准差	95%置信区间	CD 统计量	无效因子
$(\Sigma_\beta)_1$	0.002 3	0.000 3	（0.001 9，0.002 9）	0.127	6.37
$(\Sigma_\beta)_2$	0.002 3	0.000 3	（0.001 8，0.002 9）	0.818	10.23
$(\Sigma_\alpha)_1$	0.005 6	0.001 8	（0.003 4，0.010 1）	0.446	41.24
$(\Sigma_\alpha)_2$	0.005 5	0.001 6	（0.003 3，0.009 6）	0.928	38.48
$(\Sigma_h)_1$	0.269 4	0.071 4	（0.151 8，0.429 9）	0.184	44.51
$(\Sigma_h)_2$	0.005 7	0.001 7	（0.003 5，0.010 0）	0.532	50.59

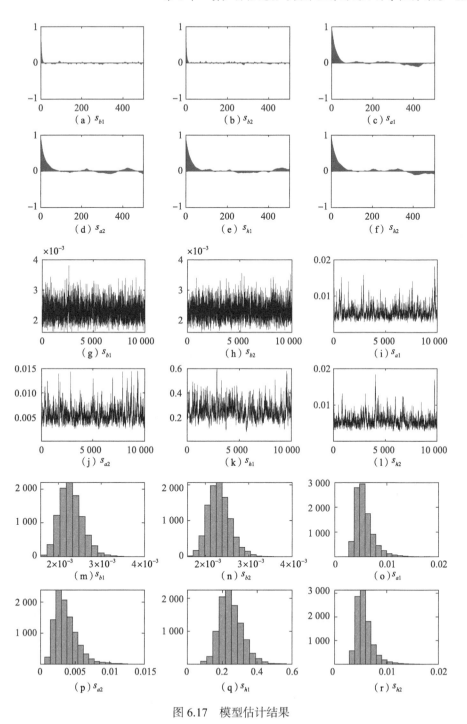

图 6.17　模型估计结果

进一步，参照 Eisenstat 等（2016）的研究，本节通过设定搜索模型检验了估计系数的时变性，相关结果见表6.18。

表6.18 模型系数的均值波动与非时变概率

变量	QE	CAP	CRISK	FSI	FPI
Intercept	2.263 5 （0.085 5）	1.464 2 （0.033 0）	1.362 5 （0.173 0）	1.844 8 （0.280 0）	0.291 4 （0.664 5）
contem					
QE		0.028 4 （0.760 5）	1.215 6 （0.011 0）	0.019 7 （0.839 5）	0.064 6 （0.766 0）
CAP			1.453 8 （0.118 0）	0.041 1 （0.762 5）	0.545 4 （0.539 5）
CRISK				0.045 4 （0.787 0）	0.304 4 （0.594 5）
FSI					0.970 6 （0.533 0）
FPI					
1st lag					
QE	0.287 2 （0.519 0）	0.054 5 （0.728 0）	0.552 4 （0.454 5）	0.039 4 （0.814 5）	1.046 7 （0.197 5）
CAP	0.127 9 （0.597 0）	0.157 5 （0.586 0）	0.068 0 （0.740 5）	0.154 3 （0.631 5）	0.077 5 （0.762 5）
CRISK	0.085 5 （0.659 0）	0.044 2 （0.709 5）	0.811 1 （0.235 5）	0.138 4 （0.649 0）	0.066 2 （0.711 0）
FSI	0.019 8 （0.768 5）	0.018 5 （0.803 0）	0.009 2 （0.872 5）	0.098 2 （0.722 0）	0.039 2 （0.809 5）
FPI	0.049 9 （0.776 5）	0.029 3 （0.811 5）	0.006 9 （0.886 5）	0.036 8 （0.811 5）	0.066 3 （0.769 0）
2nd lag					
QE	0.677 1 （0.038 5）	0.020 9 （0.788 5）	0.145 5 （0.465 0）	0.019 8 （0.857 0）	0.227 0 （0.708 5）
CAP	1.182 2 （0.163 5）	0.010 1 （0.804 5）	0.046 1 （0.858 0）	0.114 3 （0.727 0）	0.929 0 （0.346 5）
CRISK	0.418 1 （0.458 5）	0.075 5 （0.735 5）	3.620 2 （0.000 0）	0.051 7 （0.745 0）	0.050 0 （0.799 5）
FSI	0.213 4 （0.565 5）	0.068 7 （0.723 5）	0.015 9 （0.799 0）	0.014 8 （0.840 5）	0.031 7 （0.817 0）
FPI	0.041 2 （0.749 5）	0.022 4 （0.817 0）	0.073 7 （0.827 0）	0.094 4 （0.774 5）	0.453 8 （0.518 5）

注：均值波动为系数后验估计的极差，括号内数值为系数后验估计的非时变概率，非时变概率表示在样本期内系数不随时间变动的概率

如表 6.18 所示，由参数估计的时变概率（即 1-非时变概率）可知，美元货币政策、跨国资本循环、人民币跨市场贬值损失风险、金融压力指数和金融主权指数五个变量本身的时变特征均较为明显。在外部时变冲击影响下，人民币跨市场贬值损失风险和金融主权指数波动的时变特征最为明显，相对而言，系统性金融风险状况的走势则较为一致。

2. 时变脉冲响应分析

自 2008 年金融危机之后，欧洲主权债务危机和信用危机接踵而来，我国经济先后经历了"四万亿"刺激和股市房市的"泡沫化"，随着经济和金融改革的深化，还将面临"三期叠加"的长期影响。2009 年 1 月至 2020 年 12 月，我国 GDP 增速由 10.64%的高点持续下滑，并连破"8%"和"7%"两大关口，这一样本期覆盖了我国宏观经济在后危机时代早期的相对强势时期和当前的结构性调整的相对低迷期。因此，通过时变的脉冲响应分析，我们将可以观察到在不同宏观经济环境下，外部冲击对我国金融安全状况的影响效果。

首先呈现各变量的等间隔脉冲图（图 6.18），三条趋势线分别代表滞后 3 个月、6 个月和 9 个月的脉冲响应曲线，这分别对应金融市场的中长期变化。

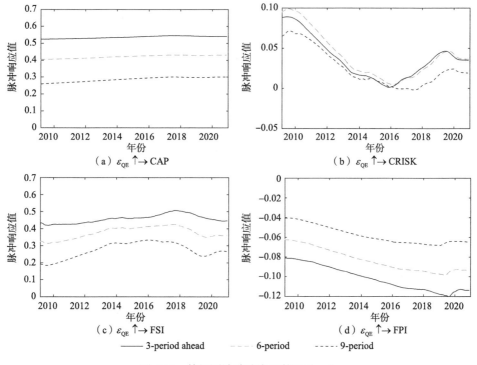

图 6.18　等间隔脉冲响应函数图（一）

如图 6.18 所示，在流动性冲击方面，针对美联储货币政策影响的等间隔脉冲响应图，有分析如下：首先，宽松的美元货币政策对跨国资本循环具有稳定的正向冲击，并且以短期影响最为显著。其次，在我国宏观经济相对强势期，美元货币政策宽松使得人民币汇率相对走强，而利差水平相对平稳，人民币综合币值稳中有升。但随着宏观经济增速放缓（GDP 增速分别于 2012 年破 "8%"、2015 年破 "7%"），经济增长对人民币的汇率的支撑能力减弱，同时宽松美元和相对低迷的经济促使市场存在降低利率释放流动性刺激的需求，这一时期的美元货币政策宽松对人民币币值的稳定作用迅速减弱，在 2015 年中后期宽松的美元货币政策甚至增加了人民币综合币值的贬值压力。再次，就我国宏观金融状况而言，美联储扩张性货币政策扰动了资产价格水平，并持续性地增加了系统性金融风险。最后，宽松的美元货币政策向全球金融市场输出大量美元资本，随着我国经济增速的降低，这一政策阻碍了人民币金融主权能力的提升，并且这种阻碍作用同样以短期效应最为明显。

在币值冲击方面，如图 6.19 所示，就跨国资本循环的中长期冲击效应而言，首先，在一国经济的相对强势时期，跨国资本流入的增加有助于人民币汇率的相对强势，使得人民币综合币值稳定提升，而随着经济增长趋势放缓，汇率远期贴水压力增大，同时涌入的宽松的流动性又促成了较低的利率水平，使得人民币综合币值疲软，贬值压力增加。总体而言，跨国资本循环对人民币综合币值的冲击效应与美元量化宽松货币政策较为一致。其次，跨国资本的流入扰动资产市场价格水平，促使系统性金融风险持续累积。最后，跨国资本流入冲击人民币资产负债表结构，阻碍了人民币金融主权能力的提升，并且随着经济增速的放缓，这一不断增加的阻碍效应将严重制约人民币资产负债表的结构性优化调整过程。

最后，图 6.20 结果表明，人民币综合币值的提升，即跨境贬值损失压力的缓解有助于系统性金融风险压力的降低和提高人民币的金融主权能力，而这种对于系统性风险的影响效应在短期最为明显，对金融主权能力的影响则在中长期更为明显。系统性金融风险对人民币综合币值的影响效应则较为复杂，总体而言，系统性金融风险的增加持续性地提高了人民币跨境贬值损失风险。具体到宏观经济状况的各个阶段，在 GDP 增速跌破 "心理" 关口（$t=37\sim48$，即 2012 年的 GDP 增速破 "8%"）和资产价格 "失衡" 的 FSI 指数 "危机" 阶段（股市和楼市 "泡沫化" 阶段：$t=73\sim78$，即 2015 年 1 月至 2015 年 6 月，最高值 100；$t=97\sim100$，即 2017 年 1 月至 2017 年 4 月，最高值 61.11）等极端情况前后，系统性金融风险对人民币综合币值的冲击影响存在较为明显的边际效用变化，体

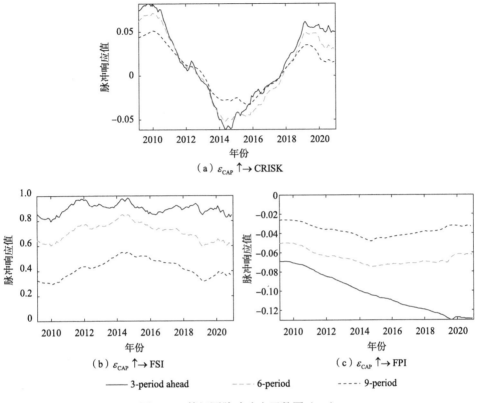

(a) $\varepsilon_{CAP}\uparrow\to$ CRISK

(b) $\varepsilon_{CAP}\uparrow\to$ FSI

(c) $\varepsilon_{CAP}\uparrow\to$ FPI

——— 3-period ahead   — · — 6-period   - - - - 9-period

图 6.19 等间隔脉冲响应函数图（二）

现出资产价格的不稳定性和人民币综合币值的易偏离特征。就系统性金融风险对人民币金融主权能力的影响而言，金融安全状况的恶化阻碍了金融主权能力的提升，并且这种影响效果以短期冲击最为明显，随着冲击间隔期的延长，其边际影响力不断衰减。

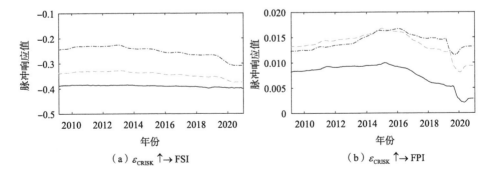

(a) $\varepsilon_{CRISK}\uparrow\to$ FSI

(b) $\varepsilon_{CRISK}\uparrow\to$ FPI

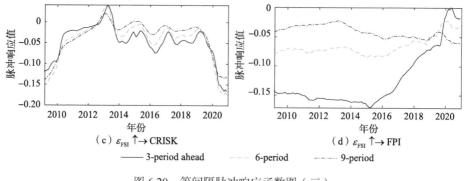

（c）$\varepsilon_{\mathrm{FSI}}\uparrow\rightarrow$ CRISK　　　　（d）$\varepsilon_{\mathrm{FSI}}\uparrow\rightarrow$ FPI

———— 3-period ahead　　———— 6-period　　—·—·— 9-period

图 6.20　等间隔脉冲响应函数图（三）

3. 不同时点脉冲响应分析

伴随着宏观经济形势的变化，各变量间的冲击效应是否发生了改变，这是普通线性模型所难以解释的。有鉴于此，本节分别选取系统性金融风险"警戒"区（$t=30$，2011 年 6 月，GDP 增速 9.55%）、"安全"区（$t=45$，2012 年 9 月，GDP 增速破"8%"）和"爆发"区（$t=75$，2015 年 3 月，GDP 增速破"7%"）中的时间节点进行对比分析。

在流动性冲击方面，如图 6.21 所示，宏观经济环境对冲击效应的影响明显。由不同时期的美联储货币政策冲击脉冲响应可知：首先，美联储货币政策流动性与跨国资本循环规模稳定正相关。其次，美元货币政策对人民币综合币值潜力影响的时变性差异较为明显。宽松美元迫使我国市场产生降息的政策跟随需求，利率市场上的短期下行压力增加，此后宽松流动性冲击汇率水平，并进一步影响人民币远期汇率和利率变化趋势，最终影响人民币的综合币值。随着我国宏观经济步入"三期叠加"的结构性调整期，经济增速放缓，系统性金融风险高企，宏观经济实力对汇率水平的支撑能力降低，宽松的美联储货币政策对人民币综合币值的增强效果减弱。再次，美联储货币政策冲击通过流动性途径影响资产价格水平，持续显著地增加了宏观金融安全压力。最后，宽松美元货币政策阻碍了人民币金融主权能力的提升，并且其影响效应随着宏观经济增长率的减缓而增强。

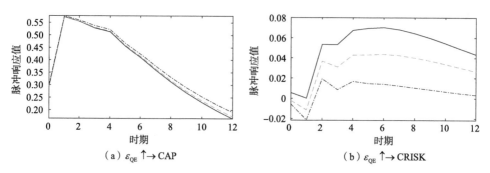

（a）$\varepsilon_{\mathrm{QE}}\uparrow\rightarrow$ CAP　　　　　　（b）$\varepsilon_{\mathrm{QE}}\uparrow\rightarrow$ CRISK

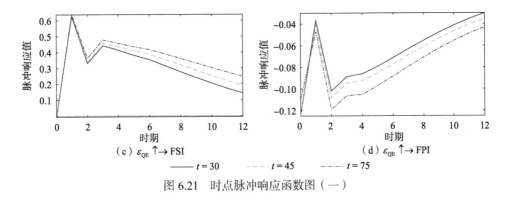

图 6.21　时点脉冲响应函数图（一）

在币值冲击方面，由图 6.22 可以发现，首先，在我国宏观经济相对强势时期，跨国资本循环推动汇率水平提高和利率收紧，人民币综合币值稳中有升。随着 GDP 增速跌破 8% 和 7% 的"心理关口"，宏观经济趋势难以支撑汇率水平和利率水平的长期高位，跨国资本流入使得人民币汇率的远期贴水压力大大增加，人民币币值的跨境贬值损失风险显著提高，并有愈演愈烈之势。其次，不同时点的跨国资本循环对系统性金融风险压力的影响趋势和大小较为一致，其持续扰动了资产价格市场的稳定，并且逐步收敛。这体现了市场的"信息吸收"和"适应性预期修正"的能力。最后，随着经济增速的放缓，跨国资本流入对人民币金融主权能力提升的阻碍能力逐步提高，其反映了人民币对外输出能力的相对不足。

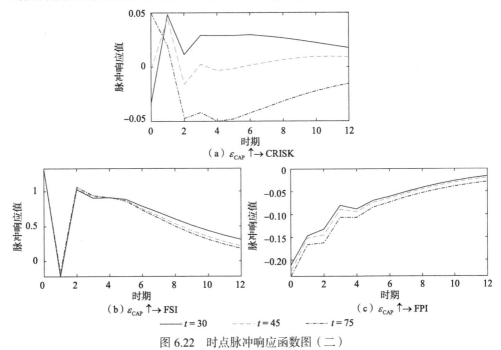

图 6.22　时点脉冲响应函数图（二）

另外，由图 6.23 可知，人民币综合币值的提升，即人民币跨境贬值损失风险的降低，有助于缓解系统性金融风险并提升金融主权的扩张能力，稳定强势的人民币币值是我国资本对外输出和缓解系统性金融风险压力的保障，是金融安全的重要组成部分。系统性金融风险压力是人民币跨境贬值损失的主要风险源。就长期的影响方向而言，不同时点的系统性金融风险的累积均提升了人民币币值可能的损失风险，而就影响效应而言，较高的 GDP 增速和较低的 FSI 数值提高了系统性金融风险对人民币综合币值的边际作用，如在 $t=45$ 时，当系统性风险较小同时 GDP 增速保持在较高水平时，系统性风险累积对人民币币值的负面影响明显较弱，表明该影响效应会同时受到经济增速和系统性风险状况的影响。就系统性金融风险对人民币金融主权能力的影响效应而言，系统性金融风险的增加阻碍了人民币金融主权能力的提高，随着经济增速的放缓和系统性金融风险进入"危机"阶段，这一阻碍效应更加显著。

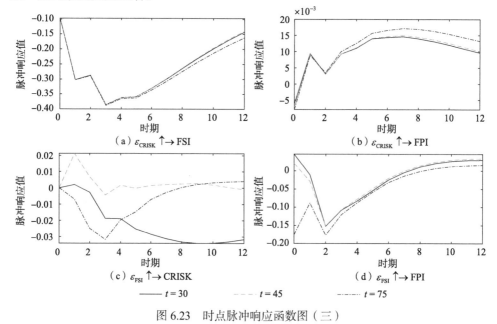

图 6.23   时点脉冲响应函数图（三）

6.3.6   结论与建议

本节在测算跨国资本循环、系统性金融风险指标和人民币金融主权指数的基础上，引入美联储货币政策宽松程度变量，通过采用附加搜索模型的 SV-TVP-VAR 模型，识别并检验了各变量之间的时变关系。同时，将宏观经济和系统性金融风险状况充分纳入考察范围，研究了不同时点上美元货币政策和跨国资本循环等外生变量对我国金融安全的冲击影响。

　　研究结果表明：第一，跨国资本循环规模受到美联储货币政策调整的正向影响，并且其是美元货币政策冲击的主要传导途径之一。第二，宽松美元货币政策和跨国资本循环涌入增加了系统性金融风险压力，并阻碍了人民币金融主权的提升。第三，人民币跨境贬值损失风险受到外部美元政策和跨国资本循环的直接冲击，且其冲击效应受我国宏观经济形势影响。在我国宏观经济处于低迷期时，美联储货币政策扩张和跨国资本循环规模扩大显著提高了人民币可能的跨境贬值损失程度。第四，人民币跨境贬值损失与系统性金融风险相互影响，强势稳定的人民币币值有助于缓解系统性金融风险和提升金融主权能力。系统性金融风险的累积持续地增加了人民币跨境贬值损失风险，阻碍了人民币金融主权能力的提升。

　　基于上述结论，本节认为，在当前双循环发展格局下，一方面，随着国内循环比重的提高，金融系统主体间的连接更为紧密，系统性风险一旦爆发，其造成的冲击更为严重，则更应当有效监控系统性风险，尤其是关注宏观经济下行压力下系统性风险的边际冲击效应；另一方面，在全球疫情时代，人民币资产在全球视角下呈现稀缺配置价值，资本的跨境流动对我国金融安全造成的挑战将会升级，则需时刻关注这种外部冲击对我国宏观金融安全的影响，并且兼顾在宏观经济发展的不同时期，这种冲击效应呈现的时变差异。最后，需始终保持强劲的宏观经济增长和稳定的人民币币值，这是维护我国良好金融安全状况的重要保障。

第7章 研究结论与未来展望

资产价格是实体经济市场交易的货币表现，实体经济是资产价格得以存在的物质基础，两者互为支撑互相引导。各种金融资产和实物资产依靠价格机制与信用系统串联到实体经济部门，如果资产价格过度波动，就会对实体经济造成严重损害。历史上的系列金融危机莫不是关联于资产价格大幅波动导致实体经济衰退引起宏观经济失控。尤其是在全球化的信用经济条件下，资产价格波动与资产抵押信用相结合，从而使资产价格大幅波动与信用和金融体系紧密关联。

7.1 研 究 结 论

本书紧紧围绕我国国民经济和社会发展的现实需要，深入研究资产价格波动的内在机理及其影响实体经济的作用机制，得出如下几个方面的主要研究结论。

1. 关于金融化与实体经济发展的研究结论

伴随着金融化进程的逐步深入，我国资产价格波动已成为一种新常态，威胁着国民经济的持续健康发展。课题结合我国 285 个地级及以上城市的统计数据，通过计算单变量和双变量 Moran's I 指数检验金融发展与经济增长的空间相关性，并运用空间杜宾模型实证研究了金融发展与经济增长的关系及其空间溢出效应。结果发现，我国城市 GDP 存在显著的空间正向自相关性，城市 GDP 与资本积累、劳动力投入存在正的空间相关性，而与金融发展存在负的空间相关性；在考虑空间溢出效应后，金融发展仍然是推动经济增长的重要因素，各地区金融发展对周围地区经济增长具有负的空间溢出效应，但各地区经济增长、资本积累及劳动力投入对周围地区经济增长具有正的空间溢出效应。本书进一步基于主成分分析法和 GSADF 检验法分别构建金融化指数序列和资产价格泡沫序列,然后利用滚动宽窗 Granger 因果关系检验方法分析了金融化与不同资产价格泡沫间的相互影响效应。研究结果表明，我国金融化指数在样本区间内呈现出不断攀升的态势，金融化程度逐步加深；我国股指泡沫序列形成与演化的同步性较强，而一线城市住房销售价格出现泡沫化的具体时间点和持续时间长短均存在较大差异性；金融化与资产价格泡沫间存在着相互强化效应，表现在金融化不仅显著正向影响了股指泡沫和一线城市住宅销售价格泡沫的演化，而且这种正向影响效应表现出较强的轮动性，同时股指泡沫和一线城市住宅销售价格泡沫反过来也加速了我国的金融化进程。

2. 关于资产价格波动与实体经济影响机制的研究结论

已有系列金融危机表明，虽然适度的杠杆有利于促进经济发展，但杠杆过度往往引起资产价格泡沫，诱发系统性风险，对金融部门和实体经济产生相当的负面冲击。本书建立了基于杠杆的资产价格泡沫模型，揭示了杠杆和资产价格泡沫的内在逻辑关系，以股价泡沫和房价泡沫代表资产价格泡沫，运用分位数方法，从宏观杠杆、金融部门杠杆、非金融部门杠杆和政府部门杠杆四个维度深入研究了杠杆对资产价格泡沫影响的非线性和非对称效应，发现不同杠杆对资产价格泡沫的影响在大小和方向上随着不同经济发展阶段、泡沫演化程度和杠杆水平的变化而变化，即使相同水平的杠杆在泡沫不同阶段对资产价格泡沫的影响亦不相同。因此，相关监管部门需要结合杠杆对资产价格泡沫的影响机制，区分泡沫程度，优化杠杆结构，维持合理杠杆水平，避免资产价格泡沫引发系统性金融风险。本书进一步在异质杠杆条件下构建包含两个杠杆投资者和一个非杠杆投资者的金融系统动态模型，从风险资产价格角度分析了金融机构投资者的杠杆周期性特征，并通过实证分析发现，考虑杠杆异质性后模拟的风险资产价格走势表现出更强的随机性，与实际市场更加贴近；金融机构投资者的杠杆对资产价格表现出明显的顺周期性特征，且在金融繁荣时期顺周期行为被扩大，在金融危机时期顺周期行为被抑制；但不同类型的投资者之间的杠杆顺周期行为具有明显差异，证券公司杠杆与股票价格呈显著正相关关系，银行杠杆与股票价格之间的关系并不显著。研究结论为金融机构运用杠杆给监管体系提供了新的理论和经验证据，也为更好地调控金融系统稳定提供了新的思路。

3. 关于资产价格波动与中国经济多部门的动态均衡研究结论

在考虑金融摩擦和价格黏性的基础上，将流动性冲击、金融脱媒冲击和资产价格冲击引入多部门 DNK-DSGE 模型，以此来探究这三种因素对实体经济变量和金融变量的动态影响及其作用机制，并利用贝叶斯方法估计模型的结构参数。方差分解研究发现，金融脱媒和资产价格波动是驱动我国实体经济周期波动的重要力量，能够解释产出增长、投资增长、信贷增长和通货膨胀等变量近30%的波动，但流动性冲击的作用较弱,最高仅有 2%。脉冲响应分析发现,正向的金融脱媒冲击和资产价格冲击能够使产出、投资、信贷、劳动和融资杠杆率等出现较大提高,而正向的流动性冲击能够刺激产出、投资和劳动的小幅增加,却引起了消费、信贷和融资杠杆率的局部下滑。根据研究结果,提出了三点政策建议:①调整优化信贷结构,激发金融脱媒促进经济发展的内生动力。金融脱媒虽然在一定程度上开始影响我国宏观经济,但目前我国间接融资仍然在全社会融资中占关键地位,信贷总量对控制企业投资仍然具有显著作用。根据金融脱媒程度和演化进程,需要及时引导信贷资金投向,调整信贷结构,实现产业结构转型升级和经济结构优化。②积极应对家庭储蓄模式因利率市场化可能发生的诸多变化,尽量降低流动性转向对金融系统稳定产生的冲击。虽然我国家庭储蓄目前较为稳定,但如今家庭理财观念日益盛行,因利率市场化引发家庭储蓄可能违约产生的流动性冲击将会逐渐显现,需要提升金融结构流动性从而有效缓释流动性风险。监管部门不但要引导家庭资产的合理配置,减小可能的流动性冲击,而且应加强对资本充足率监管和流动性监管的协调配合。③资本市场的各项改革要审慎考虑到市场对资产价格波动的承受区间以及由此可能带来的宏观经济影响,要结合不同资产价格波动的差异化特征实施多元化调控,合理引导缓释因为金融脱媒对不同类资产的价格影响,帮助投资者形成合理的市场预期,更好地维护金融系统稳定和促进实体经济发展。

4. 关于货币政策的资产价格波动与实体经济效应研究结论

本书通过剖析建立在利率双轨制基础上的渐进式利率市场化本质,构建基于我国利率双轨制背景的 IS-LM 模型,分析了渐进式利率市场化进程如何影响货币政策在货币市场和商品市场中的传导效应,并从利率期限结构视角,运用 MS-VAR 模型进行了实证检验。研究发现,我国渐进式利率市场化改革强化了以公开市场操作为代表的数量型货币政策对货币市场利率的作用效果,削弱了管制利率对货币市场利率的引导作用,但对货币政策在商品市场传导的影响不显著;在考虑挤出效应后,利率市场化仍能提升以公开市场操作为代表的数量型工具对产出的整体效应。基于"时间尺度""价格尺度"和投资者交易倾向构建了测度期货市场流动性的新指标,结合 Bootstrap 滚动宽窗 Granger 因果检验和 MS-VAR 模型分析了货币政策对期货市场流动性的非线性传导效应。实证分析发现,货币供应量、利率和期货市场价格流动性之间参数的短期稳定性较弱,长期稳定性较强,且它们的引导关系存在结构性变化;采用 MSMH(2)-VAR(3)模型和累积脉冲响应发现系统在状态内运动的稳定性较高,状态间转换具有非对称性。这将为监管部门利用货币政策调控期货市场提供重要依据。运用 MS-VAR 模型揭示中国市场流动性的区制及其波动特征,旨在为监测中国金融稳定提供新的参考。通过选取股价、房价、利率和汇率波动作为金融稳定的映射指标,结合 TVP-SV-SVAR 模型研究市场流动性与金融稳定之间的动态关联机制。研究发现,金融不稳定对市场流动性的影响无论短期还是长期均具有显著时变特征,具体表现为股价波动冲击效应在上涨和下跌时期的非对称性,房价波动冲击效应在房地产繁荣时期的强灵敏性,利率波动冲击效应在经济低迷时期的迟滞性,以及汇率波动冲击效应在汇率市场化程度加深时的长持续性。

近年来,负利率问题受到日益广泛的关注。本书基于实施负利率的经济体政策效果及经验,构建负利率对资产价格影响的研究框架,依次阐述其对商品市场、资本市场、信贷市场、外汇市场和房地产市场的影响。对欧元区和日本分别构建七变量 TVP-SV-VAR 模型,实证发现,负利率实施后,欧元区和日本的负利率对汇率、通货膨胀,以及四类资产价格的脉冲响应均有明显时变特征。欧元区的负利率在短期和中期内有助于缓解货币升值压力和通货紧缩压力。负利率推出后刺激短期股市与债市的繁荣,并带动房贷成本下跌引发房价的震荡上涨。日本的负利率政策在短期内无法对冲其他因素的负向冲击,政策效果不明显,汇率和通货膨胀继续承压。负利率有助于加大推升债券价格的力度,对股价的负面冲击有所减弱,且短期内的资金驱动可推动黄金、白银等具有避险性质大宗商品价格的上行,还可能从消费端刺激房价上涨。

5. 关于资产价格波动与实体经济的主体行为研究

资产价格波动与实体经济主要涉及中央银行、政府部门、金融机构、企业市场和投资者等行为主体。第 5 章首先研究了中央银行的实时时变偏好行为,提出一种线性指数—幂函数损失函数刻画中央银行的"惰性"—非对称偏好行为,在 Kim 和 Nelson（2006）研究基础上,提出一种两阶段时变参数贝叶斯估计策略用以克服内生性问题,然后采用实时数据估计中央银行的时变损失偏好。研究发现,中央银行的损失偏好具有显著的时变非对称性,对通货膨胀缺口呈现出"惰性"偏好特征,而对实时产出缺口没有"惰性"反应。进一步的影响因素分析发现,中央银行的时变非对称偏好行为受经济波动、货币政策周期、经济政策不确定性及偏好替代效应影响,并呈现出显著的区制转换特征。

其次研究了投资者的过度自信和投资者情绪,分析了投资者过度自信和市场流动性对股票市场投机泡沫的影响,揭示了过度自信和市场流动性对股市泡沫存在正向作用的内在机理,发现股市泡沫会随着投资者过度自信的增加而膨胀,随着市场流动性水平的降低而收缩。运用三区制非 Hamilton 式马尔可夫区制转换方法,构建了包含投资者过度自信和市场流动性的中国股市泡沫动态演化机制模型,实证分析发现,VNS 三区制变量扩展模型刻画中国股市泡沫效果较好,沪深 300 指数泡沫变化可以划分为潜伏、膨胀和破裂三种状态;投资者过度自信会使泡沫离开潜伏区制转换到膨胀区制的概率增加；市场流动性的负向变化会增加泡沫从膨胀区制到破裂区制的可能性；投资者过度自信和市场流动性对于泡沫区制转换具有良好的解释作用。同时，进一步运用主成分分析法构建了投资者情绪和金融市场稳定的新指标，基于 TVP-SV-SVAR 模型研究了投资者情绪和市场流动性对金融市场稳定的影响机制及其动态关系。实证分析发现，投资者情绪和市场流动性均是金融市场稳定的单向 Granger 因果关系，投资者情绪对金融市场稳定的冲击效应逐年减弱且存在时滞效应，金融市场对市场流动性的依赖度日益增强，投资者情绪与市场流动性的互动影响存在不对称性。另外，投资者情绪和市场流动性对金融市场稳定的时变影响在金融危机期间和金融平稳时期具有较大差异。

最后分析了投资者风格对股票波动的影响，主要分析了由于政策和市场经济投资者受到宏观因素和微观投资者情绪的影响所形成的投资者风格，并考察开启融资融券机制后，投资者交易行为的变化及其对股价波动产生的影响。在经济下行期，随着投资的主动管理程度的增加，基金规模基本减小，投资者风格转换的程度或频率加大，平均收益率基本处于上升趋势，且主动管理策略带来了更多的风险报酬。主动管理程度的增加使风格转换因子、风格代理变量与基金的波动率更好地解释了股票价格的波动，且主动管理程度的提高总体来看增加了股价的波动性。在融资融券的约束下，主动管理程度的增加，减弱了对市场波动性的影响。投资者情绪随着主动管理程度的提高对股价波动的影响程度增加。壳资源与概念股的炒作同时带来了价值和风险的显著增加，主动管理策略对该投资机会的发现导致了风格的转换与基金的波动，更加频繁的交易对股价产生了更多的冲击。经济向好趋势下，风格转换因子和基金波动率都随着主动管理程度的增加而更加显著，表示在该时期价值投资占据主流的大背景下，主动投资程度高代表对高估值低价格股票的更多的发掘，因此更频繁的交易会给股价带来更多冲击。说明在中国经济向好的背景及价值投资理念的推动下，随着主动管理程度的增加，交易量的增加反映到市场流动性上，显著影响了股票价格的波动。

6. 关于资产价格波动与实体经济的国际传导机制研究

第 6 章构建了时变 Copula-ARMA-NAGARCH 模型，分别从主板、中小板、创业板角度研究中美股指及中国股指内部动态相依特征，以及引起相依结构突变的因素。实证表明，主板、中小板、创业板与美国股指相依程度较弱，与港股相依程度较强，并未出现显著增强趋势，主板与中小板相关性强于其与创业板相关性。引起相依结构突变的因素分为国内和国际因素，国际因素对中美股指相依结构产生正向冲击，对国内股指相依结构没有显著影响；国内因素对国内股指相依结构产生正向冲击，对中美股指相依结构没有显著影响。这说明我国股票市场容易受到国际金融市场冲击，但对其影响力不强，相依结构呈现非对称特征。第 6

章进一步基于适应性预期研究了美元加息、人民币汇率与短期跨国资本流动，通过分析美元加息动机及其对全球经济尤其是新兴市场经济国家的影响，构建了美元加息、人民币汇率波动与短期跨国资本流动间的相互影响关系模型 MSI（2）-VAR（1）。实证分析发现，美国自身经济是美元加息的决定因素，抑制通货膨胀和跨国资本流动是美元利率变动的重要动机；中美利差及其加息预期和人民币对美元汇率波动影响短期跨国资本流动；美元单方面加息无法自主实现均衡，需要结合利率变动预期因素对传统无风险套利模型进行修正，通过货币当局积极管理来维护汇率稳定。

7.2　未来研究展望

当实施扩张性货币政策（如降低法定存款准备金率）时，产出、消费、劳动、信贷总量、通货膨胀率和投资等主要经济变量的波动会有所加剧。在考虑模型的可计算性和复杂性基础上，本书研究表明金融脱媒冲击主要受金融创新、制度变革和金融市场发展等因素影响，资产价格冲击由投资者情绪、市场结构和宏观经济变化等因素决定，在实际分析处理时将它们都归结为外生冲击，暂且不考虑其可能存在的内生性问题。现有文献尚未对不同冲击之间相互加强、交叉影响的作用机制做仔细研究，如果能够考虑内生性因素，将这种作用机制嵌入 DSGE 模型的架构中，将会较大地推动一般均衡理论的发展。另外，具有可操作性的基于实体经济的资产价格波动调控体系，如何充分发挥资产价格波动的有效引导和驱动机制。这些将是资产价格波动与实体经济理论发展的前沿方向和实践要求，更是本书未来的进一步研究方向。

本书通过深入研究资产价格波动和实体经济的影响机制和动态均衡，构建了系列理论模型，根据研究发现提出了相应政策建议，对资产价格波动和实体经济发展具有重要的学术价值和实践意义。

基于主成分分析法和 GSADF 检验法分别构建金融化指数序列和资产价格泡沫序列，然后利用滚动宽窗 Granger 因果关系检验方法来探索金融化与不同资产价格泡沫间的相互影响效应。研究发现我国金融化指数在样本区间内呈现出不断攀升的态势，金融化程度逐步加深；我国股指泡沫序列形成与演化的同步性较强，而一线城市住房销售价格出现泡沫化的具体时间点和持续时间长短均存在较大差异性；金融化与资产价格泡沫间存在着相互强化效应，表现在金融化不仅显著正向影响了股指泡沫和一线城市住宅销售价格泡沫的演化，而且这种正向影响效应表现出较强的轮动性，同时股指泡沫和一线城市住宅销售价格泡沫反过来也加速了我国的金融化进程。

通过计算单变量和双变量 Moran's I 指数检验金融发展与经济增长的空间相关性，并运用空间杜宾模型实证研究了金融发展与经济增长的关系及其空间溢出效应，发现我国城市 GDP 存在显著的正的空间自相关性，城市 GDP 与资本积累、劳动力投入存在正的空间相关性，而与金融发展存在负的空间相关性；在考虑空间溢出效应后，金融发展仍然是推动经济增长的重要因素，本地区金融发展对周围地区经济增长具有负的空间溢出效应，而本地区经济增长、资本积累及劳动力投入对周围地区经济增长具有正的空间溢出效应。

已有系列金融危机表明，虽然适度的杠杆有利于促进经济发展，但杠杆过度往往引起资产价格泡沫，诱发系统性风险，对金融部门和实体经济产生相当的负面冲击。本书建立了基于杠杆的资产价格泡沫模型，揭示了杠杆和资产价格泡沫的内在逻辑关系，以股价泡沫和房价泡沫代表资产价格泡沫，运用分位数方法，从宏观杠杆、金融部门杠杆、非金融部门杠杆和政府部门杠杆四个维度深入研究了杠杆对资产价格泡沫影响的非线性和非对称效应，发现不同杠杆对资产价格泡沫的影响在大小和方向上随着不同经济发展阶段、泡沫演化程度和杠杆水平的变化而变化，即使相同水平的杠杆在泡沫不同阶段对资产价格泡沫的影响亦不相同。因此，相关监管部门需要结合杠杆对资产价格泡沫的影响机制，区分泡沫程度，优化杠杆结构，维持合理杠杆水平，避免资产价格泡沫引发系统性金融风险。

在异质杠杆条件下构建包含两个杠杆投资者和一个非杠杆投资者的金融系统动态模型，从风险资产价格角度分析了金融机构投资者的杠杆的周期性特征，并以 2006~2015 年中国上市银行和证券公司的季度数据为样本进行了经验分析。结果表明，考虑杠杆异质性后模拟的风险资产价格走势表现出更强的随机性，与实际市场更加贴近；金融机构投资者的杠杆对资产价格表现出明显的顺周期性特征，且在金融繁荣时期顺周期行为被扩大，在金融危机时期顺周期行为被抑制；但不同类型的投资者之间的杠杆顺周期行为具有明显差异，证券公司杠杆与股票价格呈显著正相关关系，银行杠杆与股票价格之间的关系并不显著。本书的研究为金融机构运用杠杆给监管体系提供了新的理论和经验证据，也为更好地调控金融系统稳定提供了新的思路。

在 Kim 和 Nelson（2006）研究基础上，构建了一种两阶段时变参数贝叶斯估计策略用以克服内生性问题，然后采用实时数据估计中央银行的时变损失偏好。研究发现，中央银行的损失偏好具有显著的时变非对称性，对通货膨胀缺口呈现出"惰性"偏好特征，而对实时产出缺口没有"惰性"反应。进一步的影响因素分析发现，中央银行的时变非对称偏好行为受经济波动、货币政策周期、经济政策不确定性及偏好替代效应影响，并呈现出显著的区制转换特征。

在考虑金融摩擦和价格黏性的基础上，将流动性冲击、金融脱媒冲击和资产价格冲击引入多部门 DNK-DSGE 模型，以此来探究这三种因素对实际经济变量和金融变量的动态影响及其作用机制，并利用贝叶斯方法估计模型的结构参数。方差分解结果表明，金融脱媒和资产价格波动是驱动我国经济周期波动的重要力量，能够解释产出增长、投资增长、信贷增长和通货膨胀等变量近 30%的波动，但流动性冲击的作用较弱，最高仅有 2%。脉冲响应分析发现，正向的金融脱媒冲击和资产价格冲击能够使产出、投资、信贷、劳动和融资杠杆率等出现较大提高，而正向的流动性冲击能够刺激产出、投资和劳动的小幅增加，却引起了消费、信贷和融资杠杆率的局部下滑。

通过剖析建立在利率双轨制基础上的渐进式利率市场化本质，构建基于我国利率双轨制背景的 IS-LM 模型，分析了渐进式利率市场化进程如何影响货币政策在货币市场和商品市场中的传导效应，并从利率期限结构视角，运用 MS-VAR 模型进行了实证检验。研究结果表明，我国渐进式利率市场化改革强化了以公开市场操作为代表的数量型货币政策对货币市场利率的作用效果，削弱了管制利率对货币市场利率的引导作用，但对货币政策在商品市场传导的影响不显著；在考虑挤出效应后，利率市场化仍能提升以公开市场操作为代表的数量型工具对产出的整体效应。

基于实施负利率的经济体的政策效果及经验，构建负利率对资产价格影响的研究框架，依次阐述其对商品市场、资本市场、信贷市场、外汇市场和房地产市场的影响。对欧元区和日本分别构建七变量 TVP-SV-VAR 模型，实证结果显示，负利率实施后，欧元区和日本的负利率对汇率、通货膨胀，以及四类资产价格的脉冲响应均有明显时变特征。欧元区的负利率在短期和中期内有助于缓解货币升值压力和通货紧缩压力。负利率推出后刺激短期股市与债市的繁荣，并带动房贷成本下跌引发房价的震荡上涨行情，同时并未明显推升商品价格。日本的负利率政策在短期内无法对冲其他因素的负向冲击，政策效果未明显显现，汇率和通货膨胀继续承压。负利率有助于加大推升债券价格的力度，对股价的负面冲击有所减弱，且短期内的资金驱动可推动黄金、白银等具有避险性质大宗商品价格的上行，还可能从消费端刺激房价上涨。

运用 MS-VAR 模型揭示中国市场流动性的区制及其波动特征，旨在为监测中国金融稳定提供新的参考。通过选取股价、房价、利率和汇率波动作为金融稳定的映射指标，结合 TVP-SV-SVAR 模型研究市场流动性与金融稳定之间的动态关联机制。研究表明：市场流动性及其波动均具有明显的区制效应，且强市场流动性对应低波动，弱市场流动性对应高波动；市场流动性对金融稳定的冲击主要反映在股价波动和利率波动上，且短期影响效应明显；金融不稳定对市场流动性的影响无论短期还是长期均具有显著时变特征，具体表现为股价波动冲击效应在上涨和下跌时期的非对称性，房价波动冲击效应在房地产繁荣时期的强灵敏性，利率波动冲击效应在经济低迷时期的迟滞性，以及汇率波动冲击效应在汇率市场化程度加深时的长持续性。

基于"时间尺度""价格尺度"和投资者交易倾向构建了测度期货市场流动性的新指标，结合 Bootstrap 滚动宽窗 Granger 因果检验和 MS-VAR 模型分析了货币政策对期货市场流动性的非线性传导效应。选择 2010 年 5 月至 2015 年 11 月的月度数据进行实证，结果表明：货币供应量、利率和期货市场流动性之间参数的短期稳定性较弱，长期稳定性较强，且它们的引导关系存在结构性变化；采用 MSMH（2）-VAR（3）模型和累积脉冲响应发现系统在状态内运动的稳定性较高，状态间转换具有非对称性。另外，扩张性货币政策能够增强期货市场流动性，紧缩性货币政策会导致期货市场流动性减弱，但在不同区制下影响程度存在明显差异，这将为监管部门利用货币政策调控期货市场提供重要依据。

通过分析投资者过度自信和市场流动性对股票市场投机泡沫的影响，揭示了过度自信和市场流动性对股市泡沫存在正向作用的内在机理，发现股市泡沫会随着投资者过度自信的增加而膨胀，随着市场流动性水平的降低而收缩。基于这一理论分析判断，运用三区制非 Hamilton 式马尔可夫区制转换方法，构建了包含投资者过度自信和市场流动性的中国股市泡沫动态演化机制模型，并与泡沫现有模型进行了比较。实证研究发现：VNS 三区制变量扩展模型刻画中国股市泡沫效果较好，沪深 300 指数泡沫变化可以划分为潜伏、膨胀和破裂三种状态；投资者过度自信会使泡沫离开潜伏区制转换到膨胀区制的概率增加；市场流动性的负向变化会增加泡沫从膨胀区制到破裂区制的可能性；投资者过度自信和市场流动性对于泡沫区制转换具有良好的解释作用。

通过运用主成分分析法构建了投资者情绪和金融市场稳定的新指标，基于 TVP-SV-SVAR 模型研究了投资者情绪和市场流动性对金融市场稳定的影响机制及其动态关系。实证结果表明，投资者情绪和市场流动性均是金融市场稳定的单向 Granger 因果关系，投资者情绪对金融市场稳定的冲击效应逐年减弱且存在时滞效应，金融市场对市场流动性的依赖度日益增强，投资者情绪与市场流动性的互动影响存在不对称性。另外，投资者情绪和市场流动性对金融市场稳定的时变影响在金融危机期间和金融平稳时期具有较大差异。

通过构建时变 Copula-ARMA-NAGARCH 模型，分别从主板、中小板、创业板角度研究中美股指及中国股指内部动态相依特征，以及引起相依结构突变的因素。实证表明，主板、中小板、创业板与美国股指相依程度较弱，与港股相依程度较强，并未出现显著增强趋势，主板与中小板相关性强于其与创业板相关性。引起相依结构突变的因素分为国内和国际因素，国际因素对中美股指相依结构产生正向冲击，对国内股指相依结构没有显著影响；国内因素对国内股指相依结构产生正向冲击，对中美股指相依结构没有显著影响。这说明我国股票市场容易受到国际金融市场冲击，但对其影响力不强，相依结构呈现非对称特征。

　　通过分析美元加息动机及其对全球经济尤其是新兴市场经济国家的影响，构建了美元加息、人民币汇率波动与短期跨国资本流动间的相互影响关系模型 MSI（2）-VAR（1）。基于 2009 年 1 月至 2015 年 12 月相关数据的实证分析发现，美国自身经济是美元加息的决定因素，抑制通货膨胀和跨国资本流动是美元利率变动的重要动机；中美利差及其加息预期和人民币对美元汇率波动影响短期跨国资本流动；美元单方面加息无法自主实现均衡，需要结合利率变动预期因素对传统无风险套利模型进行修正，通过货币当局积极管理来维护汇率稳定。

　　上述研究进展和重要结果对理解并把握资产价格波动与实体经济间的影响机制及动态均衡具有良好的理论科学意义，相关的研究结论和政策建议具有重要的实践应用前景。

参 考 文 献

巴曙松，刘孝红，牛播坤. 2005. 转型时期中国金融体系中的地方治理与银行改革的互动研究. 金融研究，（5）：25-37.

巴曙松，邵杨楠，廖慧. 2016. 名义负利率及其影响. 中国金融，（10）：58-60.

北京大学中国经济研究中心宏观组. 2008. 流动性的度量及其与资产价格的关系. 金融研究，（9）：44-55.

卞志村，高洁超. 2014. 适应性学习、宏观经济预期与中国最优货币政策. 经济研究，49（4）：32-46.

卞志村，孙慧智，曹媛媛. 2012. 金融形势指数与货币政策反应函数在中国的实证检验. 金融研究，（8）：44-55.

曹廷求，张光利. 2011. 市场约束、政府干预与城市商业银行风险承担. 金融论坛，16（2）：3-14.

曹源芳. 2008. 我国实体经济与虚拟经济的背离关系——基于1998—2008年数据的实证研究. 经济社会体制比较，（6）：57-62.

昌忠泽. 2010. 流动性冲击、货币政策失误与金融危机——对美国金融危机的反思. 金融研究，（7）：18-34.

陈长石，刘晨晖. 2015. 利率调控、货币供应与房地产泡沫——基于泡沫测算与MS-VAR模型的实证分析. 国际金融研究，（10）：21-31.

陈创练，杨子晖. 2012. "泰勒规则"、资本流动与汇率波动研究. 金融研究，（11）：60-73.

陈国进，颜诚. 2013. 中国股市泡沫的三区制特征识别. 系统工程和理论实践，33（1）：25-33.

陈海强，张传海. 2015. 股指期货交易会降低股市跳跃风险吗？经济研究，50（1）：153-167.

陈鹤. 2012. 热钱流入中国的规模测算、影响因素及对策. 西南财经大学硕士学位论文.

陈继勇，袁威，肖卫国. 2013. 流动性、资产价格波动的隐含信息和货币政策选择——基于中国股票市场与房地产市场的实证分析. 经济研究，48（11）：43-55.

陈浪南，陈云. 2009. 人民币汇率、资产价格与短期跨国际资本流动. 经济管理，31（1）：1-6.

陈浪南，田磊. 2015. 基于政策工具视角的我国货币政策冲击效应研究. 经济学（季刊），14（1）：285-304.

陈利锋，范红忠. 2014. 房价波动、货币政策与中国社会福利损失. 中国管理科学，22（5）：42-50.

陈彦斌，陈小亮，陈伟泽. 2014. 利率管制与总需求结构失衡. 经济研究，49（2）：18-31.

陈雨露，马勇. 2012. 泡沫、实体经济与金融危机：一个周期分析框架. 金融监管研究，（1）：1-19.

陈志英，韩振国，邓欣. 2013. 信贷、房价波动与银行稳定关系的实证研究. 金融理论与实践，（2）：7-11.

楚尔鸣，许先普. 2012. 中国最优货币政策规则选择——基于新凯恩斯主义 DSGE 模型分析. 湘潭大学学报（哲学社会科学版），36（4）：59-64，73.

戴淑庚，余博. 2020. 资本账户开放会加剧我国的系统性金融风险吗——基于 TVP-FAVAR 和 SV-TVP-VAR 模型的实证研究. 国际贸易问题，（1）：159-174.

邓创，徐曼. 2014. 中国的金融周期波动及其宏观经济效应的时变特征研究. 数量经济技术经济研究，31（9）：75-91.

丁志国，赵宣凯，赵晶. 2011. 国际资本流动对中国股市的影响. 中国软科学，（11）：152-160.

董登新. 2010. 负利率时代让房价下跌太难. 资本市场，（10）：18-20.

樊明太. 2004. 金融结构及其对货币传导机制的影响. 经济研究，39（7）：27-37.

范奎，赵秀娟，汪寿阳. 2010. 全球主要股市间信息溢出的变异性研究. 管理科学学报，13（9）：87-97.

范小云，袁梦怡，肖立晟. 2017. 从金融周期看中日资产价格泡沫. 国际经济评论，（2）：92-104，7.

范玉良. 2014. 期货市场流动性、波动性相互影响的实证研究. 广东财经大学学报，29（1）：44-52.

方军雄. 2007. 所有制、制度环境与信贷资金配置. 经济研究，42（12）：82-92.

方舟，倪玉娟，庄金良. 2011. 货币政策冲击对股票市场流动性的影响——基于 Markov 区制转换 VAR 模型的实证研究. 金融研究，（7）：43-56.

冯文芳，刘晓星，石广平，等. 2017a. 金融杠杆与资产泡沫动态引导关系研究. 经济问题探索，（4）：135-146.

冯文芳，刘晓星，许从宝. 2017b. 货币政策传导的银行风险承担渠道研究——基于杠杆机制的分析. 兰州大学学报（社会科学版），45（1）：161-171.

冯晓雷，冯晓普，王淑侠. 2013. 企业所有权性质与银行信贷可获得性. 金融论坛，18（3）：27-36.

傅玮韡. 2013. 我国货币政策资产价格传导机制的实证研究. 特区经济，（9）：65-68.

高波，王辉龙，李伟军. 2014. 预期、投机与中国城市房价泡沫. 金融研究，（2）：44-58.

高大良，刘志峰，杨晓光. 2015. 投资者情绪、平均相关性与股市收益. 中国管理科学，23（2）：10-20.

高扬，曹颖. 2013. 我国主板、中小板、创业板的信息效率之比较——基于 Kalman 滤波的实证研究. 北京工商大学学报（社会科学版），28（5）：113-117.

龚强，张一林，林毅夫. 2014. 产业结构、风险特性与最优金融结构. 经济研究，49（4）：4-16.

谷耀，陆丽娜. 2006. 沪、深、港股市信息溢出效应与动态相关性——基于 DCC-（BV）EGARCH-VAR 的检验. 数量经济技术经济研究，（8）：142-151.

桂荷发. 2004. 信贷扩张、资产价格泡沫与政策挑战. 财贸经济,（7）：39-42.

郭红兵, 杜金岷. 2014. 中国金融稳定状况指数的构建. 数量经济技术经济研究, 31（5）：100-116, 161.

郭涛, 李俊霖. 2007. 利率期限结构曲线的估计方法——基于上交所国债的实证分析. 南方经济,（12）：63-72.

郭涛, 宋德勇. 2008. 中国利率期限结构的货币政策含义. 经济研究, 43（3）：39-47.

郭田勇. 2006. 资产价格、通货膨胀与中国货币政策体系的完善. 金融研究,（10）：23-35.

郭伟. 2010. 资产价格波动与银行信贷：基于资本约束视角的理论与经验分析. 国际金融研究,（4）：22-31.

郭永济, 李伯钧, 金雯雯. 2014. 时变框架下中国货币流动性的影响研究：1992-2012. 当代经济科学, 36（1）：1-11, 124.

何诚颖, 刘林, 徐向阳, 等. 2013. 外汇市场干预、汇率变动与股票价格波动——基于投资者异质性的理论模型与实证研究. 经济研究, 48（10）：29-42, 97.

何德旭, 娄峰. 2011. 中国金融稳定指数的构建及测度分析. 中国社会科学院研究生院学报,（4）：16-25.

何德旭, 饶明. 2010. 资产价格波动与实体经济稳定研究. 中国工业经济,（3）：19-30.

何东, 王红林. 2011. 利率双轨制与中国货币政策实施. 金融研究,（12）：1-18.

何圣财, 张伟伟, 王立荣. 2011. 资产价格与开放经济内外均衡——一个新的分析框架. 东北师大学报（哲学社会科学版）,（2）：15-20.

何贤杰, 朱红军, 陈信元. 2008. 政府的多重利益驱动与银行的信贷行为. 金融研究,（6）：1-20.

侯成琪, 龚六堂. 2014. 货币政策应该对住房价格波动作出反应吗——基于两部门动态随机一般均衡模型的分析. 金融研究,（10）：15-33.

胡志鹏. 2014. "稳增长"与"控杠杆"双重目标下的货币当局最优政策设定. 经济研究, 49（12）：60-71, 184.

黄金老. 2001. 利率市场化与商业银行风险控制. 经济研究,（1）：19-28, 94.

黄孝武. 2004. 资产价格泡沫生成与治理理论综述. 经济学动态,（11）：107-109.

黄鑫, 周亚虹. 2012. 利率扭曲与资产泡沫. 国际金融研究,（8）：26-37.

黄在鑫, 覃正. 2012. 中美主要金融市场相关结构及风险传导路径研究——基于 Copula 理论与方法. 国际金融研究,（5）：74-82.

季益烽. 2014. 资产价格波动对经济周期影响. 经济问题探索,（3）：1-6.

贾庆英, 孔艳芳. 2016. 资产价格、经济杠杆与价格传递——基于国际 PVAR 模型的实证研究. 国际金融研究,（1）：28-37.

简练, 陈硕颖. 2017. "一带一路"的金融支持与反金融霸权. 世界社会主义研究, 2（6）：55-61, 96.

江伟, 李斌. 2006. 制度环境、国有产权与银行差别贷款. 金融研究,（11）：116-126.

姜再勇，钟正生. 2010. 我国货币政策利率传导渠道的体制转换特征——利率市场化改革进程中的考察. 数量经济技术经济研究，27（4）：62-77.

蒋东生. 2012. 谁获得了长期贷款？管理世界，（7）：167-169.

蒋海，储著贞. 2014. 总供给效应、适应性学习预期与货币政策有效性. 金融研究，（5）：1-16.

蒋海，伍雪玲. 2013. 资产价格波动对宏观经济影响的 SVAR 分析. 产经评论，4（2）：101-112.

蒋瑛琨，刘艳武，赵振全. 2005. 货币渠道与信贷渠道传导机制有效性的实证分析——兼论货币政策中介目标的选择. 金融研究，（5）：70-79.

金雪军，周建锋. 2014. 投资者关注度与市场收益间动态关系研究——基于 Bootstrap 的滚动窗口方法. 浙江大学学报（人文社会科学版），44（6）：98-111.

金中夏，洪浩，李宏瑾. 2013. 利率市场化对货币政策有效性和经济结构调整的影响. 经济研究，48（4）：69-82.

康立，龚六堂. 2014. 金融摩擦、银行净资产与国际经济危机传导——基于多部门 DSGE 模型分析. 经济研究，49（5）：147-159.

康立，龚六堂，陈永伟. 2013. 金融摩擦、银行净资产与经济波动的行业间传导. 金融研究，（5）：32-46.

孔丹凤. 2008. 中国货币政策规则分析——基于泰勒规则和麦克勒姆规则比较的视角. 山东大学学报（哲学社会科学版），（5）：57-66.

孔祥熙，眭越，付苗. 2013. 通货膨胀对资产价格波动影响的实证分析. 金融经济，（10）：66-68.

黎欢，龚六堂. 2014. 金融发展、创新研发与经济增长. 世界经济文汇，（2）：1-16.

李成，王彬，马文涛. 2010. 资产价格、汇率波动与最优利率规则. 经济研究，45（3）：91-103.

李翀. 2000. 论国家金融风险的形成. 广东社会科学，（3）：21-25.

李国栋. 2015. 基于 Boone 指数的中国银行业贷款市场竞争度估计. 数量经济技术经济研究，32（5）：131-146.

李红权，洪永淼，汪寿阳. 2011. 我国 A 股市场与美股、港股的互动关系研究：基于信息溢出视角. 经济研究，46（8）：15-25，37.

李菁，王冠英. 2015. 利率冲击与理性股票价格泡沫——基于 TVP-SV-VAR 模型的检验. 当代财经，（12）：58-68.

李军伟. 2012. 资产价格波动与宏观经济稳定性研究. 科技风，（21）：244.

李绍芳，刘晓星. 2018. 中国金融机构关联网络与系统性金融风险. 金融经济学研究，33（5）：34-48.

李薇，邓永亮. 2010. 人民币升值、股价上涨与经济增长——兼论巴拉萨—萨缪尔森假说在我国的适用性. 经济问题探索，（7）：175-182.

李维安，曹廷求. 2004. 股权结构、治理机制与城市银行绩效——来自山东、河南两省的调查证据. 经济研究，（12）：4-15.

李维安，钱先航. 2012. 地方官员治理与城市商业银行的信贷投放. 经济学（季刊），11（4）：

1239-1260.

李玉龙. 2019. 地方政府债券、土地财政与系统性金融风险. 财经研究, 45 (9): 100-113.

李泽广, 杨钦. 2013. 金融机构杠杆率的周期性特征及其决定因素. 现代财经, 33 (10): 78-86.

郦金梁, 雷曜, 李树憬. 2012. 市场深度、流动性和波动率——沪深 300 股票指数期货启动对现货市场的影响. 金融研究, (6): 124-138.

梁勇. 1999. 开放的难题: 发展中国家的金融安全. 北京: 高等教育出版社.

刘金全, 张小宇. 2012. 时变参数"泰勒规则"在我国货币政策操作中的实证研究. 管理世界, (7): 20-28.

刘金全, 张小宇. 2015. 中央银行规避经济收缩和通胀偏好的模式与途径研究. 经济研究, 50 (12): 29-40, 53.

刘骏斌, 刘晓星. 2017. 美元加息、人民币汇率与短期跨国资本流动——基于适应性预期的视角. 财经科学, (8): 38-52.

刘立达. 2007. 中国国际资本流入的影响因素分析. 金融研究, (3): 62-70.

刘莉亚, 丁剑平, 赵建晖. 2011. 国际投资者非理性情绪下的中国国际收支稳定性研究. 财经研究, 37 (1): 59-67, 144.

刘莉亚, 王照飞, 程天笑. 2013. 美国国债投资行为的动因分析. 国际金融研究, (11): 36-46.

刘社建. 2004. 负利率能否成就长期牛市. 中国金融家, (4): 54-55.

刘锡良, 刘晓辉. 2010. 部门 (国家) 资产负债表与货币危机: 文献综述. 经济学家, (9): 96-102.

刘霞辉. 2002. 资产价格波动与宏观经济稳定. 经济研究, (4): 11-18, 92.

刘宪. 2008. 资产泡沫与经济增长关系研究进展. 经济学动态, (7): 122-126.

刘湘勤, 闫恺媛. 2012. 资产价格波动对居民财产性收入分配影响的实证研究. 金融发展评论, (2): 128-144.

刘向丽, 常云博. 2015. 中国沪深 300 股指期货风险度量——基于流动性调整的收益率方法的研究. 系统工程理论与实践, 35 (7): 1760-1769.

刘晓星, 陈羽南. 2017. 投资者风格与股票价格波动——基于中国股票市场的研究. 东南大学学报 (哲学社会科学版), 19 (1): 40-53, 143-144.

刘晓星, 段斌, 谢福座. 2011. 股票市场风险溢出效应研究: 基于 EVT-Copula-CoVaR 模型的分析. 世界经济, (11): 145-159.

刘晓星, 方琳. 2014. 系统性风险与宏观经济稳定: 影响机制及其实证检验. 北京工商大学学报 (社会科学版), 29 (5): 65-77.

刘晓星, 方琳, 张颖, 等. 2014. 欧美主权债务危机的股票市场流动性变点检测. 管理科学学报, 17 (7): 82-94.

刘晓星, 顾笑贤. 2015. 股权集中度影响公司绩效吗? ——基于我国沪深两市的数据分析. 金融管理研究, (2): 1-19.

刘晓星, 石广平. 2008. 杠杆对资产价格泡沫的非对称效应研究. 金融研究, (3): 53-70.

刘晓星, 姚登宝. 2016. 金融脱媒、资产价格与经济波动: 基于 DNK-DSGE 模型分析. 世界经济, 39（6）: 29-53.

刘晓星, 张旭. 2018. 中央银行的实时时变偏好行为研究. 经济研究, 53（10）: 33-49.

刘晓星, 张旭, 顾笑贤, 等. 2016. 投资者行为如何影响股票市场流动性? ——基于投资者情绪、信息认知和卖空约束的分析. 管理科学学报, 19（10）: 87-100.

刘晓星, 张旭, 李守伟. 2021. 中国宏观经济韧性测度——基于系统性风险的视角. 中国社会科学, （1）: 12-32, 204.

刘阳, 洪正, 申宇. 2014. 地方政府竞争、政府股权与城市商业银行绩效. 投资研究, 33（9）: 40-52.

刘永余, 王博. 2015. 利率冲击、汇率冲击与中国宏观经济波动——基于 TVP-SV-VAR 的研究. 国际贸易问题, （3）: 146-155.

刘振涛, 左浩苗, 张振轩. 2012. 泡沫变化过程的动态贝叶斯模型研究. 管理科学学报, 15（9）: 74-83.

卢斌, 华仁海. 2010. 基于 MCMC 方法的中国期货市场流动性研究. 管理科学学报, 13（9）: 98-106, 128.

卢悦衡, 张建波. 2012. 股票价格波动影响货币政策传导的机制及效果分析. 商业时代, （16）: 57-58.

鲁旭, 赵迎迎. 2012. 沪深港股市动态联动性研究——基于三元 VAR-GJR-GARCH-DCC 的新证据. 经济评论, （1）: 97-107.

陆静. 2012. 金融发展与经济增长关系的理论与实证研究: 基于中国省际面板数据的协整分析. 中国管理科学, 20（1）: 177-184.

陆正飞, 祝继高, 樊铮. 2009. 银根紧缩、信贷歧视与民营上市公司投资者利益损失. 金融研究, （8）: 124-136.

罗琰, 刘晓星. 2015. 基于随机微分博弈的最优投资. 经济数学, 32（2）: 21-26.

罗琰, 刘晓星. 2016a. 基于双边过度自信及风险厌恶的委托-代理问题研究. 数学的实践与认识, 46（5）: 45-51.

罗琰, 刘晓星. 2016b. 基于投资者情绪的均值-方差投资组合选择研究. 湖南财政经济学院学报, 32（5）: 14-20.

吕朝凤, 黄梅波. 2011. 习惯形成、借贷约束与中国经济周期特征——基于 RBC 模型的实证分析. 金融研究, （9）: 1-13.

吕朝凤, 黄梅波, 陈燕鸿. 2013. 政府支出、流动性冲击与中国实际经济周期. 金融研究, （3）: 30-43.

吕江林. 2005. 我国的货币政策是否应对股价变动做出反应? 经济研究, （3）: 80-90.

吕江林, 彭业辉. 2016. 汇率冲击、贬值预期与开放债券市场. 金融经济学研究, 31（5）: 24-35.

马方方, 唐薇. 2014. 金融脱媒对我国货币政策传导的影响. 经济纵横, （1）: 96-101.

马亚明, 邵士妍. 2012. 资产价格波动、银行信贷与金融稳定. 中央财经大学学报, (1): 45-51.

马亚明, 温博慧. 2013. 资产价格与宏观经济金融系统的稳定性——基于货币量值模型的理论与仿真分析. 金融经济学研究, 28 (5): 49-63.

马勇. 2013. 植入金融因素的 DSGE 模型与宏观审慎货币政策规则. 世界经济, 36 (7): 68-92.

马勇, 田拓, 阮卓阳, 等. 2016. 金融杠杆、经济增长与金融稳定. 金融研究, (6): 37-51.

孟庆斌, 荣晨. 2017. 中国房地产价格泡沫研究——基于马氏域变模型的实证分析. 金融研究, (2): 101-116.

闵宗陶, 窦玉明, 徐涛. 2006. 信贷市场与资本市场的互动及其对危机性泡沫的影响. 金融研究, (6): 53-60.

牛凯龙, 张薄洋. 2011. 金融抑制、金融改革与"三农"发展. 北京: 中国财政经济出版社.

牛晓健. 2011. 极端条件下中国金融安全研究. 上海: 复旦大学出版社.

欧阳志刚, 史焕平. 2010. 我国货币政策的非对称操作及其转换时机的选择. 管理世界, (11): 28-37.

潘文卿. 2012. 中国的区域关联与经济增长的空间溢出效应. 经济研究, 47 (1): 54-65.

潘越. 2008. 基于非线性 Granger 因果检验的股市间联动关系研究. 数量经济技术经济研究, (9): 87-100.

庞晓波, 贾非. 2012. 金融—实体经济非均衡与中国的通货膨胀. 中南财经政法大学学报, (2): 61-66, 143.

彭红枫, 谭小玉. 2017. 人民币国际化研究: 程度测算与影响因素分析. 经济研究, 52 (2): 125-139.

钱滔. 2010. 地方政府治理与房地产市场发展. 浙江社会科学, (3): 7-10, 126.

钱雪松, 杜立, 马文涛. 2015. 中国货币政策利率传导有效性研究: 中介效应和体制内外差异. 管理世界, (11): 11-28, 187.

乔云霞, 程栋梁. 2014. 中国创业板和主板市场之间的相关结构分析——基于 Copula 函数的实证研究. 北京工商大学学报 (社会科学版), 29 (6): 73-83.

裘翔, 周强龙. 2014. 影子银行与货币政策传导. 经济研究, 49 (5): 91-105.

瞿强. 2005. 资产价格泡沫与信用扩张. 金融研究, (3): 50-58.

任萍. 2013. 资产价格和通货膨胀的相关理论研究综述. 时代金融, (6): 256-259.

盛松成, 吴培新. 2008. 中国货币政策的二元传导机制——"两中介目标, 两调控对象"模式研究. 经济研究, 43 (10): 37-51.

石广平, 刘晓星, 魏岳嵩. 2016. 投资者情绪、市场流动性与股市泡沫——基于 TVP-SV-SVAR 模型的分析. 金融经济学研究, 31 (3): 107-117.

石广平, 刘晓星, 许从宝. 2017. 异质性条件下的杠杆周期行为: 基于资产价格视角的研究. 系统工程理论与实践, 37 (10): 2497-2511.

石广平, 刘晓星, 姚登宝, 等. 2018. 过度自信、市场流动性与投机泡沫. 管理工程学报, 32 (3):

63-72.

石建民. 2001. 股票市场、货币需求与总量经济：一般均衡分析. 经济研究, (5): 45-52, 94-95.

史道济, 关静. 2003. 沪深股市风险的相关性分析. 统计研究, (10): 45-48.

史金凤, 杨威, 刘维奇. 2014. 基于分位数回归的金融市场稳定性度量. 系统工程理论与实践, 34 (1): 92-99.

宋旺. 2011. 中国金融脱媒研究. 北京：中国人民大学出版社.

宋旺, 钟正生. 2010. 基于 MS-AR 模型的中国金融脱媒趋势分析. 财经研究, 36 (11): 115-126, 134.

宋泽芳, 李元. 2012. 投资者情绪与股票特征关系. 系统工程理论与实践, 32 (1): 27-33.

孙俊. 2013. 货币政策转向与非对称效应研究. 金融研究, (6): 60-73.

孙君, 张前程. 2012. 中国城乡金融不平衡发展与城乡收入差距的经验分析. 世界经济文汇, (3): 108-120.

汤洋, 殷凤. 2016. 人民币国际化进程中在岸与离岸市场汇率的动态关联——基于 VAR-DCC-MVGARCH-BEKK 模型的实证分析. 金融经济学研究, 31 (3): 16-26.

唐建伟, 李明扬, 史智宇. 2006. 资产价格波动与银行系统稳定. 财贸经济, (12): 3-10, 35, 108.

陶玲, 朱迎. 2016. 系统性金融风险的监测和度量——基于中国金融体系的研究. 金融研究, (6): 18-36.

汪献华. 2013. 流动性冲击与资产价格波动实证研究. 证券市场导报, (7): 56-60.

王爱俭, 王璟怡. 2014. 宏观审慎政策效应及其与货币政策关系研究. 经济研究, 49 (4): 17-31.

王彬, 马文涛, 刘胜会. 2014. 人民币汇率均衡与失衡：基于一般均衡框架的视角. 世界经济, 37 (6): 27-50.

王翠翠, 姚登宝, 李宝萍. 2016. 基于熵和风险态度的二型模糊多属性决策方法. 计算机应用, 36 (9): 2535-2539.

王丹枫, 梁丹. 2012. 从投资情绪角度看股票市场流动性——来自 B 股向境内居民开放的研究. 数理统计与管理, 31 (2): 363-373.

王国静, 田国强. 2014. 金融冲击和中国经济波动. 经济研究, 49 (3): 20-34.

王国松. 2001. 中国的利率管制与利率市场化. 经济研究, (6): 13-20, 95.

王国松. 2012. 基于价格粘性的货币政策、股票价格与宏观经济之间动态关系研究. 上海大学学报（社会科学版）, 29 (3): 104-115.

王晋斌, 刘婧蓉. 2015. 中国货币政策是偏好多目标制还是偏好单一目标制？——基于开放条件下非对称损失偏好函数的实证研究. 金融研究, (6): 1-13.

王俊. 2012. 资产价格波动与金融不稳定性：传导机制与政策选择. 南方金融, (2): 4-8.

王立勇, 张代强, 刘文革. 2010. 开放经济下我国非线性货币政策的非对称效应研究. 经济研究, 45 (9): 4-16.

王立勇，张良贵. 2011. 开放条件下我国货币政策有效性的经验分析——基于目标实现与工具选择角度的评价. 数量经济技术经济研究，28（8）：77-90.

王立勇，张良贵，刘文革. 2012. 不同粘性条件下金融加速器效应的经验研究. 经济研究，47（10）：69-81，160.

王美今，孙建军. 2004. 中国股市收益、收益波动与投资者情绪. 经济研究，39（10）：75-83.

王明涛，何浔丽. 2011. 我国货币政策对股票市场流动性风险的影响——基于流动性波动性的风险测度方法. 经济管理，33（3）：8-16.

王琦. 2006. 关于我国国际资本流动影响因素计量模型的构建和分析. 国际金融研究，（6）：64-69.

王千. 2007. 虚拟经济与实体经济的非对称性影响. 开放导报，（4）：47-50.

王倩，李颖华. 2012. 政府干预下的城市商业银行风险行为. 金融论坛，17（5）：61-71.

王擎，潘李剑. 2012. 股权结构、金融生态与城市商业银行绩效. 投资研究，31（4）：65-77.

王少林，林建浩，李仲达. 2014. 中国货币政策透明化的宏观经济效应——基于 PTVP-SV-FAVAR 模型的实证研究. 财贸经济，（12）：64-74.

王文甫. 2010. 价格粘性、流动性约束与中国财政政策的宏观效应——动态新凯恩斯主义视角. 管理世界，（9）：11-25，187.

王晓芳，毛彦军. 2012. 流动性约束与货币政策的资产价格效应. 当代经济科学，34（2）：48-55，126.

王叙果，范从来，戴枫. 2012. 中国外汇资本流动结构对实际有效汇率影响的实证研究. 金融研究，（4）：71-83.

王永巧，刘诗文. 2011. 基于时变 Copula 的金融开放与风险传染. 系统工程理论与实践，31（4）：778-784.

王永钦，高鑫，袁志刚，等. 2016. 金融发展、资产泡沫与实体经济：一个文献综述. 金融研究，（5）：191-206.

王宇哲. 2016. 负利率时代：政策创新与宏观风险. 国际经济评论，（4）：115-127，7.

危慧惠. 2015. 货币政策传导微观机理研究：基于商品期货交易价格的实证. 宏观经济研究，（4）：71-79，141.

魏永芬，王志强. 2002. 我国股票价格变化对消费和投资影响的实证研究. 中国经济问题，（5）：38-44.

魏振祥，杨晨辉，刘新梅. 2012. 沪深 300 指数期货与国内外股指期货市场间的信息传递效应. 财贸经济，（8）：64-71.

文凤华，肖金利，黄创霞，等. 2014. 投资者情绪特征对股票价格行为的影响研究. 管理科学学报，17（3）：60-69.

吴吉林，张二华. 2012. 基于机制转换混合 Copula 模型的我国股市间极值相依性. 系统工程理论与实践，32（8）：1662-1672.

吴丽华，傅广敏. 2014. 人民币汇率、短期资本与股价互动. 经济研究，49（11）：72-86.

吴卫星, 汪勇祥, 梁衡义. 2006. 过度自信、有限参与和资产价格泡沫. 经济研究, 41 (4): 115-127.

吴晓求. 2006. 实体经济与资产价格变动的相关性分析. 中国社会科学, (6): 55-64, 204.

伍戈, 刘琨. 2013. 金融脱媒与货币政策传导: 基于中国的实证分析. 金融监管研究, (12): 1-15.

伍燕然, 韩立岩. 2007. 不完全理性、投资者情绪与封闭式基金之谜. 经济研究, 42 (3): 117-129.

武志. 2010. 金融发展与经济增长: 来自中国的经验分析. 金融研究, (5): 58-68.

项后军, 陈简豪, 杨华. 2015. 银行杠杆的顺周期行为与流动性关系问题研究. 数量经济技术经济研究, 32 (8): 57-72, 148.

肖卫国, 兰晓梅. 2017. 新一轮美联储加息对中国跨境资本流动溢出效应研究. 经济学家, (2): 84-90.

肖洋, 倪玉娟, 方舟. 2012. 股票价格、实体经济与货币政策研究——基于我国 1997-2011 年的经验证据. 经济评论, (2): 97-104.

肖尧, 牛永青. 2014. 财政政策 DSGE 模型中国化构建及其应用. 统计研究, 31 (4): 51-56.

谢国忠. 2010. 中国资产泡沫的问题分析. 国际金融研究, (1): 45-47.

谢平, 罗雄. 2002. 泰勒规则及其在中国货币政策中的检验. 经济研究, (3): 3-12, 92.

邢治斌, 仲伟周. 2014. 机构持股、分析师跟进与股票波动关系研究——基于联立方程组模型的实证分析. 湖南师范大学社会科学学报, 43 (2): 120-127.

徐胜, 朱晓华. 2015. 人民币汇率与物价的非线性关系研究——基于傅里叶函数和滚动因果检验. 金融发展研究, (8): 3-9.

许从宝, 刘晓星, 石广平. 2016. 沪港通会降低上证 A 股价格波动性吗?——基于自然实验的证据. 金融经济学研究, 31 (6): 28-39.

许睿, 冯芸, 吴冲锋. 2004. 影响中国 A 股市场流动性的政策和因素. 上海交通大学学报, 38 (3): 362-367.

鄢莉莉, 王一鸣. 2012. 金融发展、金融市场冲击与经济波动——基于动态随机一般均衡模型的分析. 金融研究, (12): 82-95.

闫力, 刘克宫, 张次兰. 2009. 货币政策有效性问题研究——基于 1998~2009 年月度数据的分析. 金融研究, (12): 59-71.

杨爱军, 蒋学军, 林金官, 等. 2016. 基于 MCMC 方法的金融贝叶斯半参数随机波动模型研究. 数理统计与管理, 35 (5): 817-825.

杨海珍. 2005. 资本外逃——国际趋势与中国问题. 北京: 中国金融出版社.

杨海珍, 陈金贤. 2000. 中国资本外逃: 估计与国际比较. 世界经济, (1): 21-29.

杨晓兰. 2010. 流动性、预期与资产价格泡沫的关系: 实验与行为金融的视角. 世界经济文汇, (2): 33-45.

杨晓兰, 金雪军. 2006. 资金约束放松与证券市场泡沫: 一个实验检验. 世界经济, 29 (6): 84-93.

杨友才. 2014. 金融发展与经济增长——基于我国金融发展门槛变量的分析. 金融研究, (2): 59-71.

杨震. 2014. 基于四重动因的我国短期国际资本流动的研究. 山东财经大学硕士学位论文.

杨子晖, 陈里璇, 陈雨恬. 2020. 经济政策不确定性与系统性金融风险的跨市场传染——基于非线性网络关联的研究. 经济研究, 55（1）：65-81.

姚登宝. 2017a. 基于银行间网络的流动性风险传染机制研究. 安徽大学学报（哲学社会科学版）, 41（4）：130-137.

姚登宝. 2017b. 投资者情绪、市场流动性与金融市场稳定——基于时变分析视角. 金融经济学研究, 32（5）：94-106, 128.

姚登宝, 刘晓星, 石广平. 2016a. 金融系统中多维度流动性的集成测度构建——基于MVGARCH-熵模型的研究. 金融经济学研究, 31（2）：14-25.

姚登宝, 刘晓星, 张旭. 2016b. 市场流动性的状态转换及其突变点检测研究. 统计与信息论坛, 31（4）：22-27.

姚登宝, 刘晓星, 张旭. 2016c. 市场流动性与市场预期的动态相关结构研究——基于ARMA-GJR-GARCH-Copula模型分析. 中国管理科学, 24（2）：1-10.

姚东旻, 颜建晔, 尹烨昇. 2013. 存款保险制度还是央行直接救市？——一个动态博弈的视角. 经济研究, 48（10）：43-54.

姚耀军. 2010. 中国金融发展与全要素生产率——基于时间序列的经验证据. 数量经济技术经济研究, 27（3）：68-80, 161.

姚益龙, 邓湘益, 张展维. 2012. 东莞市中小企业关系型贷款实证研究. 南方经济, （12）：49-55.

易纲. 2009. 中国改革开放三十年的利率市场化进程. 金融研究, （1）：1-14.

易纲, 王召. 2002. 货币政策与金融资产价格. 经济研究, （3）：13-20, 92.

易宪容. 2009. 信用扩张的合理界限与房价波动研究. 财贸经济, （8）：5-14, 136.

易志强. 2012. 政府干预、跨区域经营与城市商业银行治理. 中南财经政法大学学报, （5）：61-67, 143.

尹威, 刘晓星. 2017. 地方政府行为与城市商业银行风险承担. 管理科学, 30（6）：79-91.

尹威, 刘晓星, 唐保庆. 2016. 转换成本理论及其在银行业中的应用研究综述. 金融评论, 8（3）：80-99, 125-126.

游家兴, 郑挺国. 2009. 中国与世界金融市场从分割走向整合——基于DCC-MGARCH模型的检验. 数量经济技术经济研究, 26（12）：96-108.

余喆杨. 2013. 资产价格波动与宏观经济波动的相关性分析——基于银行信贷渠道的视角. 经济体制改革, （6）：132-136.

袁超, 张兵, 汪慧建. 2008. 债券市场与股票市场的动态相关性研究. 金融研究, （1）：63-75.

袁淳, 荆新, 廖冠民. 2010. 国有公司的信贷优惠：信贷干预还是隐性担保？——基于信用贷款的实证检验. 会计研究, （8）：49-54, 96.

袁申国, 陈平, 刘兰凤. 2011. 汇率制度、金融加速器和经济波动. 经济研究, 46（1）：57-70, 139.

曾刚，马建新. 2011. 城商行快速扩张的潜在风险. 中国金融，（24）：78-79.

曾绍龙. 2015. 国际短期资本流动与中国资本管制有效性研究. 浙江大学博士学位论文.

张兵，范致镇，李心丹. 2010. 中美股票市场的联动性研究. 经济研究，45（11）：141-151.

张兵，封思贤，李心丹，等. 2008. 汇率与股价变动关系：基于汇改后数据的实证研究. 经济研
究，43（9）：70-81，135.

张成思，党超. 2017. 基于双预期的前瞻性货币政策反应机制. 金融研究，（9）：1-17.

张成思，李雪君. 2012. 基于全球视角的中国金融发展指数研究. 金融研究，（6）：54-67.

张成思，刘泽豪，罗煜. 2014. 中国商品金融化分层与通货膨胀驱动机制. 经济研究，49（1）：
140-154.

张成思，张步昙. 2015. 再论金融与实体经济：经济金融化视角. 经济学动态，（6）：56-66.

张成思，张步昙. 2016. 中国实业投资率下降之谜：经济金融化视角. 经济研究，51（12）：32-46.

张汉斌. 2010. 实体经济与资产价格变动的相关性分析——兼与吴晓求先生商榷. 社会科学战
线，（2）：70-75.

张洪涛，段小茜. 2006. 金融稳定有关问题研究综述. 国际金融研究，（5）：65-74.

张健华，王鹏. 2009. 中国银行业前沿效率及其影响因素研究——基于随机前沿的距离函数模型.
金融研究，（12）：1-18.

张明. 2011. 中国面临的短期国际资本流动：不同方法与口径的规模测算. 世界经济，34（2）：
39-56.

张明，肖立晟. 2014. 国际资本流动的驱动因素：新兴市场与发达经济体的比较. 世界经济，
37（8）：151-172.

张娜. 2016-02-02. 日本首推"负利率"货币政策仍有宽松空间. 中国经济时报（008）.

张维，李根，熊熊，等. 2009. 资产价格泡沫研究综述：基于行为金融和计算实验方法的视角. 金
融研究，（8）：182-193.

张晓蓉，唐国兴，徐剑刚. 2005. 投机泡沫的混合理性正反馈模型. 金融研究，（8）：85-98.

张旭，刘晓星，李绍芳. 2016a. 渐进式利率市场化对我国货币政策传导的影响——基于利率期限
结构的非线性分析. 世界经济文汇，（2）：101-120.

张旭，刘晓星，姚登宝. 2016b. 金融发展与经济增长——一个考虑空间溢出效应的再检验. 东南
大学学报（哲学社会科学版），18（3）：106-114，148.

张旭，刘晓星，姚登宝. 2016c. 中美股指间的动态相依结构及突变因素——基于时变
Copula-ARMA-NAGARCH 的分析. 北京工商大学学报（社会科学版），31（2）：80-90.

张雪兰，杨丹. 2010. 我国货币政策的有效性问题：基于 1996-2009 年季度数据的分析. 财贸经
济，（6）：27-32.

张屹山，张代强. 2007. 前瞻性货币政策反应函数在我国货币政策中的检验. 经济研究，（3）：
20-32.

张颖，丁妍. 2015. 人口红利推高中国房地产价格了吗？——驱动机制及其实证检验. 北京工商

大学学报（社会科学版），30（1）：109-117.

张颖，胡炳志，陈洁涵. 2015a. 公立医疗保险制度对商业健康保险的挤出效应研究——基于动态视角的实证分析. 东南大学学报（哲学社会科学版），17（2）：83-88，147.

张颖，胡炳志，许佳馨. 2015b. 商业健康保险与社会医疗保险制度对接路径设计——基于再保险与共同保险的视角. 经济体制改革，（3）：160-164.

张颖，刘晓星，许佳馨. 2015c. 我国城乡统筹居民大病保险：模式设计与模拟测算. 财经论丛，（8）：37-44.

张颖，柳瑾. 2015. 我国城乡居民大病保险损失拟合优化及其定价研究——基于极值理论和期权定价模型//清华大学经济管理学院中国保险与风险管理研究中心（China Center for Insurance and Risk Management of Tsinghua University SEM）、伦敦城市大学卡斯商学院（Cass Business School，City University London）. 2015 中国保险与风险管理国际年会论文集. 北京：清华大学经济管理学院中国保险与风险管理研究中心：467-490.

张勇. 2015. 热钱流入、外汇冲销与汇率干预——基于资本管制和央行资产负债表的 DSGE 分析. 经济研究，50（7）：116-130.

张羽，李黎. 2010. 非利息收入有利于降低银行风险吗？——基于中国银行业的数据. 南开经济研究，（4）：69-91.

张振环. 2013. 中国沪市 A 股与东亚主要股市间相依性结构研究——基于半参数 Copula 方法的实证分析. 北京工商大学学报（社会科学版），28（3）：93-102.

张振轩，陈国进，Jason Shachat. 2013. 信息结构与资产价格泡沫研究——基于经济学实验方法. 证券市场导报，（9）：54-61.

章洪量，封思贤. 2015. 金融脱媒对我国资本配置效率的影响分析. 当代经济科学，37（1）：78-86，127.

赵昌文，杨记军，夏秋. 2009. 中国转型期商业银行的公司治理与绩效研究. 管理世界，（7）：46-55.

赵进文，高辉. 2009. 资产价格波动对中国货币政策的影响——基于 1994—2006 年季度数据的实证分析. 中国社会科学，（2）：98-114，206.

赵进文，闵捷. 2005. 央行货币政策操作效果非对称性实证研究. 经济研究，40（2）：26-34，53.

赵鹏，曾剑云. 2008. 我国股市周期性破灭型投机泡沫实证研究——基于马尔可夫区制转换方法. 金融研究，（4）：174-187.

赵胜民，方意，王道平. 2011. 金融信贷是否中国房地产、股票价格泡沫和波动的原因——基于有向无环图的分析. 金融研究，（12）：62-76.

赵伟雄，何建敏，贾万敬. 2010. 我国期铜市场流动性与货币供给关系的实证研究. 数理统计与管理，29（4）：596-602.

赵文胜，张屹山，赵杨. 2011. 短期国际资本流动对中国市场变化的反应分析. 数量经济技术经济研究，28（3）：104-117.

赵锡军，陈丽洁. 2012. 地方经济增长对中国城市商业银行绩效影响研究. 辽宁大学学报（哲学社会科学版），40（2）：58-65.

赵勇，雷达. 2010. 金融发展与经济增长：生产率促进抑或资本形成. 世界经济，33（2）：37-50.

郑挺国，刘金全. 2010. 区制转移形式的"泰勒规则"及其在中国货币政策中的应用. 经济研究，45（3）：40-52.

郑挺国，王霞. 2010. 中国产出缺口的实时估计及其可靠性研究. 经济研究，45（10）：129-142.

郑挺国，王霞. 2011. 泰勒规则的实时分析及其在我国货币政策中的适用性. 金融研究，（8）：31-46.

中国人民银行营业管理部课题组. 2009. 非线性泰勒规则在我国货币政策操作中的实证研究. 金融研究，（12）：30-44.

钟伟，张明，伍戈. 2016. 负利率时代：是大幕甫启还是昙花一现. 中国外汇，（13）：19-21.

周德才，冯婷，邓姝姝. 2015. 我国灵活动态金融状况指数构建与应用研究——基于MI-TVP-SV-VAR 模型的经验分析. 数量经济技术经济研究，32（5）：114-130.

周芬，刘晓星，陈羽南. 2017. 信息冲击引起市场流动性价值变化了吗？——来自中国股票市场的证据. 北京工商大学学报（社会科学版），32（1）：106-117.

周璞，李自然. 2012. 基于非线性 Granger 因果检验的中国大陆和世界其他主要股票市场之间的信息溢出. 系统工程理论与实践，32（3）：466-475.

周强龙，朱燕建，贾璐熙. 2015. 市场知情交易概率、流动性与波动性——来自中国股指期货市场的经验证据. 金融研究，（5）：132-147.

周睿. 2016. 美联储加息对世界经济的冲击效应分析. 亚太经济，（6）：22-29.

朱玲玲，胡日东. 2014. 金融脱媒对我国货币政策传导机制的影响分析——基于 STVAR 模型. 宏观经济研究，（12）：86-93.

朱孟楠，刘林. 2010. 短期国际资本流动、汇率与资产价格——基于汇改后数据的实证研究. 财贸经济，（5）：5-13，135.

祝继高，饶品贵，鲍明明. 2012. 股权结构、信贷行为与银行绩效——基于我国城市商业银行数据的实证研究. 金融研究，（7）：31-47.

邹新月，代林清. 2010. 金融资产价格波动的宏观因素实证分析. 浙江工商大学学报，（2）：42-49.

Abeysinghe T，Rajaguru G. 2004. Quarterly real GDP estimates for China and ASEAN4 with a forecast evaluation. Journal of Forecasting，23（6）：431-447.

Abreu D，Brunnermeier M K. 2003. Bubbles and crashes. Econometrica，71（1）：173-204.

Acharya V V，Pedersen L H. 2005. Asset pricing with liquidity risk. Journal of Financial Economics，77（2）：375-410.

Adrian T，Shin H S. 2008. Liquidity and financial contagion. Financial Stability Review，（1）：1-7.

Adrian T，Shin H S. 2010. Liquidity and leverage. Journal of Financial Intermediation，19（3）：418-437.

Adrian T，Shin H S. 2014. Procyclical leverage and value-at-risk. The Review of Financial Studies，

27（2）：373-403.

Ahmed E，Rosser J B，Uppal J Y. 1999. Evidence of nonlinear speculative bubbles in pacific-rim stock market. The Quarterly Journal of Economics and Finance，39（1）：21-36.

Airaudo M. 2013. Monetary policy and stock price dynamics with limited asset market participation. Journal of Macroeconomics，36：1-22.

Airaudo M，Cardani R，Lansing K J. 2013. Monetary policy and asset prices with belief-driven fluctuations. Journal of Economic Dynamics ＆ Control，37（8）：1453-1478.

Alba J D，Wang P. 2017. Taylor rule and discretionary regimes in the United States：evidence from a k-state Markov regime-switching model. Macroeconomic Dynamics，21（3）：817-833.

Albuquerque R，Miao J. 2014. Advance information and asset prices. Journal of Economic Theory，149：236-275.

Allen F，Gale D. 2000. Bubbles and crises. The Economic Journal，110（460）：236-255.

Allen F，Gorton G. 1993. Churning bubbles. The Review of Economic Studies，60（4）：813-836.

Allen F，Morris S，Postlewaite A. 1993. Finite bubbles with short sale constraints and asymmetric information . Journal of Economic Theory，61（2）：206-229.

Allen F，Qian J，Qian M. 2005. Law，finance and economic growth in China. Journal of Financial Economics，77（1）：57-116.

Al-Malkawi H，Marashdeh H A，Abdullah N. 2012. Financial development and economic growth in the UAE：empirical assessment using ARDL approach to co-integration. International Journal of Economics and Finance，4（5）：105-116.

Aloui R，Hammoudeh S，Nguyen D K. 2013. A time-Varying copula approach to oil and stock market dependence：the case of transition economies. Energy Economics，39：208-221.

Altunbas Y，Carbo S，Gardener E P M，et al. 2007. Examining the relationships between capital，risk and efficiency in European banking. European Financial Management，13（1）：49-70.

Amihud Y. 2002. Illiquidity and stock returns：cross-section and time series effects. Journal of Financial Markets，5（1）：31-56.

Amihud Y，Goyenko R. 2013. Mutual fund's R^2 as predictor of performance. The Review of Financial Studies，26（3）：667-694.

Amihud Y，Mendelson H. 1986. Asset pricing and the bid-ask spread. Journal of financial Economics，17（2）：223-249.

Amihud Y，Mendelson H. 1988. Liquidity and asset prices：financial management implications. Financial Management，17（1）：5-15.

Amihud Y，Mendelson H，Wood R A. 1990. Liquidity and the 1987 stock market crash. The Journal of Portfolio Management，16（3）：65-69.

An S，Schorfheide F. 2007. Bayesian analysis of DSGE models. Econometric Reviews，26（2-4）：

113-172.

Andersson F N G, Burzynska K, Opper S. 2013. Lending for growth? An analysis of state-owned banks in China. Working Papers, Department of Economics, Lund University.

Andrei D, Hasler M. 2015. Investor attention and stock market volatility. The Review of Financial Studies, 28 (1): 33-72.

Andrews D W K. 1993. Tests for parameter instability and structural change with unknown change point. Econometrica, 61 (4): 821-856.

Andries N, Billon S. 2010. The effect of bank ownership and deposit insurance on monetary policy transmission. Journal of Banking & Finance, 34 (12): 3050-3054.

Angelini P, Neri S, Panetta F. 2011. Monetary and macro-prudential policies. Bank of Italy Temi di Discussione Working Papers, No.801.

Anginer D, Kunt A D, Zhu M. 2012. How does bank competition affect systemic stability? World Bank Working Papers, No.5981.

Anselin L. 1988. Spatial Econometrics: Methods and Models. Boston: Kluwer Academic Publishers.

Anselin L. 1995. Local indicators of spatial association-LISA. Geographical Analysis, 27(2): 93-115.

Aoki K, Nikolov K. 2012. Financial disintermediation and financial fragility. ECB Working Papers.

Apergis N, Artikis P G, Kyriazis D. 2015. Does stock market liquidity explain real economic activity? New evidence from two large European stock markets. Journal of International Financial Markets, Institutions and Money, 38: 42-64.

Arestis P, Demetriades P. 1997. Financial development and economic growth: assessing the evidence. The Economic Journal, 107 (442): 783-799.

Arezki R, Loungani P, van der Ploeg R, et al. 2014. Understanding international commodity price fluctuations. Journal of International Money and Finance, 42: 1-8.

Asness C S, Moskowitz T J, Pedersen L H. 2013. Value and momentum everywhere. The Journal of Finance, 68 (3): 929-985.

Aymanns C, Caccioli F, Farmer J D, et al. 2015. Taming the Basel leverage cycle. Journal of Financial Stability, 27: 263-277.

Aymanns C, Farmer J D. 2015. The dynamics of the leverage cycle. Journal of Economic Dynamics and Control, 50: 155-179.

Bacha E L, Holland M, Gonçalves F M. 2008. Systemic risk, dollarization, and interest rates in emerging markets: a panel-based approach. The World Bank Economic Review, 23(1): 101-117.

Baglioni A, Beccalli E, Boitani A, et al. 2013. Is the leverage of European banks procyclical? Empirical Economics, 45 (3): 1251-1266.

Bai C, Ma H, Pan W. 2012. Spatial spillover and regional economic growth in China. China Economic Review, 23 (4): 982-990.

Bai J，Perron P. 2003. Computation and analysis of multiple structural change models. Journal of Applied Econometrics，18（1）：1-22.

Bai M，Qin Y. 2014. Short-sales constraints and liquidity change：cross-sectional evidence from the Hong Kong market. Pacific-Basin Finance Journal，26：98-122.

Baker M，Stein J C. 2004. Market liquidity as a sentiment indicator. Journal of Financial Markets，7（3）：271-299.

Baker M，Wurgler J. 2006. Investor sentiment and the cross-section of stock returns. The Journal of Finance，61（4）：1645-1680.

Baker S R，Bloom N，Davis S J. 2016. Measuring economic policy uncertainty. The Quarterly Journal of Economics，131（4）：1593-1636.

Baks K，kramer C F. 1999. Global liquidity and asset prices：measurement，implications，and spillovers. IMF Working Papers. Research Department. WP99/168.

Balcilar M，Gupta R，Miller S M. 2014. Housing and the great depression. Applied Economics，46（24）：2966-2981.

Balcilar M，Ozdemir Z A，Arslanturk Y. 2010. Economic growth and energy consumption causal nexus viewed through a bootstrap rolling window. Energy Economics，32（6）：1398-1410.

Ball C A，Chordia T. 2001. True spreads and equilibrium prices. The Journal of Finance，56（5）：1801-1835.

Balli F，Basher S A，Rana F. 2014. The determinants of the volatility of returns on cross-border asset holdings. Journal of International Money and Finance，44：1-23.

Barlevy G. 2014. A leverage-based model of speculative bubbles. Journal of Economic Theory，153：459-505.

Barot B，Yang Z. 2002. House prices and housing investment in Sweden and the UK：econometric analysis for the period 1970-1998. Review of Urban & Regional Development Studies，14（2）：189-216.

Baur D G，Schulze N. 2009. Financial market stability—a test. Journal of International Financial Markets，Institutions and Money，19（3）：506-519.

Bean C R. 2004. Asset prices，financial instability，and monetary policy. The American Economic Review，94（2）：14-18.

Beber A，Pagano M. 2013. Short-selling bans around the world：evidence from the 2007-09 crisis. The Journal of Finance，68（1）：343-381.

Berger A N. 1995. The profit-structure relationship in banking—tests of market-power and efficient-structure hypotheses. Journal of Money，Credit and Banking，27（2）：404-431.

Berger A N，Klapper L F，Peria M S M，et al. 2008. Bank ownership type and banking relationships. Journal of Financial Intermediation，17（1）：37-62.

Berger A N, Miller N M, Petersen M A, et al. 2005. Does function follow organizational form? Evidence from the lending practices of large and small banks. Journal of Financial Economics, 76（2）: 237-269.

Berger A N, Udell G F. 1998. The economics of small business finance: the roles of private equity and debt markets in the financial growth cycle. Journal of Banking & Finance, 22（6-8）: 613-673.

Berger A N, Udell G F. 2002. Small business credit availability and relationship lending: the importance of bank organisational structure. The Economic Journal, 112（477）: 32-53.

Bernanke B S, Blinder A. 1992. The federal funds rate and the channels of monetary transmission. The American Economic Review, 82（4）: 901-921.

Bernanke B S, Gertler M. 1989. Agency costs, net worth, and business fluctuations. The American Economic Review, 79（1）: 14-31.

Bernanke B S, Gertler M. 2000. Monetary policy and asset price volatility. Social Science Electronic Publishing, （84）: 77-128.

Bernanke B S, Gertler M. 2001. Should central banks respond to movements in asset prices? The American Economic Review, 91（2）: 253-257.

Bhar R, Malliaris A G. 2016. Asset price momentum and monetary policy: time-varying parameter estimation of taylor rules. Applied Economics, 48: 5329-5339.

Blanchard O J. 1979. Speculative bubbles, crashes and rational expectations. Economics Letters, 3（4）: 387-389.

Blot C, Creel J, Hubert P, et al. 2015. Assessing the link between price and financial stability. Journal of Financial Stability, 16: 71-88.

Boehmer E, Jones C M, Zhang X. 2008. Which shorts are informed? The Journal of Finance, 63（2）: 491-527.

Boehmer E, Wu J. 2013. Short selling and the price discovery process. The Review of Financial Studies, 26（2）: 287-322.

Bohl M T, Diesteldorf J, Siklos P L. 2015. The effect of index futures trading on volatility: three markets for Chinese stocks. China Economic Review, 34（6）: 207-224.

Bohl M T, Siklos P L, Sondermann D. 2008. European stock markets and the ECB's monetary policy surprises. International Finance, 11（2）: 117-130.

Boinet V, Martin C. 2008. Targets, zones, and asymmetries: a flexible nonlinear model of recent UK monetary policy. Oxford Economic Papers, 60（3）: 423-439.

Boivin J, Giannoni M P. 2006. Has monetary policy become more effective? The Review of Economics and Statistics, 88（3）: 445-462.

Borio C E V, Gambacorta L, Hofmann B. 2017. The influence of monetary policy on bank profitability. International Finance, 20（1）: 48-63.

Borio C E V, Lowe P W. 2002. Asset prices, financial and monetary stability: exploring the nexus. BIS Working Papers, No.114.

Boubaker H, Sghaier N. 2015. On the dynamic dependence between US and other developed stock markets: an extreme-value time-varying copula approach. Bankers Markets&Investors, (136/137): 80-93.

Boutillier M, Bricongne J C. 2012. Disintermediation or financial diversification? The case of developed countries. Banque de France Working Paper, No. 380.

Brandt L, Li H B. 2003. Bank discrimination in transition economies: ideology, information, or incentives? Journal of Comparative Economics, 31 (3): 387-413.

Brei M, Gambacorta L. 2014. The leverage ratio over the cycle. BIS Working Papers, No.471.

Brennan M J, Subrahmanyam A. 1996. Market microstructure and asset pricing: on the compensation for illiquidity in stock returns. Journal of financial economics, 41 (3): 441-464.

Brock W A, Scheinkman J A, Dechert W D, et al. 1996. A test for independence based on the correlation dimension. Econometric Reviews, (15): 197-235.

Brooks C, Katsaris A. 2005. A three-regime model of speculative behaviour: modeling the evolution of the S&P 500 composite index. The Economic Journal, 115 (505): 767-797.

Brunnermeier M K, Pedersen L H. 2009. Market liquidity and funding liquidity. The Review of Financial Studies, 22 (6): 2201-2238.

Buiter W H, Panigirtzoglou N. 2003. Overcoming the zero bound on nominal interest rates with negative interest on currency: Gesell's solution. The Economic Journal, 113 (490): 723-746.

Bukowski M, Kowal P. 2010. Large scale, multi-sector DSGE model as a climate policy assessment tool. IBS Working Papers, No.2402.

Bullard J, Mitra K. 2002. Learning about monetary policy rules. Journal of Monetary Economics, 49 (6): 1105-1129.

Bumann S, Hermes N, Lensink R. 2013. Financial liberalization and economic growth: a meta-analysis. Journal of International Money and Finance, 33: 255-281.

Caggiano G, Castelnuovo E, Figueres J M. 2017. Economic policy uncertainty and unemployment in the United States: a nonlinear approach. Economics Letters, 151: 31-34.

Caglayan M, Jehan Z, Mouratidis K. 2016. Asymmetric monetary policy rules for an open economy: evidence from Canada and the UK. International Journal of Finance & Economics, 21 (3): 279-293.

Calmès C, Théoret R. 2013. Market-oriented banking, financial stability and macro-prudential indicators of leverage. Journal of International Financial Markets, Institutions and Money, 27: 13-34.

Calvo G A. 1983. Staggered prices in a utility-maximizing framework. Journal of Monetary

Economics, 12 (3): 383-398.

Canova F, Sala L. 2009. Back to square one: identification issues in DSGE models. Journal of Monetary Economics, 56 (4): 431-449.

Carhart M M. 1997. On persistence in mutual fund performance. The Journal of Finance, 52 (1): 57-82.

Carter C K, Kohn R. 1994. On Gibbs sampling for state space models. Biometrika, 81 (3): 541-553.

Cecchetti S G. 2000. Asset prices and central bank policy. Centre for Economic Policy Research.

Chadha J S, Corrado L. 2012. Macro-prudential policy on liquidity: what does a DSGE model tell us? Journal of Economics and Business, 64 (1): 37-62.

Challe E, Giannitsarou C. 2014. Stock prices and monetary policy shocks: a general equilibrium approach. Journal of Economic Dynamics & Control, 40: 46-66.

Chang C, Liao G M, Yu X Y, et al. 2014. Information from relationship lending: evidence from loan defaults in China. Journal of Money, Credit and Banking, 46 (6): 1225-1257.

Chang C, McAleer M, Tansuchat R. 2013. Conditional correlations and volatility spillovers between crude oil and stock index returns. North American Journal of Economics and Finance, 25 (8): 116-138.

Chen H, Chen Q, Gerlach S. 2011. The implementation of monetary policy in China: the interbank market and bank lending. HKIMR Working Papers, No.26.

Chen Y, Turnovsky S J, Zivot E. 2014. Forecasting inflation using commodity price aggregates. Journal of Econometrics, 183 (1): 117-134.

Cheung Y W, Qian X W. 2010. Capital flight: China's experience. Review of Development Economics, 14 (2): 227-247.

Cheung Y W, Steinkamp S, Westermann F. 2015. China's capital flight: pre- and post-crisis experiences. Journal of International Money and Finance, 66: 88-112.

Chirilă V, Chirilă C. 2015. Financial market stability: a quantile regression approach. Procedia Economics and Finance, 20: 125-130.

Chirinko R S. 2008. σ: the long and short of it. Journal of Macroeconomics, 30 (2): 671-686.

Chollete L, Heinen A, Valdesogo A. 2009. Modeling international financial returns with a multivariate regime-switching copula. Journal of Financial Econometrics, 7 (4): 437-480.

Chordia T, Roll R, Subrahmanyam A. 2001. Market liquidity and trading activity. The Journal of Finance, 56 (2): 501-530.

Chordia T, Sarkar A, Subrahmanyam A. 2005. An empirical analysis of stock and bond market liquidity. The Review of Financial Studies, 18 (1): 85-129.

Choudhry T, Osoble B N. 2015. Nonlinear interdependence between the US and emerging markets' industrial stock sectors. International Journal of Finance & Ecomnics, 20 (1): 61-79.

Chow G C. 1960. Tests of equality between sets of coefficients in two linear regressions. Econometrica, 28（3）: 591-605.

Christiano L J, Eichenbaum M, Evans C L. 1999. Chapter 2 monetary policy shocks: what have we learned and to what end? Handbook of Macroeconomics, 1: 65-148.

Christiano L J, Motto R, Rostagno M. 2010. Financial factors in economic fluctuations. ECB Working Paper, No.1192.

Chuang C C, Kuan C M, Lin H Y. 2009. Causality in quantiles and dynamic stock return-volume relations. Journal of Banking & Finance, 33（7）: 1351-1360.

Chuang W I, Lee B S. 2006. An empirical evaluation of the overconfidence hypothesis. Journal of Banking & Finance, 30（9）: 2489-2515.

Chung K H, Chuwonganant C. 2014. Uncertainty, market structure, and liquidity. Journal of Financial Economics, 113（3）: 476-499.

Citak S, Cakici E T, Cakici M, et al. 2016. Neuropsychological assessment in patients with paranoid and non-paranoid schizophrenia. Bulletin of Clinical Psychopharmacology, 23（4）: 294-304.

Clarida R, Gali J, Gertler M. 1999. The science of monetary policy: a new Keynesian perspective. NBER Working Paper.

Clarida R, Gali J, Gertler M. 2000. Monetary policy rules and macroeconomic stability: evidence and some theory. The Quarterly Journal of Economics, 115（1）: 147-180.

Cochrane J. 2005. Financial markets and the real rconomy. National Bureau of Economic Research Working Paper Series, No. 11193.

Cohen A, Einav L. 2007. Estimating risk preferences from deductible choice. The American Economic Review, 97（3）: 745-788.

Cole S. 2009. Fixing market failures or fixing elections? Agricultural credit in India. American Economic Journal: Applied Economics, 1（1）: 219-250.

Cosci S, Meliciani V. 2002. Multiple banking relationships: evidence from the Italian experience. The Manchester School, 70（1）: 37-54.

Creel J, Hubert P, Labondance F. 2015. Financial stability and economic performance. Economic Modelling, 48: 25-40.

Cremers K J M, Petajisto A. 2009. How active is your fund manager? A new measure that predicts performance. The Review of Financial Studies, 22（9）: 3329-3365.

Crockett A. 2000. Marrying the micro-and macro-prudential dimensions of financial stability. BIS Papers.

Crockett A. 2008. Market liquidity and financial stability. Financial Stability Review,（11）: 13-17.

Cúrdia V, Ferrero A, Ng G C, et al. 2015. Has U. S. monetary policy tracked the efficient interest rate? Journal of Monetary Economics, 70: 72-83.

da Gama Machado V. 2013. Monetary policy rules, asset prices and adaptive learning. Journal of Financial Stability, 9（3）: 251-258.

da Rin M, Hellmann T. 2002. Banks as catalysts for industrialization. Journal of Financial Intermediation, 11（4）: 366-397.

da Silva M S, Divino J A. 2013. The role of banking regulation in an economy under credit risk and liquidity shock. The North American Journal of Economics and Finance, 26: 266-281.

Davig T, Leeper E M. 2007. Generalizing the Taylor principle. The American Economic Review, 97（3）: 607-635.

de Long J B, Shleifer A, Summers L H, et al. 1990. Positive feedback investment strategies and destabilizing rational speculation. The Journal of Finance, 45（2）: 379-395.

de Souza S R S. 2016. Capital requirements, liquidity and financial stability: the case of Brazil. Journal of Financial Stability, 25: 179-192.

Deaves R, Lüders E, Schröder M. 2010. The dynamics of overconfidence: evidence from stock market forecasters. Journal of Economic Behavior & Organization, 75（3）: 402-412.

Dechow P M, Hutton A P, Meulbroek L, et al. 2001. Short-sellers, fundamental analysis, and stock returns. Journal of Financial Economics, 61（1）: 77-106.

Degryse H, Kim M, Ongena S. 2009. Microeconometrics of Banking. Oxford: Oxford University Press.

Demachi K. 2014. Capital flight from resource rich developing countries. Economics Bulletin, 34（2）: 734-744.

Desai H, Krishnamurthy S, Venkataraman K. 2006. Do short sellers target firms with poor earnings quality? Evidence from earnings restatements. Review of Accounting Studies, 11（1）: 71-90.

Detragiache E, Garella P, Guiso L. 2000. Multiple versus single banking relationships: theory and evidence. The Journal of Finance, 55（3）: 1133-1161.

Dewally M, Shao Y. 2013. Leverage, wholesale funding and national risk attitude. Journal of International Financial Markets, Institutions & Money, 23: 179-195.

Dickinson D, Liu J. 2007. The real effects of monetary policy in China: an empirical analysis. China Economic Review, 18（1）: 87-111.

Diebold F X, Li C. 2006. Forecasting the term structure of government bond yields. Journal of Econometrics, 130（2）: 337-364.

Diether K B, Lee K H, Werner I M. 2009. It's SHO time! Short-sale price tests and market quality. The Journal of Finance, 64（1）: 37-73.

Dinç I S. 2005. Politicians and banks: political influences on government-owned banks in emerging markets. Journal of Financial Economics, 77（2）: 453-479.

Ding H, Kim H G, Park S Y. 2016. Crude oil and stock markets: causal relationships in tails? Energy

Economics, 59: 58-69.

Dow J, Han J. 2015. Contractual incompleteness, limited liability and asset price bubbles. Journal of Financial Economics, 116 (2): 383-409.

Draghi M. 2014. Unemployment in the Euro-Area. In Speech at the Annual Central Bank Symposium in Jackson Hole.

Duffie D, Gârleanu N, Pedersen L H. 2002. Securities lending, shorting, and pricing. Journal of Financial Economics, 66 (2): 307-339.

Dupor B. 2002. Comment on: monetary policy and asset prices. Journal of Monetary Economics, 49 (1): 99-106.

Durbin J, Koopman S J. 2002. A simple and efficient simulation smoother for state space time series analysis. Biometrika, 89 (3): 603-615.

Dybvig P H. 1993. Remarks on banking and deposit insurance. Federal Reserve Bank of Louis Review, 75 (1): 21-24.

Eijffinger S C W, Karatas B. 2012. Currency crises and monetary policy: a study on advanced and emerging economies. Journal of International Money and Finance, 31 (5): 948-974.

Eisenstat E, Chan J C C, Strachan R W. 2016. Stochastic model specification search for time-varying parameter VARs. Econometric Reviews, 35 (8-10): 1638-1665.

Elyasiani E, Goldberg L G. 2004. Relationship lending: a survey of the literature. Journal of Economics & Business, 56 (4): 315-330.

Emunds B. 2003. The integration of developing countries into international financial markets: remarks from the perspective of an economic ethics. Business Ethics Quarterly, 13 (3): 337-359.

Enders Z, Hakenes H. 2019. Market depth, leverage, and speculative bubbles. Cesifo Working Paper Series, No.6806.

Engle R F, Ng V K. 1993. Measuring and testing the impact of news on volatility. The Journal of Finance, 48 (5): 1749-1778.

Engle R. 2002. Dynamic conditional correlation. Journal of Business & Economic Statistics, 20 (3): 339-350.

Fama E, French K. 1993. Common risk factors in the returns on stocks and bonds. Journal of Financial Economics, 33 (1): 3-56.

Fama E F, French K R. 2015. A five-factor asset pricing model. Journal of Financial Economics, 116 (1): 1-22.

Fang L, Ivashina V, Lerner J. 2015. The disintermediation of financial markets: direct investing in private equity. Journal of Financial Economics, 116 (1): 160-178.

Fang X, Jiang Y. 2014. The promoting effect of financial development on economic growth: evidence from China. Emerging Markets Finance & Trade, 50 (1): 34-50.

Farinha L A, Santos J A C. 2002. Switching from single to multiple bank lending relationships: determinants and implications. Journal of Financial Intermediation, 11（2）: 124-151.

Feyzioglu T, Porter N, Takats E. 2009. Interest rate liberalization in China. IMF Working Papers, No.09/171.

Filardo A J, Lombardi M J, Montoro C, et al. 2020. Monetary policy, commodity prices, and misdiagnosis risk. International Journal of Central Banking, 16（2）: 45-79.

Fisher I. 1933. The debt-deflation theory of great depressions. Econometrica, 1（4）: 337-357.

Francis B, Hasan I, Koetter M, et al. 2012. Corporate boards and bank Loan contracting. The Journal of Financial Research, 35（4）: 521-552.

Friedman B M. 2000. Monetary policy. National Bureau of Economic Research Working Paper Series, No. 8057.

Friedman M. 1948. A monetary and fiscal framework for economic stability. The American Economic Review, 38（3）: 245-264.

Friedman M. 1983. A Program for Monetary Stability. New York: Fordham University Press.

Fry M J. 1989. Financial development: theories and recent experience. Oxford Review of Economic Policy, 5（4）: 13-28.

Galí J. 2008. Monetary Policy, Inflation, and the Business Cycle: An Introduction to the New Keynesian Framework. Princeton: Princeton University Press.

Gambacorta L, Signoretti F M. 2014. Should monetary policy lean against the wind? An analysis based on a DSGE model with banking. Journal of Economic Dynamics & Control, 43: 146-174.

Gao D Y, Lu X. 2016. On the extrema of a nonconvex functional with double-well potential in 1D. Zeitschrift für angewandte Mathematik und Physik, 67（3）: 62-73.

Gao Y, Gao Y. 2015. Statistical properties of short-selling and margin-trading activities and their impacts on returns in the Chinese stock markets. Physica A: Statistical Mechanics and Its Applications, 438: 293-307.

Geanakoplos J. 2010. The leverage cycle. University of Chicago Press, 24: 1-65.

Geiger M. 2006. Monetary policy in China（1994~2004）: targets, instruments and their effectiveness. Wurzburg Economic Papers, No.68.

Gerrits R J, Yuce A. 1999. Short-and long-term links among European and U. S. stock markets. Applied Financial Economics, 9（1）: 1-9.

Gertler M, Karadi P. 2011. A model of unconventional monetary policy. Journal of monetary Economics, 58（1）: 17-34.

Gertler M, Kiyotaki N. 2010. Financial intermediation and credit policy in business cycle analysis. Handbook of Monetary Economics, 3（3）: 547-599.

Gervais S, Odean T. 2001. Learning to be overconfident. Review of Financial Studies, 14（1）: 1-27.

Geweke J. 1991. Evaluating the accuracy of sampling-based approaches to the calculation of posterior moments. Federal Reserve Bank of Minneapolis Working Paper.

Gilchrist S, Leahy J V. 2002. Monetary policy and asset prices. Journal of Monetary Economics, 49 (1): 75-97.

Giordana G, Schumacher I. 2013. What are the bank-specific and macroeconomic drivers of banks' leverage? Evidence from Luxembourg. Empirical Economics, 45 (2): 905-928.

Goldsmith R W. 1969. Financial Structure and Development. New Haven: Yale University Press.

Goodfriend M. 2005. The monetary policy debate since october 1979: lessons for theory and practice. Federal Reserve Bank of St. Louis Review, 87 (2): 243-262.

Gopalan R, Udell G F, Yerramilli V. 2011. Why do firms form new banking relationships? Journal of Financial and Quantitative Analysis, 46 (5): 1335-1365.

Gouider A, Nouira R. 2014. Relationship between the misalignment of the real exchange rate and capital flight in the developing countries. Theoretical & Applied Economics, 11: 121-140.

Goyenko R Y, Ukhov A D. 2009. Stock and bond market liquidity: a long-run empirical analysis. Journal of Financial and Quantitative Analysis, 44 (1): 189-212.

Graff M, Karmann A. 2006. What determines the finance-growth nexus? Empirical evidence for threshold models. Journal of Economics, 87 (2): 127-157.

Granger C W J. 1996. Can we improve the perceived quality of economic forecasts? Journal of Applied Econometrics, 11 (5): 455-473.

Granger C W J, Swanson N R. 1997. An introduction to stochastic unit-root processes. Journal of Econometrics, 80 (1): 35-62.

Greene W. 2005. Reconsidering heterogeneity in panel data estimators of the stochastic frontier model. Journal of Econometrics, 126 (2): 269-303.

Greenwald M A, Jackson S L, Baglivio M T. 2014. The costs of delinquency. Criminology & Public Policy, 13 (1): 61-67.

Gulen H, Ion M. 2015. Policy uncertainty and corporate investment. The Review of Financial Studies, 29 (3): 523-564.

Gunji H, Yuan Y. 2010. Bank profitability and the bank lending channel: evidence from China. Journal of Asian Economics, 21 (2): 129-141.

Guo G. 2009. China's local political budget cycles. American Journal of Political Science, 53 (3): 621-632.

Gupta R, Jurgilas M, Miller S M, et al. 2012. Financial market liberalization, monetary policy, and housing sector dynamics. International Business & Economics Research Journal, 11 (1): 69-82.

Gurley J G, Shaw E S. 1960. Money in a theory of finance. The Brookings Institution.

Hacker R S, Hatemi J A. 2006. Tests for causality between integrated variables using asymptotic and bootstrap distributions: theory and application. Applied Economics, 38（13）: 1489-1500.

Hameed A, Kang W, Viswanathan S. 2010. Stock market declines and liquidity. The Journal of Finance, 65（1）: 257-293.

Hamilton J. 1988. Rational-expectations econometric analysis of changes in regime: an investigation of the term structure of interest rates. Journal of Economic Dynamics & Control, 12（2/3）: 385-423.

Hamilton J. 1989. A new approach to the economic analysis of nonstationary time series and the business cycle. Econometrica, 57（2）: 357-384.

Hammersland R, Træe C B. 2014. The financial accelerator and the real economy: a small macroeconometric model for Norway with financial frictions. Economic Modelling, 36: 517-537.

Handley K, Limão N. 2017. Policy uncertainty, trade, and welfare: theory and evidence for China and the United States. The American Economic Review, 107（9）: 2731-2783.

Harhoff D, Körting T. 1998. Lending relationships in Germany—empirical evidence from survey data. Journal of Banking & Finance, 22（10/11）: 1317-1353.

Harvey A, Ruiz E, Sentana E. 1992. Unobserved component time series models with ARCH disturbances. Journal of Econometrics, 52（1/2）: 129-157.

Hasbrouck J. 1995. One security, many markets: determining the contributions to price discovery. The Journal of Finance, 50（4）: 1175-1199.

Hasbrouck J. 2004. Liquidity in the futures pits: inferring market dynamics from incomplete data. Journal of Financial and Quantitative Analysis, 39（2）: 305-326.

Hasbrouck J, Seppi D J. 2001. Common factors in prices, order flows, and liquidity. Journal of Financial Economics, 59（3）: 383-411.

Hassan M K, Sanchez B, Yu J. 2011. Financial development and economic growth: new evidence from panel data. The Quarterly Review of Economics and Finance, 51（1）: 88-104.

He C, Wright R, Zhu Y. 2015. Housing and liquidity. Review of Economic Dynamics, 18(3): 435-455.

He D, Wang H. 2012. Dual-track interest rates and the conduct of monetary policy in China. China Economic Review, 23（4）: 928-947.

Heath-Brown N. 2015. Sveriges riksbank prize in economic sciences in memory of Alfred Nobel. The Statesman's Yearbook 2016. Palgrave Macmillan UK.

Heckman J J. 1976. The common structure of statistical models of truncation, sample selection and limited dependent variables and a simple estimator for such models. Annals of Economic and Social Measurement, 5: 475-492.

Herbst E, Schorfheide F. 2012. Evaluating DSGE model forecasts of comovements. Journal of Econometrics, 171（2）: 152-166.

Herrmann U, Rohleder M, Scholz H. 2016. Does style-shifting activity predict performance? Evidence from equity mutual funds. The Quarterly Review of Economics and Finance, 59: 112-130.

Herrmann U, Scholz H. 2013. Short-term persistence in hybrid mutual fund performance: the role of style-shifting abilities. Journal of Banking & Finance, 37（7）: 2314-2328.

Hester D D. 1969. Financial disintermediation and policy. Journal of Money, Credit and Banking, 1（3）: 600-617.

Hilberg B, Hollmayr J. 2011. Asset prices, collateral and unconventional monetary policy in a DSGE model. ECB Working Papers, No.1373.

Hong H, Scheinkman J, Xiong W. 2006. Asset float and speculative bubbles. The Journal of Fiance, 61（3）: 1073-1117.

Hong H, Scheinkman J, Xiong W. 2008. Advisors and asset price: a model of the origins of bubbles. Journal of Financial Economics, 89（2）: 268-287.

Hong H, Stein J C. 2003. Differences of opinion, short-sales constraints, and market crashees. The Review of Financial Studies, 16（2）: 487-525.

Hong Y. 1996. Testing for independence between two covariance stationary time series. Biometrika, 83（3）: 615-625.

Hong Y. 2001. A test for volatility spillover with applications to exchange rates. Journal of Econometrics, 103（1）: 183-224.

Hong Y, Liu Y, Wang S. 2009. Granger causality in risk and detection of extreme risk spillover between financial markets. Journal of Econometrics, 150（2）: 271-287.

Hou Y, Li S. 2014. The impact of the CSI 300 stock index futures: positive feedback trading and autocorrelation of stock returns. International Review of Economics & Finance, 33（9）: 319-337.

Hu X, Xu B. 2013. The effectiveness of interest rate liberalization. International Journal of Intelligent Technologies & Applied Statistics, 6（3）: 245-275.

Huang R D, Stoll H R. 1996. Dealer versus auction markets: a paired comparison of execution costs on NASDAQ and the NYSE. Journal of Financial Economics, 41（3）: 313-357.

Huang Y. 2015. Time variation in U.S. monetary policy and credit spreads. Journal of Macroeconomics, 43: 205-215.

Huang Y S, Wang Y. 2013. Asset price, risk transfer and economic activities: firm-level evidence from China. The North American Journal of Economics and Finance, 26: 663-676.

Hugonnier J, Prieto R. 2015. Asset pricing with arbitrage activity. Journal of Financial Economics, 115（2）: 411-428.

Hussam R N, Porter D, Smith V L. 2008. Thar she blows: can bubbles be rekindled with experienced subjects? The American Economic Review, 98（3）: 924-937.

Idzorek T M, Bertsch F. 2004. The style drift score. The Journal of Portfolio Management, 31（1）: 76-83.

Ikeda T. 2010. Time-varying asymmetries in central bank preferences: the case of the ECB. Journal of Macroeconomics, 32 (4): 1054-1066.

Ilgmann C, Menner M. 2011. Negative nominal interest rates: history and current proposals. International Economics and Economic Policy, 8 (4): 383-405.

Illing M, Liu Y. 2003. An index of financial stress for Canada. Bank of Canada Working Papers, No.14.

Istiak K, Serletis A. 2014. A note on leverage and the macroeconomy. Macroeconomic Dynamics, 20 (1): 429-445.

Jacobs H, Müller S, Weber M. 2014. How should individual investors diversify? An empirical evaluation of alternative asset allocation policies. Journal of Financial Markets, 19: 62-85.

Jacobson T, Lindé J, Roszbach K. 2005. Exploring interactions between real activity and the financial stance. Journal of Financial Stability, 1 (3): 308-341.

Jacques K, Nigro P. 1997. Risk-based capital, portfolio risk, and bank capital: a simultaneous equations approach. Journal of Economics & Business, 49 (6): 533-547.

Jarrow R A, Protter P, Roch A F. 2012. A liquidity-based model for asset price bubbles. Quantitative Finance, 12 (9): 1339-1349.

Jobst A, Lin H. 2016. Negative interest rate policy (NIRP): implications for monetary transmission and bank profitability in the Euro Area. IMF Working Papers, No.161172.

Jondeau E, Rockinger M. 2006. The copula-GARCH model of conditional dependencies: an international stock market application. Journal of International Money and Finance, 25 (5): 827-853.

Jordà Ò, Schularick M, Taylor A M. 2015. Leveraged bubbles. Journal of Monetary Economics, 76: 1-20.

Kacperczyk M, Sialm C, Zheng L. 2005. On the industry concentration of actively managed equity mutual funds. The Journal of Finance, 60 (4): 1983-2011.

Kapur B K. 1976. Alternative stabilization policies for less-developed economies. Journal of Political Economy, 84 (4): 777-795.

Karatas A. 2017. High quality liquid Sukūk: relevance, practice, and empirical research in the context of rising global interest rates. Applied Economics & Finance, 4 (2): 141-154.

Kasai N, Gupta R. 2010. Financial liberalization and the effectiveness of monetary policy on house prices in South Africa. The IUP Journal of Monetary Economics, 8 (4): 59-74.

Kazi I, Guesmi K, Kaabia O. 2013. Does shift contagion exist between OECD stock markets during the financial crisis? Journal of Applied Business Research, 29 (2): 469-484.

Khan H, Tsoukalas J. 2012. The quantitative importance of news shocks in estimated DSGE models. Journal of Money, Credit and Banking, 44 (8): 1535-1561.

Kim C J, Nelson C R. 1999. State-Space Models with Regime Switching: Classical and Gibbs-Sampling Approaches with Applications. Cambridge: MIT Press Books.

Kim C J, Nelson C R. 2006. Estimation of a forward-looking monetary policy rule: a time-varying parameter model using ex post data. Journal of Monetary Economics, 53 (8): 1949-1966.

Kim H, Park H. 2013. Term structure dynamics with macro-factors using high frequency data. Journal of Empirical Finance, 22: 78-93.

King R G, Levine R. 1993. Finance and growth: schumpeter might be right. The Quarterly Journal of Economics, 108 (3): 717-737.

Knight F H. 1921. Risk, Uncertainty and Profit. New York: Houghton Mifflin Company.

Ko K J, Huang Z. 2007. Arrogance can be a virtue: overconfidence, information acquisition, and market efficiency. Journal of Financial Economics, 84 (2): 529-560.

Kohlscheen E. 2014. The impact of monetary policy on the exchange rate: a high frequency exchange rate puzzle in emerging economies. Journal of International Money and Finance, 44: 69-96.

Kontonikas A, Montagnoli A. 2006. Optimal monetary policy and asset price misalignments. Scottish Journal of Political Economy, 53 (5): 636-654.

Koulakiotis A, Babalos V, Papasyriopoulos N. 2015. Liquidity matters after all: asymmetric news and stock market volatility before and after the global financial crisis. Economics Letters, 127: 58-60.

Krippner G R. 2005. The financialization of the American economy. Socio-Economic Review, 3 (2): 173-208.

Krugman P. 1998. What Happened to Asia? Cambridge: MIT.

Kumari J, Mahakud J. 2015. Relationship between conditional volatility of domestic macroeconomic factors and conditional stock market volatility: some further evidence from India. Asia-Pacific Financial Markets, 22 (1): 87-111.

Kyle A S. 1985. Continuous auctions and insider trading. Econometrica, 53 (6): 1315-1335.

la Porta R, Lopez-de-Silanes F, Shleifer A. 2002. Government ownership of banks. Journal of Finance, 57 (1): 265-301.

Lanne M, Meitz M, Saikkonen P. 2013. Testing for linear and nonlinear predictability of stock returns. Journal of Financial Econometrics, 11 (4): 682-705.

Laux C, Rauter T. 2017. Procyclicality of US bank leverage. Journal of Accounting Research, 55 (2): 237-273.

Lean H H, Teng K. 2013. Integration of world leaders and emerging powers into the Malaysian stock market: a DCC-MGARCH approach. Economic Modelling, 32: 333-342.

Lee J, Song J. 2015. Housing and business cycles in Korea: a multi-sector Bayesian DSGE approach. Economic Modelling, 45: 99-108.

Lee L, Yu J. 2010. Estimation of spatial autoregressive panel data models with fixed effects. Journal of

Econometrics, 154（2）: 165-185.

LeSage J, Pace R K. 2009. Introduction to Spatial Econometrics. Boca Raton: CRC Press.

Lesmond D A. 2005. Liquidity of emerging markets. Journal of Financial Economics, 77(2): 411-452.

Levine R. 2005. Finance and growth: theory and evidence. Handbook of Economic Growth, 1（1）: 865-934.

Li S, Liu C. 2018. Quality of corporate social responsibility disclosure and cost of equity capital: lessons from China. Emerging Markets Finance & Trade, 54（11）: 2472-2494.

Li S, Marinč M. 2016. Competition in the clearing and settlement industry. Journal of International Financial Markets, Institutions & Money, 40: 134-162.

Lin M Y. 2015. Deposit insurance and effectiveness of monetary policy. Applied Economics Letters, 22（18）: 1443-1449.

Liu W. 2006. A liquidity-augmented capital asset pricing model. Journal of financial Economics, 82（3）: 631-671.

Liu X, Zhang Y, Fang L, et al. 2015. Reforming China's pension scheme for urban workers: liquidity gap and policies' effects forecasting. Sustainability, 7（8）: 10876-10894.

Llosa L G, Tuesta V. 2009. Learning about monetary policy rules when the cost-channel matters. Journal of Economic Dynamics & Control, 33（11）: 1880-1896.

Long L, Tsui A K, Zhang Z. 2014. Conditional heteroscedasticity with leverage effect in stock returns: evidence from the Chinese stock market. Economic Modelling, 37: 89-102.

Longerstaey J. 1996. RiskMetrics—Technical Document. 4th edition. New York: J. P. Morgan/Reuters.

López M. 2015. Asset price bubbles and monetary policy in a small open economy. Ensayos sobre Política Económica, 33（77）: 93-102.

Lu J, Chen X, Liu X. 2018. Stock market information flow: explanations from market status and information-related behavior. Physica A: Statistical Mechanics and Its Applications, 512: 837-848.

Lu X, Lv X. 2016. Analytic solutions for the approximated 1-D Monge–Kantorovich mass transfer problems. Zeitschrift für angewandte Mathematik und Physik, 67（5）: 128.

Lu X, Lv X. 2017. Multiplier method in the strong unique continuation for electromagnetic Schrödinger operator//Dang P, Ku M, Qian T, et al. New Trends in Analysis and Interdisciplinary Applications. Cham: Birkhäuser: 507-513.

Lubik T A, Schorfheide F. 2007. Do central banks respond to exchange rate movements? A structural investigation. Journal of Monetary Economics, 54（4）: 1069-1087.

Lucas R E. 1988. On the mechanics of economic development. Journal of Monetary Economics, 22（1）: 3-42.

Lucey B M, Voronkova S. 2008. Russian equity market linkages before and after the 1998 crisis:

evidence from stochastic and regime-switching cointegration tests. Journal of International Money and Finance, 27（8）: 1303-1324.

Luo Y, Zhu F. 2014. Financialization of the economy and income inequality in China. Economic and Political Studies, 2（2）: 46-66.

Martin C, Milas C. 2004. Modelling monetary policy: inflation targeting in practice. Economica, 71（282）: 209-221.

Mathieson D J. 1980. Financial reform and stabilization policy in a developing economy. Journal of Development Economics, 7（3）: 359-395.

McCallum B T. 1988. Robustness properties of a rule for monetary. Camegie-Rochester Conference Series on Public Policy,（29）: 173-204.

McCallum B T. 2000. Theoretical analysis regarding a zero lower bound on nominal interest rates. Journal of Money' Credit and Banking, 32（4）: 870-904.

McKinnon R I. 1973. Money and Capital in Economic Development. Washington: Brookings Institution Press.

McNally W J, Smith B F. 2011. A microstructure analysis of the liquidity impact of open market repurchases. Journal of Financial Research, 34（3）: 481-501.

Mendicino C, Punzi M T. 2014. House prices, capital inflows and macro prudential policy. Journal of Banking & Finance, 49: 337-355.

Mendoza E G, Quadrini V, Ríos-Rull J. 2009. Financial integration, financial development, and global imbalances. Journal of Political Economy, 117（3）: 371-416.

Mésonnier J S, Stevanovi C D. 2012. Bank leverage shocks and the macroeconomy: a new look in a datarich environment. Working Papers.

Miller M, Stiglitz J. 2010. Leverage and asset bubbles: averting armageddon with chapter 11? The Economic Journal, 120（544）: 500-518.

Mimir Y. 2010. Financial intermediaries, leverage ratios and business cycles. MPRA Paper, No.27643.

Minsky H. 1986. Stabilizing an Unstable Economy: a Twentieth Century Fund Report. New Haven: Yale University Press.

Mishkin F S. 1990. The information in the longer maturity term structure about future inflation. The Quarterly Journal of Economics, 105（3）: 815-828.

Mishkin F S. 1996. The channels of monetary transmission: lessons for monetary policy. NBER Working Paper, No.5464.

Mishkin F S. 2001. The transmission mechanism and the role of asset prices in monetary policy. National Bureau of Economic Research Working Paper Series, No. 8617.

Mishkin F S. 2007. Housing and the monetary transmission mechanism. NBER Working Paper, No.13518.

Muto I. 2011. Monetary policy and learning from the central bank's forecast. Journal of Economic Dynamics & Control, 35（1）: 52-66.

Næs R, Skjeltorp J A, Ødegaard B A. 2011. Stock market liquidity and the business cycle. The Journal of Finance, 66（1）: 139-176.

Nakajima J. 2011. Time-varying parameter VAR model with stochastic volatility: an overview of methodology and empirical applications. Monetary and Economic Studies, 29: 107-142.

Narayan P K, Mishra S, Sharma S, et al. 2013. Determinants of stock price bubbles. Economic Modelling, 35: 661-667.

Ndikumana L, Boyce J K. 2002. Public debts and private assets: explaining capital flight from sub-saharan african countries . World Development, 31（1）: 107-130.

Negro M D, Primiceri G E. 2015. Time varying structural vector autoregressions and monetary policy: a corrigendum. The Review of Economic Studies, 82（4）: 1342-1345.

Nelson C R, Siegel A F. 1987. Parsimonious modeling of yield curve. The Journal of Business, 60（4）: 473-489.

Nelson W R, Perli R. 2007. Selected indicators of financial stability. Risk Measurement and Systemic Risk, 4: 343-372.

Neri S, Ropele T. 2012. Imperfect information, real-time data and monetary policy in the Euro Area. The Economic Journal, 122（561）: 651-674.

Nisticò S. 2012. Monetary policy and stock-price dynamics in a DSGE framework. Journal of Macroeconomics, 34（1）: 126-146.

Nneji O. 2015. Liquidity shocks and stock bubbles. Journal of International Financial Market, Institutions & Money, 35: 132-146.

Noussair C N, Pfajfar D, Zsiros J. 2015. Pricing decisions in an experimental dynamic stochastic general equilibrium economy. Journal of Economic Behavior & Organization, 109: 188-202.

Novy-Marx R. 2014. Predicting anomaly performance with politics, the weather, global warming, sunspots, and the stars. Journal of Financial Economics, 112（2）: 137-146.

Nuño G, Thomas C. 2012. Bank leverage cycles. ECB Working Paper, No.1524.

Nutahara K. 2014. What asset prices should be targeted by a central bank? Journal of Money, Credit and Banking, 46（4）: 817-836.

O'Hara M. 1997. Market Microstructure Theory. Oxford: Basil Blackwell.

O'Hara M. 2004. Liquidity and financial market stability. National Bank of Belgium Working Paper, No.55.

Orphanides A. 2001. Monetary policy rules based on real-time data. The American Economic Review, 91（4）: 964-985.

Orphanides A, van Norden S. 2002. The unreliability of output-gap estimates in real time. The Review of Economics and Statistics, 84（4）: 569-583.

Orphanides A, Wieland V. 2000. Inflation zone targeting. European Economic Review, 44（7）: 1351-1387.

Ortiz-molina H, Penas M F. 2008. Lending to small businesses: the role of loan maturity in addressing information problems. Small Business Economics, 30（4）: 361-383.

Palley T I. 2016. Why ZLB economics and negative interest rate policy（NIRP）are wrong. IMK Working Paper.

Panchenko V, Gerasymchuk S, Pavlov O V. 2013. Asset price dynamics with heterogeneous beliefs and local network interactions. Journal of Economic Dynamic & Control, 37（12）: 2623-2642.

Pástor L, Stambaugh R F. 2003. Liquidity risk and expected stock returns. Journal of Political Economy, 111（3）: 642-685.

Pesaran M H, Timmermann A. 2005. Small sample properties of forecasts from autoregressive models under structural breaks. Journal of Econometrics, 129（1）: 183-217.

Petajisto A. 2013. Active share and mutual fund performance. Financial Analysts Journal, 69（4）: 73-93.

Petersen M, Rajan R G. 1994. The benefits of lending relationships: evidence from small business data. The Journal of Finance, 49（1）: 3-37.

Petersen M, Rajan R G. 2002. Does distance still matter? The information revolution in small business lending. Journal of Finance, 57（6）: 2533-2570.

Phillips K. 1994. Arrogant Capital: Washington, Wall Street, and the Frustration of American Politics. Boston: Little, Brown and Company.

Phillips K P. 2003. Wealth and Democracy: A Political History of the American Rich. New York: Broadway.

Phillips P C B, Shi S, Yu J. 2015. Testing for multiple bubbles: historical episodes of exuberance and collapse in the S&P 500. International Economic Review, 56（4）: 1043-1077.

Pitt M K, Shephard N. 1999. Filtering via simulation: auxiliary particle filters. Journal of the American Statistical Association, 94（446）: 590-599.

Plantin G, Shin H S. 2016. Exchange rates and monetary spillovers. BIS Working Papers, No.537.

Poledna S, Thurner S, Farmer J D, et al. 2014. Leverage-induced systemic risk under Basle II and other credit risk policies. Journal of Banking & Finance, 42: 199-212.

Ponomarenko A. 2013. Early warning indicators of asset price boom/bust cycles in emerging markets. Emerging Markets Review, 15: 92-106.

Porter N, Xu T T. 2009. What drives China's interbank market? IMF Working Papers, No.WP/09/189.

Primiceri G. 2005. Time varying structural vector autoregressions and monetary policy. The Review of Economic Studies, 72（3）: 821-852.

Primiceri G E, van Rens T. 2006. Predictable life-cycle shocks, income risk and consumption inequality. SSRN Electronic Journal.

Qin D, Quising P, He X, et al. 2005. Modeling monetary transmission and policy in China. Journal of Policy Modeling, 27 (2): 157-175.

Qin T, Enders W. 2008. In-sample and out-of-sample properties of linear and nonlinear Taylor rules. Journal of Macroeconomics, 30 (1): 428-443.

Quadrini V. 2014. Macroeconomic effects of asset-price shocks in a globalized financial market. The Scandinavian Journal of Economics, 116 (1): 190-217.

Quandt R E. 1960. Tests of the hypothesis that a linear regression system obeys two separate regimes. Journal of the American Statistical Association, 55 (290): 324-330.

Raftery A E, Lewis S M. 1992. One long run with diagnostics: implementation strategies for Markov Chain Monte Carlo. Statistical Science, 7 (4): 493-497.

Rajan R G, Zingales L. 1998. Financial dependence and growth. American Economic Review, 88 (3): 559-586.

Rauf A, Liu X, Amin W, et al. 2018. Energy and ecological sustainability: challenges and panoramas in belt and road initiative countries. Sustainability, 10 (8): 2743-2754.

Ravn S H. 2014. Asymmetric monetary policy towards the stock market: a DSGE approach. Journal of Macroeconomics, 39: 24-41.

Rigobon R, Sack B. 2003. Measuring the reaction of monetary policy to the stock market. The Quarterly Journal of Economics, 118 (2): 639-669.

Rodriguez J C. 2007. Measuring financial contagion: a copula approach. Journal of Empirical Finance, 14 (3): 401-423.

Roll R. 1992. A mean/variance analysis of tracking error. The Journal of Portfolio Management, 18 (4): 13-22.

Rösch C G, Kaserer C. 2014. Reprint of: market liquidity in the financial crisis: the role of liquidity commonality and flight-to-quality. Journal of Banking & Finance, 45: 152-170.

Ruge-Murcia F J. 2003. Inflation targeting under asymmetric preferences. Journal of Money, Credit and Banking, 35 (5): 763-785.

Sachs I. 2004. From poverty trap to inclusive development in LDCs. Economic and Political Weekly, 39 (18): 1802–1811.

Saffi P A C, Sigurdsson K. 2011. Price efficiency and short selling. The Review of Financial Studies, 24 (3): 821-852.

Sapienza P. 2004. The effects of government ownership on bank lending. Journal of Financial Economics, 72 (2): 357-384.

Sari R, Hammoudeh S, Chang C L, et al. 2012. Causality between market liquidity and depth for energy and grains. Energy Economics, 34（5）: 1683-1692.

Sarr A, Lybek T. 2002. Measuring liquidity in financial markets. IMF Working Paper. Monetary and Exchange Affairs Department, No.02/232.

Scheinkman J, Xiong W. 2003. Overconfidence and speculative bubbles. Journal of Political Economy, 111（6）: 1183-1219.

Schmidt R H, Hackethal A, Tyrell M. 1999. Disintermediation and the role of banks in Europe: an international comparison. Journal of Financial Intermediation, 8（1）: 36-67.

Schumpeter J. 1912. The Theory of Economic Development. Cambridge: Harvard University Press.

Schwartz A J. 1995. Why financial stability despends on price stability. Economic Affairs, 15（4）: 21-25.

Schwartz A J. 2002. Asset price inflation and monetary policy. National Bureau of Economic Research. Working Paper, No.9321.

Scott C P. 2016. Are central bank preferences asymmetric when policy targets vary over time? Empirical Economics, 51（2）: 577-589.

Scrimgeour D. 2015. Commodity price responses to monetary policy surprises. American Journal of Agricultural Economics, 97（1）: 88-102.

Semmler W, Bernard L. 2012. Boom-bust cycles: leveraging, complex securities, and asset prices. Journal of Economic Behavior & Organization, 81（2）: 442-465.

Semmler W, Zhang W. 2007. Asset price volatility and monetary policy rules: a dynamic model and empirical evidence. Economic Modelling, 24（3）: 411-430.

Sharpe S A. 1990. Asymmetric information, bank lending and implicit contracts: a stylized model of customer relationships. The Journal of Finance, 45（4）: 1069-1087.

Shaw E S. 1973. Financial Deepening in Economic Development. New York: Oxford University Press.

Shi G, Liu X, Tang P. 2016. Pricing options under the non-affine stochastic volatility models: an extension of the high-order compact numerical scheme. Finance Research Letters, 16: 220-229.

Shi G, Liu X, Zhang X. 2017. Time-varying causality between stock and housing markets in China. Finance Research Letters, 22: 227-232.

Shiller R J. 2000. Irrational Exuberance. Princeton: Princeton University Press.

Shrestha M, Chowdhury K. 2007. Testing financial liberalization hypothesis with ARDL modeling approach. The Applied Financial Economics, 17（18）: 1529-1540.

Shukur G, Mantalos P. 2004. Size and power of the RESET test as applied to systems of equations: a bootstrap approach. Journal of Modern Applied Statistical Methods, 3（2）: 370-385.

Sims C, Stock J, Watson M. 1990. Inference in linear time series models with some unit roots. Econometrica, 58（1）: 113-144.

Smets F, Wouters R. 2007. Shocks and frictions in US business cycles: a Bayesian DSGE approach.

ECB Working Paper，No.722.

Stein J C. 2002. Information production and capital allocation: decentralized versus hierarchical firms. The Journal of Finance，57（5）: 1891-1921.

Steinbach R，du Plessis S，Smit B. 2014. Monetary policy and financial shocks in an empirical small open-economy DSGE model. Economic Modelling，（11）: 23-36.

Stephan A，Tsapin A，Talavera O. 2012. Main bank power，switching costs，and firm performance: theory and evidence from Ukraine. Emerging Markets Finance & Trade，48（2）: 76-93.

Suh H. 2012. Macro prudential policy: its effects and relationship to monetary policy. Federal Reserve Bank of Philadelphia Working Paper.

Sun X，Tsang K P. 2014. Optimal interest rate rule in a DSGE model with housing market spillovers. Economics Letters，125（1）: 47-51.

Surico P. 2007. The Fed's monetary policy rule and U.S. inflation: the case of asymmetric preferences. Journal of Economic Dynamics & Control，31（1）: 305-324.

Surico P. 2008. Measuring the time inconsistency of US monetary policy. Economica, 75（297）: 22-38.

Svaleryd H，Vlachos J. 2005. Financial markets，the pattern of industrial specialization and comparative advantage: evidence from OECD countries. European Economic Review，49（1）: 113-144.

Svensson L E O. 1997. Inflation forecast targeting: implementing and monitoring inflation targets. European Economic Review，41（6）: 1111-1146.

Svensson L E O. 1999. Inflation targeting as a monetary policy rule. Journal of Monetary Economics，43（3）: 607-654.

Tan A C K，Goh K L. 2009. Financial disintermediation in the 1990s: implications on monetary policy in Malaysia. Hitotsubashi Journal of Economics，50（1）: 1-27.

Tang P，Baaquie B E，Du X，et al. 2016a. Linearized hamiltonian of the LIBOR market model: analytical and empirical results. Applied Economics，48（10）: 878-891.

Tang P，Zhang Y，Baaquie B E，et al. 2016b. Classical convergence versus Zipf rank approach: evidence from China's local-level data. Physica A: Statistical Mechanics and Its Applications，443: 246-253.

Tasca P，Battiston S. 2012. Market procyclicality and systemic risk. RC Working Paper，No.12.

Taylor J B. 1993. Discretion versus policy rules in practice. Carnegie-Rochester Conference Series on Public Policy，39: 195-214.

Thurner S，Farmer J D，Geanakoplos J. 2012. Leverage causes fat tails and clustered volatility. Quantitative Finance，12（5）: 695-707.

Tian G. 2007. Are Chinese stock markets increasing integration with other markets in the greater China region and other major markets? Australian Economic Papers，46（3）: 240-253.

Tobler W R. 1979. Lattice tuning. Geographical Analysis, 11（1）: 36-44.

Toda H Y, Yamamoto T. 1995. Statistical inference in vector autoregressions with possibly integrated processes. Journal of Econometrics, 66（1）: 225-250.

Tsai H J, Chen M C, Yang C Y. 2014. A time-varying perspective on the CAPM and downside betas. International Review of Economics & Finance, 29: 440-454.

Turk R. 2016. Negative interest rates: how big a challenge for large Danish and Swedish banks? IMF Working Papers, No.16/198.

Uchida H, Udell G F, Watanabe W. 2008. Bank size and lending relationships in Japan. Journal of the Japanese and International Economies, 22（2）: 242-267.

Ungerman T. 2016. The effect of rising interest rates. Dow Theory Forecasts.

Valenzuela M, Zer I, Fryzlewicz P, et al. 2015. Relative liquidity and future volatility. Journal of Financial Markets, 24: 25-48.

van den End J W. 2006. Indicator and boundaries of financial stability. Nederlandsche Bank Working Paper, No.97.

van Norden S. 1996. Regime switching as a test for exchange rate bubbles. Journal of Applied Econometricas, 11（3）: 219-251.

van Norden S, Schaller H. 1993. The predictability of stock market regime: evidence from the Toronto stock exchange. The Review of Economics and Statistics, 75（3）: 505-510.

van Norden S, Vigfusson R. 1998. Avoiding the pitfalls: can regime-switching tests reliably detect bubbles? Studies in Nonliner Dynamics and Econometrics, 3（1）: 1-22.

Varian H R. 1975. A Bayesian approach to real estate assessment, in studies in Bayesian Econometric and Statistics in honor of Leonard J. Savage: North-Holland Publishing Company.

Wang H. 2016. Optimal implicit collusion in repeated procurement auctions. Journal of Economics, 117（3）: 259-284.

Wang X, Zhang C. 2014. The impacts of global oil price shocks on China's fundamental industries. Energy Policy, 68: 394-402.

Warnock F E, Warnock V C. 2009. International capital flows and U.S. interest rates. Journal of International Money and Finance, 28（6）: 903-919.

Watanabe T, Omori Y. 2004. A multi-move sampler for estimating non-gaussian time series models: comments on shephard & pitt（1997）. Biometrika, 91（1）: 246-248.

Weil P. 1987. Confidence and the real value of money in an overlapping generations economy. The Quarterly Journal of Economics, 102（1）: 1-22.

Wermers R. 2011. Investments and portfolio performance. Quantitative Finance, 11（9）: 1297-1298.

Werner T, Bohl M T. 2004. Asset prices in Taylor rules: specification, estimation, and policy implications for the ECB. Deutsche Bundesbank Research Centre.

Williams K. 2000. From shareholder value to present-day capitalism. Economy and Society，29（1）：1-12.

Woodford M. 2001. The Taylor rule and optimal monetary policy. The American Economic Review，91（2）：232-237.

Wooldridge J M. 2009. Introductory Econometrics：A Modern Approach. Cincinnati：South Western College Pub.

Xiang J，Zhu X. 2014. Intraday asymmetric liquidity and asymmetric volatility in FTSE-100 futures market. Journal of Empirical Finance，25（1）：134-148.

Yalta A Y. 2010. Effect of capital flight on investment：evidence from emerging markets. Emerging Markets Finance & Trade，46（6）：40-54.

Yang C，Zhou L. 2015. Investor trading behavior，investor sentiment and asset prices. The North American Journal of Economics and Finance，34：42-62.

Yao D，Liu X，Zhang X，et al. 2016a. Some novel uncertainty measures of hesitant fuzzy sets and their applications. Journal of Intelligent & Fuzzy Systems，30（2）：691-703.

Yao D，Liu X，Zhang X，et al. 2016b. Type-2 fuzzy cross-entropy and entropy measures and their applications. Journal of Intelligent & Fuzzy Systems，30（4）：2169-2180.

Yao D，Wang C. 2017. Interval type-2 fuzzy information measures and their applications to attribute decision-making approach. Journal of Intelligent & Fuzzy Systems，33（3）：1809-1821.

Yao Y，Zhang M Y. 2015. Subnational leaders and economic growth：evidence from Chinese cities. Journal of Economic Growth，20（4）：405-436.

Yeh I C，Hsu T K. 2014. Exploring the dynamic model of the returns from value stocks and growth stocks using time series mining. Expert Systems with Applications，41（17）：7730-7743.

Yeyati E L，Schmukler S L，van Horen N. 2008. Emerging market liquidity and crises. Journal of the European Economic Association，6（2）：668-682.

Yin W，Matthews K. 2016. The determinants and profitability of switching costs in Chinese banking. Applied Economics，48（43）：4156-4166.

Yin W，Matthews K. 2017. Bank lending and bank relationships in China：guanxi or commercial? Managerial Finance，43（4）：425-439.

Yoshino N，Taghizadeh-Hesary F. 2016. Decline in oil prices and the negative interest rate policy of Japan. Economic and Political Stadies，5（2）：233-250.

Zellner A. 1962. An efficient method of estimating seemingly unrelated regressions and tests for aggregation bias. Journal of the American Statistical Association，57（298）：348-368.

Zeng J H，Peng C L，Chen M C，et al. 2013. Wealth effects on the housing markets：do market liquidity and market states matter? Economic Modelling，32：488-495.

Zhang J，Wang L，Wang S. 2012. Financial development and economic growth：recent evidence from

China. Journal of Comparative Economics, 40（3）: 393-412.

Zhang X, Hang J, Liu X. 2017a. Multi-scale causality between saving and growth: evidence from China. Applied Economics Letters, 24（11）: 790-794.

Zhang X, Liu X, Hang J, et al. 2016. Do urban rail transit facilities affect housing prices? Evidence from China. Sustainability, 8（4）: 380.

Zhang X, Liu X, Hang J, et al. 2017b. A regime-switching approach to estimating the nonlinear quantity-based monetary policy rule in China. Applied Economics Letters, 24（2）: 132-135.

Zhang X, Liu X, Hang J, et al. 2018. The dynamic causality between commodity prices, inflation and output in China: a bootstrap rolling window approach. Applied Economics, 50（4）: 407-425.

Zhang Y, Liu X, Ding Y, et al. 2015. Assessing the impact of the demographic dividend on real estate prices: empirical evidence from China. Applied Economics Letters, 22（18）: 1450-1456.

Zhang Y, Liu X, Wang R, et al. 2016. Revisiting the "guns versus butter" argument in China （1950-2014）: new evidence from the continuous wavelet analysis. Sustainability, 8（7）: 1-13.

Zhang Y, Liu X, Xu J, et al. 2017a. Does military spending promote social welfare? A comparative analysis of the BRICS and G7 countries. Defence and Peace Economics, 28（6）: 686-702.

Zhang Y, Su A, Liu X, et al. 2018. Social health insurance vs private health insurance in China: revisit crowd-out effect based on a multiple mediation analysis. The International Journal of Health Planning and Management, 33（4）: 996-1012.

Zhang Y, Wang R, Yao D. 2017b. Does defence expenditure have a spillover effect on income inequality? A cross-regional analysis in China. Defence and Peace Economics, 28（6）: 731-749.

Zhu H, Su X, Guo Y, et al. 2016. The asymmetric effects of oil price shocks on the Chinese stock market: evidence from a quantile impulse response perspective. Sustainability, 8（8）: 766.

Zouaoui M, Nouyrigat G, Beer F. 2011. How does investor sentiment affect stock market crisis? Evidence from panel data. The Financial Review, 46（4）: 723-747.

附　录　A

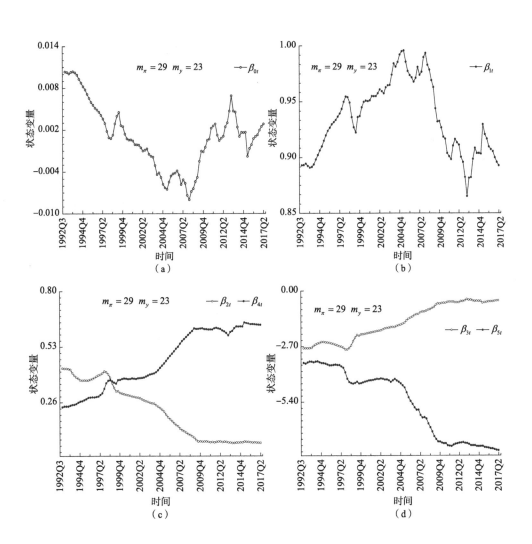

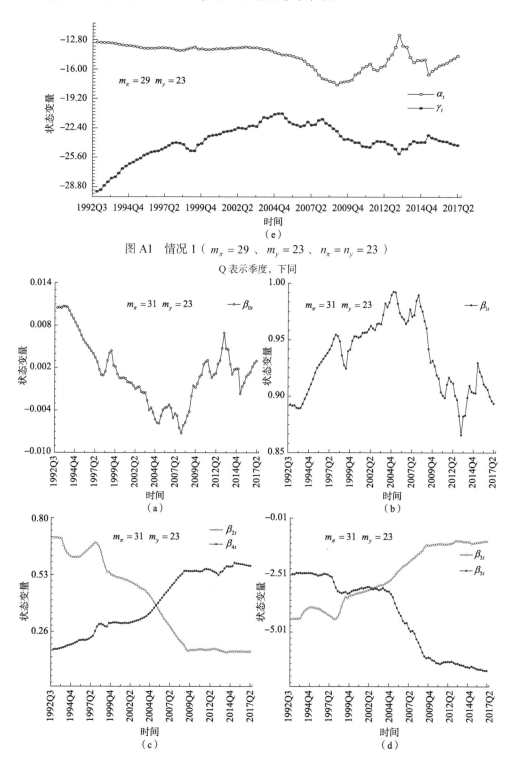

图 A1　情况 1 （ $m_\pi = 29$ 、 $m_y = 23$ 、 $n_\pi = n_y = 23$ ）

Q 表示季度，下同

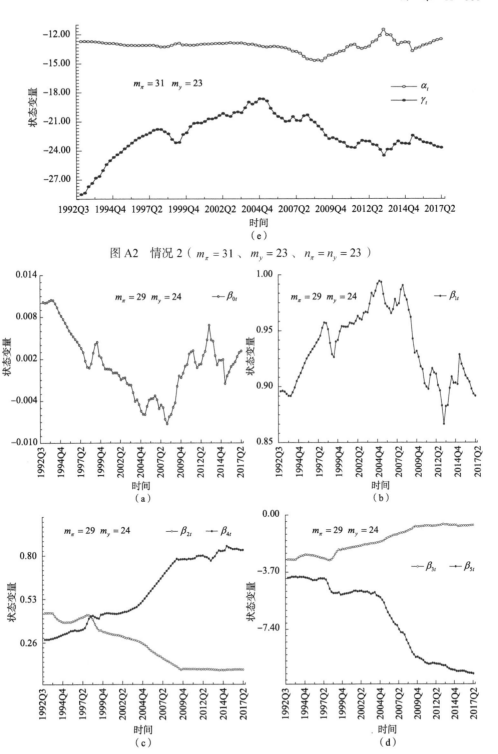

（e）

图 A2　情况 2（$m_\pi = 31$、$m_y = 23$、$n_\pi = n_y = 23$）

（a）

（b）

（c）

（d）

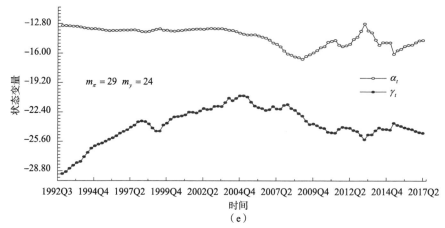

$m_\pi = 29 \quad m_y = 24$

（e）

图 A3　情况 3（$m_\pi = 29$、$m_y = 24$、$n_\pi = n_y = 23$）

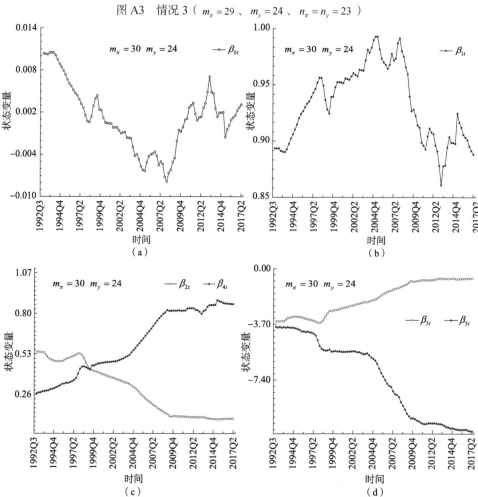

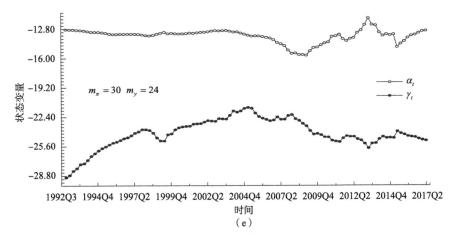

（e）

图 A4　情况 4（$m_\pi = 30$、$m_y = 24$、$n_\pi = n_y = 23$）

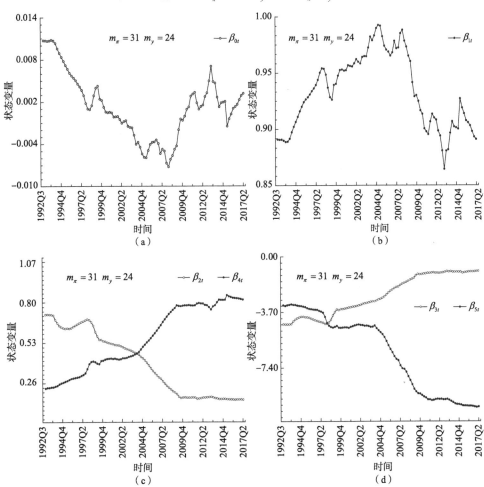

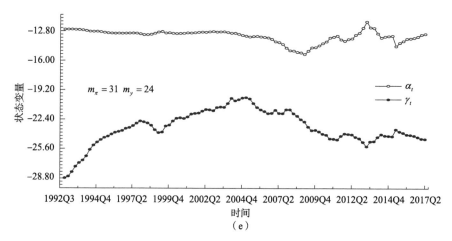

图 A5　情况 5（ $m_\pi = 31$ 、 $m_y = 24$ 、 $n_\pi = n_y = 23$ ）

附　录　B

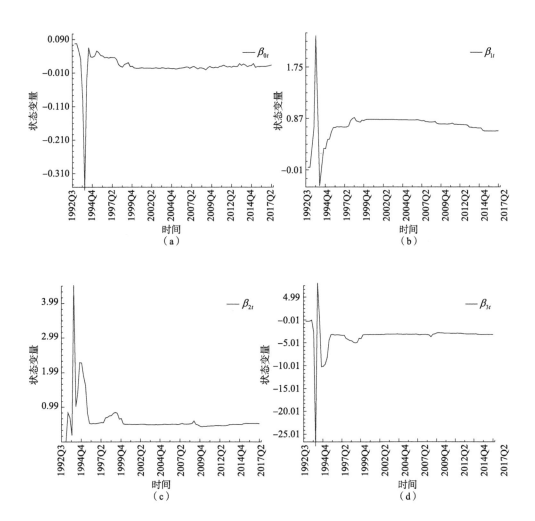

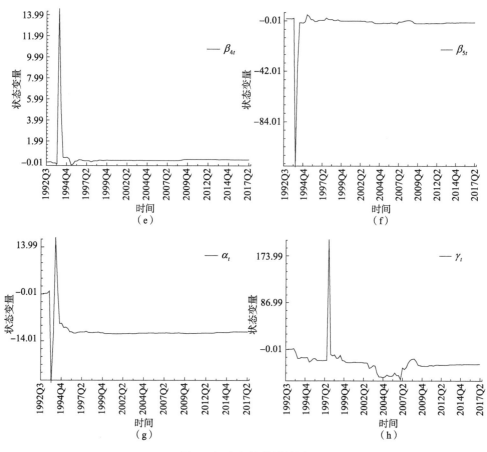

图 B　极大似然估计结果

Q 表示季度

附　录　C

表 C1　第二样本期（2005~2010 年）各因素的回归结果

Vol	宏观因素		投资者情绪		基金相关变量	
	（1）	（2）	（1）	（2）	（1）	（2）
SSA	$-1.526\,5^{*}$ （−1.69）	$-2.211\,7^{***}$ （−3.12）	$-0.319\,2$ （−0.55）	$-1.011\,4$ （−0.51）	$-1.699\,1^{***}$ （−3.29）	$-3.087\,5^{***}$ （−5.04）
TRE	$0.157\,5$ （0.33）	$-0.011\,8$ （−0.06）	$1.541\,5^{***}$ （5.75）	$0.371\,9$ （0.54）	$0.605\,6$ （2.04）	$-0.366\,0^{**}$ （−2.12）
υ	$0.002\,3$ （0.20）	$0.027\,2$ （1.41）	$0.020\,9$ （1.14）	$0.035\,3$ （0.84）	$-0.008\,8$ （−0.25）	$0.063\,9^{**}$ （2.18）
FNV					$0.039\,2$ （1.28）	$-0.075\,9^{***}$ （−2.87）
AR					$-0.434\,9^{***}$ （−2.46）	$-0.056\,3$ （−0.25）
alpha					$-1.027\,4^{*}$ （−1.73）	$0.611\,7^{*}$ （1.67）
MoM					$-0.050\,2$ （−0.23）	$-0.015\,8$ （−0.43）
Sharp					$1.498\,2^{**}$ （2.43）	$0.489\,9$ （0.73）
MR			$-0.668\,7^{***}$ （−5.98）	$-0.286\,3$ （−0.62）		
AD			$3.750\,1^{**}$ （2.25）	$1.262\,1$ （0.27）		
DCF			$2.832\,5^{**}$ （2.02）	$2.888\,3$ （0.82）		
LPR	$0.463\,5^{**}$ （2.01）	$0.273\,2$ （1.15）				
ILR	$-0.005\,1^{*}$ （−1.63）	$-0.006\,4^{***}$ （−2.71）				
GDP	$5.120\,7$ （0.14）	$-4.600\,0$ （−1.06）				

续表

Vol	宏观因素		投资者情绪		基金相关变量	
	（1）	（2）	（1）	（2）	（1）	（2）
_cons	7.988 4*** (14.13)	8.688 2*** (17.64)	5.853 1*** (3.93)	5.595 7* (1.77)	7.984 4*** (16.38)	8.152 9*** (20.03)
R-Squared	0.580 5	0.791 5	0.808 0	0.590 0	0.610 6	0.892 8
F-statistic	8.13	10.13	8.73	1.20	2.27	28.97

*、**和***分别表示在10%、5%和1%的显著性水平上显著

注：由于我国融资融券制度于2011年开启，故只在第三样本期内考察融资融券因素的影响，下同

表 C2　第一样本期（2002~2004 年）各因素的回归结果

Vol	宏观因素		投资者情绪		基金相关变量	
	（1）	（2）	（1）	（2）	（1）	（2）
SSA	−0.145 7 (−0.05)	0.683 2 (0.29)	−3.565 0*** (−6.27)	−2.976 8* (−1.67)	−1.556 4* (−1.69)	−0.381 5 (−0.32)
AR					−0.095 1 (−0.16)	0.013 5 (0.03)
MoM					0.374 6 (0.68)	0.452 0 (0.69)
β					0.432 7 (0.22)	−0.792 4 (−1.02)
MR			−0.110 9 (−0.95)	−0.431 7 (−0.77)		
AD			0.002 2*** (6.86)	0.021 6** (1.99)		
DCF			−5.569 9*** (−10.22)	−9.764 8* (−1.86)		
LPR	1.338 9** (2.01)	1.501 5 (0.57)				
ILR	−0.000 5 (−0.12)	−0.002 2 (−0.35)				
GDP	0.085 6 (0.25)	0.016 5 (0.43)				
_cons	5.403 8 (0.87)	4.520 8 (0.81)	10.321 6*** (5.05)	12.401 5*** (4.03)	8.794 8*** (7.60)	9.303 9*** (30.93)
R-Squared	0.609 8	0.626 8	0.964 3	0.758 2	0.617 8	0.761 3
F-statistic	0.73	0.68	56.23	10.74	0.93	8.19

***、**和*分别表示在1%、5%和10%的显著性水平上显著

注：该阶段夏普比率数据不可获知，故用贝塔系数作为基金风险的代理变量